中华人民共和国海船船员适任考试培训教材

船舶电气与自动化

（未满 750 kW 船舶）

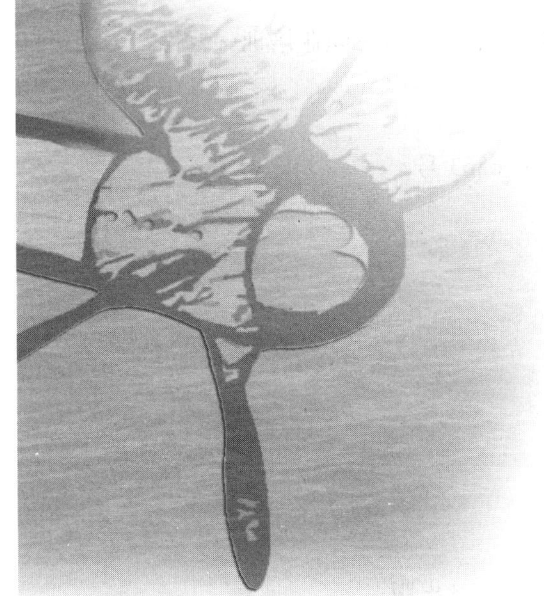

中国海事服务中心组织编写
中华人民共和国海事局审定

图书在版编目(CIP)数据

船舶电气与自动化：未满 750 kW 船舶 / 郑志品，林春熙主编．—大连：大连海事大学出版社；北京：人民交通出版社，2013.5
中华人民共和国海船船员适任考试培训教材
ISBN 978-7-5632-2864-5

Ⅰ.①船… Ⅱ.①郑…②林… Ⅲ.①船用电气设备—职业培训—教材②船舶—自动化系统—职业培训—教材 Ⅳ.①U66

中国版本图书馆 CIP 数据核字(2013)第 096563 号

大连海事大学出版社出版

地址:大连市凌海路1号 邮编:116026 电话:0411-84728394 传真:0411-84727996
http://www.dmupress.com E-mail:cbs@dmupress.com

大连住友彩色印刷有限公司印装 大连海事大学出版社发行

2013 年 5 月第 1 版 2013 年 5 月第 1 次印刷
幅面尺寸:185 mm×260 mm 印张:19.75
字数:449 千 印数:1～3000 册

出版人:徐华东

责任编辑:沈荣欣 刘若实 版式设计:海 大
封面设计:王 艳 责任校对:孙雅获

ISBN 978-7-5632-2864-5 定价:59.00 元

编委会成员

前 言

《中华人民共和国海船船员适任考试和发证规则》(简称11规则)已于2012年3月1日起生效,新的《中华人民共和国海船船员适任考试大纲》也于2012年7月1日开始实施。为了更好地指导帮助船员进行适任考试前的培训,进一步提高船员适任水平,在交通运输部海事局领导下,中国海事服务中心组织全国有丰富教学、培训经验和航海实际经验的专家共同编写了与《中华人民共和国海船船员适任考试大纲》相适应的培训教材。本教材编写依据STCW公约马尼拉修正案,采用图文并茂的形式,改变了长期以来以文字为主的教材编写方式。本教材的创新模式对今后的船员适任培训具有重要的指导意义。

本套教材知识点紧扣考试大纲,具有权威、准确、系统、实用的特点,重点突出船员适任考前培训和航海实践需掌握的知识,旨在培养船员具备在实践中应用知识的能力,并可作为工具书帮助船员上船工作使用。

本套教材是未满500总吨和750 kW船舶船员培训教材,由《船舶操纵与避碰》、《航海学》、《船舶结构与货运》、《船舶管理(驾驶)》,《船舶动力装置》、《主推进动力装置》、《船舶辅机》、《船舶电气与自动化》、《船舶管理(轮机)》组成。

本套教材在编写、出版工作中,得到了各直属海事局、各航海院校、海员培训机构、航运企业、人民交通出版社、大连海事大学出版社等单位的关心和大力支持,特致谢意。

中国海事服务中心

2012年12月

编者的话

《船舶电气与自动化》(未满750 kW船舶)是我国船员考试的培训系列教材之一,是根据中华人民共和国海事局制定的《中华人民共和国海船船员适任考试大纲》编写的,覆盖未满750 kW船舶大管轮和二/三管轮“船舶电气与自动化”课程考试所要求的全部内容,适用于未满750 kW船舶的大管轮和二/三管轮适任证书考试培训,也可供海事管理机构和船员培训机构人员学习参考。

本书内容反映船舶电气与自动化在海船的实际应用,理论与实际密切结合,尽量体现新的科学技术在船舶电气与自动化中的应用,以适应对现代新型船舶管理的需要,在整体上体现了“新大纲”的要求。在编写过程中,本着精简、实用的原则,本书使用的语言通俗易懂、易于理解,便于学员自学。

本书共分九章,内容包括:第一章船舶电子、电气基础,第二章船舶电机与电力拖动,第三章船舶发电机和配电系统,第四章船舶电气设备的维护与修理、故障判断与排除,第五章船舶反馈控制系统基础,第六章船舶机舱辅助控制系统,第七章船舶主机遥控系统基本知识,第八章船舶机舱监测与报警系统,第九章船舶火灾自动报警系统。

《船舶电气与自动化》由宁波大学郑志品、广州航海高等专科学校林春熙共同主编(主编排名不分先后),第一章、第二章、第四章由郑志品编写,第三章、第五章至第九章由林春熙编写。全书由郑志品负责统稿,江苏海事职业技术学院查辅江主审,中国海事服务中心申益群参加了主要审定工作。

在教材编写过程中,得到了中华人民共和国海事局及兄弟院校有关单位的领导和众多专家的支持和指导,得到了宁波大学、广州航海高等专科学校众多老师的帮助,在此一并表示感谢。

由于编者水平有限、时间仓促,书中难免有不足之处,恳请读者批评指正。

编　者

2012年12月

目 录

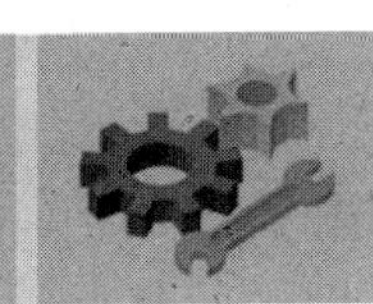

第一章 船舶电子、电气基础

第一节　直流电路

一、直流电路的基本物理量及单位

电路就是电流的通路，它是为了某种需要，将一些电气元件或设备按一定的方式组合起来的。按其所发挥的作用，电路可分为两大类：第一类是用来实现电能的转换和传输的电路，最典型的例子是电力系统，如图 1-1(a)所示；第二类是用来处理和传递信息的电路，即信息系统，常见的例子如扩音机，如图 1-1(b)所示。

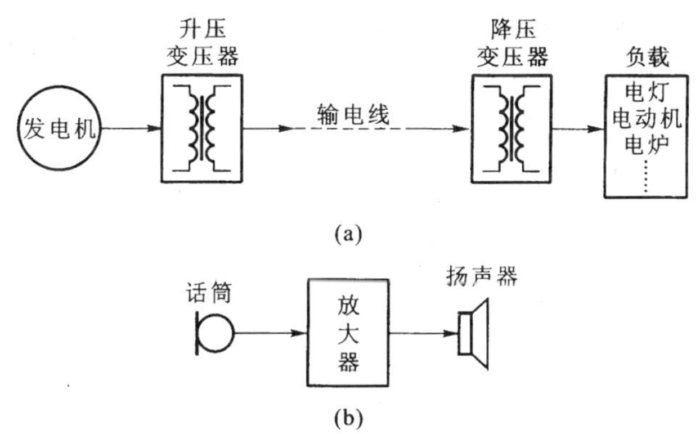

图 1-1　电路的组成与作用示意图

任何一个完整的电路都可以归纳为三个基本组成部分(图 1-1)，即电源，负载和中间环节。

(1)电源：产生和提供电能的装置，如发电机、电池等，是将非电能量转换为电能的装置。

(2)负载：消耗电能的用电设备，如电动机、电灯等，是将电能转换为非电能的装置。

(3)中间环节：电能的传输和控制装置，包括连接电源与负载之间的电缆、控制开关、变压器、熔断器等各种控制设备。

(一)电流

电流是电荷有规则的定向移动形成的。

电流的大小用电流强度(简称电流)来衡量。电流强度在数值上等于单位时间通过导体横截面的电荷量。

若在极短的时间 dt(s)内通过导体横截面的微小的电荷量为 dq(C),则电流为

$$i = dq/dt \quad (A) \tag{1-1}$$

上式表示的电流是随时间变化的。

如果电流不随时间变化,即 $i = dq/dt$ = 常数,则这种电流称为恒定的电流,简称直流。当在 t(s)内有 q(C)的电荷量通过导体横截面,则直流电流 I 可用下式计算,即

$$I = q/t(A) \tag{1-2}$$

我国在工程计算中大多采用国际单位制(SI)。在国际单位制中,电流(强度)的单位是安[培](A)。$1A = \frac{1C}{1s}$。常用的小电流单位有毫安(mA)和微安(μA)。1 mA = 1 000 μA = 10^{-3} A,1 μA = 10^{-3} mA = 10^{-6} A。

电流的实际方向:规定正电荷移动的方向(负电荷移动的反方向)为电流的实际方向,电流的方向一般用箭头表示。

电流的参考方向:在分析和计算电路时,需要根据电路中各电流的方向,应用电路的基本定律写出分析计算式。但有时仅根据电路中给定的电源极性或条件还不能确定电流的实际方向时,就需要在电路图中对未知电流先任意假设一个电流的参考方向,如图 1-2 所示,然后再根据参考方向,应用电路的基本定律写出分析计算式。由于一个电流只有两种可能的方向,因此可在假设参考方向的基础上用数学的正、负加以区别。如果分析计算的结果电流得正值,则假定的参考方向就是该电流的实际方向,如图 1-2(a)所示;如果得负值,则其实际方向与参考方向相反,如图 1-2(b)所示。

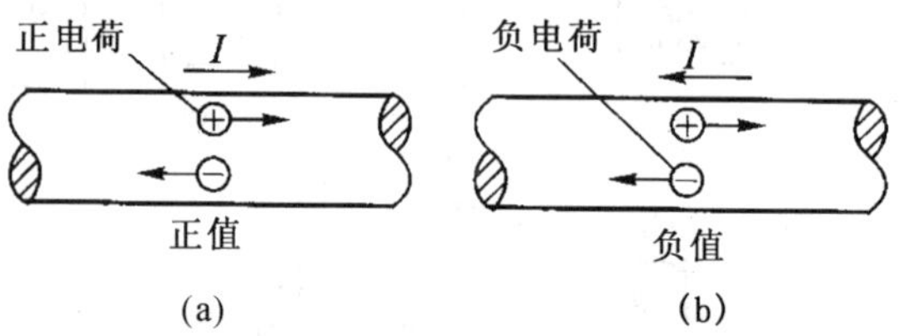

图 1-2　电流的参考方向

(二)电压与电位

电场力和非电场力:电场力即电荷之间作用力,表现为同号电荷相斥、异号电荷相吸。非电场力是指作用于电荷上的与电场力的作用方向相反的力,如发电机绕组导体切割磁场时产生的分离正、负电荷的力,电池的化学反应所产生的分离正、负电荷的力,电源内所产生的这种非电场力又称电源力。

任何带电现象都首先是非电场力克服电场力而分离异号电荷所形成的。电荷在非电场力的作用下移动,非电场力做功,使电荷的电位能增加。相反,电荷在电场力的作用下移动,则电场力做功,使电荷的电位能减少。

电压是衡量电场力对电荷做功能力的物理量。电路中任意两点 a 和 b 间的电压 U_{ab} 在数值上等于电场力把单位正电荷从 a 点移到 b 点所做的功，也即单位正电荷从 a 到 b 所失去的电位能。因此电路中两点之间的电压等于该两点的电位之差（也即单位正电荷在该两点的电位能之差）。例如，电路中 a 和 b 两点的电位分别为 V_a 和 V_b，则该两点之间的电压为

$$U_{ab} = V_a - V_b \quad (\mathrm{V}) \tag{1-3}$$

电压的规定方向为由高电位指向低电位，因此电压又称电压降（或电位降）。

当电压的实际方向不能确定时，同样可以假设参考方向。但是在电源以外的电路中，电流总是从高电位流向低电位，电压和电流的方向是互相关联的，当两者的方向均不能确定时，假设了电流的参考方向也就关联地设定了电压降的方向。

电压的方向可用“+、-”极性表示，也可用箭头或双下标表示。（U_{ab}表示方向由 a 指向 b）。

电位：电路中某点的电位等于该点到零电位点（或称参考电位）的电压。

零电位点可任意选取，所选的零电位点不同，则电路各点的电位也随之改变，所以电位值是相对的。例如选 b 点为零电位点，即 $V_b=0$，则由式（1-3）可知，a 点的电位 $V_a=U_{ab}$。若选 $V_a=0$，则 b 点的电位 $V_b=U_{ba}=-U_{ab}$。可见电位值是相对的，但两点之间的电位差（即电压）是绝对的，与零电位点的选择无关。通常选取电路的公共点作为零电位点，并用符号“⊥”表示。式（1-3）是计算电位的基本公式。只要已知电路中某点的电位，如已知 V_b（V_b 可以是 0，也可以不是 0），则其他任意一点 a 的电位 V_a 可通过计算 a 到 b 点的电压 U_{ab}求得，即 $V_a=U_{ab}+V_b$。

电压、电位的国际单位是伏[特]（V）。常用的单位还有千伏（kV）、毫伏（mV）和微伏（μV）。

（三）电动势

电动势：是衡量电源力对电荷做功能力的物理量。电源的电动势 E 在数值上等于电源力把单位正电荷由电源的低电位（负）端经电源内部移到高电位（正）端所做的功，也即单位正电荷所获得的电位能。因此电动势的量度单位与电压的相同，即伏特。

电动势的规定方向：是由低电位（负）端指向高电位（正）端，与电压的方向相反。由于电源内存在电源力，正电荷不能通过电源内部由（正）端回到（负）端。但当电源与外部负载电路接通时，正电荷可在电场力的作用下通过外电路由高电位端向低电位端移动，从而形成电路电流。随着两端电荷及其电场力的减少，电源力又可以克服电场力的阻力继续将正电荷不断地移向高电位端，从而保持连续的电流。在电场力的作用下电荷通过外部负载电路移动的过程中，由于克服电路的阻力而使电荷的电位能逐渐减少，这是将电能转换为非电能（如热能）的过程。

二、电路基本定律

（一）欧姆定律

1. 线性电阻电路的欧姆定律

欧姆定律指出：电阻两端的电压 U 与流过电阻的电流 I 成正比，其比值就是该电阻

R。它是分析和计算电路的最基本定律。

当电路中某一电阻 R 的电压 U 和电流 I 的参考方向一致时,如图 1-3(a)所示,欧姆定律的数学表达式为

$$R = \frac{U}{I} \tag{1-4}$$

如果遇到电路中某一电阻 R 的电压 U 和电流 I 的参考方向相反时,如图 1-3(b)、(c)所示,则以上式子应加一负号,即

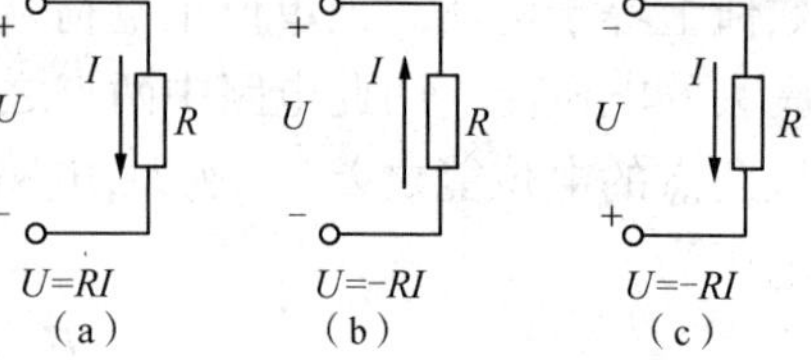

图 1-3 欧姆定律

$$R = -\frac{U}{I} \tag{1-5}$$

这里应注意,一个式子中有两套正负号,式子中的正负号是根据电路上所选电压和电流参考方向得出的,此外,电压和电流本身还有正值和负值之分。

在国际单位制中,电阻的单位为欧[姆](Ω),计量高电阻时,常用千欧(kΩ)或兆欧(MΩ)。

欧姆定律 $U = IR$ 所表示的电流与电压的正比关系,是通过实验得出的。我们可以测量电阻两端的电压值和流过电阻的电流值,绘出的是一条通过原点的直线,如图 1-4 所示。因此,遵循欧姆定律的电阻称为线性电阻,它是一个表示该段电路特性而与电压和电流无关的常数。图 1-4 表示的直线称为线性电阻的伏安特性曲线。

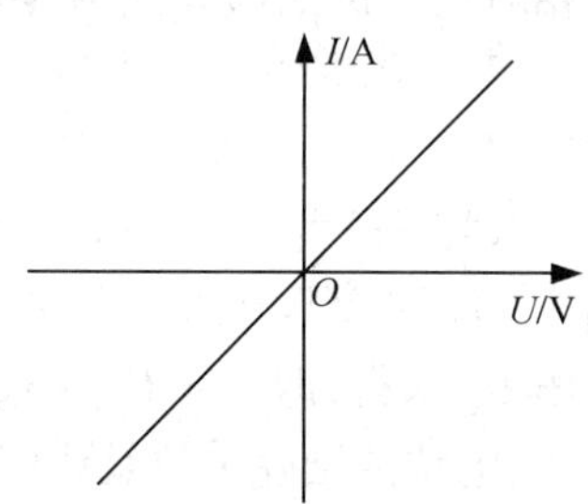

图 1-4 线性电阻的伏安特性曲线

2. 影响导体电阻的参数

导体电阻 R 的大小与导体材料的电阻率 ρ(Ωm)成正比、与导体的长度 l(m)成正比、与导体的截面 S(mm^2)成反比,其计算式为

$$R = \rho \frac{l}{S} \quad (\Omega) \tag{1-6}$$

导体材料不同,其电阻率 ρ 不同。电阻率小的为良导体,如银、铜和铝。锰铜和康铜电阻率较大,常用于制作线绕电阻器、电炉丝等。

实际导体电阻与温度的关系:金属导体的电阻随温度的增加而增大。不同的导体材料有不同的温度系数 α(1/℃),其电阻值随温度变化的情况可用下式计算,即

$$R_2 = R_1[1 + \alpha(t_2 - t_1)] \quad (\Omega) \tag{1-7}$$

式中 R_2 和 R_1 是同一个导体分别在温度为 t_2(℃)和 t_1(℃)时的电阻值。在实际工作中应当注意温度对电阻值的影响,有时它会影响设备的运行性能或引起故障。

根据欧姆定律,电阻的功率的计算式有三种形式,即

$$P = UI = I^2R = U^2/R \quad (\mathrm{W}) \tag{1-8}$$

功率的单位是焦[耳]/秒(J/S),称为瓦特,简称瓦(W)。电气工程中常用千瓦(kW)单位。

电路的电能是指在一定时间 t 内所转换的电能，即

$$W = Pt = UIt \quad (\mathrm{J}) \tag{1-9}$$

电能的单位为焦[耳](J)。因为焦[耳]这个单位太小，计量不方便，所以电气工程中常用千瓦时(kW·h)为电能的计量单位，1 千瓦时俗称 1 度电。它们的换算关系是:1 度电 $=3.6\times10^{6}$(J)。

(二)电路的有载工作、开路与短路

1. 电路的有载工作

如图 1-5 所示电路的开关闭合，电路的负载与电源接通，即为电路的有载工作状态。

电路有载工作状态的特征：

(1)电路中的电流

当电路接通时，电路的电流为

$$I = \frac{E}{R_0 + R} \tag{1-10}$$

电流的大小主要是决定于负载电阻 R。

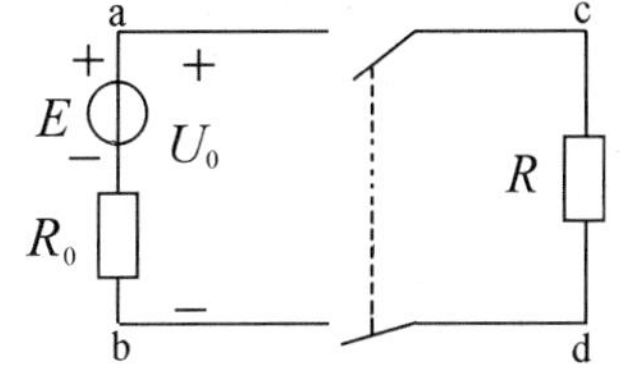

图 1-5 电路的有载工作

(2)电源的外特性

实际电压源的端电压 U 小于其电动势 E。根据欧姆定律 $IR=U$，由此可得电路的电压平衡方程式：

$$U = E - IR_0 \tag{1-11}$$

上式表明，电源的电动势减去内阻电压降 IR_0 等于输出端电压 U，因此负载电流越大，其端电压越低。电压源的端电压 U 与其输出电流 I 的关系曲线称为电源的外特性曲线，如图 1-6 所示。其斜率与电源的内阻 R_0 有关，电源的内阻越小，输出电压就越稳定，当 $R_0 << R$ 时，则

$$U \approx E \tag{1-12}$$

上式表明，当负载电流变化时，电源的输出电压基本不变，近似是一个理想的恒压源。

图 1-6 电源的外特性曲线

(3)电路的功率与功率平衡

将式 $U=E-IR_0$ 两边各项均乘以电流 I，则变为电路的功率平衡方程式，即

$$UI = EI - I^2R_0 \text{ 或 } P = P_E - P_0 \tag{1-13}$$

上式表明，电源实际输出的功率小于它产生的功率。电源所产生的电功率($P_E=EI$)减去内阻损耗率($P_0=I^2R_0$)等于负载电路消耗的功率($P=UI=I^2R$)，即电路中电源产生的功率与电路消耗功率总是相平衡的。

(4)电源与负载的判别

电源大多是可逆的，即可工作在电源状态(输出电能)，也可工作在负载状态(吸收电能)。例如蓄电池在放电时是工作在电源状态，在充电时是工作在负载状态。

通常根据电压与电流的实际方向来判别某个元件是电源还是负载。

当元件上电压 U 与电流 I 的实际方向相反，电流从“+”端流出，输出功率，是电源。当元件上电压 U 与电流 I 的实际方向相同，电流从“+”端流入，取用功率，是负载，如图 1-7。

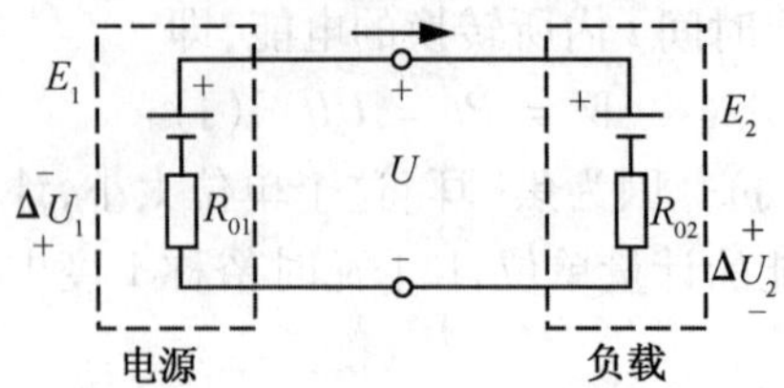

图 1-7　电源与负载的判别

2. 开路和短路状态

（1）开路就是负载电路与电源断开（图 1-8）。无论是工作开路或故障开路，最主要的特征是：电路电流 $I=0$，各电阻上的电压均为零，电路的功率为零，电源处于空载状态。

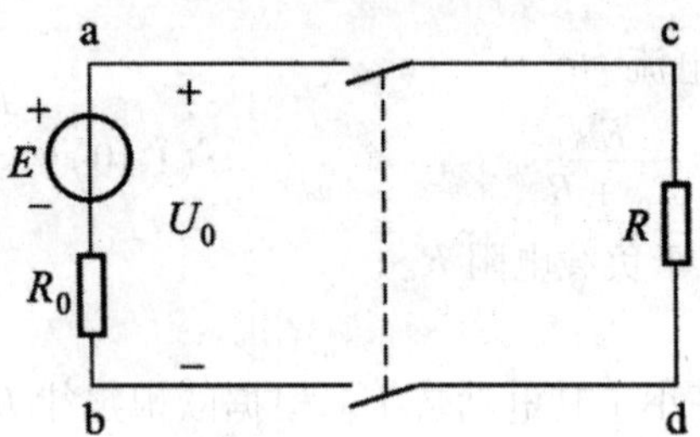

图 1-8　电路的开路状态

电源的开路端电压 U_0（或开路点两端的电压）等于电源电动势 E，即 $U_0=E$。因此可通过测量实际电压源的开路电压 U_0 而得知其电动势 E；或通过查测嫌疑开路点的电压来查找开路故障点。

电路开路时的特征可用下列各式表示：

$$\left.\begin{aligned} I &= 0 \\ U &= U_0 = E \\ P &= 0 \end{aligned}\right\}$$

（2）短路即电源输出两端被电阻为零的导体联结（图 1-9）。其特征是：端电压 $U=0$，而短路电流 I_S 很大。由电压平衡方程式可知，当 $U=0$ 时，短路电流 $I_S=E/R_0$。

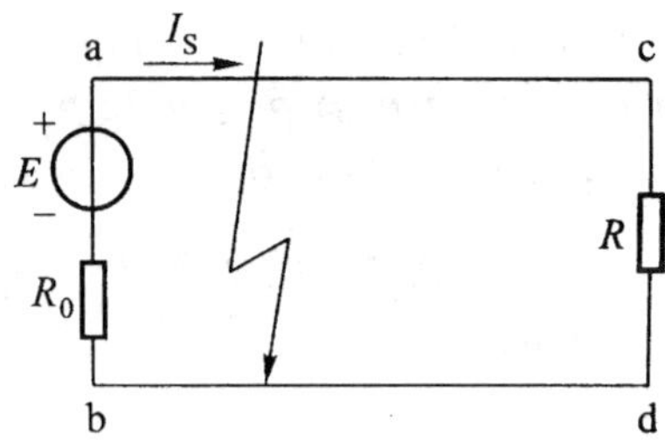

图 1-9　电路的短路状态

电路短路时的特征可用下列各式表示：

$$\left.\begin{aligned} &U=0\\ &I=I_S=\frac{E}{R_0}\\ &P_E=\Delta P=I^2R, P=0 \end{aligned}\right\}$$

一般电源的内阻 R_0 都很小,故短路电流比额定电流大很多倍,内阻上的电流热效应足以将电源烧毁。同时巨大的短路电流也会在短路的线路上产生巨大的热量而迅速燃烧起来。电路短路是引发火灾的重要原因之一,所以所有电路都必须采用短路保护措施,通常加装熔断器或自动断路器,当电路发生短路时,立即切断电路,避免事故进一步扩大。产生电路短路的原因主要有:一是电气设备绝缘老化或破损;二是操作不当。所以经常检查电气设备的绝缘是预防电路短路的重要措施,同时操作要规范。

(三)基尔霍夫定律

欧姆定律是分析计算电路的基本定律之一,但只能用于简单电路,对复杂电路,就得用基尔霍夫定律来分析计算。

在介绍基尔霍夫定律之前,先介绍几个概念。

支路:电路中的每一个分支,称为支路,每一条支路都有一个支路电流。图 1-10 中有三个支路,其中 I_1、I_2 和 I_3 分别为三个支路电流。

结点:三条或三条支路相连接的点。图 1-10 中有 a、b 两个结点。

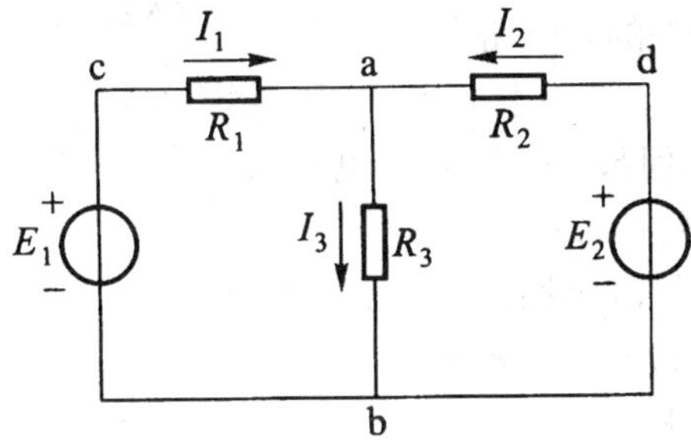

图 1-10 电路举例

回路:是由一条或多条支路所组成的闭合电路。图 1-10 中有 acba、adba 和 cabdc 三个回路。

1. 基尔霍夫电流定律

基尔霍夫电流定律(简称 KCL)指出:任一瞬时,流入一个结点电流之和等于流出该结点电流之和。若取流向结点的电流为正值,流出结点的取负值,则任一瞬时,一个结点电流的代数和等于零,即

$$\sum I=0 \tag{1-14}$$

根据 KCL,图 1-10 结点 a 的电流:$I_1+I_2=I_3$ 或 $I_1+I_2-I_3=0$。

基尔霍夫电流定律反映了电荷守恒定律和电流连续性原理。在电路中定向移动的电荷既不能创生,也不能消灭,而且还要保持连续的移动,所以在任何瞬时流入结点的电荷必然等于流出该结点的电荷。

根据电荷守恒定律和电流连续性原理,可把结点推广为封闭面,称为广义结点,流入

（或流出）广义结点的电流的代数和等于零，如图 1-11，可得 $I_1 + I_2 + I_3 + I_4 = 0$。

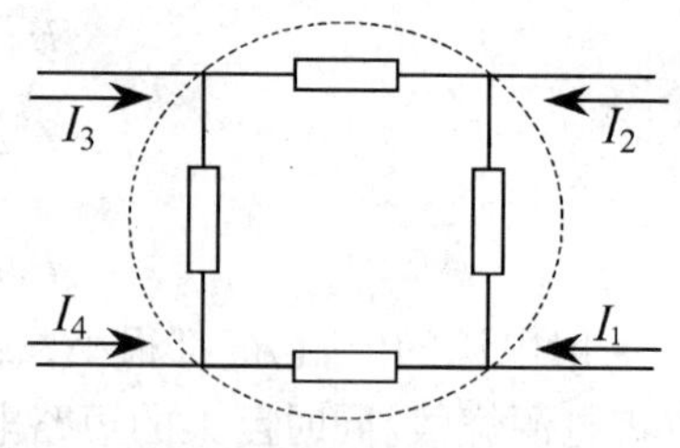

图 1-11　基尔霍夫电流定律的推广

在电路中结点电流的参考方向可以设为全部指向结点或背向结点，这并不表明实际电流只进不出或只出不进，通过计算其中必有负的电流。例如图 1-11 的部分电路，四个电流参考方向都是流入电路，但四个电流 I_1、I_2、I_3、I_4 不可能全为正，也不可能全为负，肯定有正有负。

2. 基尔霍夫电压定律

基尔霍夫电压定律（简称 KVL）指出：任一瞬时，沿任一回路绕行一周，回路各段的电位降之和等于电位升之和。或者这样表示：任一瞬时，沿任一回路绕行一周，回路各段的电压代数和恒为零，即

$$\sum U = 0 \tag{1-15}$$

在这里，可规定电位升为正，电位降为负。

根据 KVL，对图 1-12 所示回路，如：从 a 点出发，沿逆时针方向绕行一周，可得如下方程：

$$I_1R_1 - E_1 + E_2 - I_2R_2 = 0$$

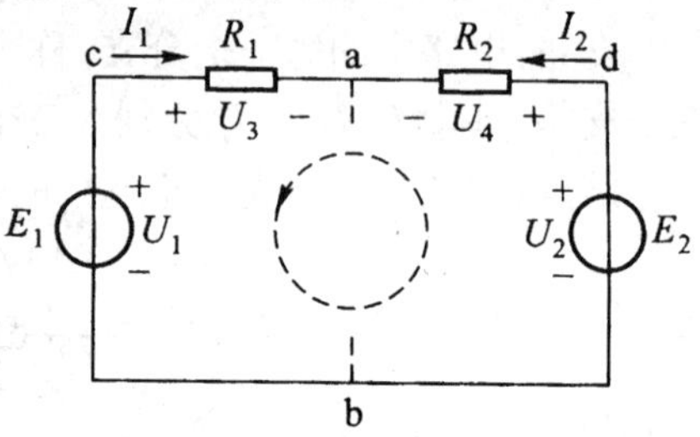

图 1-12　回路

基尔霍夫电压定律反映的是电路中电位能的变化关系，从回路的某一电位点出发绕行回路一周，尽管绕行过程中电位有升降，但最后又回到原电位点，故绕行一周电位变化的代数和为零。

基尔霍夫电压定律不仅满足回路，也可推广用于开口电路。如图 1-13 电路，有 $U - E + IR = 0$。

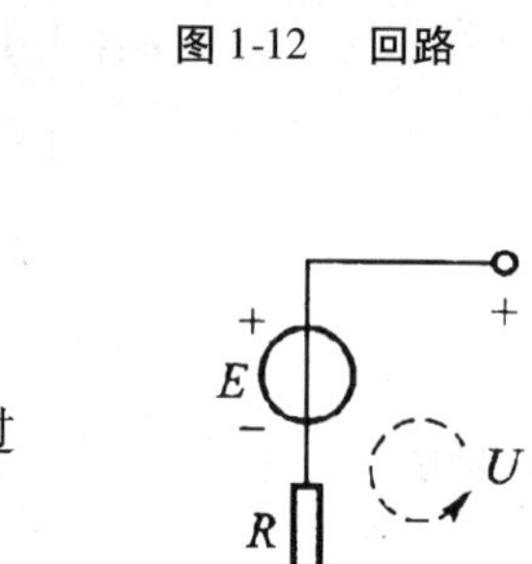

图 1-13　基尔霍夫电压定律的推广

（四）串、并联电阻电路

1. 电阻的串联

两个或多个电阻一个接一个地顺序相连，各电阻通过同一电流，即为电阻的串联电路。

串联等效电阻：串联等效电阻 R 等于各串联电阻之和，即

$$R = R_1 + R_2 + \cdots R_n \tag{1-16}$$

等效条件就是用等效电阻代替串联电阻而不改变原串电阻电路的电压 U 和电流 I。

对于图 1-14(a) 电路，有：$I = I_1 = I_2$。

根据基尔霍夫电压定律：

$$U = U_1 + U_2 = IR_1 + IR_2 = I(R_1 + R_2)$$

对于图 1-14(b) 电路，根据欧姆定律有：$U = IR$。

由以上两式可得：$R = R_1 + R_2$。

串联电阻的分压：因串联电阻流过同一个电流，故每个电阻的电压与其电阻成正比。

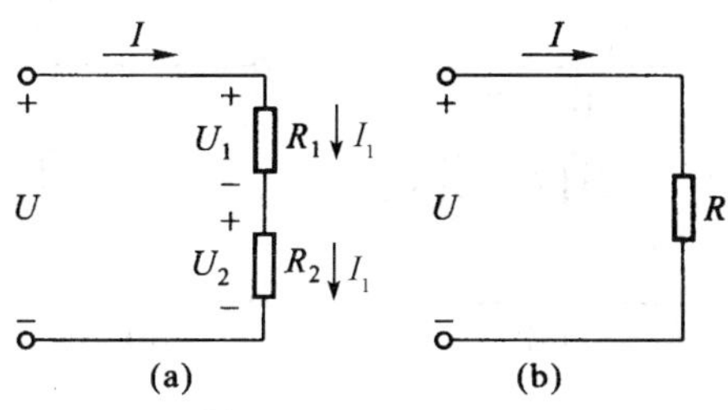

图 1-14　电阻的串联

例如图 1-14(a) 两个电阻串联,R_1 和 R_2 的分压分别为

$$U_1 = IR_1 = \frac{R_1}{R_1 + R_2}U \tag{1-17}$$

$$U_2 = IR_2 = \frac{R_2}{R_1 + R_2}U \tag{1-18}$$

以上两式称为分压公式,其中分压电阻与串联总电阻之比称为分压系数。

串联电阻的电流相同,所以任一串联电阻的功率(I^2R_1或 I^2R_2) 也与其电阻成正比。

串联电阻的基本应用:常用串联电阻进行分压或限流。例如当电气设备的额定电压低于电源电压时,可采用串联一适当的电阻进行分压;再如电压表,用同一个表头串联几个分压电阻可作成多量程电压表。有时为了限制负载电流过大或调节负载电流也常采用串联电阻的办法。值得注意的是白炽灯的串联,每个灯实际分配的电压与灯丝电阻成正比,而不取决于它的标称电压,为保证各灯分配的电压相等,灯丝电阻必须相等,即串联各灯的额定电压和瓦数必须相同。

2. 电阻的并联

两个或多个电阻联结在两个公共节点之间,具有同一电压,即为电阻的并联。

并联等效电阻:并联等效电阻 R 的倒数等于各个并联电阻倒数之和,即

$$\frac{1}{R} = \frac{1}{R_1} + \frac{1}{R_2} + \cdots + \frac{1}{R_n} \tag{1-19}$$

对于两个电阻并联,如图 1-15(a) 电路,有:$U = U_1 = U_2$

根据基尔霍夫电流定律:

$$I = I_1 + I_2 = \frac{U}{R_1} + \frac{U}{R_2} = U(\frac{1}{R_1} + \frac{1}{R_2})$$

对于图 1-15(b) 电路,根据欧姆定律有:$I = \frac{U}{R}$

由以上两式可得

$$\frac{1}{R} = \frac{1}{R_1} + \frac{1}{R_2} \text{或} R = \frac{R_1R_2}{R_1 + R_2} \tag{1-20}$$

并联的电阻越多,其等效电阻越小,它比并联电阻中最小的一个还要小。

并联电阻的分流:由于结点电压 U 相同,故根据欧姆定律每一并联电阻的分支电流与其电阻成反比。例如图 1-15(a) 电路中,两并联电阻的电流分别为

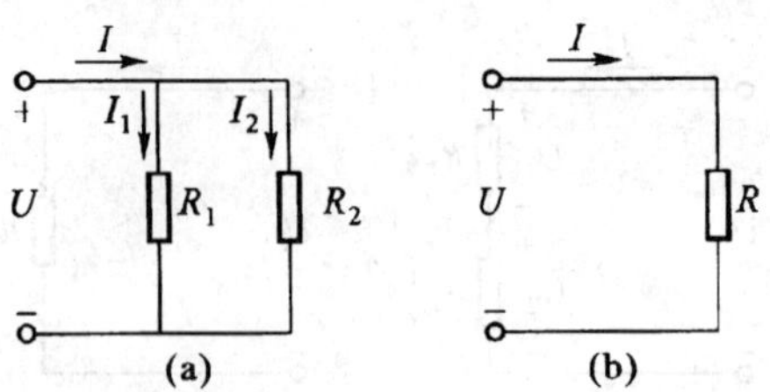

图 1-15　电阻的并联

$$I_1 = \frac{U}{R_1} = \frac{IR}{R_1} = \frac{R_2}{R_1 + R_2}I \qquad (1\text{-}21)$$

$$I_2 = \frac{U}{R_2} = \frac{IR}{R_2} = \frac{R_1}{R_1 + R_2}I \qquad (1\text{-}22)$$

以上两式称为分流公式。计算一个支路电流 I_1(或 I_2)时,其分流系数的分子是另一并联支路的支路电阻 R_2(或 R_1),而分母则是两并联支路电阻的总和 $R_1 + R_2$。

由于电气设备大都并联在恒定电压的电网或电源上运行,并联的用电设备越多,其等效负载电阻越小,电路的电流和功率越大。通常说的减小负载电阻以增加电路的负载,就是指这种恒压源下的并联电路而言。

3. 电阻的混联

电阻的混联:既有串联又有并联的电阻电路。混联电路应用较广,形式多样。分析计算这种电路的关键在于找出它的串联部分和并联部分,然后分别按照串联和并联进行计算。有时因电路图的画法看不出明显的串、并联关系,可试着将有关的连线缩短,或改变一下图中元件的摆放位置,一般经过画几次草图后便可分清串、并联的关系。

第二节　正弦交流电路

直流电和交流电的根本区别在于直流电的大小和方向不随时间变化,而交流电的大小和方向则随时间变化,但通常所说的交流电,是指电压和电流的大小及方向随时间按正弦规律周期性变化的正弦交流电,简称交流电,交流电路就是指正弦交流电路。在生产和日常生活中所用的电能多属交流电,如船用交流发电机中产生的电动势以及交流电动机中流过的电流都是正弦交流电。

分析和计算正弦交流电路,主要是确定各种正弦交流电路中电压与电流之间的关系以及功率问题。正弦交流电路具有与直流电路不同的特点,因此在学习和分析正弦交流电路时,必须建立正弦交流电的概念,以免引起混乱。

一、正弦交流电的基本概念

凡随时间按正弦规律变化的电动势、电压和电流统称为正弦量。正弦量可用正弦函数表示,如正弦电压、电流的一般表示式为

$$u = U_{\mathrm{m}}\sin(\omega t + \psi_{\mathrm{u}}) \qquad (1\text{-}23)$$

$$i = I_{\mathrm{m}}\sin(\omega t + \psi_{\mathrm{i}}) \qquad (1\text{-}24)$$

也可在直角坐标中用相应的正弦曲线表示，称为波形图，如图 1-16 为正弦电动势的波形。

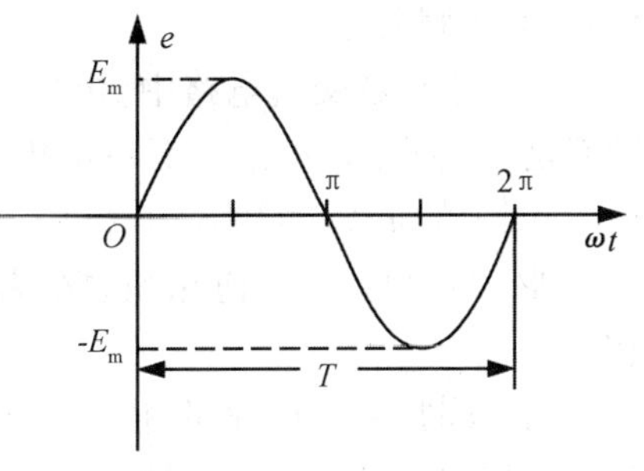

图 1-16　正弦电动势

由于正弦量的方向周期性变化，故在电路图中只标明其参考方向，即正半周的方向；而负半周的实际方向与参考方向相反，故其值为负值。

（一）正弦交流电的三要素

各正弦量都是按相同的正弦规律变化，所不同的是各正弦量的变化幅度大小、周期性变化的快慢和在一个周期中达到正的最大值的时间先后都不尽相同，只要知道了这三方面的具体情况，就可以确定或比较正弦量在任一时刻 t 的大小和方向。而正弦量的最大值（或有效值）、角频率（或频率和周期）和初相角就是表征这三方面的特征值，故被称为正弦量的三要素。

1. 正弦交流电的周期、频率和角频率

正弦量周期性变化一次所需要的时间（秒）称为周期 T，而每秒变化的次数称为频率 f，频率与周期的关系是互为倒数，即 $f = 1/T$。频率的单位是赫兹（Hz）。正弦量变化一个周期经历 2π 弧度，每秒经历的弧度（$2\pi/T$）称为角频率 ω，单位是弧度／秒（rad/s）。f、T 和 ω 都是表示正弦量变化快慢的特征值，三者的关系为

$$\omega = \frac{2\pi}{T} = 2\pi f \tag{1-25}$$

例如：频率 $f = 50$ Hz，则周期 $T = 1/f = 0.02$ s，角频率 $\omega = 2\pi f = 314$ rad/s。

我国和大多数国家的电力系统都采用 50 Hz 的标准频率。美国、日本等一些国家则采用 60 Hz 的标准频率。船舶电力系统的标准频率也是这两种。这两种频率通常称为工频。此外，在不同的技术领域使用着各种不同的频率，如无线电工程中使用的频率高达10 kHz ~ 3 000 000 MHz。

2. 正弦交流电的幅值

正弦交流电在任一瞬时的大小称为瞬时值，用小写英文字母表示，如 u、i 和 e 分别表示电压、电流和电动势的瞬时值。瞬时值中最大的值称为最大值或幅值，用带下标 m 的大写英文字母表示，即 U_m、I_m 或 E_m 分别表示电压、电流和电动势的最大值或幅值。

正弦量的最大值是表明正弦量大小的特征量。

3. 正弦交流电的初相位

要确定一个正弦交流电，除了幅值和频率，还需要考虑正弦交流电的计时起点。因为正弦交流电是时间的正弦函数，所以取不同的计时起点，正弦量的初始值即 $t = 0$ 时的值也就不同。

在正弦量瞬时值表示式中的（$\omega t + \psi$）称为正弦量的相位角或称相位，它反映了正弦量变化的进程。相位角 $\omega t + \psi = 0$ 的点为零相位点，即正弦量由负变正所过的零点。相位角连续地变化，正弦量的瞬时值也随之连续地变化。从零相位到 2π（或 360°）相位，每一相位所对应的瞬时值的大小、方向和变化趋势都不相同。

$t = 0$（即计时开始）时的相位角 ψ 称为初相角或初相位，简称初相。初相位用于确定

$t = 0$ 时的瞬时值。

在一个正弦交流电路中，电压 u 和电流 i 的频率是相同的，但初相位不一定相同，如图 1-17 所示。图中的 u 和 i 可用式（1-23）和（1-24）表示，式中 Ψ_u 为电压 u 的初相位，Ψ_i 为电流 i 的初相位。

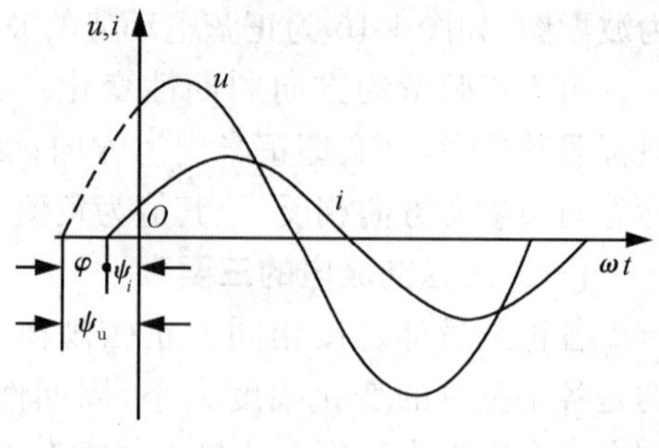

图 1-17　u 和 i 的初相位不相等

两个同频率正弦量的相位角之差称为相位角差或相位差，用 φ 表示，即

$$\varphi = (\omega t + \psi_u) - (\omega t -_i) = \psi_u - \psi_i \tag{1-26}$$

上式表明，两个同频率正弦量之间的相位差等于其初相位之差。当两个同频率正弦量的计时起点（$t = 0$）改变时，它们的相位和初相位都跟着改变，但是两者之间的相位差仍保持不变。

当电压 u 和电流 i 的初相位不同时，它们的变动进程是不一致的，即不是同时到达正的幅值或零值。

当 $\varphi = \psi_u - \psi_i > 0$ 时，表明 u 比 i 先到达正的幅值，这时我们就说在相位上 u 比 i 超前 φ 角，或者说在相位上 i 比 u 滞后 φ 角，如图 1-17 波形图所示。

当 $\varphi = \psi_u - \psi_i < 0$ 时，表明 u 比 i 后到达正的幅值，这时我们就说在相位上 u 比 i 滞后 φ 角，或者说在相位上 i 比 u 超前 $|\varphi|$ 角。

图 1-18 所示的正弦波形，i_1 与 i_2 具有相同的初相位，即它们的相位差 $\varphi = 0$，则两者同相（相位相同）；i_1 与 i_3 反相（相位相反），即它们的相位差 $\varphi = 180°$。

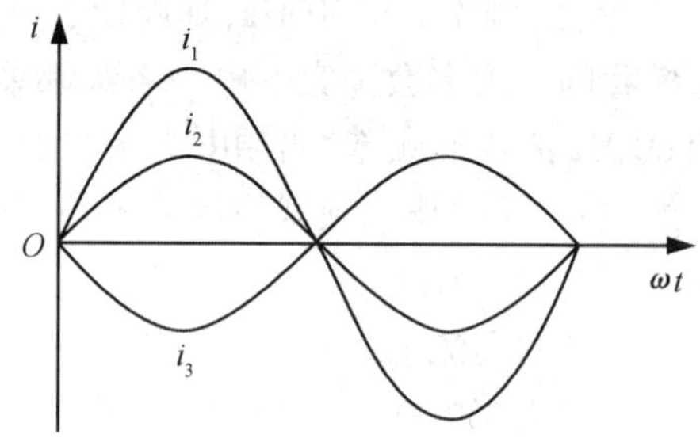

图 1-18　正弦量的同相与反相

可见初相位不仅是反映正弦量 $t = 0$ 时的相位，也是比较同频率正弦量之间相位变化进程的一个特征量，是正弦量的三要素之一，而相位和相位差都不是正弦量的三要素之一。当分析计算两个或两个以上的同频率的正弦量时，通常可以任意选择一个正弦量的初相角为零，称为参考相位，该正弦量称为参考正弦量。

（二）正弦交流电的有效值

正弦交流电的大小每时每刻都在变化，这是其瞬时值，用它来表示大小是没有意义的。在实用和计算中，常用有效值来表示正弦交流电的大小。

有效值是从电流的热效应观点表示交流电的大小：如果一交流电流 i 流过一电阻 R，在一定的时间（例如一个周期 T 的时间）内的发热量，与一直流电流 I 通过同一电阻 R 在相同的时间内的发热量相等，则交流电流 i 的有效值在数值上就等于该直流电流 I。

有效值用不带下标的大写英文字母表示，即 U、I 或 E 分别表示电压、电流和电动势的有效值。理论和实验都已证明，正弦交流电的有效值恰好是它最大值的 $1/\sqrt{2}$，即

$$U = \frac{U_m}{\sqrt{2}}, I = \frac{I_m}{\sqrt{2}}, E = \frac{E_m}{\sqrt{2}} \tag{1-27}$$

由于正弦量的有效值与最大值之间有固定的数值关系，故有效值和最大值同为表示正弦量大小的特征值。

在电工计量上通常采用有效值，如交流电压表、电流表测量指示的是有效值，交流电器铭牌上的额定值也是指有效值。通常所说的交流电压 220 V、电流 5 A 等也是有效值。

（三）正弦量的相量表示法

如前所述，一个正弦量具有幅值、频率及初相位三个特征或要素。而这些特征或要素可以用一些方法表示出来，正弦量的表示方法是分析和计算正弦交流电路的工具。

正弦量的表示方法除上述的正弦函数式及波形图外，还有相量表示法。因为同频率正弦量之间的判别就在于它们的最大值（或有效值）和初相位，而交流电路的分析计算也首先是这两个特征值，即确定正弦量之间的大小和相位关系。虽然正弦函数表示式及波形图是基本的表示方法，但即使是对正弦量进行简单的加减运算也是比较烦琐的。所以交流电路的计算主要是采用相量表示法，它可使烦琐的分析和计算变得更为简便。

1. 相量图

由于在一个正弦交流电路中，电压 u 和电流 i 的频率是相同的，因此在分析和计算正弦交流电路时主要考虑各正弦量之间的大小和相位关系。在直角坐标系中画一有向线段，它的长度表示正弦量的有效值，它与横轴正方向的夹角为正弦量的初相角 ψ，这样的有向线段叫做相量。

正弦量的相量用正弦量的有效值字母符号上面加一个圆点“·”来表示，如 $\dot{I}$。在同一图中表示同频率正弦量的有向线段初始位置的图，叫做相量图。

为了清晰起见，画相量图时不必画出坐标轴，仅默认它们的存在。根据给定的各正弦量的有效值的大小按比例确定相量的长度，按各自的初相位（即有向线段与横轴正方向的夹角）分别画出各相量，并明确标明各相量的文字符号和初相位的角度（或符号）。图 1-19 是两个同频率的正弦电流 $u = U_m\sin(\omega_t + \psi_1)$ 和电流 $i = I_m\sin(\omega_t + \psi_2)$ 的相量图。

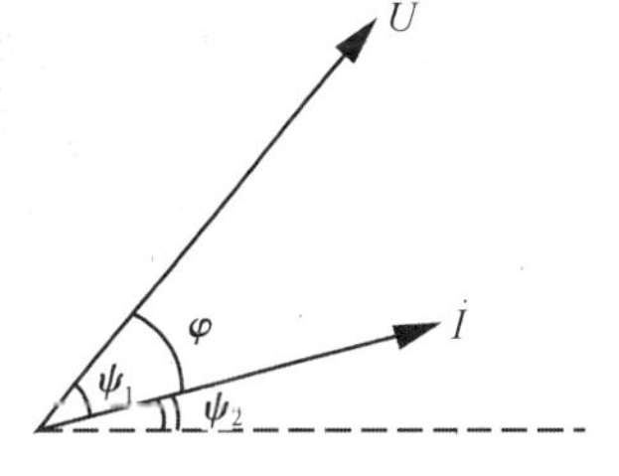

图 1-19　相量图

正弦量用相量图表示，画起来比较简便，看起来比较直观，各量的数值大小和相位关系一目了然。用相量图平行四边形法求正弦量的和或差要比用三角函数简单明了，所以相量图是分析交流电路的基本方法之一。

2. 复数相量表示法

若上述表示正弦量的有向线段的直角坐标的横轴为实轴，以 +1 为单位；纵轴为虚轴，以 $+j$ 为单位（j 为虚数单位，$j^2 = -1$），则这些有向线段可用复数表示，用复数表示的正弦量称为复数相量，简称相量。

复平面上的任何点或有向线段，例如图 1-20 的有向线段 A，都可用复数表示，常采用如下三种基本复数表示式，即

$$A = a + jb = r\cos\psi + jr\sin\psi = r(\cos\psi + j\sin\psi) \quad (1\text{-}28)$$

$$A = re^{j\psi} \quad (1\text{-}29)$$

$$A = r\angle\psi \quad (1\text{-}30)$$

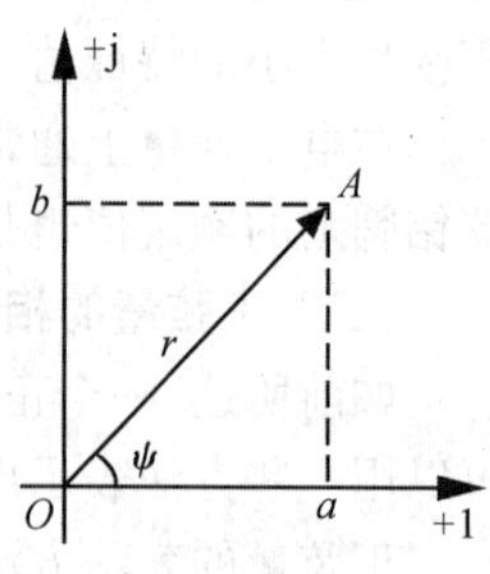

图 1-20　复数相量

其中 A 为复数;r 是复数的大小,即复数的模 $|A|$,也是有向线段的长度。若有向线段是表示正弦量的相量,则复数的模就是正弦量的有效值。角度 ψ 是复数 A 与实轴正方向的夹角,称为复数的辐角,也是正弦量相量的初相位。上式中的 a 和 b 是复数 A 分别在实轴和虚轴上的投影,即复数的实部和虚部。

式(1-28) 称为复数的代数式(直角坐标式),式(1-29) 称为指数式,式(1-30) 称为极坐标式。根据 a、b 和 r 构成的直角三角形的关系,以上三式的相互转换关系如下:

$$r = \sqrt{a^2 + b^2},\ \tan\psi = \frac{b}{a} \quad (1\text{-}31)$$

指数式或极坐标式转换为直角坐标:

$$a = r\cos\psi,\ b = r\sin\psi \quad (1\text{-}32)$$

直角坐标转换为指数式或极坐标:

$$r = \sqrt{a^2 + b^2},\ \psi = \arctan = \frac{b}{a} \quad (1\text{-}33)$$

复数的加减运算采用代数式(直角坐标式) 比较方便,实部和虚部分别加减;复数的乘除运算采用指数式或极坐标式比较方便,模相乘或相除,辐角相加或相减。

二、正弦交流电中电阻、电感、电容元件

前面分析了交流电的基本概念和正弦量的各种表示法,下面分析正弦交流电路,首先分析单一元件的正弦交流电路。

在交流供电系统中,各种电气设备(如船用电动机、照明灯具等) 的作用虽然不同,但是,都可归纳为三类元件,即电阻、电感和电容元件。首先分析单一元件在交流电路中电压与电流之间的大小与相位关系,并分析能量的转换和功率问题,为几种元件混合电路打下基础。

(一) 电阻元件交流电路

1. 电压与电流之间的关系

图 1-21(a) 是在交流电路中的一个理想电阻,其电压电流的参考方向如图所示,根据欧姆定律,任何瞬时电阻的电压与电流成正比,即

$$u = iR \quad (1\text{-}34)$$

为分析方便选择电流 i 为参考正弦量,设电流的初相位为零,即

$$i = I_m\sin\omega t \quad (1\text{-}35)$$

则电压 u 的瞬时值式为

$$u = iR = I_mR\sin\omega t = U_m\sin\omega t \quad (1\text{-}36)$$

比较式(1-35),(1-36) 可知,电阻元件交流电路中:

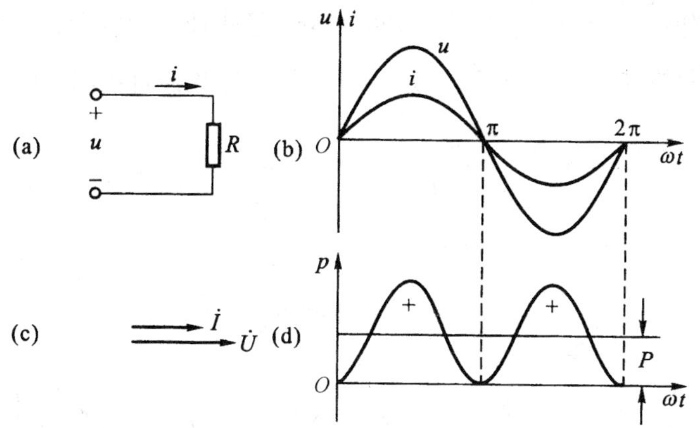

图 1-21　电阻元件的交流电路

(1) 电压与电流的频率相同;

(2) 电压与电流同相位,其波形图如图 1-21(b) 所示;

(3) 电压与电流的最大值(或有效值) 成正比,关系为

$$U_m = I_m R \text{ 或 } U = IR \tag{1-37}$$

根据电压和电流的有效值和初相位,画它们的相量图,如图 1-21(c) 所示。

同样根据它们的有效值和初相位,可写出其复数相量关系式,即

$$\dot{U} = \dot{I}R \tag{1-38}$$

上式不仅表达了电压与电流的有效值大小关系,同时也表明了它们的相位关系。

2. 能量转换关系及功率

虽然电压和电流大小和方向周期性的变化,但电阻的电压和电流的方向总是一致,故在交流电路中,电阻在任何瞬时都是一个消耗电能的元件。在任意瞬时电压 u 和电流 i 的乘积,称为瞬时功率,用小写字母 p 表示,即

$$p = ui = UI - UI\cos 2\omega t \tag{1-39}$$

由上式可见,电阻的瞬时功率可分解为两个部分,即常数项 UI 和交变量 $UI\cos 2\omega t$,p 随时间变化的波形如图 1-21(d) 所示。

瞬时功率在一个周期内的平均值就等于常数项 UI,因为交变量项在一个周期中的平均值为零。瞬时功率的平均值,称为平均功率,也称有功功率,常简称功率,用大写字母 P 表示,即 $P = UI$。根据上述电压和电流有效值关系,电阻功率的计算式也有三种形式,即

$$P = UI = I^2 R = \frac{U^2}{R} \tag{1-40}$$

在形式上与直流电路电阻功率的计算式完全相同。

电阻对电流产生阻力而消耗电能,并将其所消耗的电能全部转换为热能,这种能量形式的转换是不可逆的,电阻元件是耗能元件。

(二) 电感元件交流电路

1. 电压与电流之间的关系

在交流电路中的理想电感线圈 L,通过交流电流 i 时,将产生自感电动势 e_L,当 i 和 e_L

的参考方向一致时，$e_L = -L\frac{di}{dt}$。由于自感电动势的产生使线圈两端有了电压 u，在数值上 u 等于 e_L，但两者的方向总是相反的，如果设两者的参考方向相同，如 1-22(a) 所示，则 $u = -e_L$，即

$$u = -e_L = L\frac{di}{dt} \tag{1-41}$$

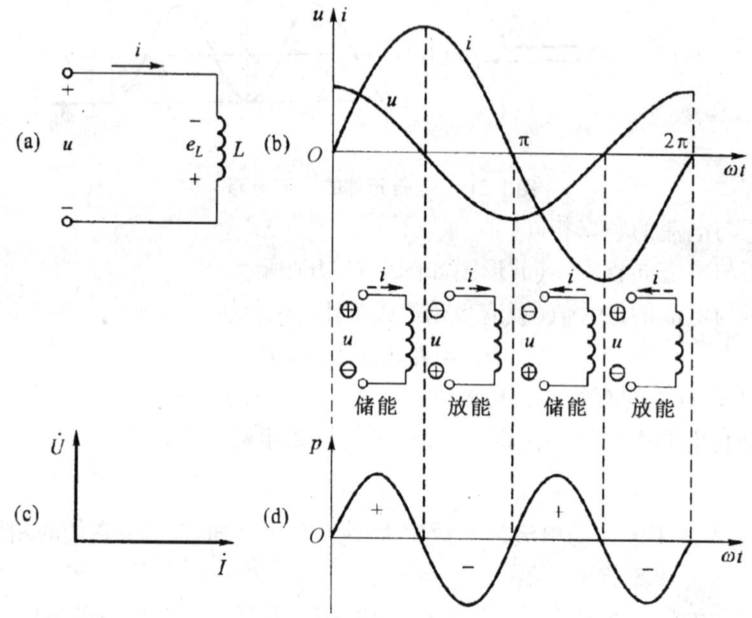

图 1-22　电感元件的交流电路

若选取电流为参考正弦量，则电流瞬时值关系式为 $i = I_m\sin\omega t$。

由式(1-41)，可得电压的瞬时值关系式

$$u = I_m\omega L\sin(\omega t + 90°) = U_m\sin(\omega t + 90°) \tag{1-42}$$

比较以上两式可知，电感元件交流电路中：

(1) 电压与电流的频率相同；

(2) 电压在相位上超前电流 90°，其波形图如图 1-22(b) 所示；

(3) 电压与电流的最大值(或有效值) 成正比，关系为：

$$U_m = I_m\omega L \text{ 或 } U = I\omega L \tag{1-43}$$

其比例常数 ωL 具有欧姆的单位，被称为感抗，用 X_L 表示，即

$$X_L = \omega L = 2\pi fL \tag{1-44}$$

上式中的感抗表示了在交流电路中电感元件对电流的阻碍作用。和电阻一样，它也具有限流和降压的作用，但它与电阻有本质的区别。电感 L 是电感线圈所固有的，而感抗则不是，只有在正弦交流电路中电感才呈现感抗，且感抗随频率而变。由式(1-44) 可见，感抗与频率成正比，频率越高对电流阻碍越大，对频率为零的直流，$X_L = 0$，即电感 L 在直流电路中视作短路。

根据电压和电流的有效值和初相位，画它们的相量图，如图1-22(c)所示。

同样根据它们的有效值和初相位，可写出其复数相量关系式，即

$$\dot{U} = jX_L\dot{I} \tag{1-45}$$

上式不仅表达了电压与电流的有效值大小关系，同时也表明了它们的相位关系。

2. 能量转换关系及功率

电感元件的瞬时功率：

$$p = ui = UI\sin2\omega t \tag{1-46}$$

其波形图如图1-22(d)所示。正半周与负半周的面积相等，故在一个周期中消耗的电能为零。所以电感的平均功率 $P = 0$。

由电压、电流和瞬时功率的波形图可见，当瞬时电压和电流同方向时，电感吸收电能($p > 0$)，将电能转换为磁场能；当两者方向相反时($p < 0$)，电感又将磁场能转换为电能返还给电源，在一个周期中两次吸收和两次放出的能量相等，故平均功率为零。所以理想电感元件不消耗电能，是一个储能元件。

在交流电路中，电感虽然没有消耗电能，但它与电源之间一直进行着能量的互换。这种能量互换的规模大小，用瞬时功率的最大值 UI 来衡量，称为无功功率，用 Q 表示，即

$$Q = UI = I^2X_L = \frac{U^2}{X_L} \tag{1-47}$$

无功功率的单位是乏(var)，或千乏(kvar)。

(三) 电容元件交流电路

电容器是由互相绝缘的平行板导体构成的。电容器带电时，两极板上储集有等量的反向电荷 q，因而两极间有电位差 U。

电容器极板上储集的电荷量 q 与其两端电压 U 成正比，其比例常数就是电容器的电容 C，即 $C = q/U$。电容 C 的大小表明了电容器储存电荷的能力，即在单位电压下极板上所储集的电荷量的多少。

电容的单位是法[拉](F)。法拉单位很大，故常用较小的单位微法(μF)和皮法(pF)。

电容的一个显著特点是，电容电压不能突变。电容电压的变化需要经历一个充电或放电的能量变化过程。当断开有电容的电路时，如果电容没有放电回路，它将保持在正常工作时所存储的电荷和电压。如果这种电压较高，人体触及时电容会通过人体放电，使人感到电击。所以尽管断开了电源，在操作或检修这种电路时，应对电容进行短路放电。

串联等效电容：串联等效电容的倒数等于各串联电容倒数之和，即$\frac{1}{C} = \frac{1}{C_1} + \frac{1}{C_2}$。

并联等效电容：并联等效电容等于各并联电容之和，即 $C = C_1 + C_2$。

当电容的标称电压低于电路电压时，也可用串联的方法解决耐压问题，但串联等效电容也应等于所要求的电容。

直流电解电容有(+)、(−)极性，极性接反电容将被击穿。

1. 电压与电流之间的关系

由于电容的电压与其极板上的电荷量成正比，即 $q = Cu$，当电容电压发生变化时，其

极板上的电荷量也随着发生变化，从而产生电容电流。当电压与电流的参考方向一致时（如图 1-23（a）所示），则电容电压与电流的关系为

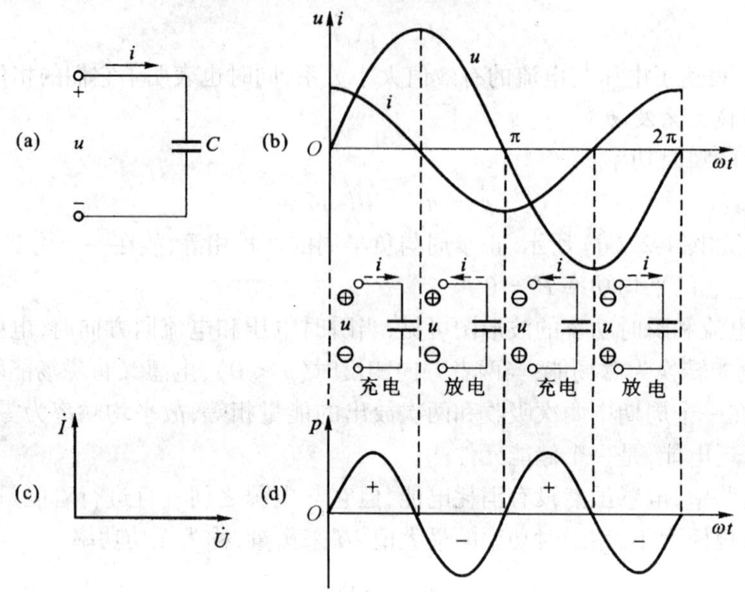

图 1-23　电容元件的交流电路

$$i = \frac{dq}{dt} = C\frac{du}{dt} \tag{1-48}$$

若选取电压为参考正弦量，则电压瞬时值关系式为 $u = U_m \sin\omega t$。

由式（1-48），可得电流的瞬时值关系式

$$i = U_m \omega C \sin(\omega t + 90°) = I_m \sin(\omega t + 90°) \tag{1-49}$$

比较以上两式可知，电容元件交流电路中：

（1）电压与电流的频率相同；

（2）电流在相位上超前电压 90°，其波形图如图 1-23（b）所示；

（3）电压与电流的最大值（或有效值）成正比，关系为

$$I_m = U_m \omega C \text{ 或 } I = U\omega C \tag{1-50}$$

即

$$\frac{U_m}{I_m} = \frac{1}{\omega C} \text{ 或 } \frac{U}{I} = \frac{1}{\omega C} \tag{1-51}$$

其比例常数$\frac{1}{\omega C}$具有欧姆的单位，被称为容抗，用 X_C 表示，即

$$X_C = \frac{1}{\omega C} = \frac{1}{2\pi f C} \tag{1-52}$$

上式中的容抗表示了在交流电路中电容元件对电流的阻碍作用。和电阻一样，它也具有限流和降压的作用，但它与电阻有本质的区别，电容 C 是电容器所固有的，而容抗则不是，容抗随频率而变。由式（1-52）可见，容抗与频率成反比，频率越低对电流阻碍越大，

对频率为零的直流，$X_C \to \infty$，即电容 C 在直流电路中视作开路。

根据电压和电流的有效值和初相位，画它们的相量图，如图 1-23(c) 所示。

同样根据它们的有效值和初相位，可写出其复数相量关系式，即

$$\dot{U} = -\mathrm{j}X_C\dot{I} \tag{1-53}$$

上式不仅表达了电压与电流的有效值大小关系，同时也表明了它们的相位关系。

2. 能量转换关系及功率

电容元件的瞬时功率：

$$p = ui = UI\sin 2\omega t \tag{1-54}$$

其波形图如图 1-23(d) 所示。正半周与负半周的面积相等，在一个周期中消耗的电能为零，所以电容的平均功率 $P = 0$。

由电压、电流和瞬时功率的波形图可见，当瞬时电压和电流同方向时，电容充电吸收电能($p > 0$)，将电能转换为电场能；当两者方向相反时($p < 0$)，电容放电又将电场能转换为电能返还给电源，在一个周期中两次吸收和两次放出的能量相等，故平均功率为零。所以理想电容元件不消耗电能，和电感元件一样也是一个储能元件。

在交流电路中，电容虽然没有消耗电能，但它与电源之间一直进行着能量的互换。这种能量互换的规模大小，也用无功功率 Q 表示，即用瞬时功率的最大值 UI 来衡量，即

$$Q = UI = I^2X_C = \frac{U^2}{X_C} \tag{1-55}$$

根据电感和电容的电压与电流的相位关系，当两者并联时有共同的电压而电流方向相反，当两者串联时有共同的电流其电压方向相反，即当其中之一吸收电能时，另一个在放出电能。通常把电感性无功功率 Q_L 取为正值，电容性无功功率 Q_C 取为负值。

（四）电阻、电感、电容串联交流电路

图 1-24 是电阻、电感和电容串联的一段交流电路，电路两端的电压为 u，串联各元件流过同一电流。可利用单一元件电路所得的结论来确定这样一个电路的电压 u 和电流 i 之间的大小、相位关系和电路的功率。

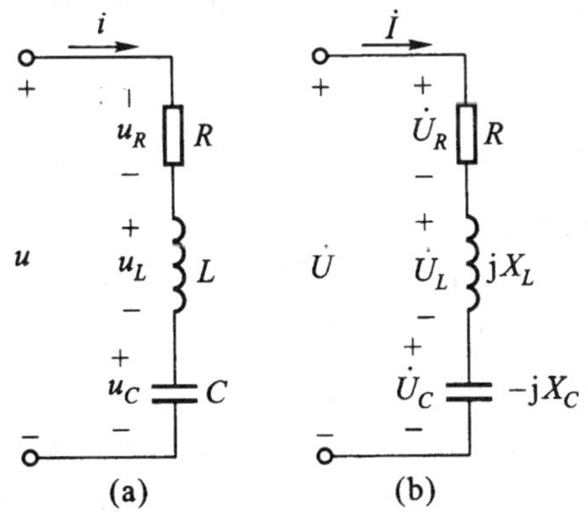

图 1-24　电阻、电感、电容串联交流电路

1. 电压与电流之间的关系

根据图中电流和各电压的参考方向和基尔霍夫电压定律，电路两端电压和各元件电

压的关系为

$$u = u_R + u_L + u_C \tag{1-56}$$

选取共同的电流为参考正弦量,即 $i = I_m \sin\omega t$。

根据前面 R、L、C 的电压与电流的相位关系可知,u_R 与 i 同相,u_L 比 i 超前 90°,u_C 比 i 滞后 90°,据此可画出电流和各电压的相量图,如图 1-25 所示。根据式(1-56),可用有向线段相量加法画出总电压相量,即

$$\dot{U} = \dot{U}_R + \dot{U}_L + \dot{U}_C \tag{1-57}$$

由图 1-25 可见,由于电感电压和电容电压反相,总的电抗电压相量 $\dot{U}_X = \dot{U}_L + \dot{U}_C$,电抗电压的有效值 $U_X = U_L - U_C$;$\dot{U}$、$\dot{U}_R$ 和 $\dot{U}_X$ 三个电压相量构成直角三角形关系,称为电压三角形。

(1) 电压与电流的有效值关系

由电压三角形可确定电路电压与电流的有效值关系,即

$$\begin{aligned} U &= \sqrt{U_R^2 + (U_L - U_C)^2} = \sqrt{(IR)^2 + (IX_L - IX_C)^2} \\ &= I\sqrt{R^2 + (X_L - X_C)^2} \end{aligned} \tag{1-58}$$

由上式可见,电压与电流有效值的比值具有欧姆的单位,称为电路的阻抗模,用 $|Z|$ 表示,即

$$|Z| = \sqrt{R^2 + (X_L - X_C)^2} \tag{1-59}$$

因此,电压与电流的有效值关系可写为

$$U = I|Z| \tag{1-60}$$

以上有效值关系式也具有欧姆定律的形式,电路的阻抗模 $|Z|$ 也有限流和降压的作用。由式(1-59)可看出,$|Z|$、R 和电抗 $X = (X_L - X_C)$ 三者也构成直角三角形关系,称为阻抗三角形。阻抗三角形与电压三角形是相似形,两者之间只差一个常量 I。

(2) 电压与电流的相位关系

电路电压与电流之间的相位关系,即电压与电流的相位差 φ,可由电压三角形或阻抗三角形确定,即

$$\varphi = \arctan\frac{U_L - U_C}{U_R} = \arctan\frac{X_L - X_C}{R} \tag{1-61}$$

由上述分析可见,电路电压与电流的大小关系和相位关系都与电路的频率 f 和电路的参数 R、L、C 有关。电压与电流的相位差 φ 决定于电路的频率 f 和电路负载的参数 R、L、C;当电路的频率一定时则只取决于电路的参数。

当 $X_L > X_C$ 时,$\varphi > 0$,即在相位上电流 i 比电路电压 u 滞后 φ 角,相当于 R、L 的串联电路。所以当电流滞后于电压时,就称这种电路为电感性电路。

当 $X_L < X_C$ 时,$\varphi < 0$,即电流 i 比电压 u 超前 $|\varphi|$ 角,相当于 R、C 串联电路,这时称它为电容性电路。

当 $X_L = X_C$ 时,$\varphi = 0$,即 i 与 u 同相位,相当于一个电阻 R 电路,故称电阻性电路。虽然此时的电抗电压 $U_X = U_L - U_C = 0$,电路电压全部落在电阻上,即 $U = U_R$,但此时电感

上电容的电压 U_L 和 U_C 可能很高。因为此时的电路阻抗模最小、电路电流 I 最大，如果 $X_L = X_C >> R$，则 $U_L = U_C >> U = U_R$，即电感或电容的电压远远超过电路的电压 U。所以当 R、L、C 串联的电路出现 $\varphi = 0$ 的情况时，就说电路发生了串联谐振。在电力工程中一般应避免发生这种过高谐振电压的情况，以防电感线圈和电容器的绝缘被击穿损坏。但在无线电工程中常利用串联谐振从电容或电感元件来获得较高的信号电压。如收音机的天线输入调谐电路，通过改变调谐电容使不同频率的信号发生谐振而被接收，使发生 $X_c = X_L$ 的频率称为谐振频率 f_0，即

$$f_0 = \frac{1}{2\pi\sqrt{LC}} \tag{1-62}$$

（3）电压与电流的复数相量关系

R、L、C 串联电路的电压与电流的大小和相位关系也可用复数相量确定，根据基尔霍夫电压定律和单一元件的电压与电流的复数相量关系，则

$$\dot{U} = \dot{I}[R + j(X_L - X_C)] = \dot{I}_Z \tag{1-63}$$

式中 $Z = R + j(X_L - X_C)$ 称为电路的阻抗，是一复数。阻抗的实部为电阻，虚部为电抗。阻抗的大小即为阻抗模 $|Z| = \sqrt{R^2 + (X_L - X_C)^2}$，反映了电压与电流之间的大小关系。阻抗的辐角 $\varphi = \arctan\frac{X_L - X_C}{R}$ 即为电路电压与电流的相位差。

2. 能量转换关系及功率

在 R、L、C 串联电路中，唯一消耗电能的是电阻 R。因此电路的平均功率（或有功功率）就是电阻的平均功率。根据电压三角形的关系，电路的平均功率为

$$P = U_R I = UI\cos\varphi \tag{1-64}$$

上式中的 $\cos\varphi$ 称为电路的功率因数，φ 称为功率因数角，也即电压与电流的相位差角或阻抗的辐角。与直流电路不同，计算交流电路和功率时必须考虑到功率因数。在同样的电压、电流下，电路的参数不同，功率因数不同，其有功功率和无功功率也不同。

电路的无功功率就是电抗 X 的无功功率，即

$$Q = U_X I = UI\sin\varphi \tag{1-65}$$

电路电压 U 与电流 I 的乘积，称为电路的视在功率，用 S 表示，即

$$S = UI \tag{1-66}$$

单位为伏安（VA）或千伏安（kVA）。交流电气设备都规定了长期安全运行的额定电压 U_n 和额定电流 I_n，因此其额定容量常用额定视在功率表示，即

$$S_n = U_n I_n \tag{1-67}$$

由上述各功率的关系式可看出，这三种功率之间也构成直角三角形，叫功率三角形。即

$$S = \sqrt{P^2 + Q^2} \tag{1-68}$$

功率三角形、电压三角形和阻抗三角形均为相似三角形（见图 1-26），用其中任一三角形都可计算功率因数（或功率因数角），即

$$\cos\varphi = \frac{R}{|Z|} = \frac{U_R}{U} = \frac{P}{S} \tag{1-69}$$

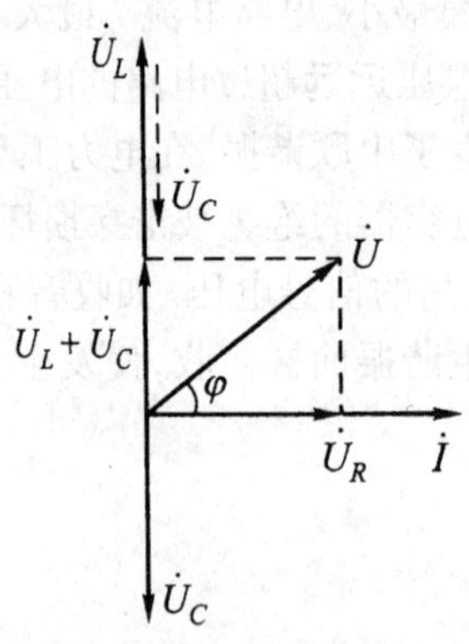

图 1-25　电压与电流的相量图

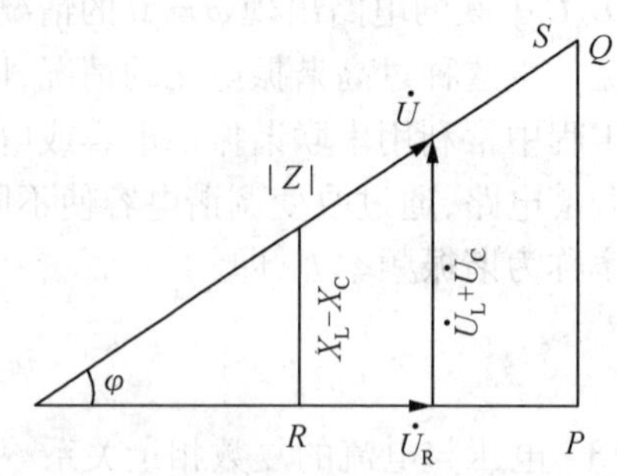

图 1-26　功率、电压、阻抗三角形

（五）功率因数的提高

1. 提高功率因数的意义

在直流电路中，功率仅与电流和电压的乘积有关，即

$$P = UI \tag{1-70}$$

在交流电路中，功率不仅与电流和电压的乘积有关，而且还与电压与电流之间的相位差 φ 有关，即

$$P = UI\cos\varphi \tag{1-71}$$

上式中的 $\cos\varphi$ 是电路中的功率因数。其大小决定于电路（负载）的参数。只有对电阻性负载（如白炽灯、电炉等），电流与电压同相，功率因数最高，$\cos\varphi = 1$。对纯电感（或纯电容）负载，电流比电压滞后（或超前）90°，功率因数最低，$\cos\varphi = 0$。对其他负载来说，其功率因数均介于 0 和 1 之间。

当电压与电流有相位差时，即功率因数不等于 1，电路中发生能量互换，出现无功功率，这样就引起了下面两个问题：

（1）发电设备的容量不能充分利用

$$P = U_n I_n \cos\varphi \tag{1-72}$$

由上式可见，当负载的功率因数 $\cos\varphi < 1$ 时，而发电机的电压和电流又不允许超过额定值，显然发电机所能发出的有功功率就减小了。功率因数越低，发电机所发出的有功功率就越小，而无功功率就越大，即电路中能量互换规模越大，则发电机发出的能量就不能被充分利用，其中一部分在发电机与负载之间进行互换。

例如某台船用发电机，容量为 500 kVA，若功率因数 $\cos\varphi = 1$，即最多能输出 500 kW 的有功功率，若功率因数 $\cos\varphi = 0.7$，就最多只能输出 350 kW 的有功功率，少输出 150 kW，即发电机的容量不能充分利用。

（2）增加线路和发电机绕组的功率损耗

当发电机的电压 U 和输出的功率 P 一定时，电流 I 与功率因数 $\cos\varphi$ 成反比，而线路和发电机绕组上的功率损耗 ΔP 则与功率因数 $\cos\varphi$ 的平方成反比，即

$$\Delta P = I^2 r = \left(\frac{P^2}{U^2} r\right) \frac{1}{\cos^2\varphi} \tag{1-73}$$

式中的 r 是发电机绕组和线路总的等效电阻。

由于实际用电设备多为电感性的，如船舶中拖动各类泵的异步电动机、日光灯等，其功率因数也较低，如异步电动机的功率因数在0.7～0.9之间，空载和轻载时更低，日光灯的功率因数也只有0.5左右。所以造成供电线路总的负载功率因数不高的根本原因是大量电感性负载的存在，电源与负载之间存在能量互换。要提高功率因数就要减少电源与负载之间的能量互换。但是负载的功率因数的大小是由用电设备本身所决定的，是不能改变的，它们所需要的无功功率也必须得到满足。因此提高功率因数是指提高电网的功率因数。提高电网的功率因数对国民经济的发展有着极为重要的意义。功率因数的提高，能使发电设备的容量得到充分利用，同时也能使电能得到大量节约。也就是说，在同样的发电设备的条件下能多发电。

需要注意的是，提高功率因数的同时，既要减小电源与负载之间无功电流，使供电设备的供电能力得以充分利用和减小功率损耗，又要能就地满足电感性负载所需的无功功率。

按照供用电规则，高压供电的工业企业的平均功率因数不得低于0.95，一般企业不得低于0.9，对于船舶电网的平均功率因数也不能太低，所以要采取措施提高功率因数。

2. 提高功率因数的方法

提高功率因数最常用的方法，就是与电感性负载并联电容器，如图1-27(a)所示。$R-L$ 串联支路是电感性负载的等效电路。负载的电流滞后于电压 φ_1 角度，电容支路的电流超前于电压90°，电压与电流的相量图如图1-27(b)所示。在未并联电容之前，电路(即供电线路)的电流就等于负载电流，线路功率因数也等于负载的功率因数 $\cos\varphi_1$，并联电容后，因电压和电感性负载的参数 R 和 L 均未改变，所以负载电流 i_1 和负载功率因数 $\cos\varphi_1$ 也不会改变，即

$$I_1 = \frac{U}{\sqrt{R^2 + X_L^2}}, \cos\varphi_1 = \frac{R}{\sqrt{R^2 + X_L^2}} \tag{1-74}$$

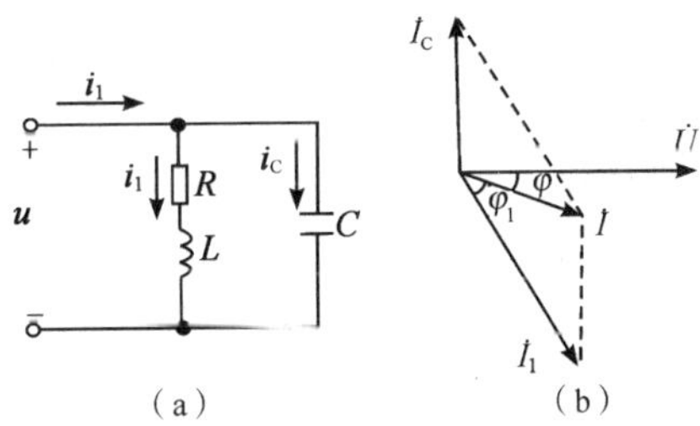

图1-27　功率因数的提高

但是电路的电流 $\dot{I} = \dot{I}_1 + \dot{I}_C$ 减小了，线路功率因数 $\cos\varphi$ 提高了，如1-27(b)相量图所示。这是由于电感性负载的滞后无功电流 $I\cos\varphi_1$ 的绝大部分被超前于电压90°的电容无功电流所抵消。

由于超前无功电流与滞后无功电流任何瞬时都方向相反，当电容放出电能时电感在吸收电能，或者与此相反，即电感性负载与电源之间互换的能量部分由电容代替，就地由

电容向电感性负载提供部分的无功功率,从而减少了电源与负载之间的能量互换。

由于电容的平均功率为零,故并联电容后电路的有功功率仍然等于电感性负载功率 P,即

$$P = UI\cos\varphi = UI_1\cos\varphi_1 \tag{1-75}$$

三、三相交流电源基本概念

(一)三相对称正弦交流电源

无论在陆地还是在船舶上,在生产上广泛采用三相交流电,三相电源连接三相负载构成三相电路。

三相交变电动势是由三相同步发电机产生的,图 1-28 是其原理图。它的定子和转子铁芯构成磁路,转子绕组通入直流电产生恒定磁场,并使磁感应强度沿气隙圆周按正弦规律分布。在沿定子铁芯内圆周分布的槽中,依次嵌放三组完全相同的三相电枢绕组。三相绕组的首端分别标以 U_1、V_1、W_1,尾端标以 U_2、V_2、W_2。三相绕组的安放位置使三个首端 U_1、V_1、W_1 之间依次相差 120°。当转子磁极在原动机的拖动下旋转时,正弦分布的磁场切割三相绕组,便在三相绕组中产生正弦感应电动势。

由于磁场对三相绕组的切割速率相同、各绕组匝数和结构相同,故三相感应电动势的频率和幅值相等。如果规定各绕组的电动势参考方向是由绕组的尾端指向首端的方向,则三相绕组的电动势依次相隔 120° 达到正的最大值,即在相位上依次相差 120°。所以三相同步发电机所产生的是频率相同、幅值相等、相位差互差 120° 的电动势,称为三相对称电动势。由于三相绕组对称,故三相绕组上的电压也是三相对称电压,如图 1-29 所示。

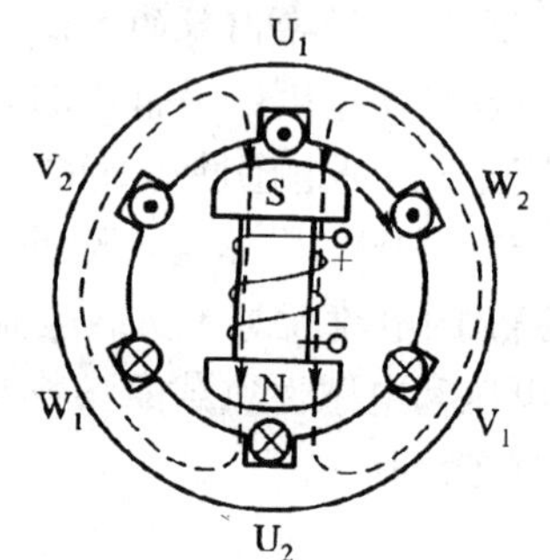

图 1-28　三相交流发电机原理图

如图 1-28 中转子顺时针方向旋转,则达到正的最大值的顺序为 $u_1 \to u_2 \to u_3$。三相交流电达到正的最大值的顺序称为相序。若规定 $u_1 \to u_2 \to u_3$ 的顺序为正相序,则相反的顺序 $u_1 \to u_3 \to u_2$ 即为逆相序或负相序。当船舶靠码头接岸电时,要确保相序一致,否则船舶所有电动机都会反转。

若取 u_1 为参考正弦量,则对称三相电压可用正弦函数表示如下,即

$$\begin{cases} u_1 = U_m\sin\omega t \\ u_2 = U_m\sin(\omega t - 120°) \\ u_3 = U_m\sin(\omega t - 240°) = U_m\sin(\omega t + 120°) \end{cases} \tag{1-76}$$

其相量表示式如下,即

$$\begin{cases} \dot{U}_1 = U\angle 0° = U \\ \dot{U}_2 = U\angle -120° = U(-\frac{1}{2} - j\frac{\sqrt{3}}{2}) \\ \dot{U}_3 = U\angle 120° = U(-\frac{1}{2} + j\frac{\sqrt{3}}{2}) \end{cases} \tag{1-77}$$

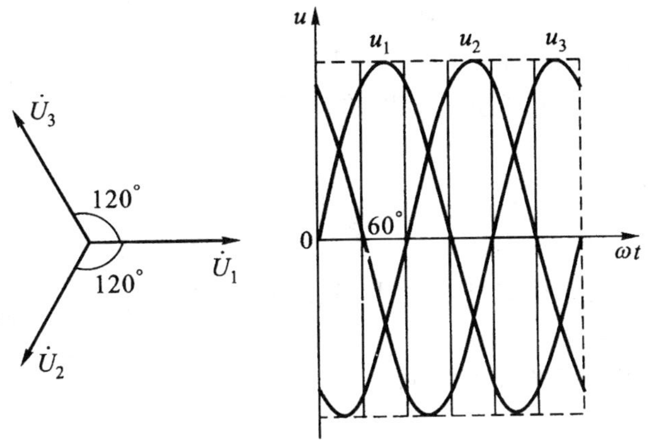

图 1-29 三相对称电压

根据以上两式，对称三相电动势也可用波形图和相量图表示，如图 1-29 所示。

由式(1-76)、式(1-77) 或图 1-29 均可以证实，对称三相交流电瞬时值或相量之和为零，即

$$u_1 + u_2 + u_3 = 0 \text{ 或 } \dot{U}_1 + \dot{U}_2 + \dot{U}_3 = 0 \tag{1-78}$$

(二) 三相电源的星形接法

发电机的三个独立的电枢绕组通常采用星形(或 Y) 连接(图 1-30)，即将三相绕组的三个尾端 U_2、V_2、W_2 连接在一起，该连接点称为中心点和零点，用 N 表示。从中点引出的导线称为中线或零线。从首端 U_1、V_1、W_1 引出的三根导线称为端线或相线，俗称火线。

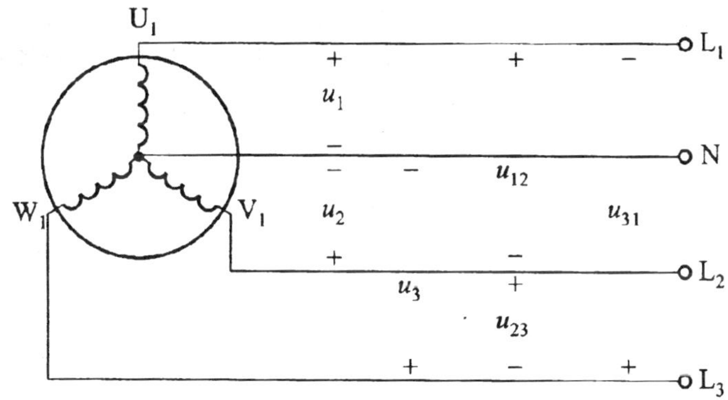

图 1-30 三相电源的星形连接

每相火线与中点(或中线) 之间的电压称为相电压，三个相电压有效值分别用 U_1、U_2、U_3 表示，相电压的参考方向从火线指向中线，其一般有效值用 U_P 表示。火线与火线之间的电压称为线电压，三个线电压有效值分别用 U_{12}、U_{23}、U_{31} 表示，线电压的参考方向从前一下标指向后一下标，其一般有效值用 U_L 表示。

电源(发电机或电力变压器) 的三相绕组星形连接并引出中线，可作为三相四线制供电系统的电源，对外提供两种电压，即线电压和相电压。星形连接无中线可作为三相三线

制供电系统的电源，对外只提供一种电压，即线电压。由于三个相电压是对称的，根据基尔霍夫电压定律，由图 1-31 相量图，可得三个线电压也是对称的。所以 $U_{12} = U_{23} = U_{31} = U_L$。

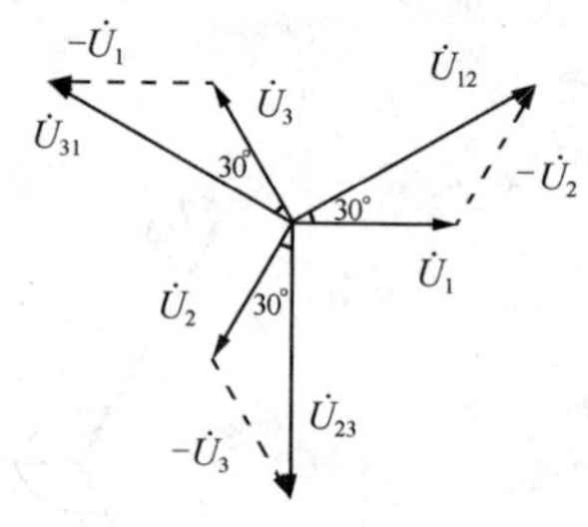

图 1-31　三相绕组星形连接时相电压与线电压的相量图

线电压与相电压有效值关系是：

$$U_L = \sqrt{3} U_P \tag{1-79}$$

线电压与相电压的相位关系是：线电压超前于相应的相电压 30°。

例如，目前国产船舶或陆地上常用的三相电源，其线电压 U_L = 380 V，则相电压 $U_P = U_L/\sqrt{3}$ = 220 V，而美国、日本等一些国家的船舶，其线电压为 440 V，相电压为 254 V。

三相电源（发电机和变压器）也有三角形（Δ）连接的，前一相的尾端与后一相的首端连接，由三个连接点引出三条端线，对外只提供线电压，可作为三相三线制供电系统的电源。作为电力发电机很少采用三角形连接。

四、三相负载的连接方式

三相负载也有星形和三角形两种连接方式。三相负载中有单相用电设备和三相用电设备，根据用电设备的额定电压和三相电源电压的不同情况，分为负载或星形连接或三角形连接。低压三相四线制系统提供 380 V 的线电压和 220 V 的相电压。照明和家用电器类的单相用电设备的额定电压为 220 V，应接在火线与中线之间，如图 1-32 所示。并且所有单相用电设备应尽可能均匀分配到三相中，这就构成了星形连接的三相负载。对于 380 V 的三相交流电动机，当它的每相绕组的额定电压等于 380 V 时，其三相绕组应采用三角形连接，若其每相绕组的额定电压等于 220 V 时，应采用星形连接，然后再与电源的三根火线连接。

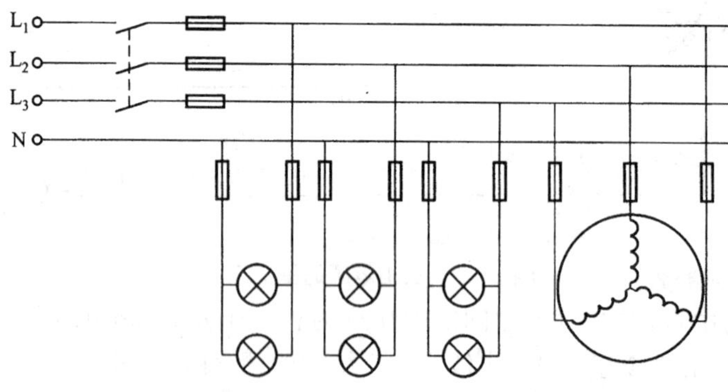

图 1-32　电灯与电动机的星形连接

三相负载接通电源后就有三相电流，流经连接电源的端线上的电流称为线电流 I_L，流经每一相负载电流称为相电流 I_P。由于三相电路的每一相就是一个单相电路，因此前面关于单相电路的电压与电流的大小、相位和功率关系及分析方法均适用于三相的每一相。但

是三相负载电路还有相电压、线电压、相电流、线电流的大小、相位和功率之间的关系问题。

对某一三相负载,若同时满足

$$R_1 = R_2 = R_3, X_1 = X_2 = X_3 \tag{1-80}$$

则 $Z_1 = Z_2 = Z_3$,称为三相对称负载,否则称为三相不对称负载。三相对称负载也必定同时满足 $|Z_1| = |Z_2| = |Z_3|$ 和 $\varphi_1 = \varphi_2 = \varphi_3$。

(一) 三相负载星形连接

图 1-33 表示三相负载星形连接的三相四线制电路。每相负载阻抗分别为 Z_1、Z_2 和 Z_3。各电压和电流的参考方向如图所示。

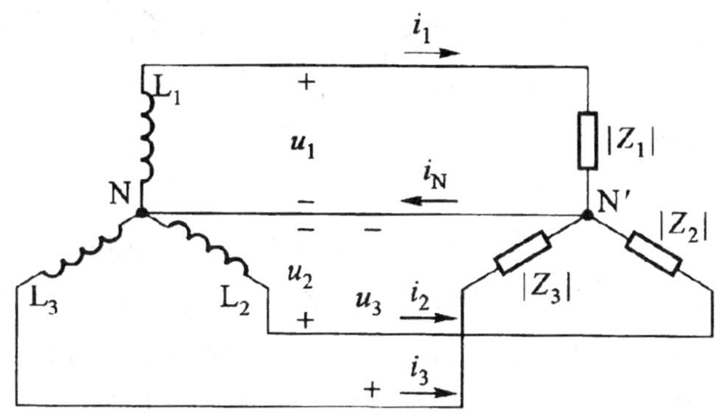

图 1-33　负载星形连接的三相四线制电路

星形连接负载的相电流等于线电流:

$$I_P = I_L \tag{1-81}$$

因星形连接有中线,负载的相、线电压分别与电源的对应电压相等,所以负载的相电压与线电压的有效值关系为

$$U_P = U_L / \sqrt{3} \tag{1-82}$$

根据单相电路的分析方法,每相负载的电压与电流的有效值关系分别为

$$\dot{I}_1 = \frac{\dot{U}_1}{Z_1}, \dot{I}_2 = \frac{\dot{U}_2}{Z_2}, \dot{I}_3 = \frac{\dot{U}_3}{Z_3} \tag{1-83}$$

每相负载的电压与电流的相位差分别为

$$\varphi_1 = \arctan\frac{X_1}{R_1}, \varphi_2 = \arctan\frac{X_2}{R_2}, \varphi_3 = \arctan\frac{X_3}{R_3} \tag{1-84}$$

根据图中各电流的参考方向和基尔霍夫电流定律,则中线电流为

$$\dot{I}_N = \dot{I}_1 + \dot{I}_2 + \dot{I}_3 \tag{1-85}$$

中线电流的参考方向由 N' 指向 N 点。

如果三相负载对称,如图 1-34 所示,则三相电流也对称,各相电流的大小及各相电压与电流的相位关系完全相同,如图 1-35,即

$$I_1 = I_2 = I_3, \varphi_1 = \varphi_2 = \varphi_3 \tag{1-86}$$

由于在任何瞬时对称三相电流的瞬时值或相量之和都等于零,故星形连接对称三相负载

的中线电流等于零,即

$$\dot{I}_N = \dot{I}_1 + \dot{I}_2 + \dot{I}_3 = 0 \tag{1-87}$$

所以对称三相负载可以取消中线,即成了三相三线制,如图 1-34 所示。如三相交流电动机是对称三相负载,采用星形连接时只需要接三根火线,不需要接中线。

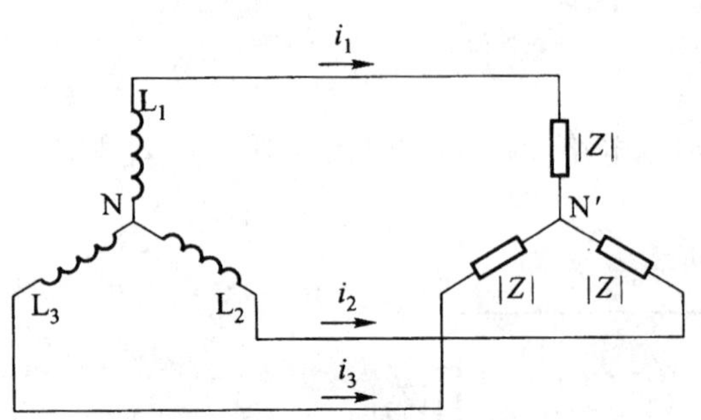

图 1-34 对称负载星形连接三相三线制电路

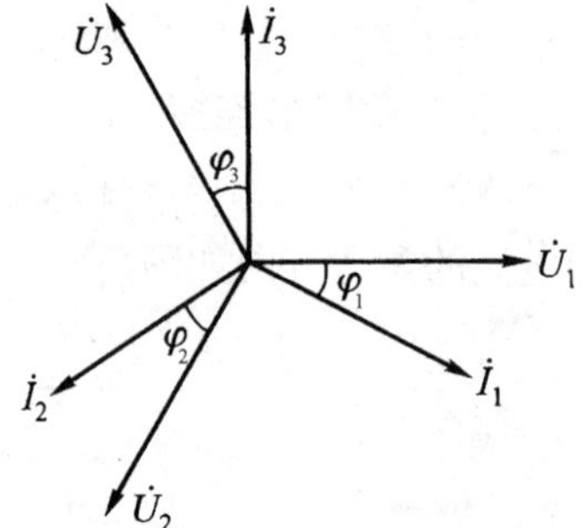

图 1-35 对称负载星形连接时电压和电流相量图

不对称星形连接的三相负载若断开中线,将造成三相相电压不对称,相电压与线电压之间不再保持$\sqrt{3}$ 的关系,会引起有的相电压过高,高于负载的额定电压,有的相电压过低,低于负载的额定电压,这将使负载不能正常工作,甚至烧坏负载,是不允许的。

所以中线的作用就是使星形连接的不对称三相负载有对称的相电压,中线(指干线)不得接入熔断器或开关。

(二)三相负载三角形连接

图 1-36 为三角形连接的三相负载电路,每相负载均接在两根端线之间,负载的相电压也就是它的线电压,即 $U_P = U_L$,故不论三相负载是否对称,负载的相电压总是等于三相电源的对称电压,但三角形连接的线电流不等于相电流,即 $I_P \neq I_L$。

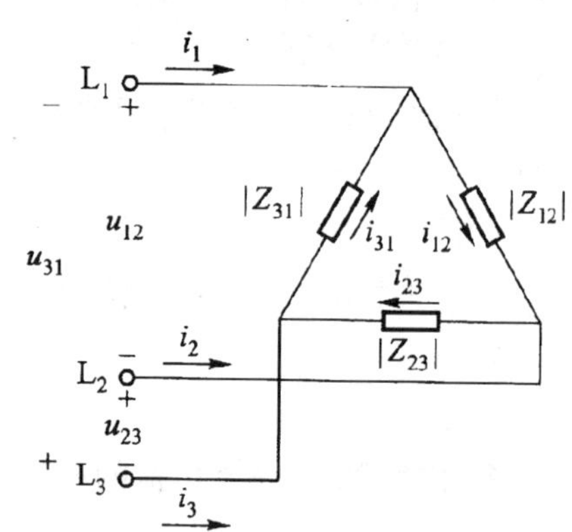

图 1-36 负载的三角形连接

各电流参考方向与对称三相电压的参考方向一致,根据基尔霍夫电流定律,则线电流与相电流的关系为

$$\begin{cases} \dot{I}_1 = \dot{I}_{12} - \dot{I}_{31} \\ \dot{I}_2 = \dot{I}_{23} - \dot{I}_{12} \\ \dot{I}_3 = \dot{I}_{31} - \dot{I}_{23} \end{cases} \tag{1-88}$$

当三相负载对称时,则各相电流有效值相等,每相电压与电流的相位差相同,即

$$I_{12} = I_{23} = I_{31} = I_P = \frac{U_P}{|Z|} \tag{1-89}$$

$$\varphi_{12} = \varphi_{23} = \varphi_{31} = \arctan\frac{X}{R} \tag{1-90}$$

故三角形连接对称负载的三相电流为对称三相电流。根据线电流与相电流的相量关系式，用相量图求得的线电流也是对称的三相电流，如图 1-37 所示。

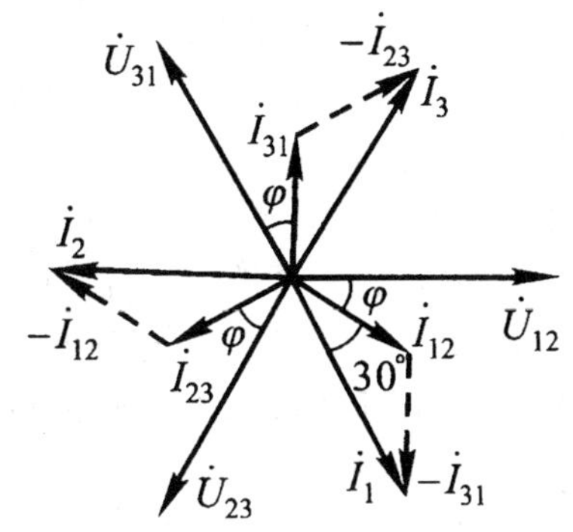

图 1-37　对称负载三角形连接时电压和电流相量图

在相位上：线电流落后于相应的相电流 30°；

有效值关系：线电流是相电流的$\sqrt{3}$ 倍，即

$$I_L = \sqrt{3}I_P \tag{1-91}$$

如果三相负载不对称，由相电流和线电流均为不对称电流，它们之间也就不存在 30° 的相位关系和$\sqrt{3}$ 倍的有效值关系。

（三）三相交流电路功率的计算

不论负载是星形连接或是三角形连接，也不论负载是否对称，三相总的有功功率应等于三个单相功率之和，每相的功率等于其相电压、相电流和该相功率因数的乘积。

当负载对称时，各相的有功功率相等，则三相总功率为

$$P = 3U_PI_P\cos\varphi \tag{1-92}$$

由于相电压和相电流不便于测量，故常用线电压和线电流计算三相功率。由于负载对称，星形连接时：$U_P = \frac{U_L}{\sqrt{3}}$，$I_P = I_L$；三角形连接时：$U_P = U_L$，$I_P = \frac{I_L}{\sqrt{3}}$。

代入式(1-92) 中，则不论是星形连接或是三角形连接，只要负载对称都是可用下式计算三相电功率，即

$$P = \sqrt{3}U_LI_L\cos\varphi \tag{1-93}$$

上式中 φ 的角仍为相电压与相电流之间的相位差。

同理，可导出三相负载的无功功率和视在功率，即

$$Q = \sqrt{3}U_LI_L\sin\varphi \tag{1-94}$$

$$S = \sqrt{3}U_LI_L \tag{1-95}$$

第三节　电与磁

电磁现象是客观存在的。很多电气设备，如发电机、电动机、变压器、继电器、接触器和电工仪表等都是利用电与磁的互相转化、互相作用而进行工作的。为了更好地管理、使用和维护各种船用电气设备，我们对于磁场的基本概念、电与磁的互相转化和互相作用应有基本的了解。

一、磁场的基本概念

(一)磁场及磁力线

磁铁与磁铁之间有力的作用,磁铁对周围的铁屑有力的作用,磁铁对载流导线有力的作用,平行载流导线之间也有力的作用,这些都是磁现象。这些作用力称为磁力,有这种作用力的空间范围就是磁场。

在磁场中不同的点所表现的磁力强弱不同、作用方向不同,磁场中小磁针 N 极所指的方向即为该点磁场的方向。磁场常用磁力线(或称磁感应线)来描述,如图 1-38 所示。磁力线是无头无尾的空间闭合回线,用磁力线的疏密表示磁场的强弱,用磁力线的方向表示磁场的方向。磁力线任一点的切线方向即为该点的磁场方向。磁铁的磁力线是经磁铁内部并通过周围空间而闭合,其磁力线方向规定:在磁铁外部是由 N 极到 S 极的方向,在磁铁内部是由 S 极到 N 极的方向。

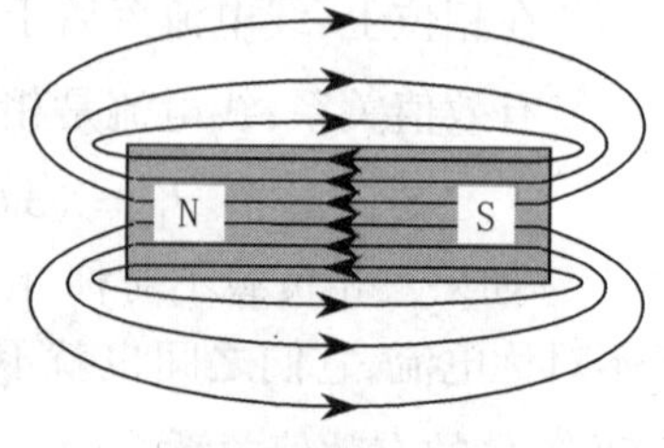

图 1-38 用磁力线表征磁场

(二)磁场的基本物理量

1. *磁感应强度 B 和磁通 Φ*

磁感应强度 B 是用来表示磁场内某点的磁场强弱及方向的物理量,它是一个矢量。如果磁场内各点的磁感应强度大小相等、方向相同,则这种磁场称为均匀磁场。

磁通 Φ 是穿过某一截面 S 的磁感应强度 B 的通量(即磁力线数)。若截面 S 与磁感应强度 B 互相垂直,则

$$B = \Phi/S \tag{1-96}$$

对于非均匀磁场,上式中的 B 可取 S 面内的平均值。磁感应强度 B 在数值上等于穿过垂直于磁场方向上的单位面积上的磁通,故又称它为磁通密度。

在国际单位制(SI) 中,磁通的单位为韦伯(Wb);磁感应强度的单位是特斯拉(T),$1\ \mathrm{T} = 1\ \mathrm{Wb/m^2}$。在电磁单位制中,磁通的单位是麦克斯韦($M_X$),磁感应强度的单位是高斯($G_S$)。与国际单位的换算关系是:$1\ \mathrm{Wb} = 10^8\ M_x$ 和 $1\mathrm{T} = 10^4\ \mathrm{Gs}$。

2. *磁导率(或导磁系数) 和磁场强度*

磁导率 μ 是表示磁场媒质磁性的物理量,即用来衡量物质导磁能力的物理量。磁感应强度 B 的大小与磁场中的媒质有关,磁场中媒质被磁化可产生附加磁场,因此在同样磁化电流的作用下,磁场中各点的磁感应强度 B 则因媒质 μ 的不同而不同。磁感应强度与磁导率 μ 的关系为

$$B = \mu H \tag{1-97}$$

其中 H 是只与产生磁场的电流有关而与磁场中媒质无关的物理量,称为磁场强度。

在国际单位制中,磁场强度的单位是安/米(A/m);磁导率的单位是亨/米(H/m)。真空的磁导率:$\mu_0 = 4\pi \times 10^{-7}\mathrm{H/m}$。任一物质的磁导率 μ 与真空的磁导率 μ_0 之比 $\mu_r = \mu/\mu_0$,称为该物质的相对磁导率 μ_r。

二、电磁感应定律

（一）电流的磁效应

本质上，一切磁现象都起源于电荷的运动或电流。有电流就必然在其周围伴随有环绕电流的磁场，这就是电流的磁效应。

电流的方向与磁场的方向由右手螺旋定则确定，如图 1-39 所示。在通电直导体中，大拇指表示电流方向，四指表示磁场方向。在通电线圈中，四指表示电流方向，大拇指表示磁场方向。

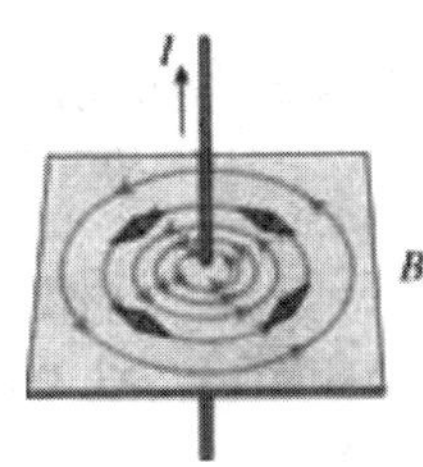

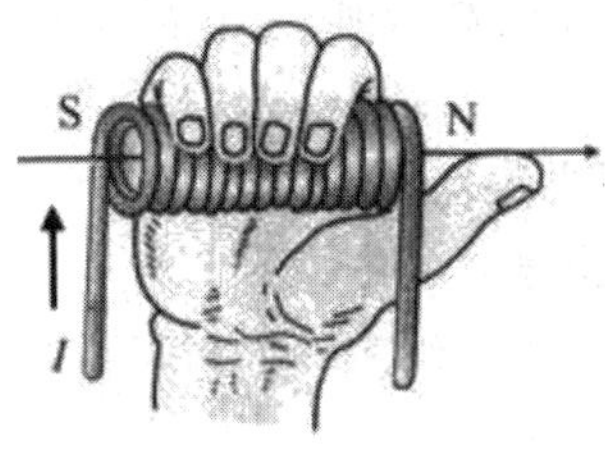

图 1-39　右手螺旋定则

（二）电流在磁场中的力效应

电流产生磁场是电流的磁效应，而电流在磁场中受到力的作用是电流的力效应。由于电流的力效应，从而使载流导体在磁场中受到力的作用，如图 1-40 所示。载流导体在磁场中受力的方向可由左手定则确定：伸平左手，拇指与四指垂直，让磁力线从掌心穿入，四指指向电流方向，则拇指为载流导体的受力方向，如图 1-41 所示。磁场对载流导体的作用力可由安培定律确定。

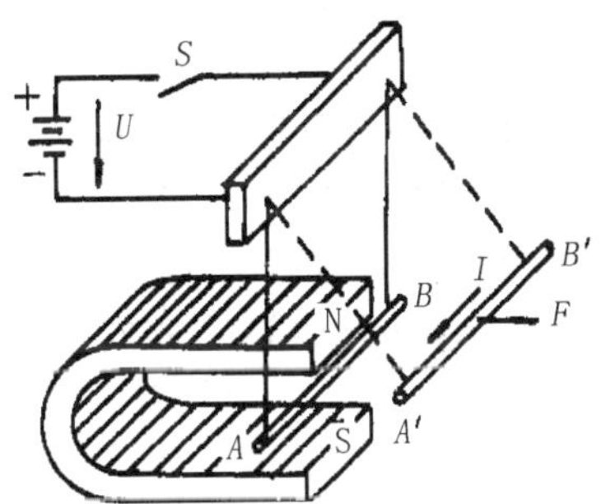

图 1-40　载流导体在磁场中受力

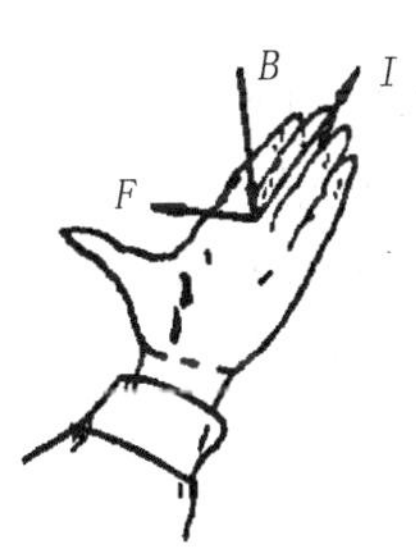

图 1-41　左手定则

安培定律：当载流直导体与磁场方向垂直时，载流导体受力 F 与载流导体所在处的磁感应强度 B（$\mathrm{Wb/m^2}$）、载流导体电流 I（A）以及载流导体在磁场中的有效长度 l（m）三者的乘积成正比，即

$$F = BlI(\mathrm{N}) \tag{1-98}$$

当载流直导体与磁场方向之间的夹角不是 $\alpha = 90°$ 的垂直关系（$\alpha < 90°$）时，如图 1-42 所示，则其受力为

$$F = BlI\sin\alpha(\mathrm{N}) \tag{1-99}$$

可见,互相垂直($\alpha = 90°$)时受力最大,互相平行($\alpha = 0°$)时受力最小($F = 0$)。

两平行载流导体之间的作用力:每一个载流导体都产生磁场,各自的磁场方向都用右手螺旋关系确定;而每一个载流导体又都处于另一载流导体的磁场中,因而都受到力的作用,载流导体受力的方向用左手定则确定。因而两电流同方向的平行载流导体之间产生互相吸引的作用力,两电流方向相反则产生互相排斥的作用力,如图 1-43 所示。

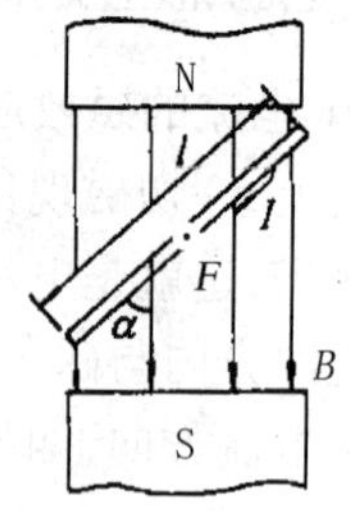

图 1-42　导体与磁场不垂直时受到的电磁力

(三)电磁感应

1. 直导体的感应电动势

当导体与磁力线之间有相对切割运动时,在导体中就

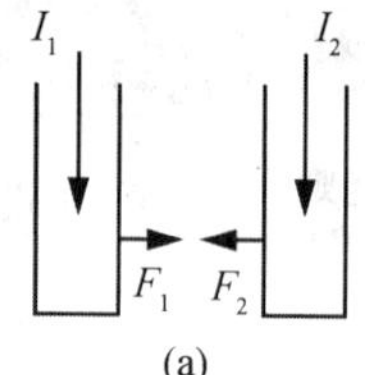

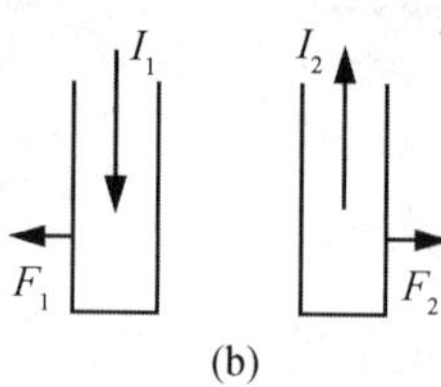

图 1-43　两平行载流导体之间电磁力

产生感应电动势,这种感应电动势常被称为切割电动势或旋转电动势。当导体垂直于磁场方向运动时,感应电动势e的大小与导体处的磁感应强度B、导体在磁场中的长度l和导体与磁场的相对切割线速度v(m/s)三者的乘积成正比,即

$$e = Blv \tag{1-100}$$

上式右边三个物理量乘积的物理意义是相对运动导体单位时间切割的磁力线数(或磁通切割率),所以感应电动势与单位时间切割的磁力线数成正比。

感应电动势的方向用右手定则确定:伸平右手,拇指与四指垂直,让磁力线从掌心穿入,拇指指向导体相对于磁场的运动方向,则四指指向感应电动势的方向,如图 1-44 所示。

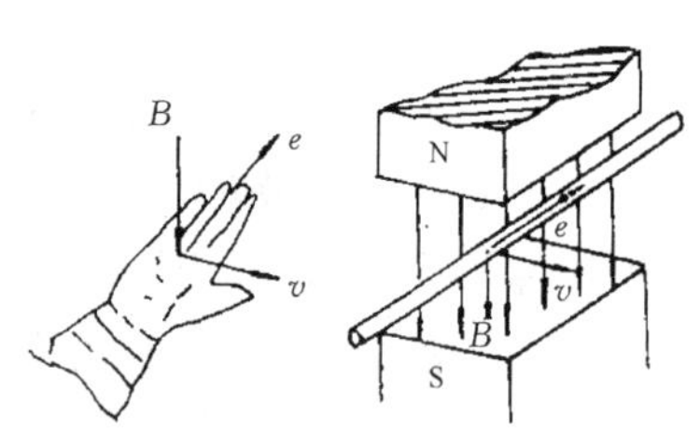

图 1-44　直导体中的感应电动势

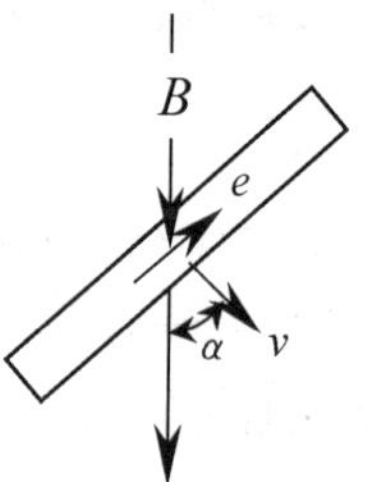

图 1-45　导体运动方向与磁场不垂直时受到的感应电动势

当载流直导体的运动方向与磁场方向之间的夹角不是 $\alpha=90°$ 的垂直关系($\alpha<90°$)时,如图 1-45 所示,则其感应电动势为

$$e=Blv\sin\alpha(\mathrm{V}) \tag{1-101}$$

2. 线圈的感应电动势

根据电磁感应定律,当穿过线圈的磁通量发生变化时,在线圈中产生感应电动势,感应电动势 e 的大小与磁通的变化率(即单位时间磁通的变化量,$\mathrm{d}\Phi/\mathrm{d}t$) 成正比,与线圈匝数 N 成正比,即

$$e=N\left|\frac{\mathrm{d}\Phi}{\mathrm{d}t}\right| \tag{1-102}$$

感应电动势的方向由楞次定律确定。

楞次定律的一般表述:感应电动势及其感应电流具有确定的方向,这个方向就是使感应电流能够反抗任何引起感应电动势的原因。这里引起感应电动势的原因是穿过线圈的磁通发生变化,则感应电动势引起的电流(常称为楞次电流) 所产生的磁通去反抗线圈中磁通的变化。

如图 1-46 所示,当线圈向左运动时,穿过线圈的磁通 Φ_1 增加,则楞次电流磁通 Φ_2 将与穿过线圈的磁通方向相反,反抗磁通的增加;若线圈磁通减少,则楞次电流磁通与穿过线圈的磁通方向相同,反抗其减少。因此可根据穿过线圈磁通的方向和磁通的变化趋势来确定楞次电流磁通的方向,由楞次电流磁通的方向用右手螺旋关系来确定楞次电流和感应电动势的方向。

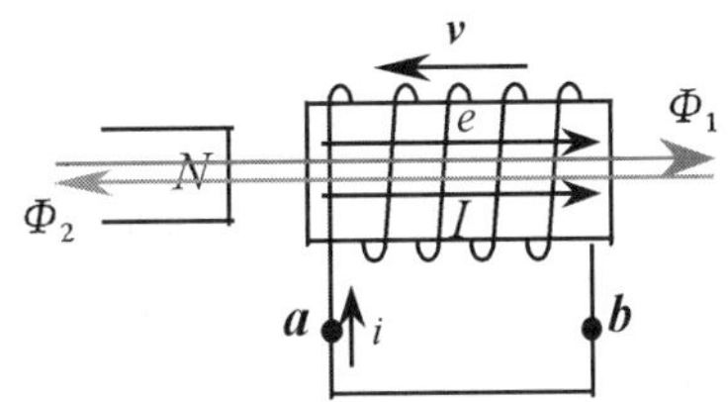

图 1-46　感应电动势方向的确定

由于感应电动势只有两个可能的方向,因此可用数学的“+、-”号加以区别。当设定感应电动势 e 的参考方向与线圈内的磁通参考方向为右手螺旋关系时,则感应电动势的大小和方向的数学表示式为

$$e=-N\frac{\mathrm{d}\Phi}{\mathrm{d}t} \tag{1-103}$$

上式中的负号就是在设定了参考方向关系的前提下由楞次定律确定的。所以首先应标明 e 和 Φ 的右手螺旋参考方向关系,然后根据上式 e 的正、负来确定 c 的实际方向。例如右手拇指为线圈内的磁通参考方向,则弯曲的四指为线圈感应电动势的参考方向。当线圈内的磁通增加(即 $\mathrm{d}\Phi/\mathrm{d}t>0$) 时,根据上式 e 为负值,即 e 的实际方向与其参考方向相反,此时与 e 同方向的楞次电流所产生的磁通与穿过线圈的磁通方向相反,是反抗磁通增加的。若磁通减少($\mathrm{d}\Phi/\mathrm{d}t<0$),$e$ 为正值,即 e 的实际方向与它的参考方向一致,此时楞次电流磁通与线圈磁通参考方向一致,反抗线圈磁通的减少。

3. 自感现象及线圈的电感 L

只要穿过线圈的磁通有变化就在线圈中产生感应电动势,而不管变化磁通的来源如何,这是电磁感应定律。

当由于通过线圈本身的电流及其所产生的磁通 Φ 发生变化而在线圈中引起的感应电动势,称为自感电动势 e_L,这种现象称为自感现象。自感电动势 e_L 的大小和方向同样用

式(1-103)确定。但由于磁通 Φ 是由线圈本身电流 i 产生的,故线圈的总磁通链 $N\Phi \propto i$,其比例常数用 L 表示,即

$$L = N\Phi / i \tag{1-104}$$

L 称为自感系数,简称电感。上式表明,一个线圈电感 L 的大小可用在线圈中通入单位电流所能产生的磁通链的多少来衡量。电感 L 表明一个通电线圈产生磁通的能力,它与线圈的匝数 N、几何尺寸和形状等有关,当这些因素固定不变时,则线圈的电感 L 就是一个固有常数。

由于任何一个导体或电线通过电流时都产生磁通,故它们都有一定的电感 L,电感 L 是电路的理想电感元件,实际电感线圈因有导线电阻 R,故其电路模型用 $R-L$ 串联表示。

电感 L 的单位是亨利(H),常用的小单位有毫亨(mH)和微亨(μH)。

当设定自感电动势与线圈电流的参考方向一致时,则根据式(1-103)和式(1-104),确定自感电动势大小和方向的表示式为

$$e = -\frac{\mathrm{d}(N\Phi)}{\mathrm{d}t} = -\frac{\mathrm{d}(Li)}{\mathrm{d}t} = -L\frac{\mathrm{d}i}{\mathrm{d}t} \tag{1-105}$$

这表明自感电动势是电流的变化而引起的,而且是反抗电流的变化。电流的变化率越大,自感电动势越大。电流增大($\mathrm{d}i/\mathrm{d}t > 0$),$e_L$ 为负值,即 e_L 的实际方向与电流的方向相反,反抗电流的增大;电流减小,则 e_L 为正值,与电流同方向,以反抗电流的减小。因此它符合楞次定律。当仅需要确定自感电动势的方向时,可直接根据电流的方向及其变化趋势用楞次定律来确定,即自感电动势方向总是阻碍电流的变化。

自感现象有有害的一面,也有可利用的一面。例如拉断开关时,在极短的时间内使电流急剧变为0,电流的变化率 $\mathrm{d}i/\mathrm{d}t$ 很大,故能产生很高的自感电压使在断开点处的空气击穿而产生电弧。时间久了开关刀片或触点被烧损,因此开关触点需要加灭孤罩。而日光灯却利用镇流器(铁芯电感)在启辉器触头断开瞬间产生高的自感电压使灯管击穿点亮。

4. *互感现象*

当一个线圈电流引起的变化磁通除在本线圈产生自感电动势外,如果该磁通的一部分或全部穿过相邻的线圈时,在相邻线圈中同样引起感应电动势,这种现象即为互感现象,在相邻线圈中所感生的电动势称为互感电动势。式 $e = -N\frac{\mathrm{d}\Phi}{\mathrm{d}t}$ 同样也可用来确定互感电动势的大小和方向,其方向也可单独由楞次定律确定。变压器就是根据互感原理制成的。

第四节　电子器件

一、半导体、PN 结的基本概念

(一)半导体的导电特性

半导体就是导电能力介于导体和绝缘体之间的材料。常用半导体材料有硅和锗。

半导体中有两种载流子参与导电:一种是自由电子,一种是空穴。空穴可看成是带正

电荷的载流子。因此在外电场的作用下，半导体中的电流是由两部分电流构成，即逆电场方向运动的自由电子电流和顺电场方向运动的空穴电流。

纯净半导体的导电能力还受温度、光照和掺入杂质元素的影响，随温度的升高其导电能力增强，受到光照其导电能力也增强，因此用半导体可制成热敏元件和光敏元件。特别是在纯净半导体中掺入适当的微量杂质元素可大大提高半导体的导电能力。常用的杂质半导体有以空穴导电为主的P型半导体，和以自由电子导电为主的N型半导体。

（二）PN结的单向导电性

在同一半导体基片上，半边掺入3价元素形成P型半导体，另半边掺入5价元素形成N型半导体，在P型和N型的交界面处所形成的一个阻碍导电的空间电荷层（或称阻挡层），称为PN结。

PN结的基本特性就是它的单向导电性。当PN结加正向电压，如图1-47（a）所示，P端接高电位（+）、N端接低电位（-），则PN结变成低阻导通状态，PN结可通过较大的电流。当PN结加反向电压，如图1-47（b）所示，P端接低电位（-）、N端接高电位（+），PN结呈现高阻截止状态。

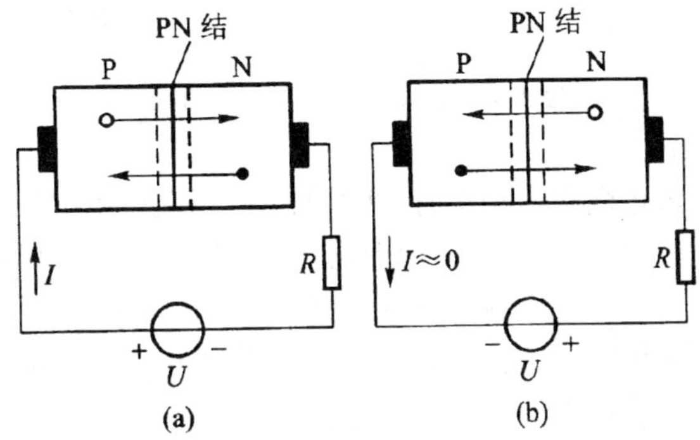

图1-47 PN结的单向导电性

二、二极管的基本特性

（一）二极管的结构

半导体二极管实际就是一个PN结，将PN结封装在管壳内，两端引出电极，由P端引出的称为阳极，N端引出的称为阴极。二极管的外形和符号如图1-48所示。

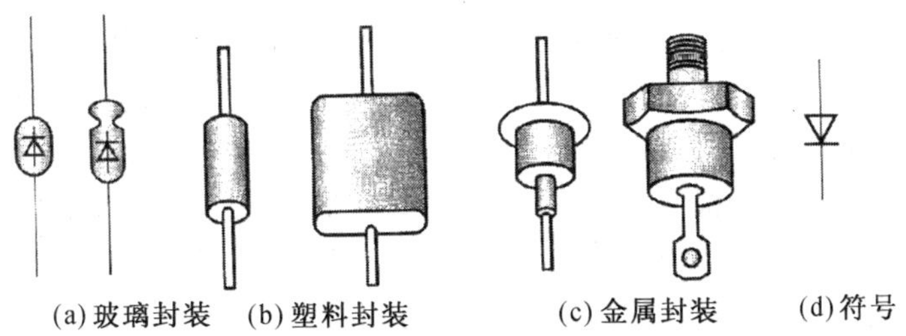

图1-48 二极管的外形与符号

(二)二极管的特性

二极管的基本特性是单向导电性。通过二极管的电流与其两端电压的关系 $I = f(U)$ 曲线,称为二极管的伏安特性曲线,如图 1-49 所示。

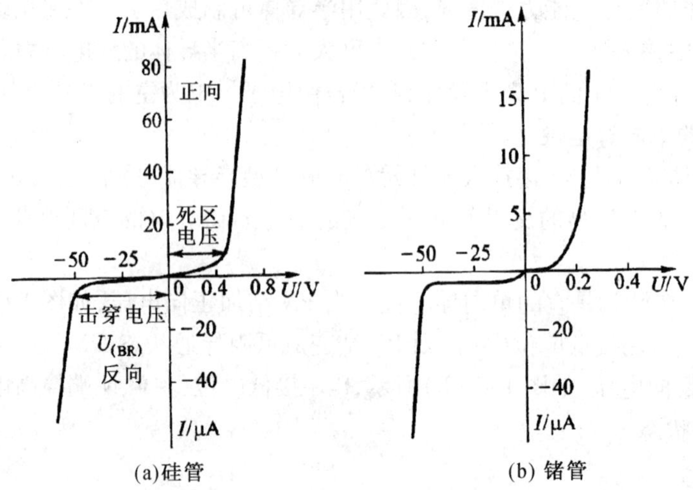

图 1-49 二极管的伏安特性曲线

1. 正向特性

由特性曲线可见,当正向电压较小时,外电场不足以克服内电场对多数载流子扩散运动的阻力,二极管呈现较大的电阻,正向电流仍几乎为零。保持正向电流几乎为零的最大正向电压称为死区电压。正向电压超过死区电压后,正向电流将由明显增加到急剧增加。硅二极管的死区电压约为 0.5 V,锗管的死区电压约为 0.1 V。硅管的正向管压降约为 0.6~0.8 V,锗管的正向管压降约为 0.2~0.3 V。

2. 反向特性

当反向电压小于击穿电压时,只有由少数载流子产生的很小的反向电流,反向电流基本上不随电压而变化,二极管保持截止状态。当反向电压超过击穿电压后,反向电流突然增大,即二极管被反向击穿。二极管被击穿后,因失去了单向导电性而损坏。

三、使用万用表进行二极管性能测量与极性判别

根据二极管的单向导电性可用万用表对其极性和性能好坏进行判别。

万用表的等效电路如图 1-50 所示,黑表笔是接表内电池的正极,具有高电位,红表笔是接电池的低电位端。用万用表的 R×100 或 R×1 K 的欧姆挡进行检测。

1. 二极管极性的判别

用红、黑表笔分别接二极管的两个极,测量其电阻读数;然后红、黑表笔交换再测量一次电阻读数,如图 1-51 所示。电阻值小的为正向导通电阻,电阻值大的为反向截止电阻。因此二极管电阻读数小时黑表笔接的是二极管的阳极,读数大时黑表笔接的是二极管的阴极。

2. 二极管性能的判断

二极管的正向电阻和反向电阻差别越大,其单向导电性越好。

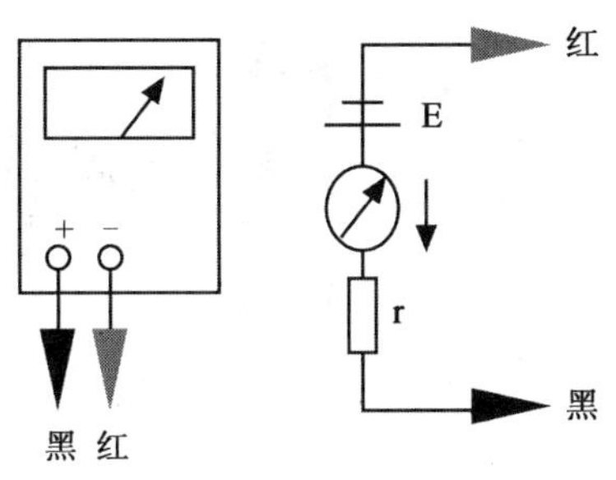

图 1-50　万用表及其等效电路

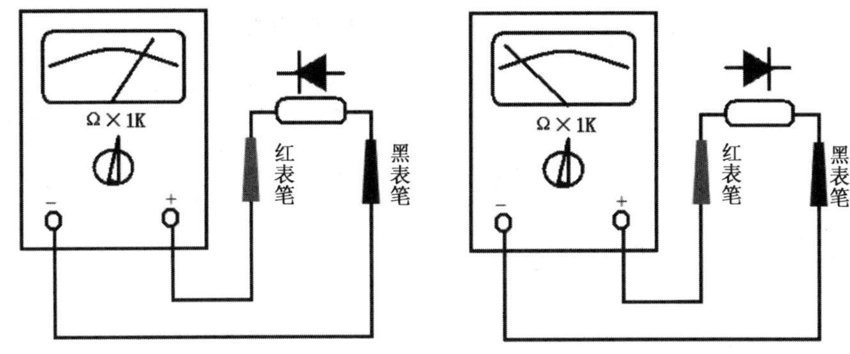

图 1-51　晶体二极管极性判断示意图

测量二极管的正向电阻,对于硅管:表针位于表盘中间或中间偏右;对于锗管:表针位于表盘右端靠近满刻度地方,表明管子是好的。

测量二极管的反向电阻,对于硅管:表针在左端基本不动,阻值接近无穷大;对于锗管:表针从左端起动一点,但不超过满刻度的 1/4,表明管子是好的。

若正反向电阻均为∞,表明内部开路,二极管已损坏;若正反向电阻一样都很小,表明二极管已短路损坏,失去了单向导电性;若管子正、反向阻值差别不大,则表示管子性能不好。

注意:测量小功率二极管避免用 $R\times1$ 挡或 $R\times10$ k 挡,因为 $R\times1$ 挡内部串联电阻小,通过二极管的电流大,可能超过其允许电流;$R\times10$ k 挡内部电池的电压高(9 V 或以上),也容易损坏二极管。

四、晶体管的基本特性

(一)晶体管的结构

晶体管的外形如图 1-52 所示。

晶体管是具有两个 PN 结、三个电极半导体器件。根据 PN 结的组合方式不同,晶体管有 NPN 型和 PNP 型两种类型。这两种类型又都有硅管和锗管,但硅管多为 NPN 型,锗管多为 PNP 型。图 1-53 是它们的结构示意图和电路符号。晶体管的三个不同的导电区分别称为发射区、基区和集电区。由三个区引出的电极分别称为发射极 E、基极 B 和集电极 C。发射区与基区之间的 PN 结称为发射结,集电区与基区之间的 PN 结称为集电结。

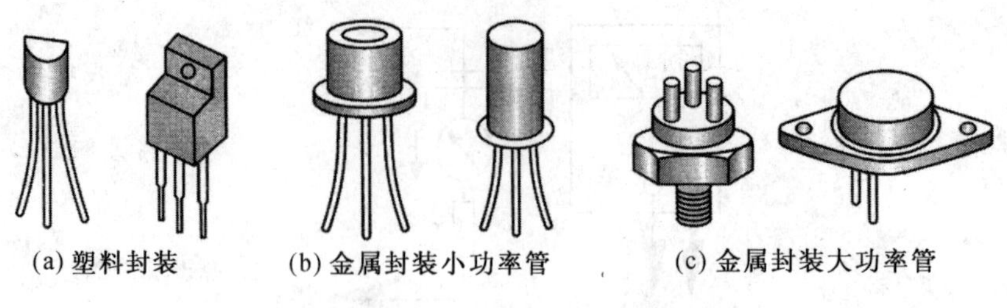

图 1-52　晶体管的外形图

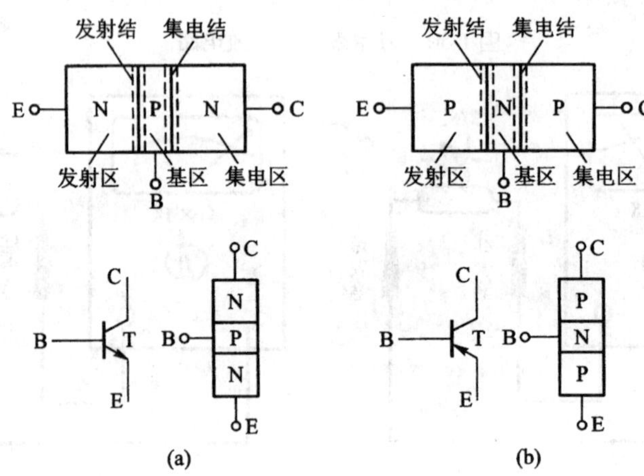

图 1-53　晶体管的结构示意图和电路符号

(二)晶体管的电流放大作用

晶体管的发射区掺杂浓度大、基区很薄且掺杂浓度小和集电结面积大,这是晶体管具有电流放大作用的内部条件,晶体管要实现电流放大,还需要外部的电压条件,即必须是发射结加正向电压(称为正向偏置,简称正偏)和集电结加反向电压(称为反向偏置,简称反偏)。

图 1-54 表示 NPN 型晶体管处于放大工作状态时的原理。较高电压的集电极电源 E_C 和较低电压的基极电源 E_B 使晶体管满足放大的外部电压条件。晶体管处于放大工作状态时,集电极电流与基极电流的关系是:$I_C \approx \beta I_B$ 和 $\Delta I_C \approx \beta \cdot \Delta I_B$。$\beta$ 称为晶体管的电流放大系数。三个极的电流关系为 $I_E = I_B + I_C \approx (1+\beta) I_B$。

五、使用万用表进行晶体管性能测量与极性判别

用万用表的 $R \times 100$ 或 $R \times 1$ k 的欧姆挡进行检测(黑表笔接内部电源正极)。

以 NPN 型晶体管为例,如果是 PNP 型晶体管,则只需把红、黑表笔互换即可。

1. 类型和基极的判断

由于三极管的基极 - 发射极,基极 - 集电极之间正好是两个 PN 结,它们的正向电阻值都很小,而反向阻值都很大。根据这个基本原理,便可判定基极。假设某一极为基极,则该极与另外二极之间的正向电阻都小,反向电阻都大,则该极为基极,否则假设另一极为基极再测试,直至确认基极。

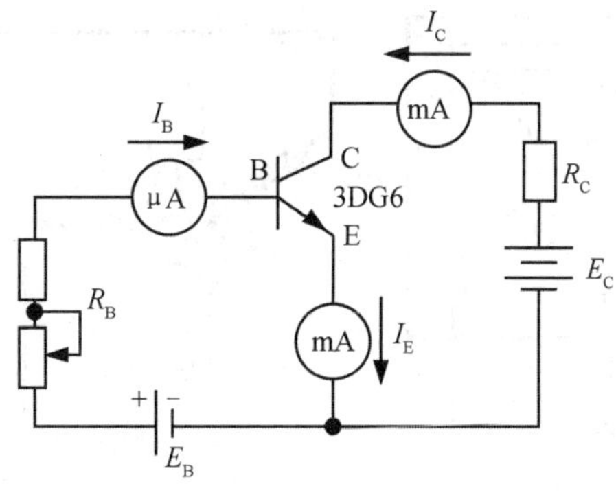

图 1-54　晶体管电流放大电路

如用黑表笔接三极管任意一个管脚，红表笔分别和另两个管脚接触。若两个阻值均小，则为 NPN 型三极管，黑表笔所接的管脚为基极，如图 1-55 所示。

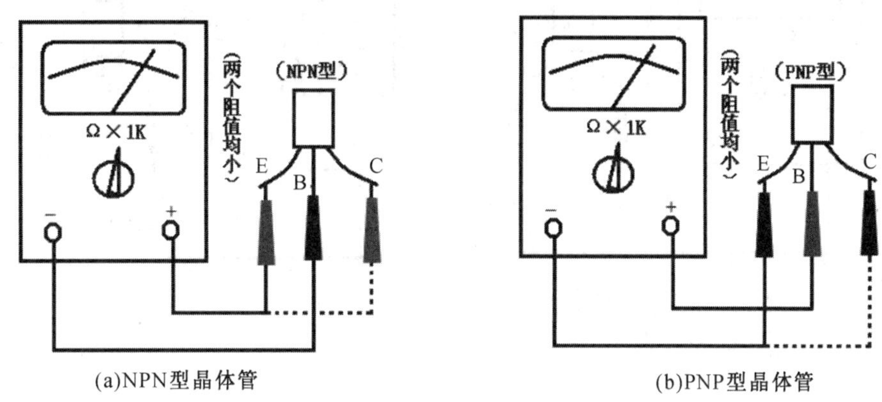

(a)NPN型晶体管　　(b)PNP型晶体管

图 1-55　晶体管基极和管型判断示意图

2．集电极判断

利用晶体管内部发射区掺杂多的特点，接法正确电流放大系数大，可分出集电极和发射极。

按图 1-56 接线，则当合上电键 K 时，由于基极有偏置电流流过而使管子导通。故万用表读数较小（万用表指针摆动幅度较大），则黑表笔所接为集电极；若管脚接反，则因管子基本不导通，故万用表读数较大（万用表指针摆动幅度较小），则黑表笔所接不是集电极。因此，测量两次阻值，其中阻值较小时，黑表笔所接为集电极 C，另一极为发射极 E。

若手头一时没有 100 kΩ 电阻，可用手指（大拇指和食指）捏紧 B、C（假设为集电极）两管脚来代替（人手的电阻≈100 kΩ）。手指表面应湿润些，因手指表面干燥时电阻大于 500 kΩ。注意，手指捏管脚时不能使 B、C 两管脚相互接触，测量方法同上。

3．晶体管性能测试

电流放大系数 β 测量：仍按图 1-56 接线，集电极 C 接黑表笔，万用表针右偏偏转角越大，说明了 β 值越大。

穿透电流 ICEO 测试：黑表笔接 C 极，红表笔接 E 极，测得电阻值越大，则 I_{CEO} 越小，管子质量好，如图 1-57 所示。

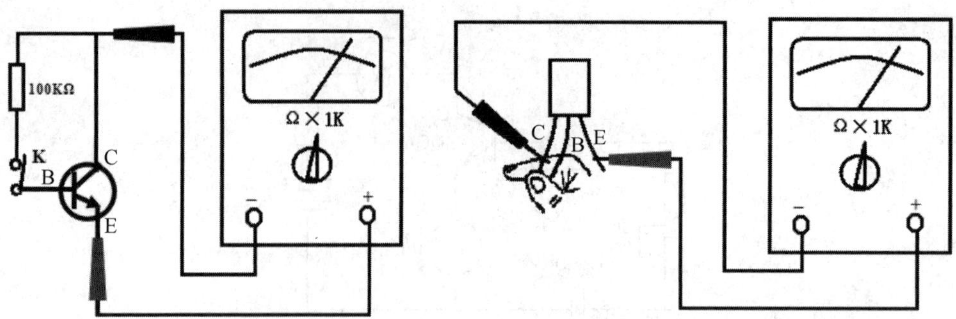

图 1-56　判断 NPN 型管集电极示意图

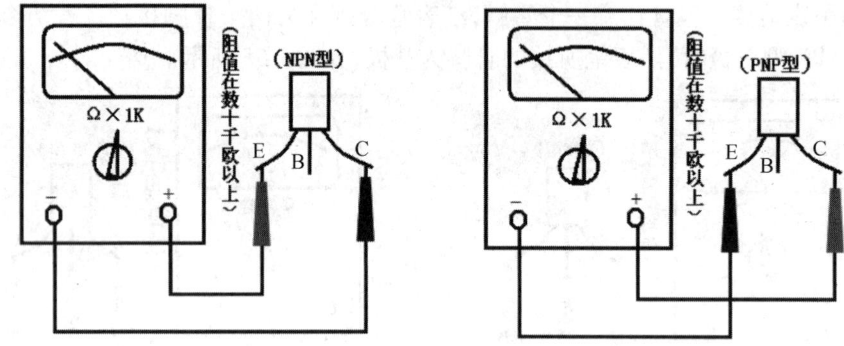

图 1-57　晶体管 I_{CEO} 测量示意图

第二章 船舶电机与电力拖动系统

第一节　直流电机

一、直流电机的结构与励磁方式

直流电机是实现机械能与直流电能相互转换的旋转机械，见图 2-1。将机械能转换为直流电能的称为直流发电机；将直流电能转换为机械能的称为直流电动机。

图 2-1　直流电机

（一）直流电机的构造

直流电机是由定子和转子两大部分组成。定子是由主磁极、换向极、机座、端盖和电刷装置等组成。转子是由电枢铁芯、电枢绕组、换向器、转轴和风扇等组成。图 2-2 是直流电机的解体图。

1. 定子主要部件

主磁极：其铁芯由薄钢板冲片叠成，其上套有励磁绕组，并用螺栓固定在机座上。各磁极的励磁

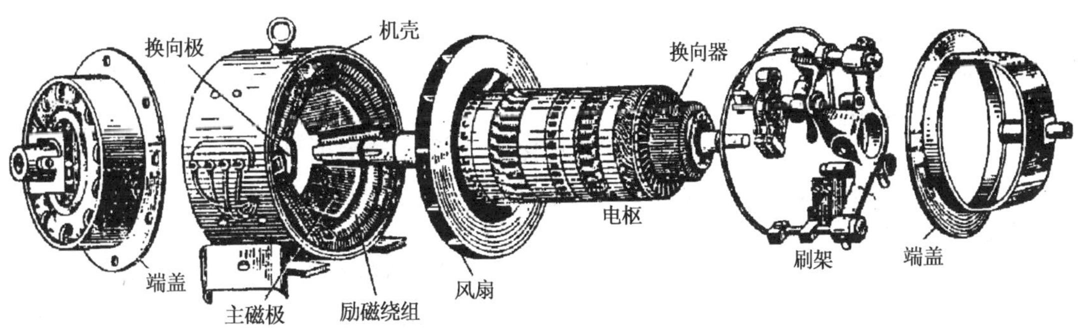

图 2-2　直流电机解体图

绕组串联,使其通入直流励磁电流后能形成 N、S 相间排列的主磁极。

换向极:尺寸比主极小,与主磁极相间固定在机座上。换向极绕组与电枢电路串联,主要作用是改善电枢电流的换向,减小换向火花。

机座:是直流电机的固定支撑和防护的部件,又是磁路的一部分。机座通常是由铸钢制成或由钢板卷焊而成。

电刷装置:主要由刷架、刷杆、刷握、炭刷及压紧弹簧等组成。电刷装置将装在刷架的刷杆上。正、负电刷对数等于主磁极对数,正、负电刷分别并联在一起,再引出两个接线端,即为电枢电路的接线端。电刷的实际正确位置是在对准主磁极径向中心轴线处。在原理上等效于电刷放在几何中性线,因此常说电刷的正确位置是在“几何中性线”处。

2. 转子主要部件

电枢铁芯:是由硅钢片叠成,铁芯圆周上均匀分布的槽内嵌放电枢绕组,电枢铁芯是磁路的一部分。

电枢绕组:由绝缘铜线绕制而成,各绕组线圈的两个出线端按一定的规律焊接至换向器片上,形成一闭合回路,在正、负电刷之间形成并联支路。

换向器:换向器的作用是将电枢中的交流变为直流或相反。图 2-3 是换向器的实物及剖面图,它是由许多楔形铜片叠成圆筒形,片间用云母绝缘。换向器装在轴上,电枢线圈的出线端就焊接在换向器片端部的升高片的小槽中。换向器是直流电机的特征,易于识别。换向器与电刷装置是直流电机故障率最高、维护工作量最大的部件。最主要的原因是在电刷与换向器之间产生电火花。其中造成电火花的机械原因主要在于电刷和换向器两者接触不良,如电刷压紧弹簧过松或过紧,电刷与刷握配合过松或过紧,换向器表面不光滑、不圆或油垢,换向器磨损云母片突出等。此外因磨损产生的碳和金属粉末污染电机,造成绝缘下降,需要经常定期清洁。

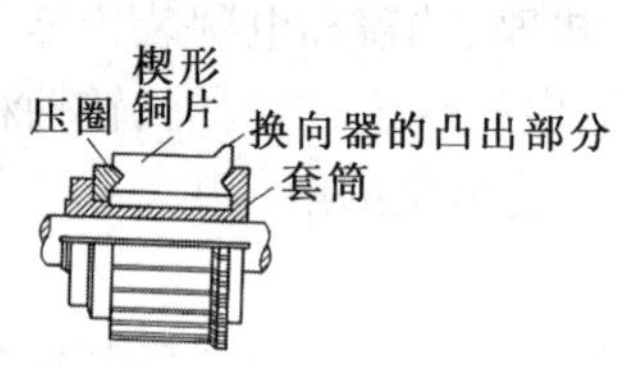

图 2-3 换向器的实物及剖面图

(二)直流电机的励磁方式

按主磁极励磁绕组电路与电枢绕组电路的连接关系,可统一将直流电机分为:他励、并励、串励和复励四种。

(1)他励电机:励磁绕组电路不与电枢电路连接,励磁电流可由独立电源供给。

(2)并励电机:励磁绕组电路与电枢电路并联。并励绕组导线细、匝数多、电阻大,励磁电流远小于电枢电流。

(3)串励电机:主磁极上只有串励绕组,串励绕组与电枢绕组串联,电枢电流即为励磁电流。各磁极的串励绕组也是按产生 N、S 极相间的规则串联后引出两个接线端,然后再与电枢绕组串联。因串励绕组通过较大电枢电流,故其导线粗、匝数少、电阻极小。

(4)复励电机:主磁极上既有并励绕组,又有串励绕组,是两个独立绕组,各自引出两

个接线端。在外部连接时,使这两者产生的磁场方向一致则为积(或加)复励电机。有的特殊用途的发电机将这两种绕组接成磁场方向相反,称为差复励发电机。

对于直流发电机而言,分为他励和自励两大类。他励发电机的励磁电流由独立电源供给,不受发电机的电压和电流影响。自励发电机的励磁电流是由发电机的电枢电路提供,因而励磁电流受发电机的电压和电流影响。直流电动机的励磁电流均由外电源供给。

二、直流电机的工作原理

用图 2-4 和图 2-5 这样一个只有一个电枢绕组的最简单的直流电机模型,来说明直流发电机和电动机的工作原理。电枢线圈两端 a、b 分别接到彼此绝缘的两个半圆形换向片 1 和 2 上。两个位置固定的电刷 A、B 分别压在两换向器片上。电刷与转动的换向器片形成滑动接触的导电机构。

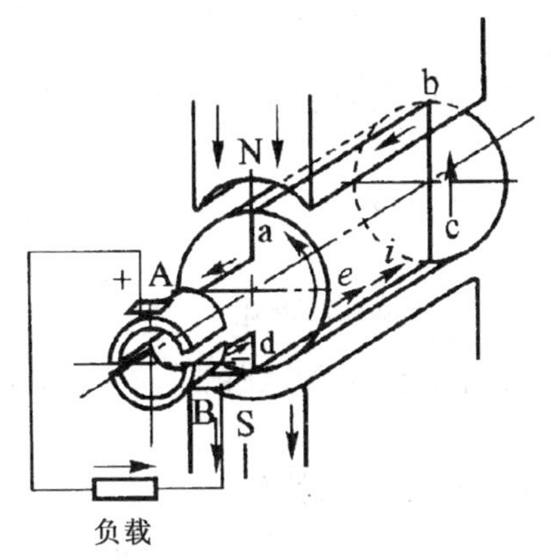

图 2-4　直流发电机工作原理图

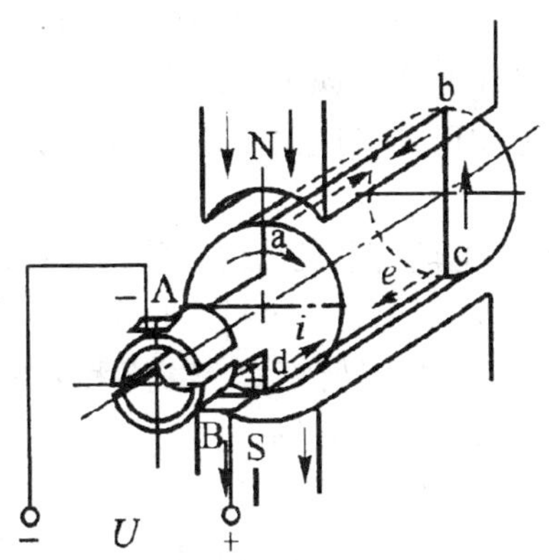

图 2-5　直流电动机工作原理图

(一)直流发电机的工作原理

直流电机作为发电机时,电枢转子在原动机拖动下旋转,电枢线圈切割 N、S 极磁场,在线圈中产生感应电动势 $e = Blv\sin\alpha$。根据图 2-4 所示的磁场方向和转动方向,由右手定则可知,转到 N 极下的线圈边中的电动势方向总是由纸面出来,S 极下的则总是进入纸面的方向。很显然,在线圈内部是一个大小方向不断改变的交变电动势。由于静止的电刷 A、B 是分别与 N 极下和 S 极下的线圈边接通,故在电刷之间的电动势是方向不变的直流。可见换向器在直流发电机中起了机械整流器的作用。当发电机电枢线圈接通负载时,在电动势的作用下产生电枢电流,故称发电机的电动势为电源电动势。

发电机电枢有了电流以后,电流与磁场相作用产生电磁力 $F = BLI$ 和电磁转矩。根据 磁场方向、电枢电流方向和左手定则,发电机的电磁转矩方向与转动方向相反,是阻碍转动的,故为反转矩。原动机必须克服电磁反转矩才能保持继续发电。

(二)直流电动机的工作原理

当直流电源接在两电刷之间而使电流通入电枢线圈时,直流电机则成为电动机,如图 2-5 所示。通过换向器的作用,使转到 N 极下的线圈边中的电流方向总是一个方向,S 极下的线圈边中的电流方向总是另一个方向。这样电枢电流与磁场相作用所产生的电磁转矩方向始终保持不变,因而驱动转子向一个方向转动。所以电动机的电磁转矩是驱动转矩。电动机在旋转的过程中,电枢线圈也切割磁场并产生电动势,根据右手定则,该电动势的方向总是与电流方向相反,是阻碍电流的,故电动机的电动势为反电动势。由于电源电压是恒定的,若反电动势减小,则电枢电流增加、电磁转矩增加;反之则相反。

简单的电机模型是用来说明直流电机的工作原理,实际直流电机的电枢绕组是由许多线圈沿电枢铁芯圆周均匀分布的,并通过相应数量的换向器片依次串联构成一个闭合回路。正、负电刷间的总电动势 E 等于两电刷间任一个并联支路所有线圈感应电动势之和 $\sum e$。电枢线圈越多、相邻线圈边的分布间隔越小,则电刷间的电动势越高,越平滑恒定。由于每一极下的分布线圈同时切割每极磁通,故每一并联支路各线圈电动势之和 E 的大小与每极的总磁通量 Φ 成正比,与电枢转速 n 成正比,即

$$E = K_{\mathrm{E}}\Phi n \tag{2-1}$$

式中 K_{E} 是与电机结构有关的比例常数,称为电势常数。

同样道理,恒定的电枢线圈电流与每极磁通相作用所产生的恒定电磁转矩 T,是与每极磁通成正比,与电枢电流 I_{a} 成正比,即

$$T = K_{\mathrm{T}}\Phi I_{\mathrm{a}} \tag{2-2}$$

式中 K_{T} 也是与电机结构有关的常数,称为转矩常数。

所以,不论是发电机或是电动机,只要电枢转动就有电动势 E 产生,只要电枢线圈中有电流就有电磁转矩 T 产生。E 和 T 的大小均由以上两式确定。但如上所述,发电机和电动机的 E 和 T 性质不同。

在允许的负载范围内,直流电机能够自动适应负载的变化,保持稳定运行。

当发电机负载电流增加时,电流产生的电磁反转矩 T 将大于原动机的驱动转矩,因而要减速。而减速将引起原动机的调速器动作,加大油门,使原动机输出机械转矩增加;直到与电磁反转矩 T 相平衡,又恢复稳定运行。负载电流减小,其过程相反。

当电动机轴上的机械负载增大时,电枢电流所产生的电磁驱动转矩 T 将小于负载阻转矩,电动机将减速。而减速引起反电动势 E 减小,使电枢电流增加、电磁转矩 T 增加,直到与负载转矩相平衡。机械负载减少,其过程相反。

第二节　变压器

变压器是一种常见的静止电器,应用极为广泛;在船舶上也有各种不同类型、不同用途的变压器,如电力变压器、照明变压器、仪用互感器、整流变压器、电焊变压器以及一些特殊用途专用变压器等。虽然变压器种类繁多,用途各异,但它们的基本构造和工作原理是相同的。变压器都是依据互感原理而工作的。变压器的基本作用是将某一等级的电压转换为同频率的另一等级的电压。

一、变压器的基本结构与工作原理

变压器是利用电磁感应原理制成的静止电气设备,见图 2-6。变压器的基本作用是将某一等级的交流电压转换为同频率的另一等级的电压,同样也能进行交流电流的变换

和阻抗的变换。变压器的应用极为广泛，在船舶电力系统主要用作改变电压等级的电力变压器。此外还包括仪用互感器、整流变压器、电焊变压器以及一些特殊用途专用变压器等。

图 2-6　变压器

（一）变压器的基本结构

图 2-7 是变压器的结构示意图及电路符号。铁芯和绕组是各类变压器的主要组成部分。变压器铁芯是由互相绝缘的 0.35 ~ 0.5 mm 厚的硅钢片叠成的，一般的铁芯柱截面为方形或圆形。

变压器一般有两套绕组，接电源的绕组称为原绕组或一次绕组，接负载的绕组称为副绕组或二次绕组。变压器绕组是由外皮绝缘的铜线绕制的。

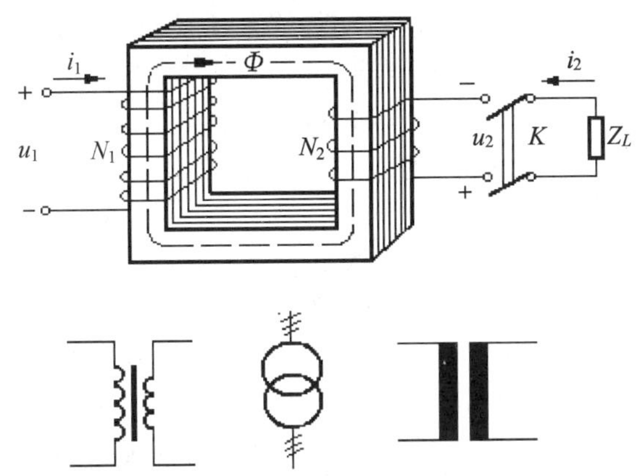

图 2-7　变压器的结构示意图及电路符号

圆筒式低压绕组套在靠铁芯的里层，高压绕组套在低压绕组的外层。

变压器的冷却方式最常见的有两种：一种是利用自身周围空气流通而自行冷却的干式变压器；另一种是将变压器浸在变压器油中，利用油的对流进行冷却的油浸式变压器。因为油浸冷却式的变压器油可以燃烧，有火灾隐患，威胁船舶安全，所以我国《钢质海船入级规范》规定船上应采用干式变压器。为增强干式变压器空气自冷效果，容量较大的船用变压器线圈间可设置气道，表面做成瓦楞形。

变压器铭牌上的几个主要数据：

(1)额定容量 S_N：是指变压器的额定视在功率，单位是 VA 或 kVA。对于双绕组变压器，原、副边容量是相同的。

(2)额定电压 U_{1N}/U_{2N}：是指原、副绕组的额定线电压，例如 400 V/230 V。副边额定电压是指当原边接额定电压时副边的开路电压。因为变压器可以升压也可以降压，所以习惯上铭牌电压常表示成：高压/低压。

(3)额定电流 I_{1N}/I_{2N}：是指原副边的额定线电流，单位是 A。

变压器的额定容量、额定电压和额定电流之间的关系是：

单相双绕组变压器 $S_N = U_{2N}I_{2N} = U_{1N}I_{1N}$

若已知变压器的额定容量和额定电压,由以上关系可计算额定电流。变压器的电流决定于负载,在实际运行时应注意变压器的负载大小,不可长时超过额定电流运行,否则变压器温升过高,加速绝缘老化,缩短使用寿命。

(二)变压器的基本工作原理

变压器有三种基本变换功能:变压、变流和阻抗变换。

1. 变压器的变压作用

图 2-7 变压器原、副绕组匝数分别为 N_1 和 N_2。当原绕组接交流电源电压 U_1 而副绕组开路时,原边仅有空载电流 I_{10}。空载电流所产生的磁通中绝大部分是穿过原、副绕组经铁芯闭合的,称为主磁通 Φ;其余少量磁通是经非铁芯磁路仅与原绕组环链的,称为原绕组的漏磁通 Φ_m。根据电磁感应定律,交变主磁通在原副绕组中分别产生感应电动势 e_1 和 e_2。

当磁通是正弦交变磁通 $\Phi = \Phi_m \sin\omega t$,原、副绕组中的感应电动势为正弦感应电动势。对于理想变压器,原边和副边的感应电动势的有效值 E_1 和 E_2 分别为

$$E_1 = 4.44fN_1\Phi_m \tag{2-3}$$

$$E_2 = 4.44fN_2\Phi_m \tag{2-4}$$

若忽略很小的线圈电阻和漏磁通的影响,则 E_1 近似等于原边电压 U_1,E_2 等于副边开路电压 U_{20},即

$$\frac{U_1}{U_{20}} = \frac{4.44fN_1\Phi_m}{4.44fN_2\Phi_m} = \frac{N_1}{N_2} = K \tag{2-5}$$

K 为变压器的变比或匝数比。上式表明,原、副绕组电压之比等于原、副绕组匝数之比。变压器的变压作用就是通过选择适当的原、副绕组的匝数比,把原边电压变换成所需要的副边电压。变压器可升压也可降压,但习惯上常把变比 K 写成大于 l。变压器空载电流的主要作用是产生主磁通,由于铁芯的高磁导率,所以空载电流很小,仅为额定电流的 3% ~ 10%。

2. 变压器的变流作用

当变压器副边接负载时,在副边电动势的作用下就有了电流 I_2。根据能量守恒定律,原边绕组将有电能输入,原边绕组的电流将由原来的空载电流 I_{10} 增加到 I_1,若忽略变压器的绕组铜损、铁芯铁损等损耗,由原边的输入功率近似等于副边的输出功率,即

$$U_1I_1 \approx U_2I_2 \tag{2-6}$$

$$\frac{I_1}{I_2} \approx \frac{U_2}{U_1} = \frac{1}{K} \tag{2-7}$$

上式表明:① 原、副绕组电流之比近似等于它们匝数比的倒数;故高压绕组电流小,低压绕组电流大;② 原绕组电流随副绕组电流成正比变化。变压器的电流变换作用也表明,虽然原、副绕组没有直接电的联系,但通过磁的联系将电能从原边"传送"到副边。

3. 变压器的阻抗变换作用

对用电设备而言,变压器是电源,变压器副边的实际负载阻抗 $|Z|$ 等于副边电压除以副边电流。但对原边的供电电源而言,整个变压器又是它的一个等值负载阻抗 $|Z'|$,该阻抗等于原边电压除以原边电流,如图 2-8 所示。很显然,当原、副绕组的匝数不同时,

$|Z'| \neq |Z|$，即一个实际负载阻抗 $|Z|$ 通过变压器可变换为另一个不同数值的原边等效负载阻抗 $|Z'|$，这就是变压器的阻抗变换作用。

$$|Z| = \frac{U_2}{I_2}, |Z'| = \frac{U_1}{I_1} \quad (2\text{-}8)$$

根据变压器原、副边电压和电流的变比关系，可得到原、副边的阻抗变换关系为

$$|Z'| = \frac{U_1}{I_1} = \frac{KU_2}{I_2/K} = K^2 |Z| \quad (2\text{-}9)$$

上式表明，原边的等值阻抗等于副边实际阻抗乘以原、副绕组匝数比的平方。采用不同的匝数比 K，可将实际负载阻抗 $|Z|$ 变换为所需要的原边等值阻抗 $|Z'|$，以实现阻抗匹配。专用于实现阻抗变换的变压器称为阻抗匹配变压器，在通信和电子技术领域有较广泛的应用。

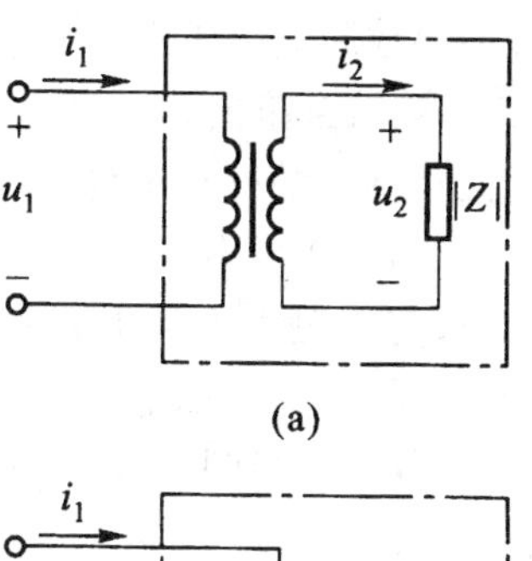

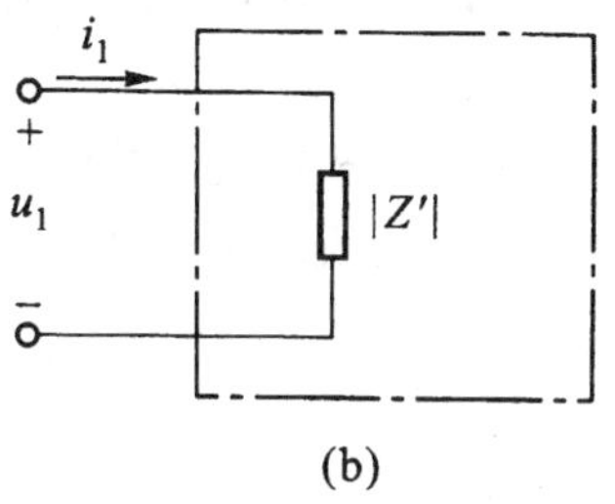

图 2-8　变压器的阻抗变换作用

二、电压、电流互感器的应用与要求

（一）电压互感器

电压互感器如图 2-9 所示，在结构形式上与降压变压器没有什么不同，原绕组接被测高电压，而副绕组则与各种仪器仪表（如电压表、功率表等）的电压线圈并联。图 2-10 为电压互感器的接线原理。常用的电压互感器副边的标准额定电压为 100 V。由变压器的变压原理可知，100 V 量程的电压表通过电压互感器可测量的最高电压为$\frac{N_1}{N_2} \times 100$ V。可见，电压表的量程通过电压互感器扩大了 N_1/N_2 倍。

图 2-9　电压互感器

电压互感器使用注意事项：

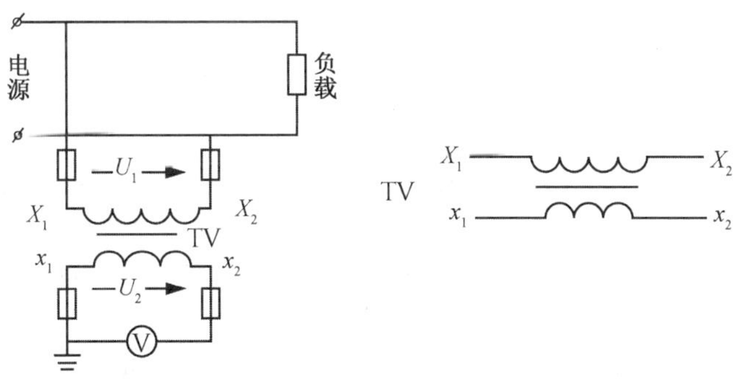

图 2-10　电压互感器的接线图及电路符号

（1）电压互感器副边不能短路，否则会因短路电流大而烧毁。

（2）电压互感器的铁芯及副绕组的一端都应可靠接地，以防止因原副边绕组间的绝

缘损坏而导致原边高压进入副边,危及人身安全。

(二)电流互感器

电流互感器的外形和绕组与电压互感器有不同的特点,如图 2-11 所示。原绕组匝数很少,甚至只有一匝,且与被测大电流电路串联;而副绕组匝数多,与各种仪器仪表(如电流表、功率表等)的电流线圈串联,各串联线圈流过同一电流。图 2-12 为电流互感器的接线原理。常用电流互感器的副边标准额定电流为 5 A。根据变压器的变流原理可知,满量程为 5A 的电流表通过电流互感器可测量的最大电流为$\frac{N_2}{N_1}\times 5$ A。可见电流互感器将 5 A 电流表的量程扩大了 N_2/N_1 倍。

图 2-11　电流互感器

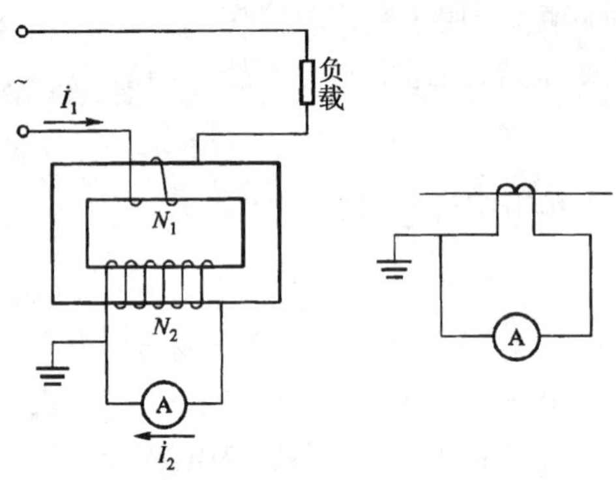

图 2-12　电流互感器的接线图及电路符号

由于电流互感器原边的电流只决定于被测电路的负载大小而不受副边电流的影响,这一点与普通变压器不同。若电流互感器在原边有电期间发生副边开路,则由于副边反抗磁势为零和原边电流不变,因而使磁路的磁通比没有发生开路时的磁通大很多倍。这将导致:

(1)副边产生很高的开路电压,危及人身安全;

(2)铁损严重,若持续开路,则会引起铁芯过热而损坏绕组绝缘。

电流互感器使用注意事项:

(1)电流互感器副边绝不允许带电开路。开路的后果如上所述。当需要检修或更换仪表时,都不应发生或留下开路点。副边不允许装熔断器。带电拆卸电流表时,应先将副边短路后再拆仪表。

(2)为了人身安全,电流互感器的铁芯及副绕组的一端都应可靠的接地。

第三节　交流异步电动机

交流异步电动机(见图 2-13)具有结构简单、运行可靠、价格低廉、维护保养方便等一系列优点。目前船舶上几乎所有辅机的拖动电机都采用异步电动机。

图 2-13　三相异步电动机

一、三相异步电动机的结构和铭牌参数

三相异步电动机是由固定的定子和转动的转子两个基本部分组成。按转子结构不同,三相异步电动机分为鼠笼式和绕线式两大类。异步电动机解体后的构成部件如图 2-14所示。固定部分是由机座、装在机座内圆筒形定子铁芯、定子铁芯槽内嵌放的定子三相绕组、前后端盖等组成。转动部分是由转子铁芯、转子绕组、转轴和风扇等组成。

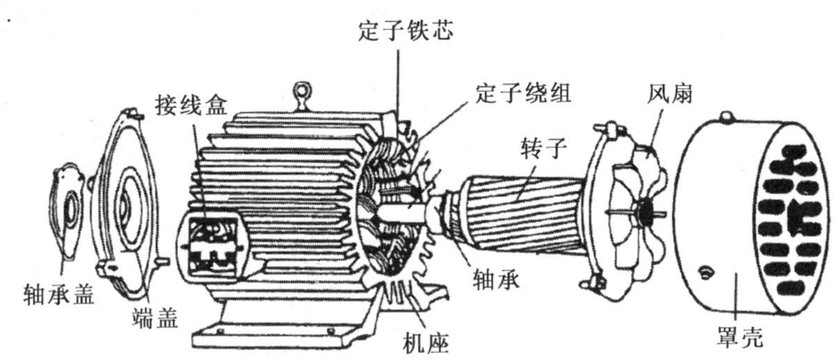

图 2-14　三相鼠笼式异步电动机的构造

(1)定子、转子铁芯:定子和转子铁芯均由 0.5 mm 厚的硅钢片叠成。定子铁芯内圆周上冲有均匀分布的槽,用以嵌放定子三相绕组。转子铁芯呈圆柱形,外圆周上也冲有均匀分布的槽,用以嵌放转子绕组导体。定子和转子之间有 0.2 ~ 1.0 mm 的均匀气隙。定、转子铁芯构成磁路。

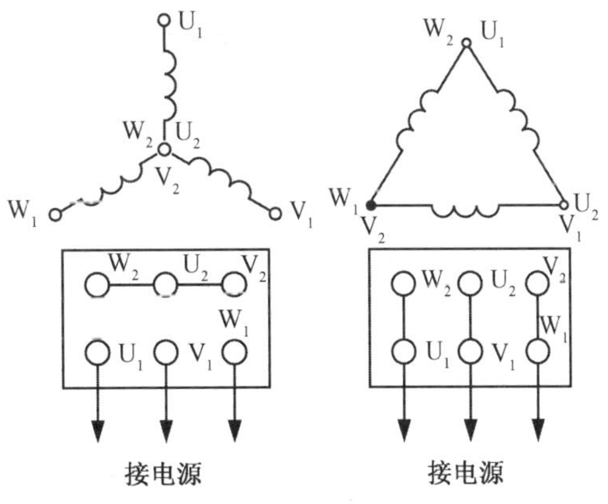

图 2-15　三相异步电动机的接法

(2)三相定子绕组:三相定子绕组的每一相绕组有若干个绕组元件组成,三相绕组元件沿定子圆周依次移过 120°对称的均匀分布嵌放在定子槽内。各相绕组的首尾端引到接线盒中。为便于将三相绕组接成星形或三角形,三相六个出线端在接线盒中的排列次序如图 2-15 所示。国产三相异步电动机定子三相绕组首尾端的标志分别为 $U_1 - U_2$、$V_1 - V_2$ 和 $W_1 - W_2$。当定子三相绕组接通三相电源后就能产生具有一定磁极对数的空间旋转磁场。

(3)转子绕组:有两种类型,即鼠笼式和绕线式,如图 2-16 所示。鼠笼式转子铁芯槽内插入铜条,所有铜条两端由两个铜的短路端环将它们焊接在一起,形成形如鼠笼状的转子绕组回路。一般中小型电机多用熔化的铝直接浇铸在铁芯槽内,连同短路端环和风翼一次铸成,如图 2-17 所示。绕线式转子三相绕组通常连接成星形,与定子绕组有相同的磁极对数。三相绕组三个引出端分别接到固定在轴上的彼此绝缘的三个滑环上,通过电刷可以串接外部的起动或调速电阻。正常工作时三个电刷接成短路。图 2-18 为绕线式异步电动机及其转子外形图。

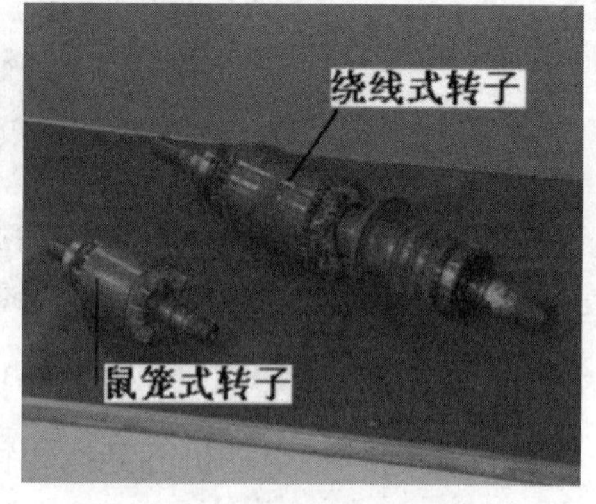

图 2-16　鼠笼式转子和绕线式转子

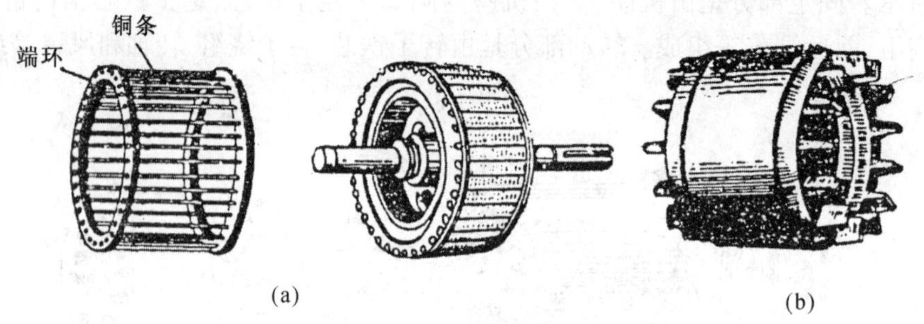

图 2-17　三相鼠笼式异步电动机的转子

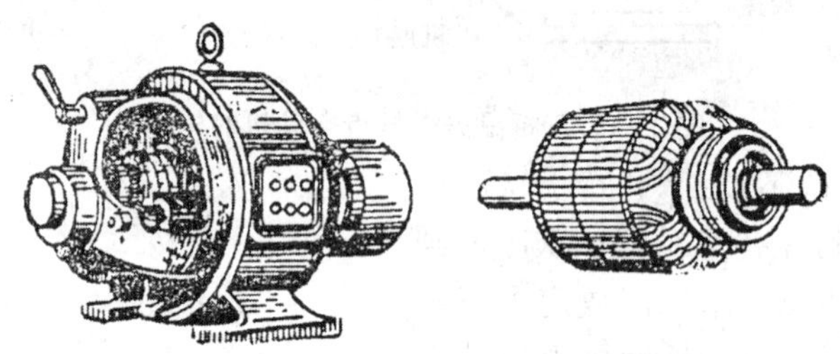

图 2-18　三相绕线式异步电动机的转子

(4)机座和前后端盖构成机壳,通常是由铸铁或铸钢制成,起固定支撑和防护作用。

(5)电动机的冷却方式有自冷式、自扇冷式、他扇冷式等。船舶舱室电动机多为自扇冷式;一些甲板机械则采用独立风扇的他扇冷式。

(6)铭牌及主要额定数据的意义

下面是一三相异步电动机的铭牌示例。其中型号是由产品名称(Y:异步)、产品规格代号(如机座高度 90 和风座长度等级 L)以及磁极数(4)等组成。

三相异步电动机

型号	Y90L-4	电压 380 V	接法 Y
容量	1.5 kW	电流 3.7 A	工作方式 连续
转速	1 400 r/min	功率因数 0.79	温升 75℃
频率	50 Hz	绝缘等级 B	出厂　年　月
×××	电机厂	编号	重量　kg

主要技术数据：

①额定功率 P_n：指额定运行时轴上输出的机械功率，单位为 kW；

②额定电压 U_n：指加在定子绕组上的额定线电压，单位为 V；

③额定电流 I_n：在额定电压、额定输出功率时定子绕组的线电流，单位为 A；

④额定转速 n_n：在上述额定状态下电动机转子的转速，单位是 r/min；

⑤额定功率因数 $\cos\varphi_n$：指额定负载时定子边的功率因数；

⑥绝缘等级与温升：与所用绝缘材料有为关；

⑦工作方式（或工作制）：有连续运行、短时运行和重复短时运行三种；

⑧接法：指在额定电压下稳定运行时定子三相绕组的接法，通常 3 kW 以下的多接成星形；4 kW 以上的多接成三角形。如果铭牌上标明“380 V/220 V Y/Δ”时，其意义是当电源电压是 380V 时应接成星形，220 V 时则应接成三角形。

根据铭牌数据可计算的数据有：

定子绕组输入的额定电功率

$$P_1 = \sqrt{3}U_n I_n \cos\varphi_n \quad (\text{W}) \tag{2-10}$$

转子轴上输出的额定负载转矩

$$T_n = \frac{P_n}{2\pi n_n/60}$$

若额定功率以 kW 为单位，则

$$T_n = 9\ 500\frac{P_n}{n_n} \quad (\text{N}\cdot\text{m}) \tag{2-11}$$

二、三相异步电动机的工作原理

三相异步电动机接通电源后转子就转动起来，这是因为它具备能使转子转起来的两个基本条件，即转子绕组自成闭合回路和定子三相绕组通入三相电流能产生旋转磁场。

现假设定子三相绕组通电后产生具有一对磁极的旋转磁场，为形象和直观起见，将这种看不见的旋转磁场用一对旋转的磁极来表示，如图 2-19 所示。在磁极之间放一个鼠笼式转子，磁极与转子之间没有机械联系。当摇动磁极时，发现转子跟着磁极一起转动。摇得快，转子也转得快；摇得慢，转子也转得慢；反向摇，转子马上反转。

（一）旋转磁场

1. *旋转磁场的产生*

产生旋转磁场的基本条件：① 至少要有两个定子绕组，这些绕组之间要有空间相位

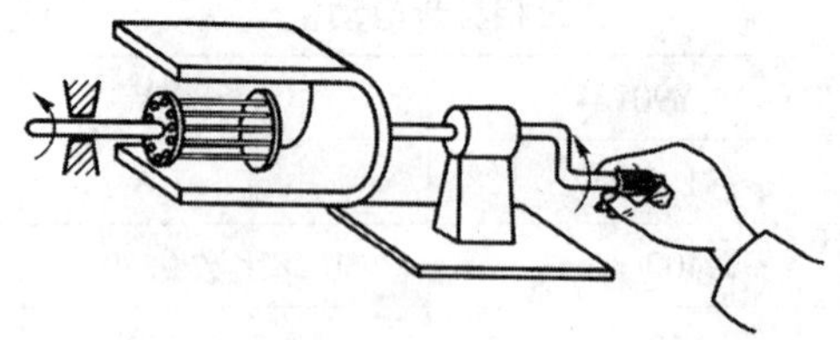

图 2-19　异步电动机转子转动的演示

差；② 通入这些绕组中的电流之间要有时间相位差。因为三相异步电机的定子有在空间对称分布的三相绕组，并在三相绕组中通入三相电流，故能产生旋转磁场。现用图解法加以说明。

若取由各绕组的首端流入为绕组电流的参考方向（图 2-20（a）），则三相绕组中产生三相对称电流图 2-20（b），瞬时值可表示为

$$\begin{cases} i_1 = I_m \sin\omega t \\ i_2 = I_m \sin(\omega t - 120°) \\ i_3 = I_m \sin(\omega t - 240°) \end{cases} \tag{2-12}$$

由图 2-21，当定子绕组通入三相电流后，它们共同产生的合成磁场随电流交变而在不断地旋转着，这就是旋转磁场。这个旋转磁场同磁极在空间旋转（图 2-19）所起的作用是一样的。如果电流变化一周（$\omega t = 360°$），则合成磁场在空间旋转一周。

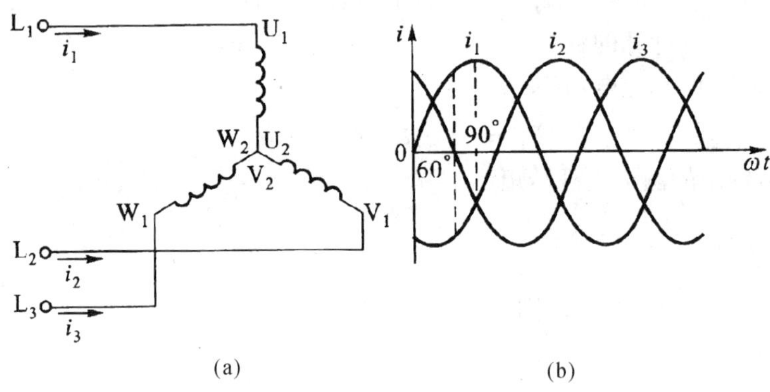

图 2-20　异步电动机三相绕组通入三相交流电流

2．*旋转磁场的转动方向及异步电动机的反转方法*

旋转磁场的转动方向决定于三相绕组电流的相序，即三相绕组中的电流达到正的最大值的次序。图 2-20 中三绕组电流的相序为 $U_1 \to V_1 \to W_1$，所以旋转磁场就依 $U_1 \to V_1 \to W_1$ 的方向旋转。由于电源电压的相序是固定的，所以只要将三根定子电源线中的任意两根的接线端对调，即可以改变三相绕组电流的相序从而使旋转磁场和转子反转。如图 2-22 所示。

3．*旋转磁场的转速*

旋转磁场的转速与电流的频率 f 成正比例、与磁极对数 p 成反比。图 2-23 为两对极的绕组结构，通电后产生两对极的磁场，见图 2-24。当电流变化 60° 时磁场仅在空间转过 30°，比图 2-20 的少了一半。由此可知电流每变化两周，磁场才能在空间转一周。若绕组结

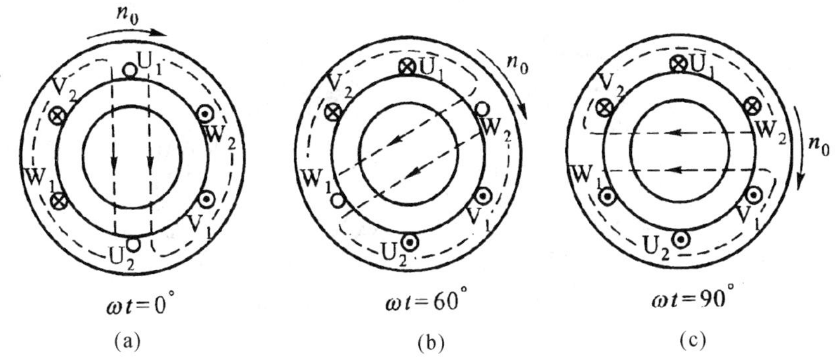

图 2-21　三相电流产生的旋转磁场($p = 1$)

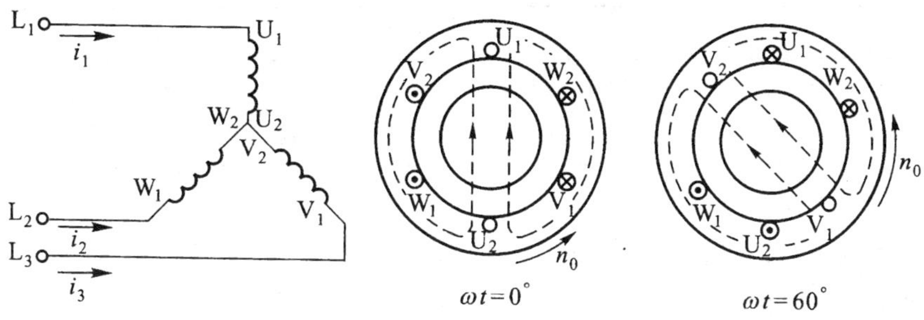

图 2-22　旋转磁场的反转

构是三对极的，则电流每变化三周，磁场在空间转一周。依此类推，p 对极的绕组所产生的磁场，电流每变化 p 周，磁场在空间方可转一周。因为电流每秒变化 f 周，故旋转磁场的转速为

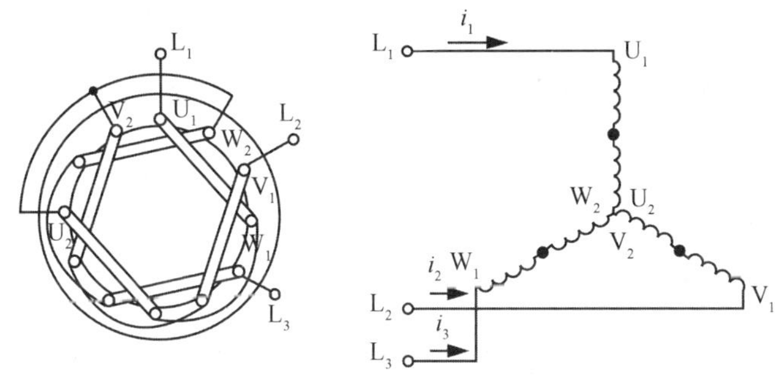

图 2 23　产生两对磁极旋转磁场的定子绕组

$$n_0 = \frac{60f}{p}(\mathrm{r/min}) \tag{2-13}$$

旋转磁场的转速 n_0 又称为异步电动机的同步转速。由于电源的频率和磁极对数通常是固定的，所以一台异步电动机的同步转速就是一个不变的常数。表 2-1 列出了 50 Hz 和 60 Hz 异步电动机的同步转速 n_0 与磁极对数 p 的对应关系。

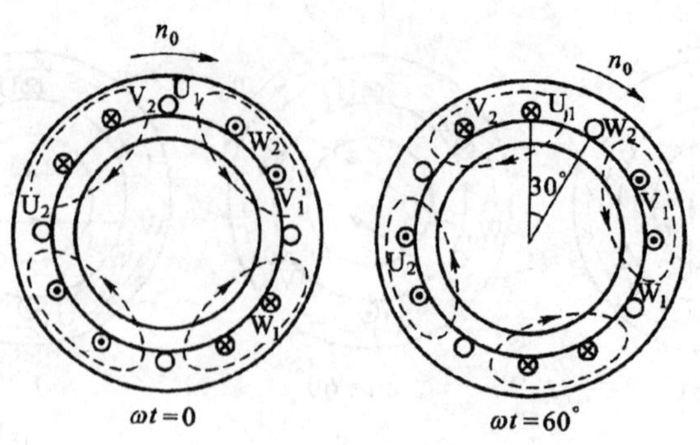

图 2-24　三相电流产生的旋转磁场（$p=2$）

表 2-1　同步转速 n_0（r/min）

p		1	2	3	4	5	6
f	50 Hz	3000	1500	1000	750	600	500
	60 Hz	3600	1800	1200	900	720	600

（二）异步电动机转动原理

如图 2-25 所示，设旋转磁场以 n_0 的转速顺时针方向旋转切割转子绕组导体，在绕组中便产生感应电势并有电流，其方向用右手定则确定；转子电流与旋转磁场相作用所产生的电磁作用力 F，使转子向旋转磁场方向转动（左手定则）。若旋磁场反转，则转子随之反转。由于转子的转速 n 始终低于旋转磁场的转速 n_0（如果转速相等就没有相对切割），故称为异步电动机；由于转子电流由感应而生，故又称为感应电动机。

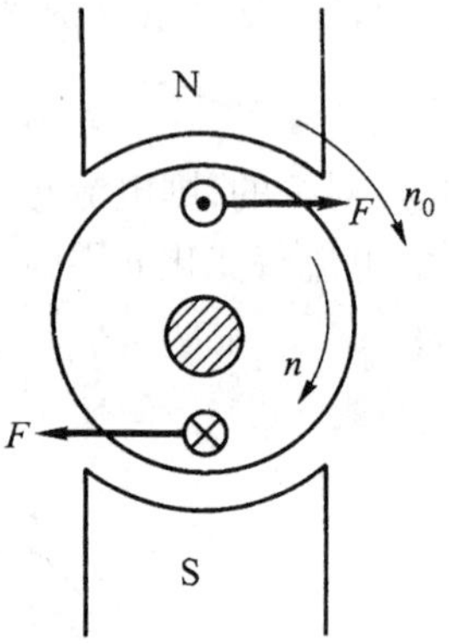

图 2-25　异步电动机转动原理

（三）转差率

转差率 s 用来表明转子的转速 n 相对于同步转速 n_0 的差别程度，即

$$s=\frac{n_0-n}{n_0}\times 100\% \tag{2-14}$$

转差率 s 是分析异步电动机性能的一个重要变量。

异步电动机起动瞬时或转子堵转时，$n=0$ 和 $s=1$；而空载时由于阻力矩很小，$n\approx n_0$ 和 $s\approx 0$。各种容量的三相异步电动机在额定负载时的转差率 s_n 约为 1% ~ 9%，一般不会超过 10%。转子的额定转速非常接近于同步转速，因而可从铭牌额定转速 n_n 和频率 f 便可知道它的同步转速 n_0 和磁极对数 p。例如，转速 1 460 r/min，频率 50 Hz，则 $n_0=$ 1 500 r/min，$p=2$。因此由铭牌也可以计算它的额定转差率 s_n。

转差率在 $0<s\leqslant 1$ 范围，异步电机运行于电动机状态。在此转差率范围内 n 与 n_0 同方向，$n<n_0$。由转动原理已知，在这种情况下转子导体与旋转磁场的相对切割方向决定了所产生的电磁转矩 T 与 n 同向，是驱动转矩。

转差率 s 超出 0 ~ 1 的范围，即 $s<0$ 或 $s>1$，都将使转子对旋转磁场的相对切割方

向与电动机状态时相反，因而使电磁转矩反向，变成制动转矩，电机运行于制动状态。

三、三相异步电动机的工作特性

(一) 机械特性

机械特性是指转速 n 与电磁转矩 T 之间的变化关系 $n = f(T)$，其机械特性曲线如图 2-26 所示。异步电动机属于硬机械特性电动机。因为它的额定转差率很小，即从空载到额定负载其转子的转速下降很小，所以它适用于拖动要求恒速运行的生产机械，如泵、通风机等。

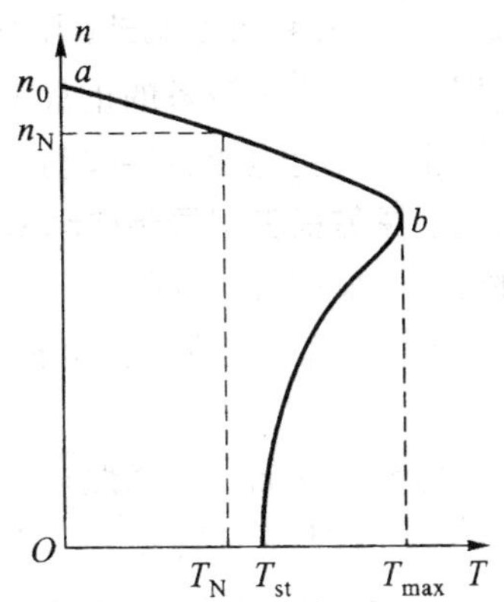

图 2-26　三相异步电动机的机械特性曲线

(二) 电磁转矩

(1) 异步电动机的电磁转矩 T 与定子电压 U_1 的平方成正比，即 $T \propto U_1{}^2$。在正常负载范围内，电磁转矩 T 与转差率 s 近似成正比，即 $T \propto s$。

(2) 最大电磁转矩 T_{max}：约为额定电磁转矩 T_N 的 2.0 ~ 2.2 倍。最大转矩表明异步电动机的过载能力。

起动电磁转矩 T_{st}：一般为 T_N 的 1.4 ~ 2.2 倍，它表明异步电动机的起动性能。

(3) 异步电动机的功率损耗和效率：功率损耗包括空载机械损耗和铁损以及定、转子电流引起的铜损。铜损与电流的平方成正比，故电流过大是引起电机温升过高的主要原因。定子输入的电功率 P_1 减去上述损耗即为轴上输出的机械功率 P_2。三相异步电动机的额定效率 $\eta = P_2/P_1 = 0.72 \sim 0.93$。

(4) 定子电压对异步电动机的影响：由于电磁转矩 $T \propto U_1{}^2$，故异步电动机对定子电源电压的波动非常敏感，U_1 的降低使电磁转矩成平方倍的减小。例如 U_1 降低为 $0.8U_N$，则 T 将减小为 $0.64T_N$。T 的减小，必然引起 n 下降，s 增加，使 E_2、I_2 和 T 增加，直到与负载转矩相平衡，这时电动机可能在过电流下运行。如果电压过低，电磁转矩不能平衡负载转矩而被迫停车（即发生了堵转），这时 $s = 1$ 最大，转子电流很大，定子电流将是额定电流的 5 ~ 7 倍，若无保护措施电动机将被烧毁。

四、三相异步电动机的起动

三相异步电动机的起动特性是起动电流大，可达额定电流的 5 ~ 7 倍，但起动转矩并不大。

电动机起动的时间不长，但是对电力系统的影响却很大。特别是船舶电站的容量有限，船上有些辅机拖动系统所采用的电动机的功率接近电站发电机的单机功率，若直接起动，其起动电流将引起电网电压的很大波动，从而影响其他用电设备的正常运行，所以对起动频繁和大容量电动机的起动，必须设法缩短起动时间，减小或限制起动电流。

三相异步电动机的起动方法有：全电压直接起动和降压起动以及绕线式异步电动机的转子电路串电阻起动。常用的降压起动方法有：定子电路串电阻（或电抗）、Y - Δ 起动和自耦变压器降压起动。船上多采用 Y - Δ 降压起动，Y - Δ 降压起动的起动电流和起动转矩均为全压起动的1/3。

（一）鼠笼式三相异步电动机全电压直接起动

直接起动是将三相异步电动机的定子绕组经开关直接与三相电源接通。其优点是设备简单，操作方便。缺点是起动电流大，起动电流 Ist 是其额定电流 I_N 的5 ~ 7倍。由于鼠笼式异步电动机的结构简单，过载能力强，且起动过程时间都较短，起动电流一般不会对电动机造成直接的损害，因此就电动机本身来说，是允许直接起动的。但另一方面，对于大容量的鼠笼式电动机直接起动，由于起动电流大和功率因数低，会引起较大的船舶电网电压降落，影响其他用电设备的正常工作。对于容量不是很大的电动机，在电网容量允许的情况下，通常采用全电压直接起动，机舱的电动辅机多采用直接起动。

（二）鼠笼式三相异步电动机降压起动

降压起动的目的是减小起动电流，但是电压的降低将使起动转矩成平方倍的减小。因此这种方法适用于空载下起动的电力拖动装置，如离心泵、通风机等，或起动阻力较小的拖动装置。

1. 星形 - 三角形降压起动

正常运行时定子绕组是三角形连接的电动机可采用星形 - 三角形降压起动。如图2-27（a）所示，起动时断开 Q_2，闭合 Q_3，将定子三相绕组星形连接，如图2-27（b），待转速升高、电流下降后，断开 Q_3，闭合 Q_2，再转换为三角形连接如图2-27（c）。由于星形连接起动每相绕组的相电压和相电流均为三角形连接的 $1/\sqrt{3}$；星形起动的线电流又是三角形线电流的 $1/\sqrt{3}$，所以星形降压起动电流是三角形直接起动电流的1/3。由于电磁转矩与电压的平方成正比，故星形起动转矩也是全压起动的1/3。

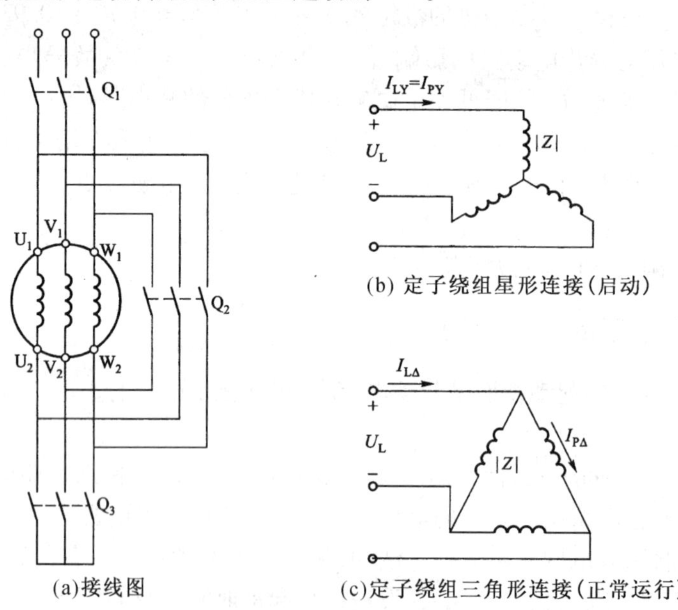

图2-27　星形 - 三角形（Y-Δ）降压起动

2. 自耦降压起动

对于起动力矩较大的三相异步电动机和正常运行时星形连接的大容量三相异步电动

机，可采用自耦变压器降压起动，如图 2-28 所示。起动时，将转换开关置于“起动”位置，使自耦变压器原边接电源，副边接电动机的定子绕组，以实现降压起动；待转速升高和电流降低后再将转换开关置于“工作”位置，脱开自耦变压器并使定子与电源直接相接，全压运行。

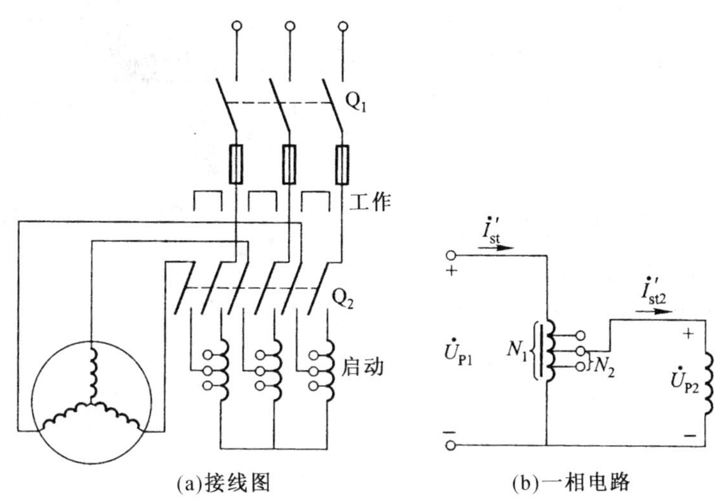

图 2-28　自耦降压起动

自耦变压器的降压系数 $K_u = \dfrac{U_2}{U_n}$，其副边通常提供几个不同降压系数的抽头供选择，例如 $K_u = 0.4$、0.6、0.8 等。降压起动时的定子电流为直接起动电流 I_{st} 的 K_u 倍，该电流也是变压器副边中的电流，而变压器原边的起动电流 I'_{st} 又为副边的 K_u 倍，即

$$I'_{st} = K_u^2 I_{st} \tag{2-15}$$

（三）绕线式三相异步电动机转子串电阻起动

绕线式三相异步电动机转子串电阻起动，其特点是起动电流小、起动转矩大。通过电刷将适当的起动电阻串入转子电路，因而使起动电流减小。由于定子电压没有降低，故起动转矩大，随着转速的升高应逐渐减小外串电阻，最后应全部切除。这种起动方法适用于要求起动转矩大的生产机械，如起货机、锚机等。

五、单相异步电动机

单相异步电动机是由单相电源供电，给只有单相电源的场合使用电动机带来了很大方便，如家用电器、电动工具、医疗器械等，其容量较小，一般从几瓦到几百瓦，见图 2-29。

（一）异步电动机的单相起动、运行特点

单相异步电动机结构原理图如图 2-29 所示，其定子仅有一个绕组（即工作绕组），其鼠笼转子结构与三相异步电动机的相同，都是电阻很小的鼠笼导体。而单相异步电动机的特点是：它没有自起动能力。因为一个定子绕组通入单相电流，它只能产生正弦脉动磁场而不能产生旋转磁场，所以没有自起动能力。

如果三相异步电动机的三相电源的某一相发生开路故障，则三相电源就变成了单相电源,这就和上述的单相异步电动机一样,失去了自起动能力。但当三相异步电动机在运行中发生缺相,它还能继续转动。不过若在重载下发生缺相势必迫使它在大转差、大电流下运行,以保持转矩的平衡。这时电流将超过额定电流,若无过载保护将会因过热而烧毁绕组。许多三相异步电动机定子绕组被烧毁的原因多是由于所谓的“跑单相”而造成的,特别是在无过载保护的情况下,缺相运行不易察觉。因此在使用三相异步电动机时应特别注意。

图 2-29　单相异步电动机

(二)单相异步电动机的起动方法

单相异步电动机的起动方法就是在起动时如何使它产生一个旋转磁场的方法。根据产生旋转磁场的基本条件:至少有两个有空间相位差的定子绕组,两绕组中的电流要有时间相位差。

1. 电容分相式异步电动机

在定子圆周上与单相工作绕组相隔 90° 再加一套起动绕组,如图 2-30 所示。在起动绕组电路中串入适当的电容 C 后与工作绕组并连接单相电源。在同一单相电压的作用下,因起动绕组电路串有电容 C,故起动绕组的电流超前于工作绕组电流近 90°。这样,起动绕组与工作绕组的电流及其产生的磁通达到正的最大值的时间先后不同,两绕组磁场的空间轴线方向相差 90°,因而形成了旋转磁场。在旋转磁场的作用下转子起动,待转速升高后离心开关断开起动绕组,和三相异步电动机运行中缺相的情况一样,断开起动绕组后它将继续运行。

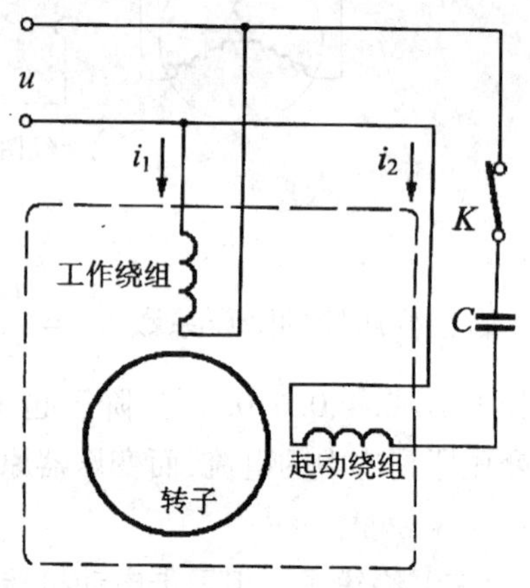

图 2-30　电容分相式单相异步电动机

为使单相异步电动机反转,可将任一绕组的电流 180° 反相,即反接任一绕组两端与电源连接极性。但对于电容运转单相异步电动机,只需将电容接到另一绕组,就能实现转向改变。

2. 罩极式异步电动机

罩极式单相异步电动机的结构如图 2-31 所示,定子多为凸极式的,磁极上绕有单相绕组,用于产生单相脉动磁场。每一磁极约 1/3 的端面被嵌套一短路铜环,当交变磁通穿过短路环时,在短路环中引起感应电势和楞次电流,以反抗磁通的变化。这样就使罩极部分磁通的变化滞后于非罩极部分的变化,使这两部分磁通有空间和时间的相位差,从而形成了由非罩极部分向罩极部分转动的磁场,使转子转动。由于罩极是固定不变的,所以转动方向不能改变。

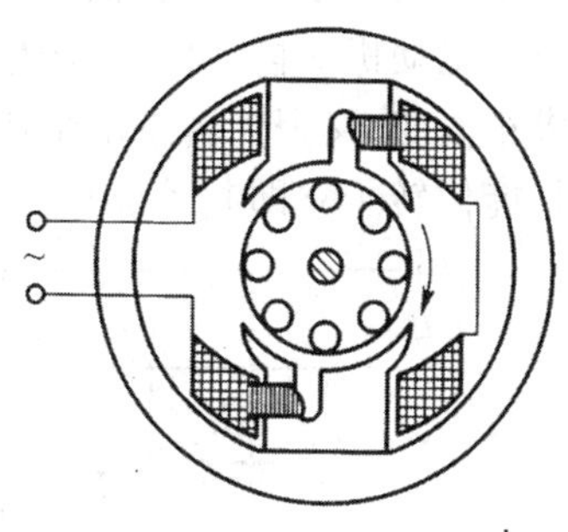

图 2-31　罩极式单相异步电动机

第四节　控制电机及在船舶上的应用

一、伺服电动机

在自动控制系统中的伺服电动机就是执行电动机，其功能是将电压信号转换为机械转角或转速。要求惯性小，启、停迅速准确，控制电压与转速之间具有直线性关系。

常用的伺服电动机有两种类型：交流伺服电动机和直流伺服电动机。

（一）交流伺服电动机

1. 结构

交流伺服电动机（见图 2-32）就是两相异步电动机。定子上有两个绕组，一个是励磁绕组，另一个是控制绕组，它们在空间相隔 90°。为减小转动惯量，转子为细长的鼠笼转子或杯形转子。为减小磁阻，杯形转子内有固定的内铁芯定子，其结构如图 2-33 所示。为消除自转，转子导体（铝合金或铜合金）电阻较大。

图 2-32　交流伺服电动机

图 2-33　杯形转子伺服电动机的结构图

2. 工作原理

交流伺服电动机转子的转速随控制信号电压幅度的增减而增减，随信号电压的反相而反转。图 2-34 所示为电压幅度控制式交流伺服电动机的接线原理。在应用上，通常励磁绕组和控制绕组电路都接在同一个单相交流电源上。控制绕组电路是由检测电路（如电位器式检测电桥）、放大电路和控制绕组组成。控制绕组的电压 $\dot{U}_2$ 即放大电路的输出信号电压,$\dot{U}_2$ 与电源 $\dot{U}$ 或同相位(正转信号)或反相位(反转信号)。励磁绕组电路串联电容的目的与单相电容电动机一样,是为了产生能使转子转动的旋转磁场。但转子的转速随信号电压的幅度大小而变。又因为转子电阻比普通单相异步电动机的要大,因此当控制信号电压 $U_2 = 0$ 时,能使转子立即制动停止。

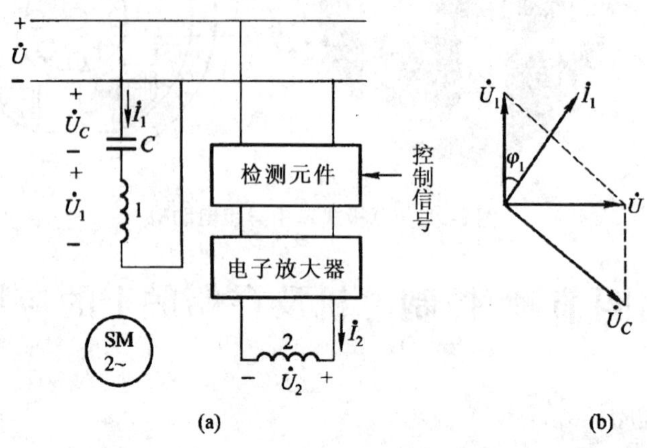

图 2-34 交流伺服电动机的接线图和相量图

在船舶自动控制系统中的交流执行电动机多为鼠笼转子,如用来自动开闭风门、阀门等的执行电动机。

(二)直流伺服电动机

直流伺服电动机(见图 2-35)结构和工作原理与普通直流电动机基本相同,但转子细长惯性小,多采用电枢控制的他励式电动机,控制信号电压加在电枢上,转子的转速和转向决定于电枢控制电压的大小和极性。

二、测速发电机

图 2-35 直流伺服电动机

测速发电机的功能:将机械转速信号转换为电压信号,即测速发电机的输出信号电压与被测转速成正比。

测速发电机的类型:有直流测速发电机和交流测速发电机两种。

(一)直流测速发电机

直流测速发电机的结构与工作原理与普通他励(或永磁式)直流发电机基本相同,由于磁通 Φ 恒定,故其电动势 E(或电压 U)与被测转速 n 成正比,即 $E = k_e \Phi n$。

(二)交流测速发电机

1. 结构

交流测速发电机多采用异步测速发电机。异步测速发电机在结构上与杯形转子伺服电动机类似。定子上也有两套空间位置相隔 90° 的励磁绕组和输出绕组。

2. 工作原理

励磁绕组接单相交流电压 U_1。在绕组的轴线方向上产生幅值为 Φ_1 的交变脉动磁场,

根据变压器原理，只要 U_1 不变，那磁通 Φ_1 保持不变，即 $U_1 \approx 4.44fN_1\Phi_1$。由于 Φ_1 方向与输出绕组轴线垂直，Φ_1 不穿过输出绕组，故在任何时候 Φ_1 都不会在输出绕组中产生感应电动势。因此当转子静止时输出绕组的电压 $U_2 = 0$，如图 2-36 所示。

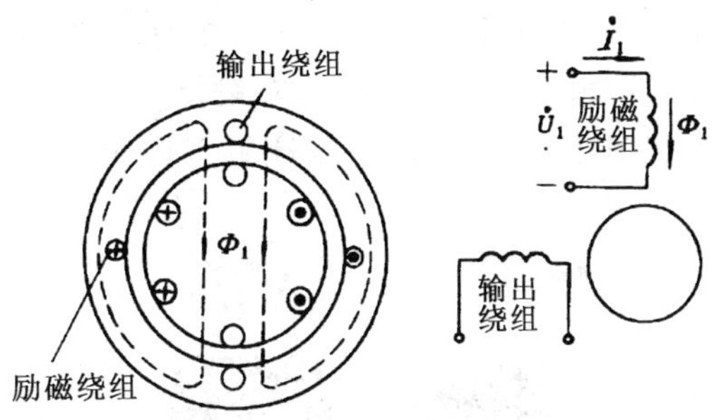

图 2-36　交流测速发电机的原理图（静止时）

但当转子在被测转速轴带动旋转时，转子导体因切割幅值为 Φ_1 的正弦脉动磁场而在转子中产生感应电动势（称为旋转电动势），其有效值 $E_r \propto n\Phi_1$，其频率等于 Φ_r 或 U_1 的频率 f_0，E_r 引起转子电流 I_r 以及转子磁通 Φ_r，如图 2-37 所示。转子交变磁通 Φ_r 的方向与输出绕组的轴线一致，故在输出绕组中引起感应电压 U_2，$U_2 \propto \Phi_r$，而 $\Phi_r \propto I_r \propto E_r \propto n\Phi_1$。因 Φ_1 恒定不变，故交流测速发电机输出的信号电压只与被测转速 n 成正比，即

$$U_2 \propto n \tag{2-16}$$

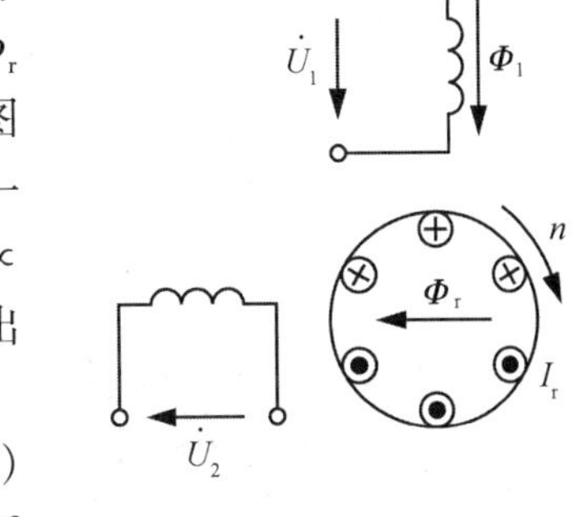

图 2-37　交流测速发电机的原理图

当被测转速反向时，则输出信号电压的相位也 180° 反相。

（三）电动转速表

由测速发电机构成的转速测量和指示装置常被称为电动转速表。其优点是可以实现远距离测量转速。电动转速表一般是由测速发电机（直流或交流）、转速指示仪表和接线箱组成。以船舶主机的转速测量为例，测速发电机的转子通过联轴器、齿轮、或链轮链条与主机凸轮轴或与艉轴联结。几个并联的转速指示表，通常分别安装在机舱、集控室、驾驶室、轮机长室等处。因传送信号导线的距离不同，故在表内设有调节电阻。

第五节　船舶常用控制电器

常用控制电器包括主令电器、熔断器、接触器和继电器。

一、常用控制电器

（一）主令电器

船舱电力拖动控制常用的主令电器有按钮、行程开关（或限位开关）、多极开关（或称

组合开关或万能转换开关)和主令控制器等。其主要作用是接通或断开控制电路或作程序控制。

1. 按钮

按钮(图 2-38)是一种自复位的指令电器,结构简单,按钮带动触点使其闭合或断开,手松开后自复位弹簧使按钮和触点复位。有仅一对触点的单层按钮,也有两对触点的双层按钮。通常用常开触点按钮作"起动按钮",常闭触点按钮作"停止按钮",其结构示意图和符号如图 2-39 所示。

图 2-38　按钮

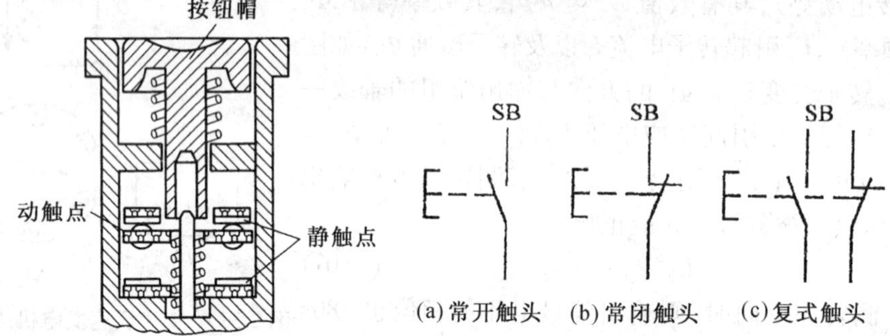

图 2-39　按钮的结构示意图和符号

2. 多极开关

多极开关也叫万能转换开关,见图 2-40,可同时控制多条通断要求不同的电路,广泛

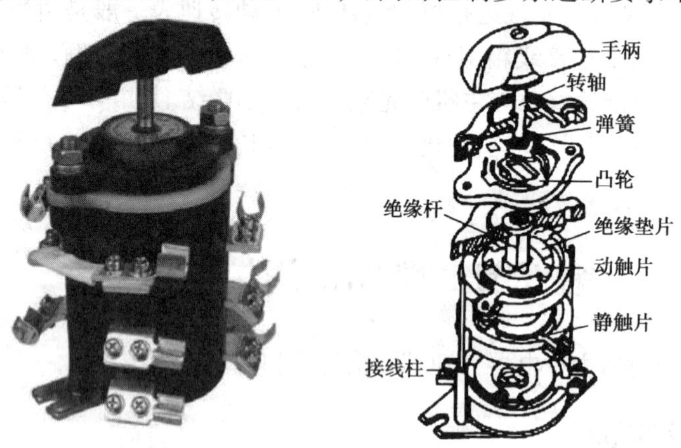

图 2-40　多极开关

应用于交、直流控制电路、信号电路和测量电路，也可用于小功率电动机的起动、反转和调速。开关转换手柄（或手钮）可有多个位置，在电路图中，触点通断顺序可用两种方式表示：（1）展开图法，如图 2-41（a）所示，用虚线表示操作手柄位置，虚线上的黑圆点表示手柄转到此位置时该对触点接通。（2）触点闭合表法，如图 2-41（b）所示，表中上列是手柄位置，左列为触点编号，在手柄位置与触点编号相交的方格内用“×”表示手柄在此位置时相应编号的触点接通。

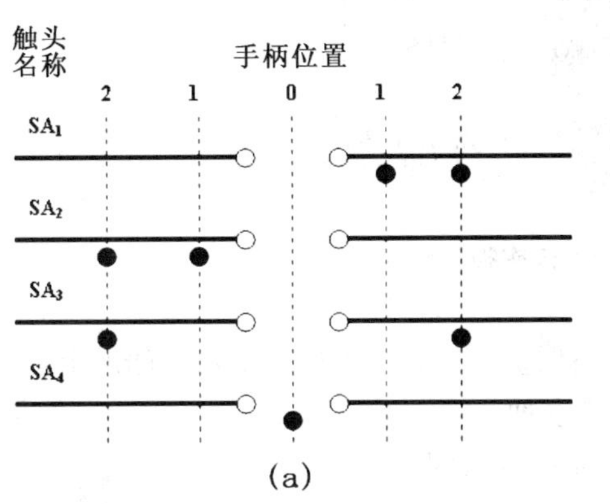

触头名称	手柄位置				
	2	1	0	1	2
SA_1				×	×
SA_2	×	×			
SA_3	×				×
SA_4			×		

(b)

图 2-41　多极开关触头通断顺序表示法

3. 主令控制器

在起货机、锚机等控制电路中常采用凸轮式主令控制器，见图 2-42，一般是手柄前后推拉双向操作的多位置、多控制回路的主令开关。常与接触器和继电器配合一起工作，控制电动机的起动、制动、正反转、调速及实现零位保护等。其触点通断顺序通常采用展开图法。

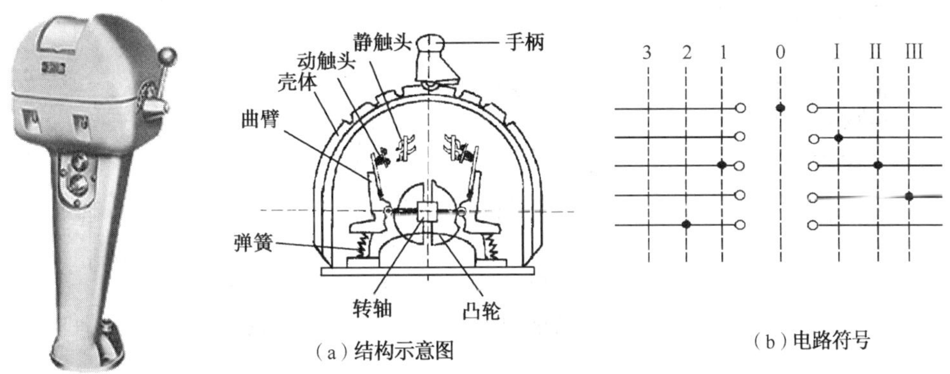

图 2-42　主令控制器实物及结构示意图和电路符号

4. 行程开关

行程开关也称限位开关，见图 2-43，用于限制机械移动的极限位置或实现安全保护、电气连锁或程序控制等。在机械运动部件碰触行程开关的位置挡块（相当于按下按钮）时，使触点断开或闭合，当运动部件与挡块脱离接触时触点自行复位。行程开关常作为舵机、起货机、行车等的终端限位安全保护开关。

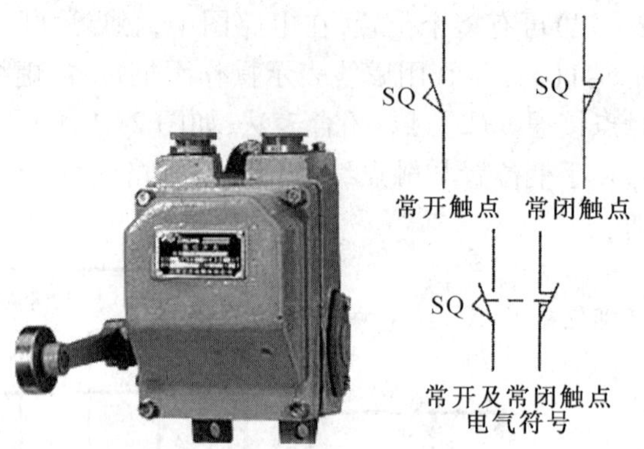

图 2-43　行程开关实物及符号

（二）熔断器

熔断器（俗称为保险丝）是最简单的短路保护电器，如图 2-44 所示。船舶上常用的熔断器在结构形式上有螺旋式、管式、插脚式等多种。

熔断器的保护特性（电流 – 时间关系）具有反时限的特点，即电流越大，熔断的时间越短，其特性和符号如图 2-45 所示。不同类型的熔断器熔丝的热惯性大小不同，在同样电流下熔断的时间不同。在船上电网和用电设备的熔断器都是按保护动作的选择性配套的，不可任意更换不同型号的熔断器。在电力控制系统中，熔丝的额定电流与负载电流大致有如下的关系，供选择参考。

图 2-44　熔断器

平稳负载（如控制、信号和照明电路等）：熔丝额定电流≥支路所有负载的工作电流；

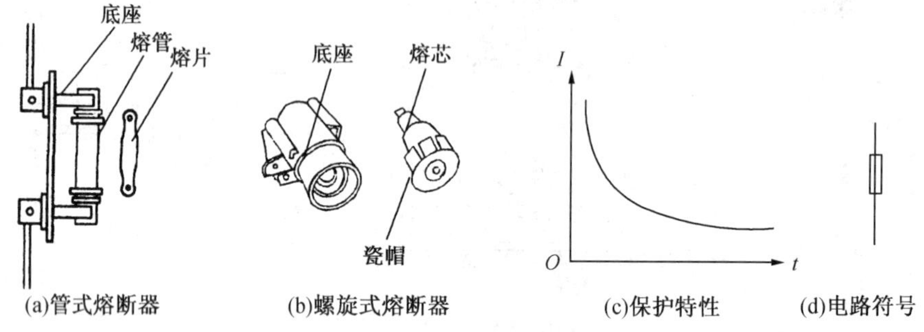

图 2-45　熔断器及其特性和符号

电动机主电路：熔丝额定电流≥电动机起动电流/2.5；

如果电动机频繁起动，则熔丝额定电流≥电动机起动电流/（1.6～2.0）。

（三）接触器

接触器用于频繁地接通和切断电动机主电路以及大电流控制电路的开关电器，见图 2-46。具有控制容量大，可远距离操作、能实现连锁控制，并有失压及欠压保护，广泛用于

自动控制电路中,其主要控制对象是电动机。

1. 结构

接触器是由主触头系统(包括灭弧装置)、电磁系统(线圈、铁芯和衔铁)以及释放弹簧三个部分组成,图 2-47 为交流接触器的结构示意图和符号。控制主电路通断的触头通常是常开主触头,主触头的接触面积较大,并设有灭弧装置。常开和常闭辅助触头用在小电流的控制电路中。对于开关电器的所谓"常开"或"常闭"触头是指电磁线圈不通电时或没有外力作用时的动、静触头间断开或接通的状态。

图 2-46 接触器

2. 工作原理

电磁线圈通电后产生电磁吸力,克服释放弹簧的阻力将衔铁(上铁芯)吸向静铁芯(下铁芯),衔铁带动动触头使

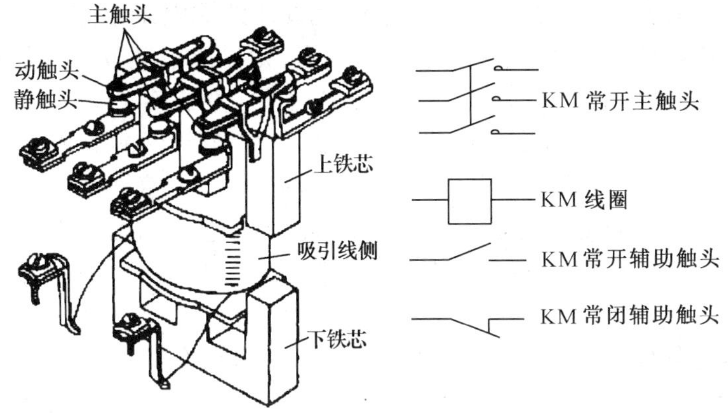

图 2-47 接触器的结构示意图和符号

常开触头闭合、常闭触头断开。当线圈断电时,磁场消失,衔铁被释放,在释放弹簧(有的是靠衔铁自重)的作用下,衔铁和动触头均复位。

3. 使用参数

接触器的触头额定电压和额定电流是指触头能够长期承受并能分断的电压和电流,要与触头所在的主电路的电压和电流相适应。而励磁线圈的额定电压则要与控制电路的电压一致,有 380 V、220 V、110 V 和 36 V 等。

4. 交、直流接触器的差别

它们在动作原理和作为开关的控制功能上两者基本相同,但在结构上和电与磁的变化关系上有明显的差异。

(1)铁芯结构差异:为减小铁损,交流的铁芯由硅钢片叠压而成;为消除振动和噪声,铁芯与衔铁接触的端面嵌有短路铜环,如图 2-48 所示。由于电磁吸力与磁通的平方成正比,因此交流磁通产生脉动的电磁吸力,因而发生振动和噪声。利用短路环的感应电流产生反抗磁通,由于反抗磁通滞后线圈的主磁通,从而消除了因铁芯磁通和电磁吸力周期性的过零而产生的振动和噪声。而直流铁芯中的磁通是恒定的,不产生铁损,也不产生振动和噪声,故直流的铁芯是整块铁制成的,铁芯端面也不需要短路环。

（2）电路与磁路的差异：交流电压接触器是恒磁通型的，衔铁吸合前后磁通和电磁吸力基本不变，但根据磁路概念，衔铁吸合前后磁路阻不同，因吸合前的磁阻比吸合后的磁阻大得多，所以吸合前的线圈电流比吸合后的电流大，假如衔铁因故不能吸合，则线圈将被烧毁。直流电压接触器是恒磁势型的，衔铁吸合前后励磁电流基本不变，但因磁阻关系吸合后的磁通和电磁吸力远大于衔铁保持可靠吸合所需要的电磁吸力，故衔铁吸合后可在线圈电路串入经济电阻，以减少线圈的温升和电能损耗。

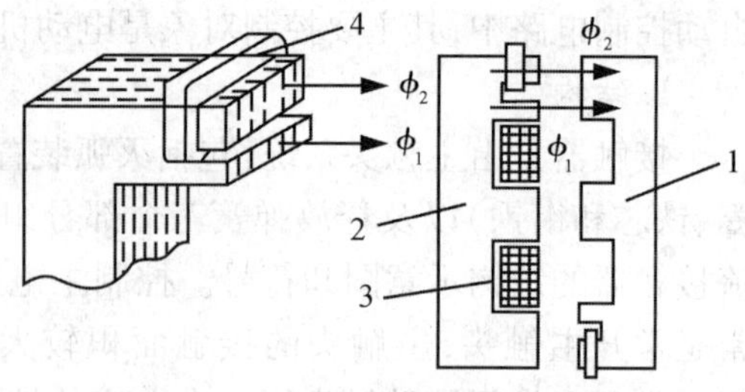

1—衔铁；2—铁芯；3—线圈；4—短路环

图 2-48　短路环

因为直流线圈电压 U、匝数 N 和线圈电阻 R 一定，则线图的电流（$I = U/R$）和磁势 IN 就是恒定的，与磁阻的大小无关，故为恒磁势型。为减小线圈电流，直流线圈的线径较细、匝数多（R 大）。但交流线圈，只要线圈电压 U 一定，则磁路磁通 Φ_m 基本不变（即 $U \approx 4.44fN\Phi_m$），与磁阻大小无关、故为恒磁通型。交流线圈主要靠感应电动势 E（或其等效感抗）限制电流，因此相对于同样电压的直流线圈而言，交流线圈的匝数少、线径较粗。此外，由于交直流铁芯结构和线圈电阻、电感（直流线圈的电阻电感均大于交流的）不同，即便是线圈额定电压相同的交直流接触器也不能互相替代使用。直流接入交流会因铁损太大而烧毁，交流接入直流会因线圈电流太大而烧毁。

（四）继电器

继电器是根据某种（电压、电流、时间、温度、压力、速度等）信号来接通或断开电路的电器，用以实现系统的自动控制和保护。继电器触点容量小，只用于通断小电流电路，没有主、辅触头之分。带动触头的运动部件体积小，重量轻，动作快，灵敏度高。有电磁式电压继电器、电流继电器、时间继电器和机械式温度继电器、压力继电器和速度继电器以及电子式各种继电器等多种类型。

电磁式继电器的基本组成部分和工作原理与接触器相似，有铁芯、衔铁、电磁线圈、释放弹簧和触头等。线圈的通电或断电，使衔铁带动触头闭合或断开，实现对电路的控制作用。有交流继电器也有直流继电器。

1. 电压继电器

电压继电器线圈匝数多、线径细，线圈与被监测的电压电路并联。根据高于或低于被监测电压的整定值动作，利用触点开闭状态的变化传递被监测电压发生变化的信息，以实现根据电压变化进行的控制或保护。

2. 电流继电器

电流继电器线圈匝数少、线径粗，线圈与被监测的电流电路串联。是根据电流的变化而动作，利用触头开闭状态的变化传递电流变化的信息，以实现根据电流变化进行的控制或保护。

3. 中间继电器

顾名思义，它是一种中间传递信号的继电器，其电磁线圈并不直接感测电压或电流的变化，而是传递某信号的“有”或“无”。因此它的电磁线圈并联于恒定电压上，由其他指令电器或信号检测电器控制它的通电或断电。中间继电器可有多组触头，其线圈匝数多线径细，线圈与触头电流远小于其触头容许通过的电流，利用它的多组触头来扩大信号的控制范围，实现多路控制；由于线圈与触头电流差别较大，故有以小控大的信号“放大”作用。如某些灵敏感测继电器的触头容量较小，不能直接控制电流较大的电路，但它可以控制中间继电器的线圈电路，因此可借助于中间继电器去控制较大电流的电路。

4. 时间继电器

时间继电器（见图 2-49）从接收动作指令信号到完成触头开闭状态的转换，中间有一定的时间延迟，从而实现延时控制。时间继电器按工作原理分有电磁式、电子式、钟摆式及电动式等多种类型。图 2-50、2-51 为常用的空气阻尼电磁式时间继电器的原理图，分别通电延时和断电延时。

图 2-49　时间继电器

以图 2-50 所示的通电延时空气阻尼式时间继电器为例，当线圈通电后就将动铁芯吸下，使动铁芯与活塞杆之间有一段距离。在释放弹簧的作用下，活塞杆就向下移动。在伞形活塞的表面固定有一层橡皮膜。因此当活塞向下移动时，在膜上面造成空气稀薄的空间，活塞受到下面空气的压力，不能迅速下移。

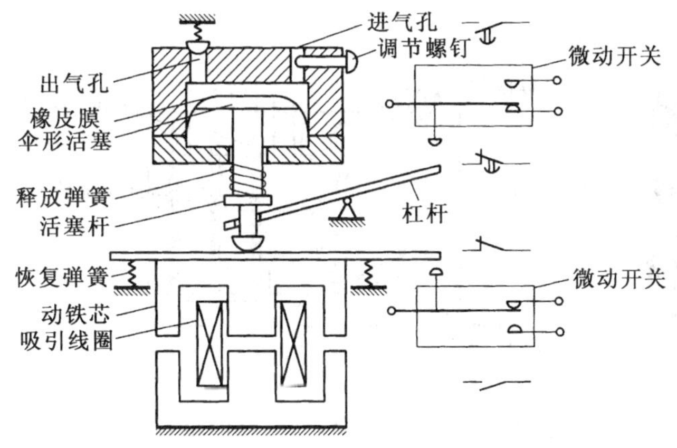

图 2-50　通电延时空气阻尼式时间继电器

当空气由进气孔进入时，活塞才逐渐下移。移动到最后位置时，杠杆使微动开关动作。延时时间即为自电磁铁吸引线圈通电时刻起到微动开关动作为止的这段时间。通过调节螺钉调节进气孔的大小，就可以调节延时时间。吸引线圈断电后，依靠释放弹簧的作用而复原，空气由出气孔被迅速排出。图 2-50、2-51 所示的时间继电器都有两个延时触点、两个瞬时触点。

5. 热继电器

热继电器是依据电流的热效应和不同热膨胀系数的双金属片受热变形原理制成的一

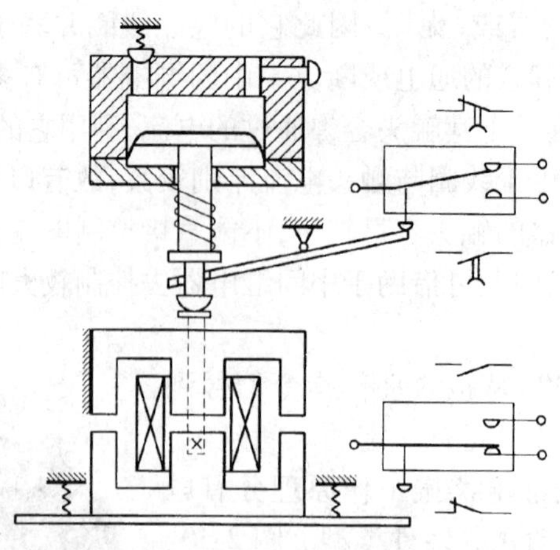

图 2-51　断电延时空气阻尼式时间继电器

种保护电器,主要用于电动机的过载保护,如图 2-52 所示。电动机的电流通过发热元件,发热元件的发热使双金属片受热膨胀变形而向左弯曲,推动导板,带动杠杆,向右压迫弹簧片变形,使动触点和静触点分开,而与螺钉(静触点)接触。只要将常闭触点串联在控制交流电动机的接触器线圈电路中,当电动机过载后,热继电器常闭触点断开,从而断开电动机的控制电路,进而断开其主电路。由于热惯性,它是一个延时保护电器,故不用它作电动机的短路保护。它具有反时限特性,即过电流越大动作的延时越短。热继电器的整定电流一般等于被保护电动机的额定电流,当超过整定电流的 20% 时应在 20 min 内动作。

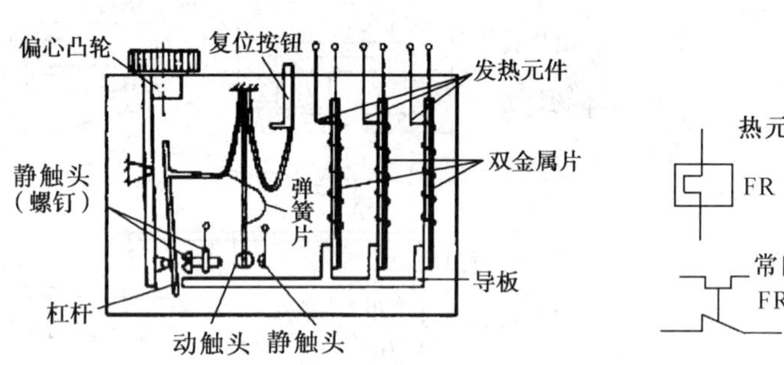

图 2-52　热继电器实物及结构图和符号

6. 压力继电器

压力继电器是将压力信号转换为电信号的转换元件,如图 2-53 所示。

在船舶上双位压力继电器经常用于机舱的气压、水位和油压等系统中,以实现自动控制或安全保护,如泵的自动控制、海(淡)水柜的双位控制、空压机的自动控制等都采用双位压力继电器。当压力达到整定值下限时,压力继电器低压触头闭合,水泵或空压机起动;当压力上升到整定值上限时,压力继电器高压触头断开,水泵或空压机停止,实现对压力的双位控制。

双位式压力继电器的结构示意图如图2-54所示。

图 2-53　压力继电器

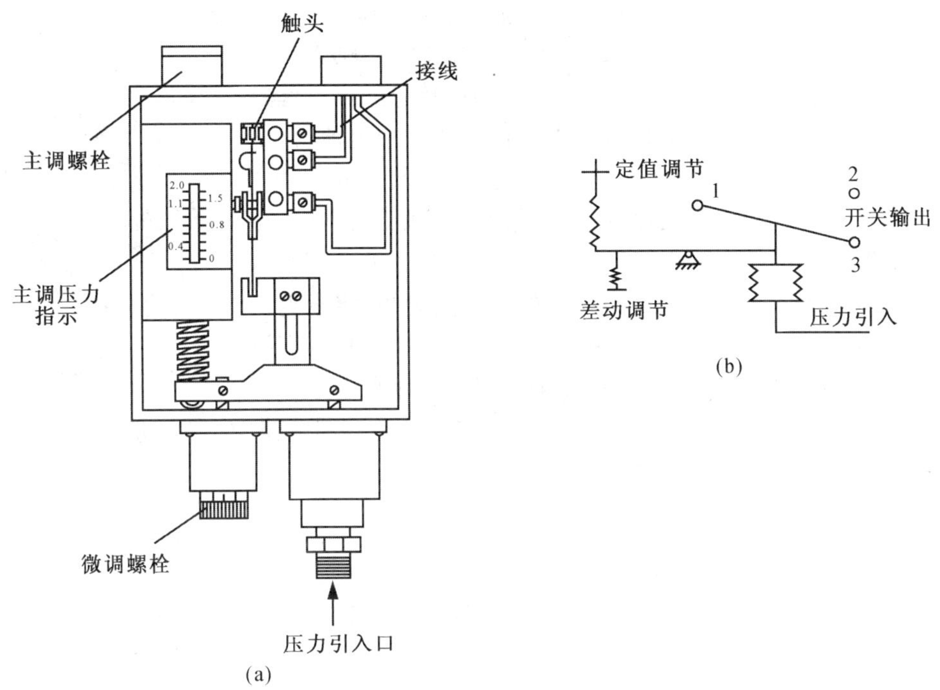

图 2-54　双位式压力继电器结构示意图

7. 温度继电器

温度继电器是制冷装置自动控制的重要器件,它可以实现对库温及其波动范围的控制,如图 2-55 所示。温度继电器的测温元件置于冷库中。当温度达到整定值下限时,温度继电器触头断开,切断电磁阀电路,使电磁阀关闭;当温度上升到整定值上限时,温度继电器触头闭合,将电磁阀重新打开,于是库温又下降,实现对库温的双位控制。

8. 速度继电器

速度继电器是传递转速的继电器,如图2-56所示,转子是一块固定在转轴上的永久磁铁。浮动的定子与转子同心,而且能独自偏摆,定子由硅钢片叠成,并装有笼形绕组。速

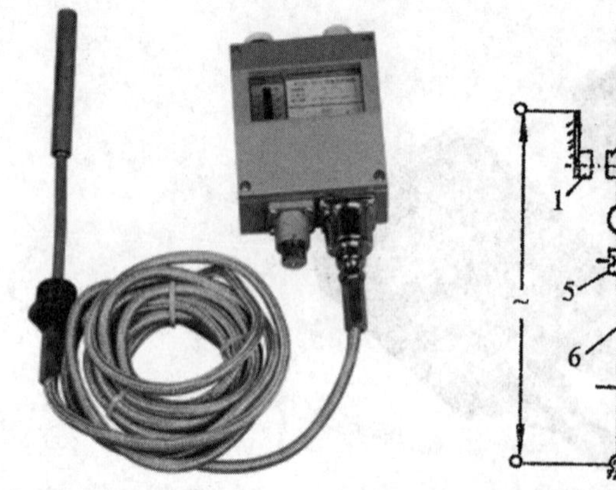

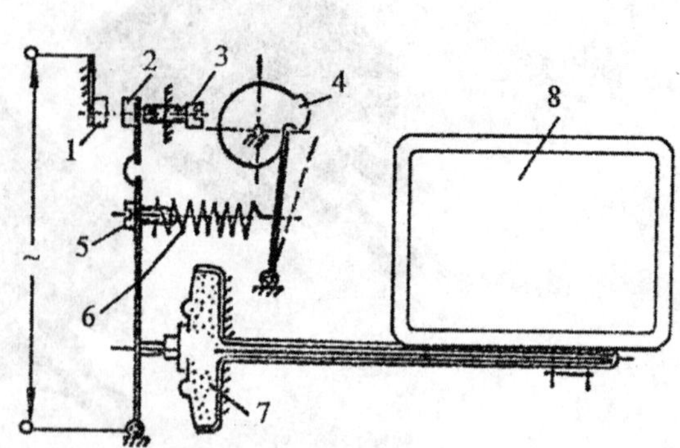

1—静触头;2—动触头;3—差额调节螺栓;4—温度控制范围调节凸轮;
5—温度控制范围调节螺栓;6—平衡弹簧;7—气箱;8—蒸发器

图 2-55 温度继电器实物及原理图

度继电器的轴与电动机轴相连,电动机旋转时,转子随之一起转动,形成旋转磁场。笼型绕组切割磁力线而产生感应电流,该电流与旋转磁场作用产生电磁转矩,使定子随转子向转子的转动方向偏摆,定子柄推动相应触头动作。定子柄推动触头的同时,也压缩反力弹簧,其反作用阻止定子继续转动。当转子的转速下降到一定数值时,电磁转矩小于反力弹簧的反作用力矩,定子返回原来位置,对应的触头恢复原始状态。调整反力弹簧的拉力即可改变触头动作的转速。图 2-57 为速度继电器的原理图和符号。

图 2-56 速度继电器

速度继电器主要用于三相异步电动机反接制动的控制电路中,在电机转速接近零时立即发出信号,切断电源使之停车。

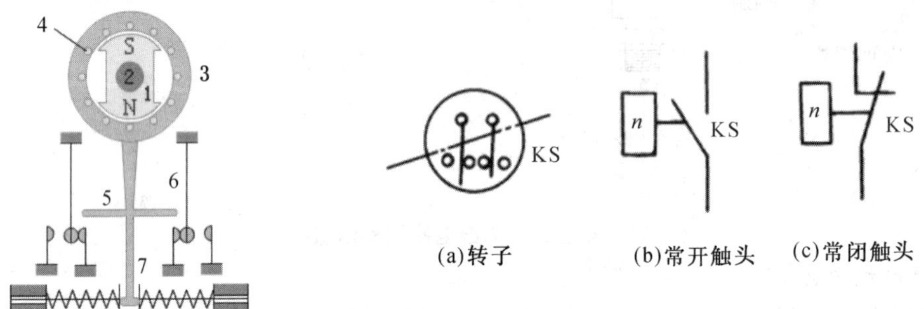

图 2-57 速度继电器原理图与符号

1—转子;2—电动机轴;3—定子;4—笼型绕组;5—定子柄;6—动触头;7—反力弹簧

二、继电器参数的整定

(一)压力继电器、温度继电器、速度继电器设定值与幅差值的测试和调整

压力继电器、温度继电器和速度继电器的调整非常方便,只需旋松或拧紧调节螺栓,

即可改变控制压力、温度和速度。

1. 压力继电器的调整

正确的且较好的方法是先调下限压力，只需三步即可完成，无需反复调整。

(1)升压，什么也不调，观察到触头动作即可。

(2)降压，调节复位压力螺栓，整定触头复位的压力值——下限压力。

(3)再升压，调节压差螺栓，整定触头动作压力值——上限压力。

2. 温度继电器的调整

正确的且较好的方法是先调下限温度，只需三步即可完成，无需反复调整。

(1)升温，什么也不调，观察到触头动作即可。

(2)降温，调节复位温度螺栓，整定触头复位的温度值——下限温度。

(3)再升温，调节温差螺栓，整定触头动作温度值——上限温度。

3. 速度继电器的调整

速度继电器的调整，只要调整反力弹簧的拉力即可改变触头动作的转速值。也只需三步即可完成。

(1)加速，什么也不调，观察到触头动作即可。

(2)减速，调节反力弹簧螺丝，整定触头复位的转速值。

(3)再加速，测试触头动作的转速值。

(二)时间继电器的整定

测试的电路如图 2-58 所示。延时时间在 3 s 以上的时间继电器，可用秒表来测定时间。延时时间小于 3 s 的，可用电子秒表或毫秒表来测量时间。时间继电器的延时整定，是在线圈上加上额定电压，其通电时间大于3 s 的情况下进行的。试验方法：先预试，将 Q_1 开关合上，再合 Q_2，HL 灯亮，调节电阻 R 使 KT 线圈端电压达到额定值，KT 动作，常闭触头延时打开，HL 灯灭。上面能正常运行后，正常开始测试，先 Q_1 开关合上，再合 Q_2 开关，马上开始计时，灯熄灭时计时结束。将测得的时间减去3 s，就是延时时间。试验结果应取三次测量的平均值，要求其差值不应大于平均值的 10%。

图 2-58　时间继电器试验电路

(三)热继电器的整定

1. 准备工作

试验前，应将热继电器上所有零部件灰尘、污垢及锈迹清理干净，双金属片表面应保持原有光泽，试验时的环境温度尽量接近工作环境温度，试验用的连接导线长度不应小于 0.6 m，连接线的截面积要和使用时的实际情况相同。热继电器的试验电路如图 2-59 所示。一般采用小型负荷变压器供给电流，要求试验电流稳定。

对于可调式的热继电器，应将热继电器的刻度盘对准所需要的电流值，然后进行调试。

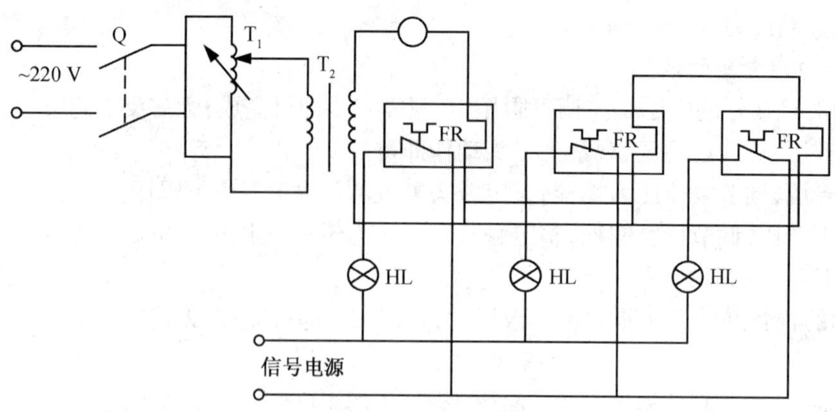

图 2-59 热继电器试验电路

2. 预调

先通以 2 ~ 3 倍的额定电流，使其动作 2 ~ 3 次，使试验设备预热，再冷却至室温，且注意观察变压器、线路有没有问题，然后进行正式试验。

3. 试验

先将热继电器通入额定电流，热继电器应长久不动作。接着通入最低倍数的电流（如 JR16 型热继电器为 1.2 倍整定电流），热继电器应在规定时间内动作（如 JR16 型热继电器应在 20 min 内动作），动作后冷却至室温。如此反复试验三次，各次均符合要求者为合格。

对于多极热继电器，若技术条件中没有规定必须每极分别试验，则可以串联试验。当需要每极试验时（如 TR2 系列），需要准备两套试验设备。开始时，两极同时通入整定电流，待温度稳定后，一极保持整定电流值，另一极增至 1.2 倍整定电流值，热继电器应在 20 min 内动作。断电冷却后，再按复位按钮，以同样的方法试验另一极。

第六节 异步电动机常用控制电路

一、电动机的控制电路的基本控制环节

电力拖动控制的电路图一般是按主电路和控制电路两部分画出，主电路用较粗的线条画在左边或上端，控制电路用细线画在右边或下端。各电器都按未通电或未受外力作用时的正常状态画出。属于同一电器的不同部件按其在电路中的作用（而不是实际的机械安装位置）用规定的符号画在不同的电路部位上，标以相同的文字符号并用数字以示区别。例如同一个接触器的线圈、主触头和辅助触头均标以 KM，按照它们的作用分别画在不同的电路中。

（一）磁力起动器起动控制

图 2-60 是机舱里用得最多的三相异步电动机磁力起动器控制线路。它具有短路、过载和失压保护，并能够自锁连续运行的电动机起、停控制电路。

QS 是电源隔离开关，平时保持接通，当电机或电路需要检修时，为安全起见必须断开

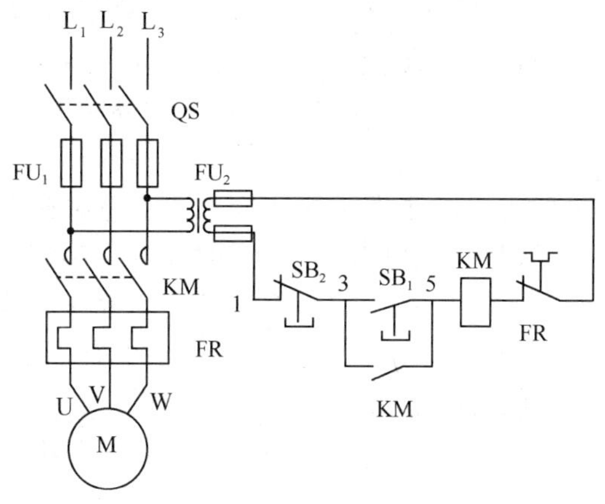

图 2-60　磁力起动器起动控制线路

隔离开关。FU_1 和 FU_2 分别为主电路和控制电路的短路保护熔断器。接触器 KM 和热继电器 FR 都安装在磁力起动器的控制箱的面板内，“起动”按钮 SB_1 和“停止”按钮 SB_2 以及电源指示灯（红）、电动机运行指示灯（绿）均装在控制箱的面板上。

1. 点动控制

如果去掉自锁触头 KM，则变成了点动控制，即按下起动按钮 SB_1 电动机起动运行，放开按钮电动机停止，如图 2-61 所示。有些应用场合，为了安全，需要人在现场确定机械移动位置或转角以及起落物品的移动或安放位置等，往往采用点动控制，如甲板舷梯和机舱行车等。

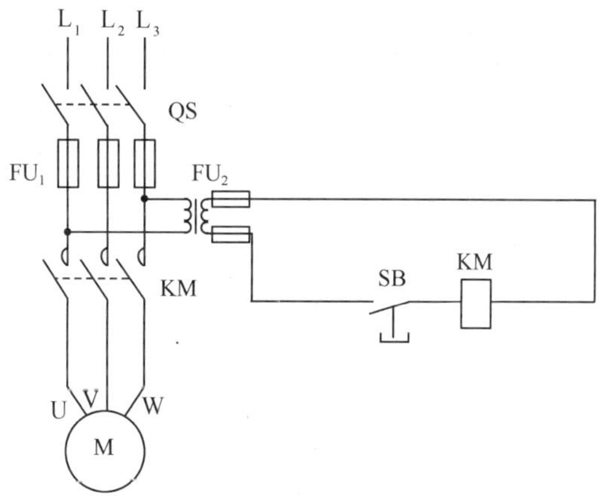

图 2-61　点动控制线路

2. 起动自锁控制工作原理

按动起动按钮 SB_1，接触器 KM 的电磁线圈电路接通，接触器动作，其常开主触头闭合接通主电路，电动机开始起动；与此同时，与起动按钮 SB_1 并联的常开辅触头 KM 也闭合，因此当手放开按钮后线圈 KM 继续保持通电，使电动机保持连续运行。把这个用自己的触头保持自己的线圈继续通电的作用称为“自锁”，与起动按钮并联的这个常开触头称为“自锁（或自保）触头”。

当需要停车时，按下停止按钮 SB_2，接触器线圈断电，衔铁释放，各主、辅触头均复原，电动机断电停车。由于自锁触头已断开，所以放开停止按钮也不会自行接通线圈电路，这就是失压保护。可见这种电路的失压保护环节是由接触器线圈、自锁触头和起动按钮构成的。

当电动机发生持续过载或缺相时，使热继电器发热元件触发热继电器动作，将其串联在控制电路中的常闭触头 FR 断开接触器 KM 的线圈电路，接触器释放；使电动机脱离电源。为使热继电器能实现可靠边的缺相保护，在三相主电路中至少要在两相中串接热继电器的发热元件，当三根相线中有任一个发生断电时至少有一发热元件感测单相电流。当排除过载或缺相原因后要将常闭触头 FR 复位，否则电动机不能重新起动。应注意热继电器动作后不能立即复位，因双金属片需要有一定时间的冷却复原。

3. 多地点控制

电动机的启停可以在不同的多地点进行远距离控制，如机舱许多辅机电动机可以在机旁控制，也可以在集控室控制。这只需要将各地点的起动按钮并联、停止按钮串联即可实现。图 2-62 就是两地控制的接线原理，若 SB_1 和 SB_3 是机旁控制按钮，则 SB_2 和 SB_4 就是安装在集控室的按钮。

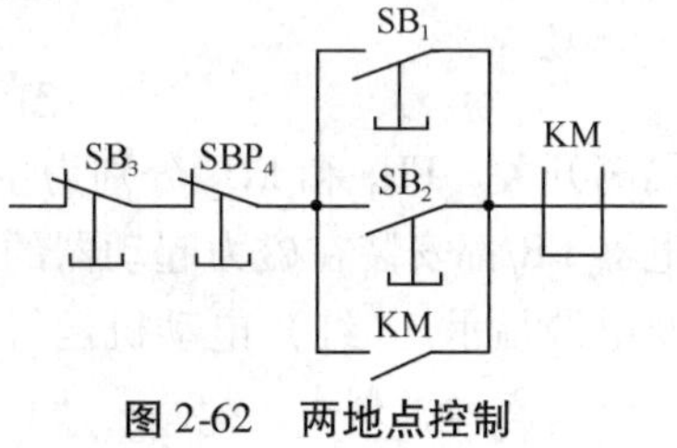

图 2-62　两地点控制

二、电动机的基本保护环节

电动机的基本保护环节有短路保护、过载保护、缺相保护、和失（零）压保护。

（一）短路保护

短路保护是当电动机的主电路或控制电路或电动机绕组本身发生短路时，能自动及时地将短路故障部分与电源切断，以避免事故进一步扩大而造成损害。电动机的短路保护电器大多采用熔断器，大容量电动机也有采用塑壳式空气断路器。

（二）过载保护

过载保护是指电动机的工作电流持续超过它的额定电流时，为避免电动机过热而烧毁所设的自动保护环节。电动机自动过载保护常用的电器是热继电器和过电流继电器。自动空气开关也具有过载保护功能。

（三）缺相保护

三相异步电动机运行时，任一相断线（或失电），会造成单相运行。此时，三相异步电动机为了得到同样的电磁转矩，定子电流将大大超过其额定电流，导致电动机发热烧毁，缺相运行的电动机还伴随着剧烈的振动。一般热继电器的发热元件串联在三相主电路的任意两相中，在任一相发生短路（缺相）故障时，必然导致另两相电流的大幅增大，在这种情况下，热继电器起着缺相保护的作用，它将断开接触器电源，使电动机停转。

为防止电动机的单相运行而过载，在电动机的三相主电路中至少应有两相串入热继电器的发热元件。热继电器脱扣后有自动复位的和手动复位的，船上多数为手动复位。当排除过载故障且待双金属片冷却后应及时按下手动复位按钮，使其复原，不然电动机不能重新起动。

（四）失（零）压保护

任何运行的电动机，当电源断电时都会自行停车，但电源的开关电路仍在接通状态。如果没有失压保护措施，一旦悄然恢复供电，则电动机将会自行起动，这很容易造成人身伤害或设备损坏。为防止电动机自行起动，电动机的控制电路必须有失压保护环节。一般电动机的失（零）压保护是依靠线路接触器本身的电磁机构或电压继电器（用作零压保护时称零压继电器）和指令电器（按钮或主令控制器）配合来实现。其作用是必须有人到场进行操作才能重新起动电动机。接触器也有欠压保护的作用。

三、异步电动机典型控制电路

（一）电动机正反转控制电路

将三相异步电动机定子电源的任意两相接线对调电动机就能反转，因此可用两个接触器来完成这一改变相序的任务。图 2-63 就是电动机正反转的起动控制电路。在图中，KM_F 为正转接触器，KM_R 为反转接触器。两个接触器的控制电路基本上就是两个单方向自锁连续运行控制电路的组合。其中，两个接触器的一个常闭辅助触头分别串入对方的线圈电路中，这是为了保证不发生因两个接触器同时接通其主触头而将电源短路。这种相互将自己的常闭触头串入对方线圈电路的控制，称为“互锁”。当按动正转按钮 SB_F 时，正转接触器 KMF 自锁通电，电动机正转；与此同时其常闭锁触头 KM_F 断开反转接触器线圈电路。这就保证了两个接触器不会同时通电。除这种电气互锁外，还有机械互锁，如图中的正反转起动按钮 SB_F、SB_R 均为“一常开一常闭”的双层按钮，相互将按钮的常闭触点串入对方的线圈电路中。当按动按钮时，其常开触点接通的同时其常闭触点断开，因此即便同时按下两个按钮也不会使两个线圈同时通电。另一种机械互锁是在两接触器的衔铁之间用一跷跷板式杠杆进行机械互锁，一个衔铁吸合将杠杆一端压下，另一端翘上去阻止另一衔铁吸合。

（二）压力水柜水位自动控制电路

上述各种电动机控制电路都是由手动发出起动停车指令的。但机舱也有很多设备是根据某种物理量的变化（如温度、压力、液位等）的上、下限值而进行自动控制。这种根据给定的上、下极限值进行自动控制的就是“双位”控制。如对船舶日用海、淡水柜电动给水泵的控制，要求水柜中经常保持有足够的水量而又不要频繁起动给水泵，因此给定水柜中的最高水位 H_H 和最低水位 H_L 两个极限值，当水位低于 H_L 时水泵电动机自动起动给水，水位高于 H_H 时水泵停止给水。水位的变化使水柜液面上部密闭空间的空气压力发生变化，因此在水柜顶部装一压力继电器 KP 来进行水位的监测。用压力继电器代替人对水位进行监测，并根据水位的高低代替人“按”起动按钮和停止按钮。

图 2-64 为组合式高低压压力继电器和给水泵自动控制原理图。当水位低于高限 H_H 时，高压触点 KP_H 一直保持闭合，当水位下降到低于下限 H_L 时，低压触点 KP_L 闭合，如果转换开关 SA 置于“自动”位置，则接触器 KM 自锁通电，给水泵起动供水；当水位超过 H_L 时，低压力触点 KP_L 断开，但由于有常开触头 KM 的自锁水泵继续运行。直到水位超过高限 H_H 时，高压触点 KP_H 断开，接触器 KM 断电，水泵停止。触点 KP_H 起“停止”按钮的作用；所以当水位下降到低于高限 H_H、KP_H 恢复闭合时，水泵也不会起动，直到水位再次低

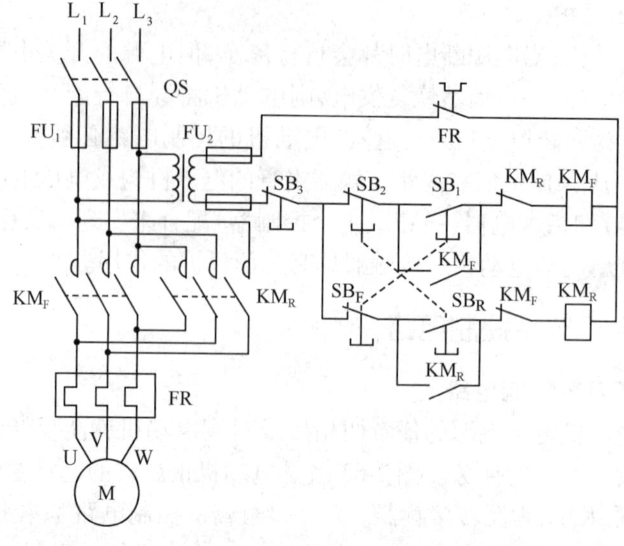

图 2-63　电动机正反转控制电路

于低限 HL 时,水泵才能重新起动。若压力继电器出现故障,可将转换开关 SA 置于“手动”位置,这就成了普通的手动操作自锁控制。

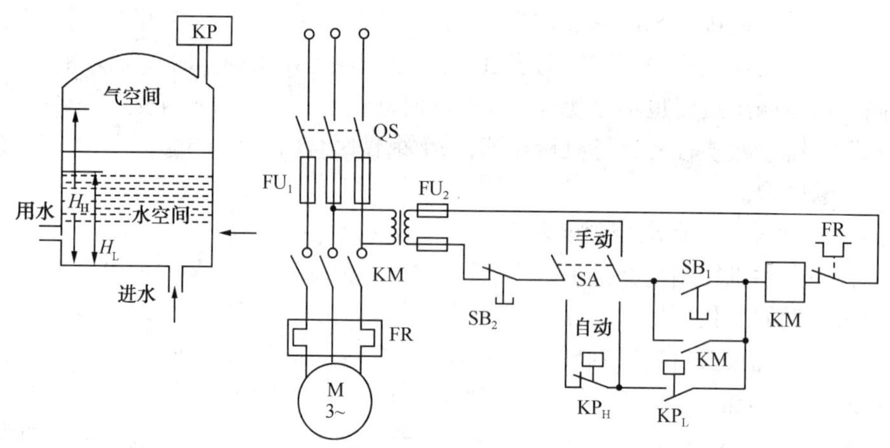

图 2-64　压力水柜水位自动控制电路

第七节　锚机、绞缆机电力拖动控制系统

一、锚机、绞缆机的工作特点

(1)抛锚:若锚泊处水不太深,通常是依靠锚和锚链的自重抛锚,并采用手动带式机械制动器调节抛锚速度。若水深大于 50 m,用手动机械制动器难以控制锚和锚链自由加速下落的抛锚速度,因此采用电动机的再生制动抛锚以获得恒定的抛锚速度。

(2)正常起锚:首先锚机能以高速收起躺卧在海底的锚链,并拉紧锚链使船舶平移至锚链悬垂状态。接着拔锚出土,若拔锚阻力太大,由于负载转矩突然增大电动机将发生堵转,因此通常是依靠船舶的运动惯性或依靠推进器拔锚离底。锚出土后锚机以额定转速收起悬垂的锚及锚链,随着锚链的缩短转矩逐渐减小。最后能以尽可能低的速度和足够的转矩安全顺利地将锚拉入并固紧于锚链孔中,以免船舶摇摆时发生撞击。正常起锚过程如图 2-65 所示。

(3)应急起锚:如果抛锚深度大于锚链全长,锚抛不到海底,这时锚机应将锚及锚链全长(一般约 200 m 长)收起。这种起锚被称为应急起锚状态。在应急起锚状态时,锚机负荷最重,锚链孔处的拉力比正常起锚时大。

(4)系缆:系缆开始需要有足够的拉力克服船舶的惯性,船舶开始运动后要限制电动机的转矩和平滑地调节转速。

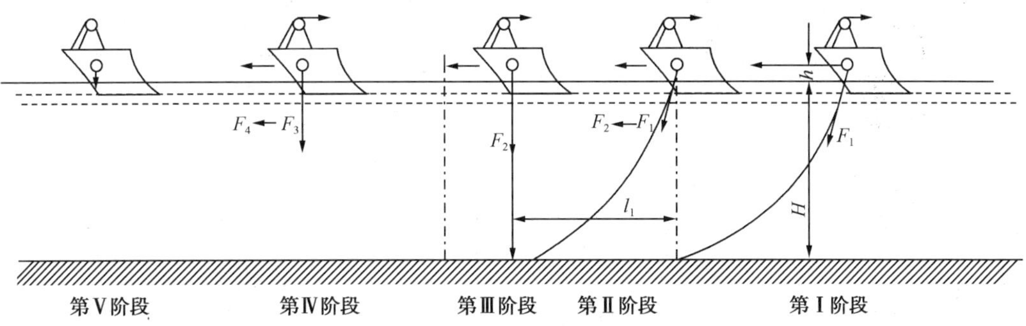

图 2-65　起锚过程示意图

二、锚机、绞缆机对控制设备的要求

对锚机电控设备的要求是根据上述锚机的工作特点提出的。

1. 对锚机电力拖动的要求

(1)应能满足在规定的航区内,单锚破土后能起双锚;

(2)电动机应有足够的功率储备,在最大转矩的应急起锚状态时,电动机能正常起动运行;

(3)在 2 倍额定转矩下能堵转 1 min,最好具有软机械特性或下坠特性;

(4)有一定的调速范围,满足起锚高速、入孔低速以及系缆调速的要求;

(5)短时工作制(不小于 30 min),防水式。

2. 对锚机控制电路的要求

采用操作手轮或手柄有明确空间方向的鼓形控制器或主令控制器,将电动机接成正、反转调速的控制电路;

(1)主令控制器手柄从零位快速扳到高速挡,控制线路应能自动地由低速逐级加速到高速,不受手柄快速移动的影响,以避免过大的冲击电流;

(2)过载或过电流保护应适应电动机堵转 1 min 的要求,当高速发生堵转时能自动进入低速;

(3)深水抛锚应能实现再生制动或能耗制动下的等速抛锚;

(4)手柄回零位,应有电气制动和机械制动相配合的控制,以达到迅速可靠地停车,电源停电时应有支持锚重的能力;

(5)应具有短路、失压、过载、缺相等基本保护环节。

三、交流三速电动锚机控制电路

交流三速电动锚机电气控制线路如图 2-66 所示。

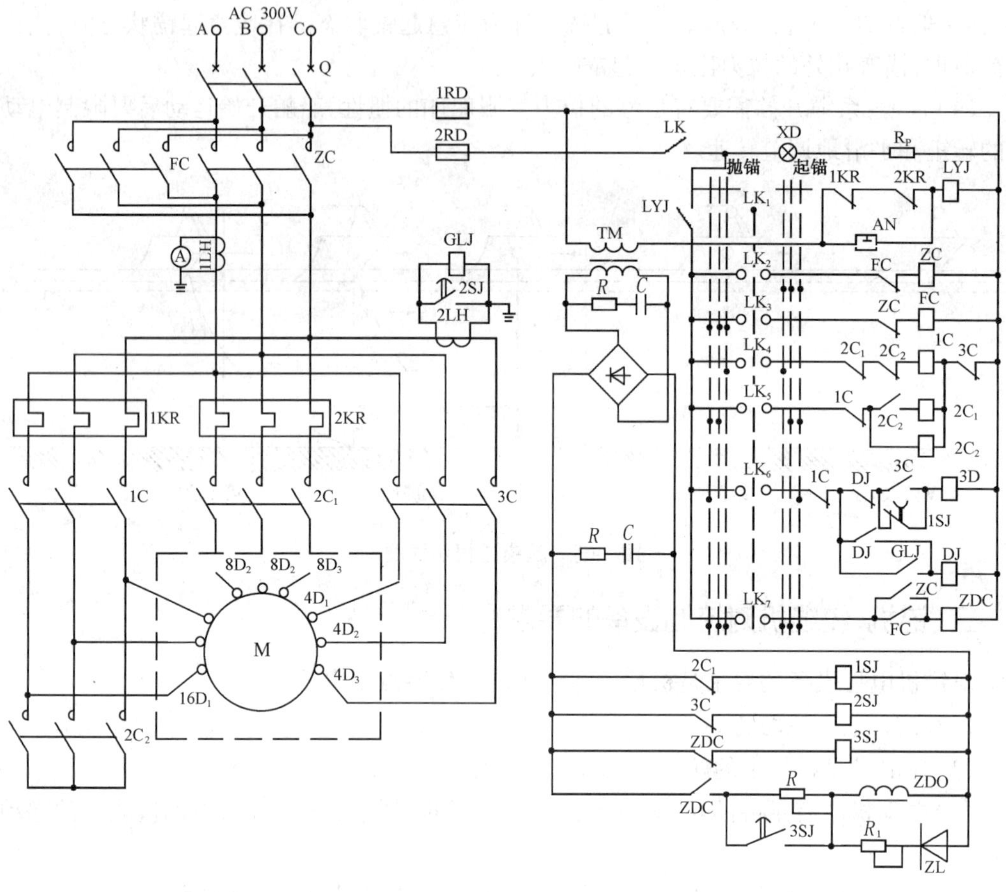

图 2-66 交流三速电动锚机电气控制线路图

1. 控制系统的特点

控制系统中的主令控制器上正反转操作均有三挡位置,分别来控制三挡速度,拖动电动机采用二绕组变极三速鼠笼式异步电动机,其中一套绕组为 4 极高速绕组;另一套为可变极的中低速绕组,接成双星形(YY)连接为 8 极中速。接成 Δ 连接为 16 极低速。系统设计低、中速都可直接起动。高速不能直接起动,需要通过中速延时起动,即只能在建立起正常的中速后才能进入高速。系统采用了可逆的对称设计,正反转是对称控制线路,用主令控制器来控制锚机电动机的起动、调速、停止及反转。

当锚机电动机在高速挡运行时,一旦由于某种原因过载,系统能自动瞬时转换到中速挡运行。在负载减小后,为了重新回到高速挡运行,主令控制器必须从第三挡扳回到第二

挡的位置，然后再扳到第三挡的位置，锚机电动机才能重新进入高速挡运行。

系统中有失压保护，在低速和中速挡设置了热保护，在高速挡过载保护（过电流继电器 GLJ 的动作电流设置为高速挡额定电流的 110%）。起、抛锚方向接触器 ZC 和 FC 之间以及低、中速接触器 1C 和 2C 之间设置有机械互锁，目的是为了防止电源短路。控制电路采用熔断器作短路保护。

2. 系统的工作原理

（1）起动及运行

合上总电源开关 Q 和控制电源开关 LK，控制电源指示灯 XD 亮，表明主电源及控制电源都已接通。

①主令控制器手柄扳到零位：

主令触头 LK_1 闭合，零压继电器 LYJ 通电，其常开触头闭合，控制电路通电。

在直流回路中，1SJ 线圈通电，其常闭触头断开，使高速接触器 3C 线圈不能通电。2SJ 线圈通电，其常开触头闭合，保证了 GLJ 线圈被短路而不起作用。3SJ 线圈通电，其常开触头闭合，短接线圈串联的电阻 R，为刹车接触器 ZDQ 线圈通电做准备。

②起锚第一挡

当主令手柄由零位扳到起锚第一挡时，主令触头 LK_1 断开，主令触头 LK_2、LK_4、LK_7 闭合，使方向接触器 ZC 和低速接触器 1C 通电动作，电动机低速绕组通电。同时 ZC 的辅助常开触头闭合，接通刹车接触器线圈 ZDC，制动器松闸；电动机开始低速运转；此外，ZC 的常闭触头断开，使 FC 线圈不能通电，保证 ZC 和 FC 之间实现电气互锁；再者，ZDC 的常闭触头断开，使 3SJ 线圈断电，其触头延时打开，使刹车线圈串入经济电阻 R。

③起锚第二挡

当主令手柄扳到起锚第二挡时，主令触头 LK_4 断开，LK_5 闭合。低速接触器 1C 线圈断电，其常闭触头闭合。中速接触器 $2C_2$ 线圈通电，其常开触头闭合，使 $2C_1$ 线圈通电，电动机中速绕组通电，进入中速运转。这里 $2C_1$、$2C_2$ 和 1C 之间是通过各自的常闭辅助触头进行电气互锁。另外，$2C_1$ 的常闭触头断开，使 1SJ 线圈断电，其常闭触头瞬时闭合，为高速接触器 3C 线圈通电做好准备。

④起锚第三挡

当主令手柄扳到起锚第三挡时，主令触头 LK_6 闭合。中间继电器 DJ 不通电，高速接触器 3C 线圈通电，使电动机高速绕组通电，进入高速运转。此外，3C 的辅助常闭触头断开，使 $2C_1$、$2C_2$、2SJ 线圈断电，其中 2SJ 的常开触头断开，使过电流继电器 GLJ 投入工作，对电动机进行高速过载保护。

⑤停车

停车时，将主令手柄扳回零位，电动机断电，制动器线圈的电源也被切断，机械制动器开始刹车，电动机迅速停车。

（2）抛锚

由于该线路是可逆对称控制系统，主令控制器手柄扳到抛锚各挡时，工作情况与起锚时相同，仅仅是方向接触器 FC 通电，ZC 线圈断电，使电动机反转。另外，深水抛锚时，在锚重拖动下，电动机的转速将超过其同步转速而进入再生制动状态，锚由加速下落变成等速下落,实现等速抛锚。

(3)主要保护环节

①零位(失压)保护。由零压继电器 LYJ 实现,并与 LK1 配合现在零位保护。当主令手柄不在零位时电网断电,零压继电器 LYJ 触头释放,切断控制电路;之后即使电网恢复供电后,系统仍不能工作,只有将手柄重新拉回到零位后,LYJ 重新通电,系统才能恢复工作。

②高速挡过载保护。当高速挡过载保护时,过电流继电器 GLJ 动作,其触头打开,接触器 3C 断电释放,使 $2C_1$、$2C_2$ 相继通电动作,电动机转换到中速挡运行。3C 断电后,其自保触头打开,因而在过载消失后不能再自行通电,如需高速挡运行,主令控制器必须从第三挡退回到第二挡的位置,然后再扳到第三挡的位置,锚机电动机才能重新进入高速挡运行。

③中、低速挡过载保护及其应急起锚。中、低速挡过载保护由热继电器 1KR 和 2KR 实现。当热继电器 1KR 和 2KR 过载动作时,因热继电器自动复位时间需 2 min 左右,在应急情况下,仍需要电动机中、低速运行时,可按下主令控制器上的应急按钮 AN,使电动机继续强行工作。

④起锚与抛锚电气互锁保护。起锚与抛锚电气互锁保护由正反转方向接触器 ZC 和 FC 的常闭辅助触头互相串入对方的线圈电路中实现。

⑤中、低速绕组换接互锁保护。中、低速绕组是一套变极绕组,为防止同时接通造成电源短路,必须要求互锁。1C 和 $2C_1$、$2C_2$ 接触器的常闭辅助触头互相串入对方的线圈电路中实现。

第三章 船舶发电机和配电系统

第一节　三相交流同步发电机

三相交流同步发电机简称同步发电机，是目前使用交流电制船舶的主要发电设备。交流同步发电机是一种能量转换装置，它将原动机发出的机械能量转换为电能。当前大部分船舶常见以中速柴油机为原动机的柴油发电机组为船舶发电并提供电能，发电机的稳定运行对于船舶的正常航行是极其重要的。因此，作为轮机员一定要了解和掌握交流同步发电机的结构和工作原理。

一、三相交流同步发电机的结构

三相交流同步发电机是由定子和转子两大部分组成。定子铁芯、转子铁芯磁极和定、转子间的气隙构成了同步发电机的磁路，如图 3-1 所示。

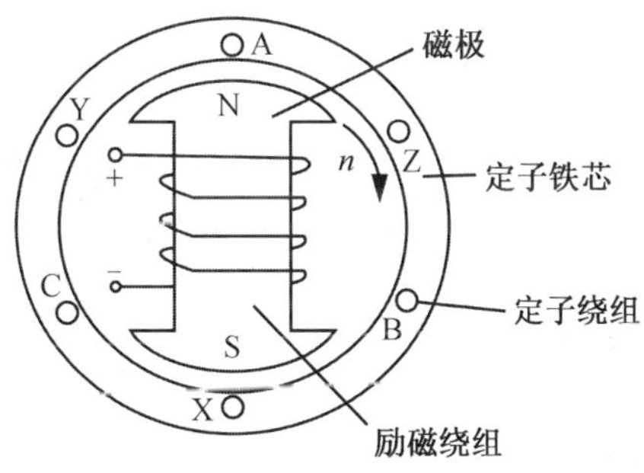

图 3-1　三相交流同步发电机结构示意图

1. 定子

定子和异步电动机的基本相同，由机座、定子铁芯和定子对称三相绕组等组成。定子对称三相绕组按空间 1200 分布于定子铁芯上，用于产生对称的三相交流电压，该部分一般被称为电枢。船舶的同步发电机三相电枢绕组基本上都采用 Y 连接。

2. 转子

转子是磁极。转子包括转轴和转子铁芯,在转子铁芯上绕有励磁绕组。当绕组中通入直流电流就产生恒定的主磁通。转子的磁极有两种结构形式,即隐极式和凸极式结构,这是根据定转子之间的气隙的分布情况来定义的,结构示意图如图 3-2 所示。

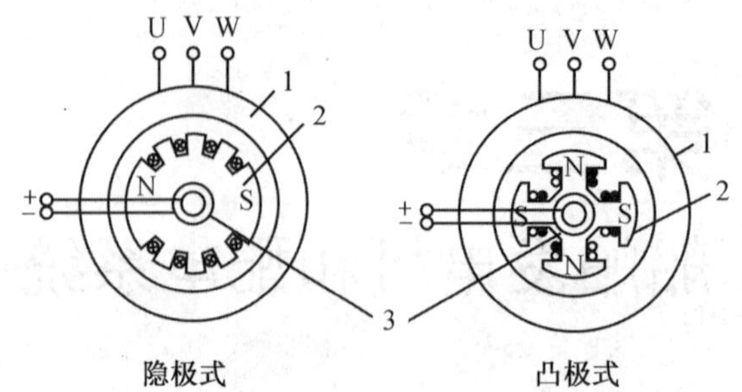

图 3-2　同步发电机定子铁芯和转子

1—定子;2—转子磁极;3—滑环与电刷

(1)隐极式:转子磁极作成圆柱形,气隙均匀分布。

(2)凸极式:转子有明显的突出的磁极,气隙分布不均匀。

区别:对于高速旋转的同步发电机,在转子结构上,常常采用隐极式。如火力发电厂的汽轮发电机组就采用隐极式同步发电机。而对于低速旋转的电机,由于转子的圆周速度较低,离心力较小,故采用制造简单、励磁绕组集中安放的凸极式结构。船舶柴油发电机组多采用凸极式同步发电机。

另外,在同步发电机中,转子磁极的励磁绕组直流励磁电流是通过固定在转轴的滑环(集电环)和固定于端盖的电刷从外部的励磁源中获得的。

二、三相交流同步发电机的工作原理

1. 发电原理和空载运行的概念

柴油发电机组外观实物如图 3-3 所示。

图 3-3　柴油发电机组外观实物图

三相交流同步发电机的发电工作原理是：在原动机的带动下，转子快速旋转，转子绕组通过滑环、电刷使得外加直流励磁电流产生磁极，转子的磁极磁场变成旋转的磁极磁场，定子电枢绕组切割旋转转子磁场的磁力线产生感应电动势。由于定子三相绕组在空间上互差 120°，产生三相正弦感应电动势。其瞬时表达式如 3-1。

$$\begin{cases} e_A = E_m \sin\omega t \\ e_B = E_m \sin(\omega t - 120°) \\ e_C = E_m \sin(\omega t + 120°) \end{cases} \tag{3-1}$$

空载运行状态：当三相交流发电机起动运行后，若输出端没有外接负载，处于开路状态，此时的运行状态叫空载运行状态，三相正弦感应电势称为三相正弦空载电动势。

空载电势的有效值为 $E_0 = E_m / \sqrt{2}$

空载电势的频率 f 与转子的转速 n 磁极对数 p 成正比，即

$$f = \frac{pn}{60} \tag{3-2}$$

空载运行状态与空载特性如图 3-4 所示。图中的三相同步发电机的空载特性曲线，E_0 为开路相电压，I_f 为励磁电流，A 点为其空载额定电压点，D 点为剩磁电压起始产生点。

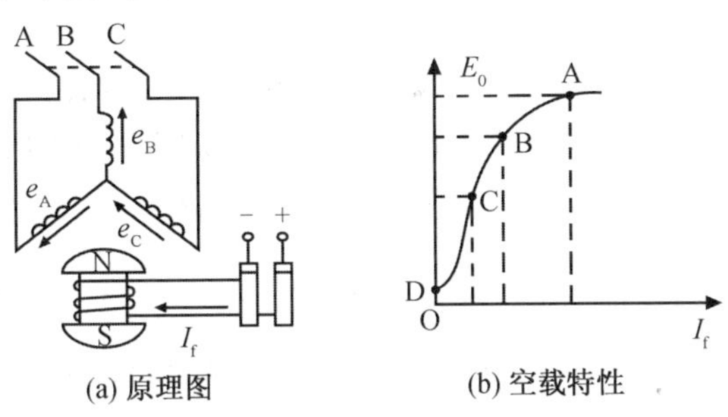

(a) 原理图　　(b) 空载特性

图 3-4　空载运行状态原理图和空载特性

2. 三相交流同步发电机的基本类型

（1）按同步发电机定子和转子的结构及作用不同有两种类型，即旋转磁极式和旋转电枢式。上述同步发电机原理的机型就是旋转磁极式同步发电机，目前，船用同步发电机常用此种结构。而旋转电枢式的定子是磁极，磁极铁芯固定在机壳上；转子是电枢，转子铁芯圆周槽内嵌放对称的三相电枢绕组，三相绕组的三个出线端和中线分别接到固定在轴上的彼此绝缘的四个滑环上，通过电刷机构对外引出三相四线。小容量的同步发电机采用此种类型。

（2）按同步发电机的励磁电源的不同有两种基本类型，即自励式和他励式。

自励式：以发电机本身的电枢绕组（或辅助绕组）为励磁电源的为自励式。这种励磁系统是将发电机产生的交流电经半导体整流器变成直流后引入到励磁绕组 N_f 中，其原理示意图如图 3-5 所示。自励发电机通常是靠磁极的剩磁进行初始的起励建立电压的。

他励式：设有专用励磁电源向发电机励磁绕组供电的为他励式。这种专用励磁电源通常与发电机同轴的一个小容量交流发电机为励磁机 EX。励磁机以旋转电枢发出三相交流电，通过与之同轴旋转的半导体整流器整流成直流后直接引入到发电机转子的励磁

绕组 N_f 中。由于该类发电机省去了滑环和电刷机构，故称为无刷同步发电机。发电机与励磁机之间的相互励磁关系原理示意图如图 3-6 所示。没有电刷机构，提高了运行的可靠性，也减少了维修的负担。

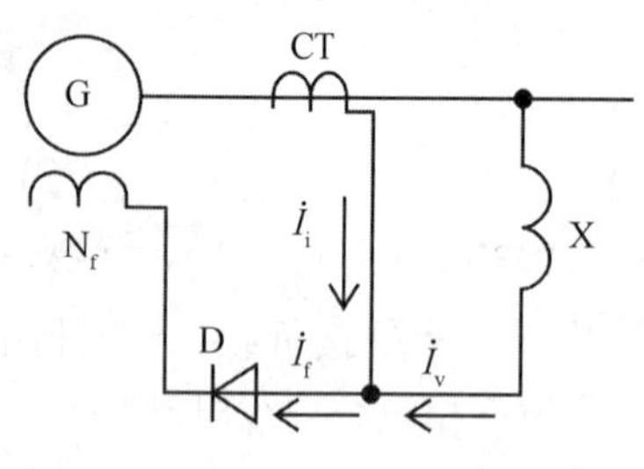

图 3-5　自励式同步发电机示意图

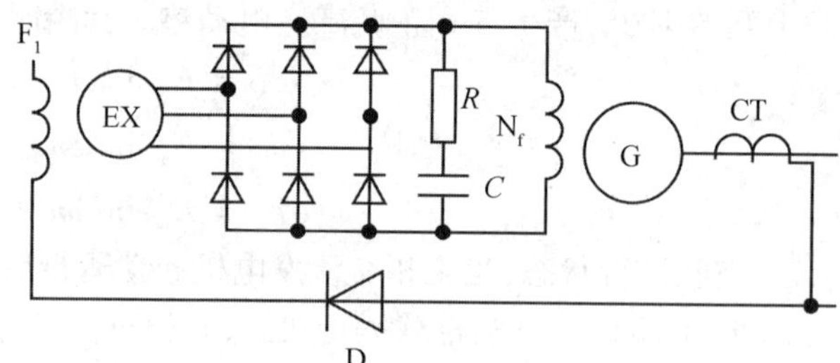

图 3-6　他励式同步发电机（无刷式）原理示意图

三、铭牌数据与种类

1. 同步发电机的铭牌数据

（1）额定电压：是指在正常运行时，定子三相绕组上的线电压。电压的单位用 V 或 kV 表示。

（2）额定电流：额定运行时定子绕组输出的线电流，单位用 A 表示。

（3）额定容量或额定功率：是指在正常运行时，电机的输出功率。单位用 VA，kVA 或 W，kW 表示。

2. 国产船用发电机的系列型号

（1）T_2H-24～200-4 型系列

型号说明：T_2 同步发电机，H 海（船用），额定功率为 24～200 kW，定子绕组 Y 接法，额定线电压 400 V，额定频率 50 Hz，额定功率因数 $\cos\varphi = 0.8$（滞后），4 极隐极式转子，额定转速 1 500 r/min，防滴式，B 级绝缘，自扇冷却，自励。

（2）TFH-200～630-10 型系列

型号说明：TF 同步发电机，H 海（船用），额定功率为 200～6 300 kW，定子绕组 Y 接法，额定线电压 400 V，额定频率 50 Hz，额定功率因数 $\cos\varphi = 0.8$（滞后），10 极凸极式转子，额定转速 600 r/min，防滴式，B 级绝缘，自扇冷却，自励。

同步发电机铭牌上额定容量有的标额定视在功率 kVA，有的标额定功率因数下的有功功率 kW。

第二节　船舶电力系统的基本概念

船舶电力系统是船舶极为重要的组成部分。船舶电力系统的可靠性与正常运行是对船舶安全、经济航行具有重要意义。

一、船舶电力系统的组成与特点

1. 船舶电力系统的组成

船舶电力系统主要是由电源、配电装置、电力网和负载等四大部分组成的，沿海小船简明电力系统组成单线原理图，如图 3-7 所示。

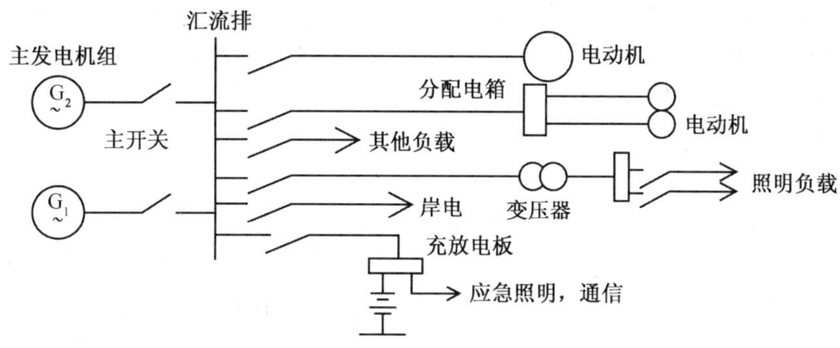

图 3-7　简明船舶电力系统组成单线原理图

(1)船舶电源：凡电源都是将非电能的能量(如柴油机机械能、电解质的化学能量)转换为电能的装置。船舶电源目前常用主要是同步发电机组和蓄电池组。船舶发电机有交流的，也有直流的。

柴油主发电机组是船舶的主电源，主发电机不能供电时由蓄电池组(小应急)向船舶的重要航行设备和应急照明系统供电。小型船舶一般不配备应急发电机组。

直流船舶电力系统用直流发电机组，交流船舶电力系统用交流发电机组。在普通民用船舶中，发电机组的原动机用得最多的是柴油发电机组。

(2)船舶配电装置：配电装置是接收和分配电能的装置，同时能对电源、电力网和负载进行保护、监测、测量和控制。配电装置包括各种转换和控制开关、自动空气断路器(主开关)、互感器、测量仪表、汇流排(母线)、保护电器、自动装置及其各种附属的设备。

根据供电范围和对象不同，配电装置可分为总配电板(盘)、应急配电板(盘)、动力分配电板(箱)、照明分配电板(箱)、蓄电池充放电板(盘)以及岸电箱等。

(3)船舶电力网：船舶电力网是全船电缆和电线的总称。其作用是连接电源和负载，实现传输电能和信息处理。

船舶电力网通常由动力电网、照明电网、应急电网和弱电电网等组成。

(4)负载：即船舶的用电设备，它将电能转换成其他形式能量的装置。船舶用电设备可以分为下面几类。

甲板电力拖动机械：如舵机、锚机、绞缆机、起货机等。

舱室电力拖动机械：如各种油泵和水泵、空压机、空调设备、冷藏设备和通风机等。

船舶照明设备：如机舱工作场所、甲板工作面、生活舱室和通道等地方的照明灯具、航行信号灯等。

船舶通信导航设备：如无线电收发报机、陀螺罗经、雷达、GPS、电车钟、舵角指示器、声光报警装置和船内通信广播设备等。

其他设备:如电加热器、电脑、风扇等生活和办公用电设备。

2. 船舶电力系统的特点

船舶电力系统有以下几个特点。

(1)船舶电力系统是一个独立的电力系统,船舶电站一般配备有 2 ~ 4 台同容量、同型号的发电机组(有的小型船舶只有一台发电机组),通常仅有一台或两台发电机向电网供电,这样发电机的转速和电压的变化直接影响船舶电网的频率和电压,即供电的质量。负载的投入和切除也会影响电网的频率和电压,特别是突加和突卸负载时会引起电网频率和电压较大的波动。此外,误操作或局部故障都容易导致全船断电,威胁船舶安全生产。因此要求船舶发电机组要有较高的品质的调速(调功)和调压装置,电力系统必须合理配置安全可靠的保护装置。

(2)船舶电力网的输电距离短,线路阻抗低,各处短路电流大。短路电流所产生的电磁机械应力和热效应易使开关、汇流排等设备遭损伤和破坏。船舶输电线路均采用电缆沿舱壁或舱顶走线,电缆的分支和转接均在配电板(箱)或专设的分线盒内,不允许外部有连接点。

(3)船舶对电气设备来说是一个工作环境恶劣的场所,因此要求船舶电气设备符合船用的条件,要能在湿热、盐雾、霉菌、油气的环境中和在规定的船舶倾斜、摇摆、振动或冲击等的条件下可靠的工作。船舶电站的发电机、电气元件都应当做“三防”(防潮、防霉、防盐雾)处理。

二、船舶电力系统的基本参数

船舶电力系统的基本参数主要是指船舶主电网的电流种类、额定电压和额定频率。

1. 电流种类(电制)

由于船舶电气自动化程度的不断进步,电能在船舶上已经有着不可代替的作用。船舶电流种类(电制)有直流和交流之分。

目前船舶普遍采用交流电制。船舶采用交流电制或直流电制要视需要而定,各自有优点和缺点,基于普遍性和技术的发展,当代船舶普遍采用交流电制。

2. 额定电压等级

船舶电力系统额定电压等级的选用直接关系到电力系统中所有电气设备的重量和尺寸,提高电压等级有利于减少导线中的电流、提高设备功率、减小舱容,也有利于提高经济性,但是对电气设备的绝缘和安全方面的要求也更高。

我国用电设备的额定电压有 24 V,110 V,220 V,380 V,1 kV,3 kV,6 kV,10 kV 等。根据电源电压的额定值比同级电力系统用电设备的额定电压高 5% 左右的原则,发电机的额定电压为 115 V,230 V,400 V,1.05 kV,3.15 kV,6.3 kV,10.5 kV 等。

如,发电机额定电压为 400 V,三相动力负载等用电设备的额定电压则为 380 V;照明变压器为 230 V,单相照明、生活居室的用电器限制电压为 250 V,额定电压为 220 V 。国外造的交流船舶电网电压有 440 V。

我国《钢质海船入级规范》规定:非电力推进船舶的限制电压为 500 V。

直流电制船舶的用电负载额定电压有 220 V 或 110 V。

3. 额定频率等级

交流船舶电力系统的额定频率一般引用各国陆地上的频率标准,我国采用 50 Hz,美国、日本采用 60 Hz。

所以,目前常见的交流电制船舶,我国船舶电网电压为 400 V,50 Hz,美、日、欧造的船舶电网电压为 440 V,60 Hz。

三、船舶电网分类、配电方式、电力系统的线制

所谓船舶电网就是由船舶电缆、导线和配电装置并以一定的连接方式组成的整体,称为船舶电网。船舶用电负载的种类和数量颇多,不可能每个负载都直接由主配电板或应急配电板供电,有许多成组用电设备是由分配电板供电的。

通常,由主配电板直接供电的电网叫一次配电网络,而由分配电板供电的网络叫二次配电网络。

1. 船舶电网的分类

根据供电电源的不同、负载的性质和用途不同,船舶电力网可分为:

(1)动力电网。主要指供电给三相异步电动机负载的电网,也包括供电给 380 V 的三相电热负载电网。动力电网输送的电能约占全船全部电能的 70%。

(2)正常照明电网。该电网由照明变压器通过主配电板中的照明负载屏供电给各照明分配电板或分电箱,再由各分配电板(箱)供电给全船所有舱室及甲板的照明灯具。机舱中的照明网络需交叉布置,并至少有两个独立的供电路径,以保证在一个线路有故障时机舱仍有 50% 的照明负载正常工作,甲板等外部照明电网应能在驾驶台集中控制通断。

(3)应急电网。当主发电机组故障使电源失电时,应急电源自动起动并通过应急电网供电(有配备应急发电机组的)给应急用电负载,如向重要的辅机、应急照明、各种信号灯以及通信和导航设备供电。在正常工作时,应急负载是由主配电板经联络开关供电给应急配电板,再由应急电网供电。一般的小型船舶不装备有应急发电机组及供电的应急电网。

(4)小应急电网。由 24 V 蓄电池组提供的直流电通过小应急电网供电给小应急照明以及主机操纵台、主配电板前后、应急通道出入口处、艇甲板等处的照明以及助航设备等。蓄电池的容量应满足小应急用户使用 30 min 以上。

(5)弱电网络。是向全船无线电通信设备、各种助航设备、船内通信设备和信号报警系统等用户供电的低压直流电网或中频电网,因其对供电电压、频率等有特殊要求,因此需专门配置蓄电池及变流装置。

2. 配电方式

船舶电源、配电板与负载之间的电缆的连接方式称为船舶电网的配电方式(也叫接线方式)。电压在 500 V 以下的船舶电网的配电方式一般有枝状(放射型)配电和环状配电两种,如图 3-8 所示。

(1)枝状配电方式

枝状配电方式的每一供电馈电缆均由主配电板直接引出,并且是各自独立的,它只向一个分配电板或一个用电设备供电。其主要特点是:

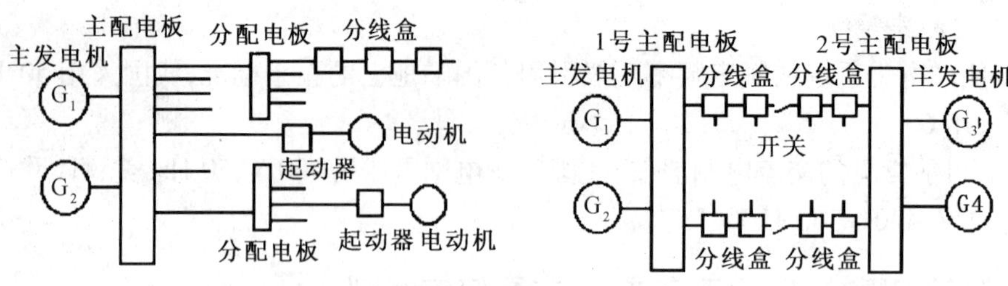

(a)枝状(放射型)配电方式　　(b)环状配电方式

图 3-8　船舶电网的配电方式

①从主配电板引出的各馈电线路都安装有自动开关,便于集中控制;

②由于用电设备很多,主配电板需要集中大量的电缆端头和自动开关,不仅电缆用量多,而且主配电板的尺寸也需相应增大;

③一旦供电馈电线路发生故障,则该路的电气设备或分配电板就要停电,因此可靠性较差。

环状配电方式的供电主馈电缆是一个通过联络开关构成环形闭合回路,它经过串接在主馈电线路上的各个分线盒供电给用电设备或分配电板。其主要特点是:

(2)环状配电方式

①每一个用电设备均可以从线路的两个方向获得供电,当一路主馈电线路出现故障,另一路仍可以保持供电;

②可以减少主馈电电缆的数量和长度及主配电板的尺寸;

③不便于在主配电板上对各馈电线路实行集中控制。

就应用的情况看,目前,除了少数对供电可靠性要求特别高的军舰和大型客船采用环状电网外,绝大部分民用船舶都采用枝状配电方式。

3. *船舶动力系统的线制*

船舶三相交流电力系统的线制一般分为下面三种,如图 3-9 所示。

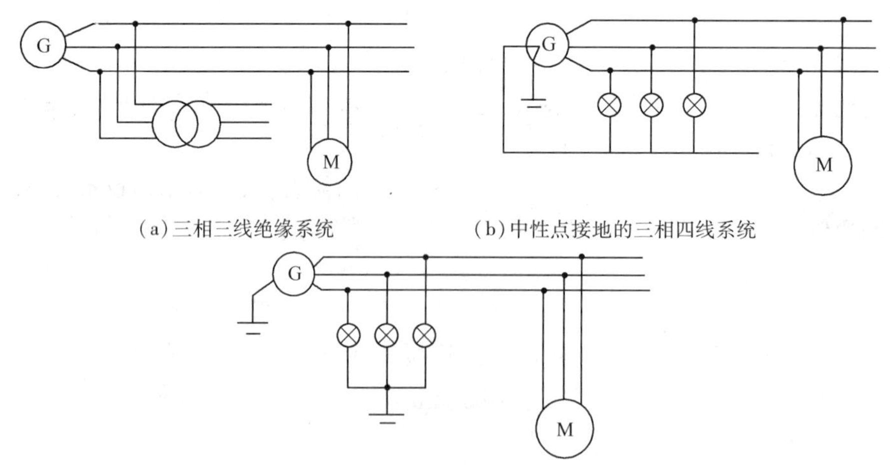

(a)三相三线绝缘系统　　(b)中性点接地的三相四线系统

(c)中性点接地三相系统

图 3-9　船舶交流电网线制种类

(1)三相三线绝缘系统

在图3-9(a)所示的三相三线绝缘系统中,动力系统与照明系统采用变压器隔离,两者之间没有电的直接联系,因此,即使照明系统的绝缘电阻下降也不会影响动力系统的绝缘电阻,当系统发生单相接地时,不会影响三相电压之间的对称关系,系统仍可短时工作。因此绝缘性能相对较好,安全可靠,目前大多数船舶采用三相三线绝缘系统。

(2)中性点接地的三相四线系统

如图3-9(b)所示为中性点接地的三相三线系统,其特点是照明和动力系统由同一电源供电,无须采用变压器,若发生单相接地时,会造成短路从而使故障部分立即被保护装置断开,故障查找容易。但这种线制动力系统和照明系统直接接在一起相互影响大,而且照明系统单相接地故障多,容易造成停电而使供电可靠性降低,安全性差。渔船和一些小型船舶有使用这种线制。

(3)中性点接地的三相系统

如图3-9(c)所示为中性点接地的三相系统,该线制利用船体作为中线形成回路,虽然节省电缆,但容易发生触电和短路故障,现在一般船舶不再采用这种线制。

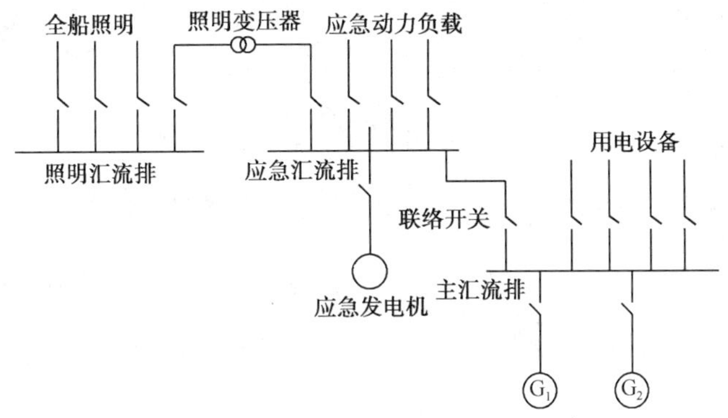

图3-10　主电网与应急电网的连接方式

4.主电网与应急电网的连接方式

船舶重要设备除在正常条件下由主电网供电外,还需备有在应急情况下的应急电源供电。例如舵机、航行灯和通信之类设备都分别有独立的馈电线与主电网及应急电网相连,通常有半数的电缆是不载流的,造成极大的浪费。实际上采用如图3-10所示的连接方式,在正常情况下联络开关闭合,重要负载经应急配电板由主电源供电,当主电源出现故障、主汇流排失电时,联络开关自动断开,应急电源则自动投入应急电网向这些重要设备供电。船舶电网这种连接方式是将应急电网视为主电网的一个组成部分。

第三节　船舶主配电板

船舶配电板按照用途可以分为主配电板、应急配电板、充放电板、分配电板和岸电箱等几种;按照形状分类可以分为垂直立式、台式、桌式和控制台式。配电板外壳结构根据不同环境要求可以制成防护式、防滴式和防水式。

船舶主配电板是船舶电力系统的最主要配电装置。它是由各种开关、自动控制与保护装置、测量仪表及互感器、调节和信号指示等电气设备按一定要求组合而成的一个整体,担负着对主发电机的控制、保护、监测和分配电能等功能,在船舶机电系统中起神经中枢作用,是船舶极其重要的设备。

一、船舶主配电板的组成与功能

主配电板一般由发电机控制屏、并车屏、负载屏和汇流排(母线)等四部分组成,大型远洋船舶和近海小型船舶主配电板外观分别如图 3-11 和 3-12 所示。其基本布置和功能如下:

图 3-11　某远洋轮主配电板外观图

1. 发电机控制屏

发电机控制屏是用于控制、调节、保护、监测发电机组的,每台发电机组均需配有单独的控制屏。发电机的控制屏面板常设计成上、下两部分。上部装有测量仪表(如电流表、电压表、频率表、功率表、功率因数表等)、转换开关、指示灯、充磁电源按钮开关、原动机的调速开关和按钮等;下部一般安装有发电机主开关 ACB(发电机与电网汇流排之间),有的还装有发电机励磁控制装置。控制屏内还装有逆功率继电器和仪用互感器等。

2. 并车屏

并车屏用于船舶装备了两台以上的交流发电机组的并联运行、解列等操作。主要由频率表(反映电网和待并机的频率)、同步表与同步指示灯及其转换开关、调速开关、合(分)闸按钮、机组投切顺序选择开关和手动/自动转换开关等组成。有的还设有汇流排分段隔离开关、粗同步并车电抗器、自动并车装置等。

对于没有独立并车屏的主配电板,一般将同步表、同步指示灯及其转换开关装于中间一台发电机控制屏的上部。

若船舶发电机组只有一台,那么并车屏就不用配套。

图 3-12　仿制某小型拖船主配电板外观图

3. 负载屏

负载屏的主要功能是分配电能并对向各负载供电的馈电线路进行控制、监测和保护，通过装在负载屏上的馈电开关（一般为船用塑壳装置式自动空气断路器，对一些大负载或重要负载也有采用框架式自动空气断路器）将电能供给船上各用电设备或分配电板。

负载屏一般包括动力负载屏和照明负载屏。通常安装有装置式自动空气开关、电压表、电流表及转换开关、绝缘指示灯（地气灯）、兆欧表以及与岸电箱相连的岸电开关等。

现代船舶的主配电板一般都有用于较为重要的负载监控用组合起动屏，它也是负载屏。例如主机滑油泵、海水泵、舵机等，在组合起动屏上有相应的起动控制电路，还有测量电流用的电流表及转换开关、指示灯等。

负载屏上一般还有与岸电箱相连的岸电开关。有的岸电控制部分还带有电度表、电压、电流表，以测算由岸电供电的数量和电压、电流量值。岸电主开关的失压脱扣线圈电路与主发电机设置了连锁装置，只有船内电网失电时，岸电开关才能合闸，实现了船电与岸电的互锁。

4. 汇流排（母线）

主配电板上主汇流排及连接部件是铜质的，连接处作了防腐或防氧化处理。汇流排能承受短路时的机械冲击力，其最大允许温升为 45 ℃。

交流汇流排按从上到下（垂直排列），从左到右，从前到后（水平布置）的顺序依次为 A 相、B 相、C 相。汇流排的颜色依次为绿色、黄色、褐色或紫色，中线为浅蓝色（若有接地线则接地线为黄绿相间颜色）。直流汇流排按从上到下（垂直排列），从左到右，从前到后（水平布置）的顺序依次为正极、中线、负极。其正极颜色为红色，负极为蓝色，中线为绿色和黄色相间隔。

二、分配电板

分配电板是向成组用电设备进行供电的开关和控制设备的组合装置。

分配电板供电负载组数较少，一般只向单一性质负载、额定电流不超过 16 A 的电气设备进行供电的开关板，也称为分电箱，主要有动力分配电板和照明分配电板两种。

三、船舶重要负载的供电方式

船舶重要负载是指那些与船舶航行、货物的保存，船舶及人身安全有关的电气设备。目前船舶的自动化程度比较高，相应的设备和监控系统也比较多，这些重要负载包括：主机滑油泵、冷却水泵、燃油输送泵、燃油分油机、空压机、循环水泵、锅炉给水泵和风机、舵机、锚机、主机控制系统、导航、通信设备和各种报警装置。对这些设备要求工作可靠，因此在配电时通常采取：

（1）主配电板直接供电方式。如舵机、锚机、消防泵、消防自动喷淋系统、无线电电源板、陀螺罗经、GPS、航行灯控制箱、苏伊士运河灯等。

（2）两路独立馈电线供电。某些重要的负载，如舵机、航行灯控制箱等。

（3）采用自动分级卸载装置。在发电机高峰负载时，自动分级卸掉次要负载，以确保重要用电设备的安全和连续供电。

（4）分段汇流排供电方式。它的供电方式如图 3-13 所示，船上不少用电设备有两台或两台以上，每一段汇流排上接一台设备，当某一段汇流排上的线路发生故障又未能及时排除时，汇流排上的自动开关动作将两段汇流排分开，保证重要设备的另一台尚能继续工作，提高了可靠性。

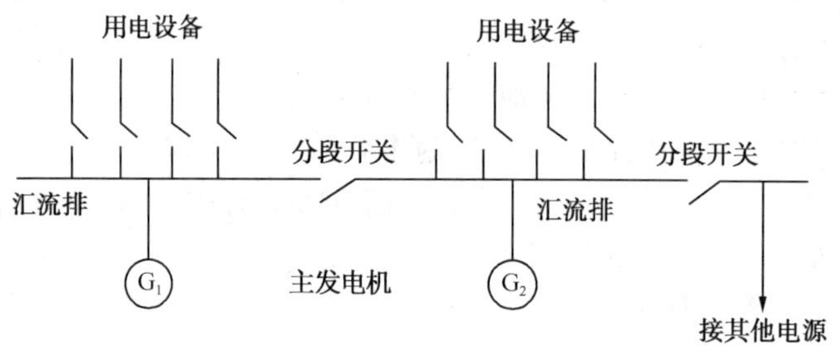

图 3-13　分段汇流排供电方式原理图

第四节　船舶应急电源系统

船舶除了设置主发电机组作主电源之外，还必须配备一套在主电源不能供电时向船上部分保证船舶安全的用电设备进行供电的独立电源，称为应急电源。我国《钢质海船入级规范》规定，客船及 1000 总吨以上的货船在一般情况下均应设有应急电源。

船舶应急电源可采用应急发电机组（大应急）和应急蓄电池组（小应急）或两者兼备。沿海小船一般只配备有应急蓄电池组。作为基本知识的了解，下面对应急发电机与应急配电板功能、管理要求也作简单叙述。

一、应急发电机与应急配电板

1. 应急发电机

作为应急电源使用而装备的发电机称为应急发电机(EG)。应急发电机组应该具有独立的冷却装置和燃油供给单元,并设有满足规范要求的起动装置。当船舶发生火灾或其他灾害引起主电源供电失效时,应急发电机组应能自动起动和自动连接于应急配电板,尽快地承载额定负载,最长时间不得超过 45 s。主电源恢复供电后,应急发电机组便自动脱离并自动停车。应急发电机的容量应确保《国际海上人命安全公约》(SOLAS 公约)和主管机关有关规定的供电范围和供电时间,并应考虑到这些用电设备可能同时工作。

船舶应急发电机组基本采用柴油发电机组。

2. 应急配电板

应急配电板的功能是控制和监测应急发电机组的工作状况,并向应急用电设备供电。它与应急发电机组安装在同一舱室内,一般位于救生艇甲板层。应急配电板通常只有发电机控制屏和负载屏,应急配电板上面安装的电器仪表与主配电板类似,只是应急发电机不需要并联运行而无需逆功率继电器和同步表。

应急配电板的接线应该反映出主发电机、应急发电机和岸电开关之间的电气连锁,这样做的目的是为了防止非同步合闸(在几个电源之间)。电气连锁主要是通过这些电源主开关的辅助触头实现的。图 3-14 所示是船舶主电网与应急电网间单线原理图。它应满足如下功能要求:

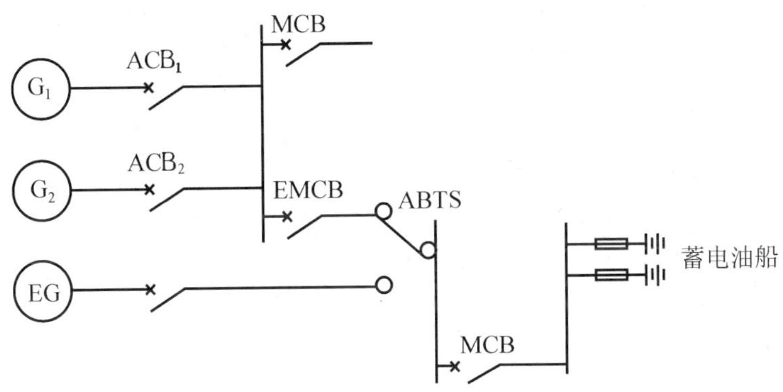

图 3-14　船舶主电网与应急电网间单线原理图

(1)应急电网平时可由主配电板供电,只有在主发电机发生故障或检修时才由应急发电机组供电。

(2)主配电板通过供电联络开关 ABTS 连通应急配电板。联络开关与应急配电板的主开关之间设有电气连锁,以保证主发电机向电网供电(主网不失电)时,应急发电机组不工作。

(3)一旦主电网失电,供电联络开关 ABTS 自动断开,应急发电机组的自动起动装置经延时确认后,自动起动应急发电机组,并自动合闸向应急电网供电。

(4)当主电网恢复供电时,应急发电机主开关立即自动断开,联络开关自动闭合,应急电网恢复由主电网供电,应急发电机组经延时自动停车。

(5)平时需要检查和试验应急发电机组时,可把应急发电机工作方式选择开关置于试验位置,使应急发电机脱离电网。

有些采用自动管理的应急电站,只有在应急发电机组工作后应急电网才允许转换为由应急发电机供电,以免与主电网发生冲击。

3. 充放电板

船舶都配备有蓄电池作为船舶小应急照明,操纵仪器和无线电设备的电源,因此必须设置充放电板对蓄电池进行充电、放电,实现向用电设备正常供电。

二、船用应急电源之蓄电池

蓄电池是一种可以反复充放电的电池,它是一种电能和化学能相互转换的一种储能装置。

在船上,蓄电池作为一种低压直流电源有主要以下的用途:

(1)作为小应急电源(应急照明、航行灯)及内部通信电源;

(2)作为机舱巡回监视报警系统的备用控制电源;

(3)作为应急柴油发电机组的起动电源;

(4)作为救生艇柴油机的起动电源;

(5)作为无线电收发报机的电源。

船上使用的应急蓄电池有酸性(铅)蓄电池和碱性(铁镍、铬镍)蓄电池两种,外观如图 3-15 所示。目前,大多数船舶通常采用酸性蓄电池,主要是因其具有体积小、价格便宜、维护方便等优点。下面介绍酸性蓄电池。

图 3-15　船用酸性蓄电池和碱性蓄电池外观

1. 酸性蓄电池的结构和工作原理

酸性蓄电池主要由容器、极板、隔板三部分构成,其结构示意图如图 3-16 所示。容器的作用是存储酸性电解液(浓度在 27% ~ 37% 的稀硫酸溶液)和支撑极板,极板分正极板和负极板两种,正极板是二氧化铅(PbO_2),负极板是海绵绒状铅(Pb),所以酸性蓄电池又被叫做铅酸蓄电池,隔板使正、负两块极板互相绝缘,其上有小孔,以利于电解液流通。

酸性蓄电池是利用铅、二氧化铅和硫酸的化学反应来储存和释放电能的装置。当两极板放在稀硫酸电解液中,正极板的二氧化铅和负极板的绒状铅分别与硫酸溶液起化学变化,使两极之间产生了电动势。它的工作原理可用如下化学方程表示,即

$$\underset{(正极)}{PbO_2} + \underset{(电解液)}{2H_2SO_4} + \underset{(负极)}{Pb} \underset{充电}{\overset{放电}{\rightleftharpoons}} \underset{(正极)}{PbSO_4} + \underset{(电解液)}{2H_2O} + \underset{(负极)}{PbSO_4} \quad (3\text{-}3)$$

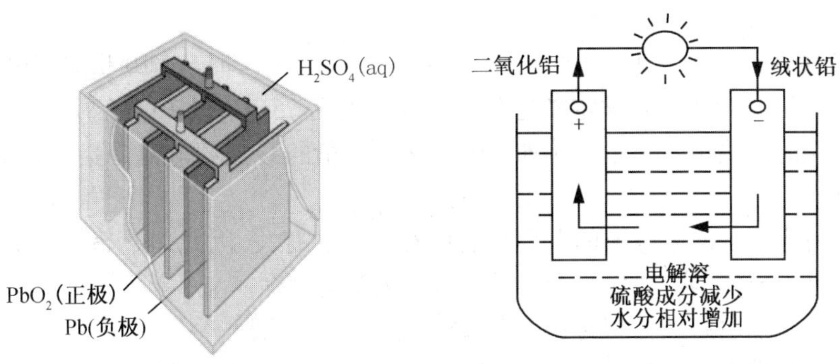

图 3-16　酸性蓄电池的结构示意图

每个酸性蓄电池正、负两极的电动势为 2 V 左右，此时若外电路接通将产生放电电流，同时正极板和负极板与稀硫酸起化学反应，逐渐变成了硫酸铅（$PbSO_4$）。当正、负极板都变成同样的硫酸铅后，蓄电池就不能再放电了，此时需要对蓄电池充电，使其恢复原来的二氧化铅和铅。蓄电池的充电和放电是可逆的。

从化学方程式可以看出，蓄电池放电时会产生水，电解液密度降低；充电时生成硫酸，密度增加。根据这个原理，可以用密度计来测量电解液的密度，以此掌握蓄电池的充、放电情况，亦可以估计蓄电池电动势的大小。

蓄电池的电动势与电解液密度有关，密度高，电动势也高，二者的关系可用经验公式表示如下，即

$$E = 0.84 + \rho \quad (3\text{-}4)$$

式中：E 为蓄电池的电动势，ρ 为电解液的密度。

例如，蓄电池充电完毕，将外电路断开，用密度计测得电解液密度为 1.285 g/ml 时，可估算出电动势 $E = 0.84 + 1.285 = 2.125$（V）。图 3-17 为电解液密度计的实物外观图。

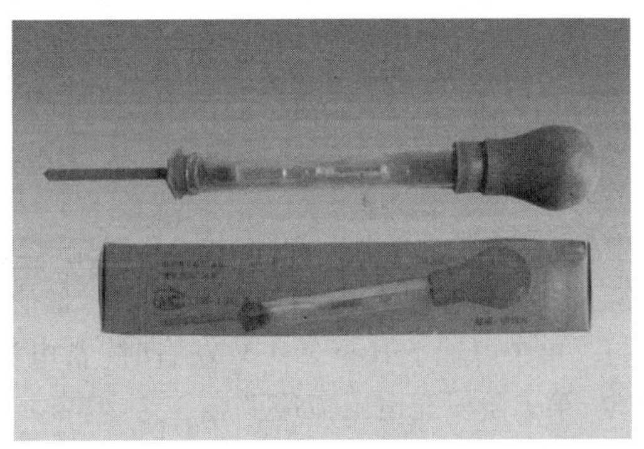

图 3-17　电解液密度计的实物外观图

2. 酸性蓄电池的容量

蓄电池储存电能的能力称为容量。容量的单位为安培·小时（A·h）。它用充足电

的蓄电池放电到规定终了电压(一般为额定电压的 90 %)时所放出的能量来表示,以放电电流 I 与放电时间 t 的乘积描述,即:

$$Q = I \cdot t(\mathrm{A \cdot h}) \tag{3-5}$$

酸性蓄电池通常以 10 h 的放电电流为标准放电电流(即经过 10 h 使蓄电池放完电的放电电流),因此额定容量被定义为在电解液温度为 25 ℃,以 10 h 的放电电流连续放电至终了电压时所输出的容量。例如,200 A · h 容量的酸性蓄电池是指能以 20 A 的电流放电 10 h。

蓄电池的容量与放电电流的大小及电解液的温度有关,因此如果超过标准放电电流进行放电,不但会降低容量,而且会严重影响蓄电池的寿命。

酸性蓄电池的电解液为相对密度 1. 285 的稀硫酸溶液。

配置调整酸性电解液的正确操作方法是:戴橡胶手套和防护眼镜,选择盛放器皿,将硫酸慢慢倒入蒸馏水中,同时注意慢慢搅拌。使用密度计测量电解液的密度。

3. 酸性蓄电池的充放电

蓄电池使用寿命的长短在于日常的管养,正确的充放电是蓄电池正常工作的前提。要保证蓄电池有足够的供电和寿命,正确的充电是必需的。

(1)充电的类型

蓄电池的充电种类分为初次充电、正常充电和均衡充电。新的或长期库存的蓄电池,必须经过初次充电后,才能投入使用。

初次充电——使用酸性蓄电池时,初次向电池内加入电解液进行的充电。充电的第一阶段电流为额定容量的 0.07,充到单个电压上升到 2.4 V 为止,第二阶段充电电流为额定容量的 0.04,充到单个电压上升到 2.5 V,且电解液相对密度和电压在 3 h 内稳定。

正常充电——对已经放过电的酸性蓄电池,为了使其恢复到原来规定容量而进行的充电。充电分两阶段进行,第一阶段按标准充电制的电流(额定容量的 0.1)充电 6 ~ 7 h,第二阶段用第一阶段充电电流的一半充电 2 ~ 3 h。然后再校正电解液,整个充电过程即告完毕。

均衡充电——由于多个小电池组合使用而成的蓄电池在长时间使用后,各小电池往往产生相对密度、容量不均衡现象,为此需要每月进行一次均衡充电。其方法是先进行正常充电,静置 1 h 后,用初次充电第二阶段的电流充到有剧烈气泡产生为止,再静置 1 h,反复上述充电过程,直到电压和电解液相对密度保持稳定才完成。

(2)充电方法

在船上,蓄电池常用的充电方法为分段恒流充电法和浮充电法。

分段恒流充电法:第一阶段充电电流调整在 1/10 额定容量值上进行充电,按第一阶段充电电流充电 10 h 左右,单个电池上升至 2.4 V 左右时(蓄电池电解液可能会发出气泡),应转入第二阶段充电;第二阶段充电电流应调整在 1/20 额定容量值上进行充电,按第二阶段充电电流充电 3 ~ 5 h,调整电解液的相对密度,使其达到 1.285 左右;再按第二阶段充电电流充电 1 h,至此即完成了整个充电。目前,多数船舶上都采用此法。

浮充电法:蓄电池直接和直流电源并联,电网向其他负载供电,同时也向蓄电池充电,当外接负荷减小时,电网电压略有升高,充电电流自动增加,反之则自动减小。由于这种

充电方法充电电流是浮动的，故称浮充电法。一旦电网因故失电，蓄电池可立即代替发电机向用户供电。

(3)蓄电池的过充电

蓄电池在使用过程中往往因长期充电不足，过放电或外部短路等原因使极板硫化，从而使充电电压和电解液相对密度都不容易上升。为了使蓄电池良好运行，应该对蓄电池进行过充电。所谓过充电就是在正常充电后，以10 h的放电电流的1/2或3/4的小电流进行充电1 h，隔半小时观察一次电压与测量密度，连续四次，然后停1 h，如此反复进行2～3次，直到刚一接通充电电源就发生强烈的气泡为止。

(4)酸性蓄电池充、放电终了的判断

蓄电池充、放电是否终了可根据电解液的密度及蓄电池的电压进行判断。

①根据电解液的密度变化判断。即当蓄电池充电到电解液的密度为1.275～1.31 g/ml时，正、负极板的活性物质已接近于放出全部硫酸，即电池已被“充足”。放电时，蓄电池放电到电解液密度为1.13～1.18 g/ml时，正、负极板的活性物质已接近于全部转化为硫酸铅，即蓄电池的电能已经“放完”。

②根据蓄电池电压的变化判断。即蓄电池的电压与电解液的密度有关，电解液的密度大，电压就高，反之则低。单个电池电压平均为2 V。当蓄电池开始充电时，电压很快升高到2.1 V，然后逐步缓慢上升，直到2.3 V，再经过几小时后，升高到2.6 V左右，并一直维持不变，而且正负极板附近剧烈冒出气泡，这时，蓄电池已经“充饱电”。放电时，蓄电池电压立即降低到2.0～1.95 V，然后逐步缓慢下降，到1.9 V后，很快就降到1.8～1.7 V，这时蓄电池已经“放完电”，不可继续放电，否则会腐蚀铅板。

4. 船用酸性蓄电池的维护保养

(1)当有下列情况必须进行过充电：

①蓄电池放电到极限电压以下；

②蓄电池放电后，停放1～2昼夜没有进行及时充电；

③蓄电池极板抽出进行检查，清除沉淀物之后；

④以最大电流放电超过限度；

⑤电解液内混有杂质；

⑥个别电池极板硫化，充电时电解液密度不易上升。

通常对长期担负工作的蓄电池，每月至少进行一次过充电，对负载较轻的蓄电池，也应每2～3个月进行一次过充电。

(2)电解液的调整和补充：

酸性蓄电池在充放电过程中，液面的高度会有所降低。虽然电解液会有少许飞溅，但这种损失很少，液面降低主要是因产生气体或蒸发使电解液中的水分减少造成的，所以要补充液面至原来的高度，补充时只能加蒸馏水，不可加酸。若过充电完毕，电解液的密度低于原来值，则应该在正常充电后补加密度1.35～1.40的稀硫酸来调整，然后用普通充电电流的一半充电1 h，以使电解液均匀。

电解液应每年进行化验检查。

(3)酸性蓄电池维护的周期、维护要点

①每 10 天要检查一次电压、电解液的密度及高度,并做好记录。如果低于规定值,应及时补充蒸馏水后进行充电,然后清洁表面。

②不经常使用的蓄电池,每月至少要检查一次,并进行补充电。

③蓄电池表面,每 3 个月进行一次彻底清洁。清洁时先用温水擦除接头处的氧化物,然后再涂上牛油或凡士林,防止氧化。

(4)保养注意事项

①注意保持蓄电池表面及整体清洁。不要有油渍污垢在上面,绝不允许在上面放置金属工具、物品,以防造成短路,损坏蓄电池。

②保持极柱、夹头和铁质提手等处的清洁。如出现电腐蚀或氧化物等应及时擦拭干净,以保证导电的可靠性。平时应将这些零件表面涂上凡士林,防止锈蚀。

③平时注意盖好注液孔的上盖,以防止船舶航行时电解液溢出,或海水进入到蓄电池里面,必须保持气孔畅通。

④蓄电池放电终了,应及时按要求进行充电。

⑤蓄电池室内严禁烟火。

⑥要保持蓄电池的测量仪表如密度计、电压表等的准确和完好,应定期检查。

第五节　船用发电机主开关的基本结构和功能

发电机主开关在船舶电站中是一个重要部件。发电机与主汇流排接通与断开的协调工作就是由主开关来完成的。船舶电站中采用的主开关是万能式自动空气断路器(抽屉式或框架式)。其主要形式有国产 DW9 系列主开关,国外的有日本寺崎、欧洲的 ABB、西门子、施耐德等大公司生产的系列主开关。

万能式自动空气断路器的特点是,在正常运行时作为接通和断开主电路的开关电器,在不正常运行时对主电路进行过载、短路和失(欠)压保护,自动断开电路。

一、发电机主开关的基本结构

国内外制造的船用发电机主开关的形式很多,结构不尽相同,但基本原理大同小异,一般都是由触头系统、灭弧装置、自由脱扣机构,操作机构和保护装置组成。其结构框图如图 3-18 所示,其外观图如图 3-19 所示。

1. 触头系统与灭弧装置

触头系统是用于实现电路的接通与断开的。触头在切断时,电流很大会产生电弧,因此必须具有完善的触头系统,触头系统是由主触头、副触头和弧触头组成。主触头承担电路的正常工作电流,副触头、弧触头是为了防止主触头断开电路时产生的电弧烧坏主触头而设置的。在合闸时弧触头先接通,然后依次是副触头和主触头。而分闸时,主触头先断开,然后是副触头和弧触头。

自动空气断路器大多是采用有灭弧栅的灭弧装置进行灭弧的,灭弧装置由许多长短不同的钢质栅片和绝缘材料构成的,能把电弧分割成许多较短的小段,从而实现迅速灭弧。

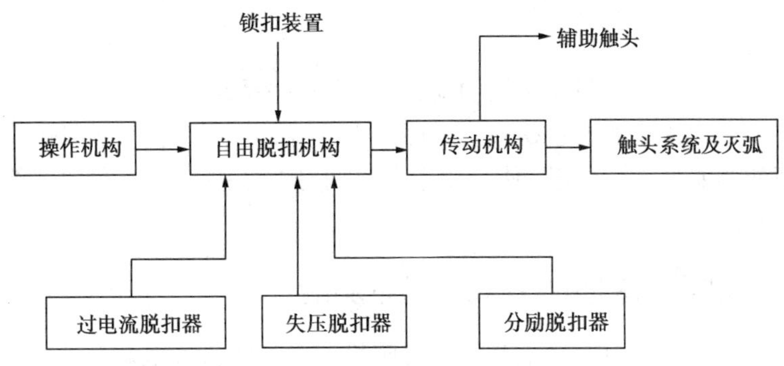

图 3-18　万能式自动空气断路器的结构框图与作用

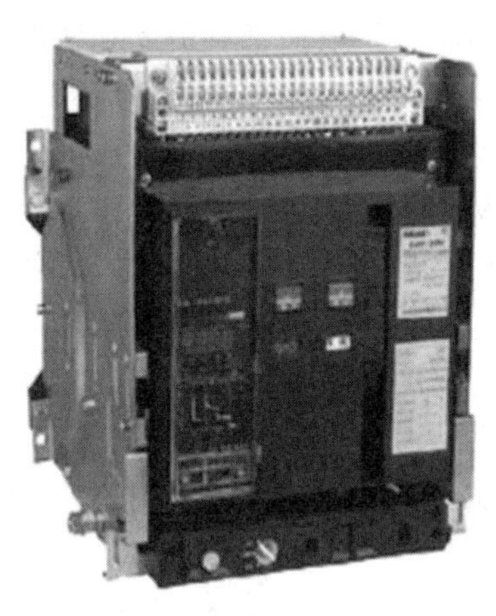

图 3-19　框架式万能自动空气断路器外观图

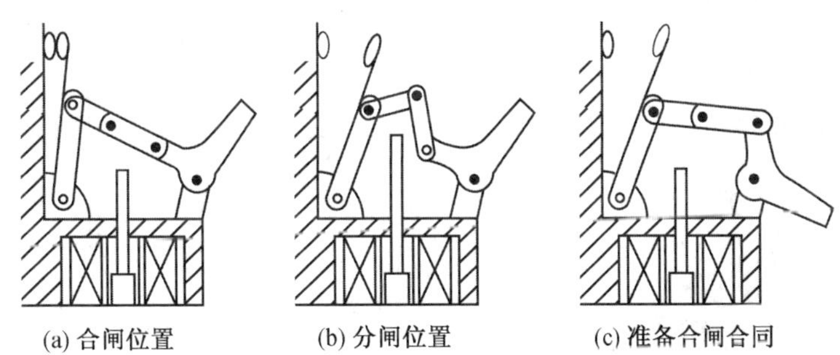

图 3-20　自由脱扣机构的合闸和分闸位置示意图

2. 自由脱扣机构

自由脱扣机构的作用是使触头保持完好闭合或迅速断开。图 3-20 所示是一个四连杆机构,它是触头系统和操作传动装置之间的联系机构。正常触头闭合状态如图 3-20(a)所示。图 3-20(b)为分闸位置,由于衔铁动作,使顶杆向上逆动,撞击连杆接点,四连杆刚性连接被破坏,脱扣机构动作,使主触头断开。图 3-20(c)为准备合闸位置,当脱扣后,需再次合闸时,应先将手柄向下拉,使四连杆机构成刚性连接状态,做好合闸准备。一旦需要合闸,只需将手柄往上推即可。

3. 操作机构

操作机构用于控制自由脱扣机构的动作,实现触头系统的闭合或断开。自动空气断路器的操作传动机构常见的有手柄式、连杆式、电磁式、电动式等。无论哪一种操作方式,合闸前都必须使储能弹簧“储能”、使自由脱扣构处于“再扣”位置,利用储能弹簧释放的能量实现快速合闸。

二、发电机主开关的操作方式和基本功能

船舶发电机发出的电力通过主开关的合闸投入向汇流排供电。开关的合闸和分闸是通过操作机构带动主、副触头动作来控制的。主开关的操作方式如下所述。

1. 手动操作

合闸:各种类型的自动空气断路器都有手动合闸的操作手柄,通常有扳动和转动两种形式。图 3-19 所示的(a)和(b)分别为手动合闸操作手柄的扳动和转动两种形式,可以手动操作合闸手柄使主开关合闸的万能式自动空气断路器。几种常见的国产或国外品牌的自动空气断路器的手动合闸操作方法基本都是以按标定的转向手动扳动操作手柄或转动操作手柄,然后再将手柄扳回或回转一定角度使储能弹簧储能,自由脱扣机构“再扣”,再扳动或转动手柄则实现合闸。

分闸:各类自动空气断路器都有手动机械脱扣按钮,分闸时,只要按下“分闸”按钮,即可实现分闸操作。

尚有一些自动开关,利用扳动手柄储能,使用手动机械合闸按钮合闸。

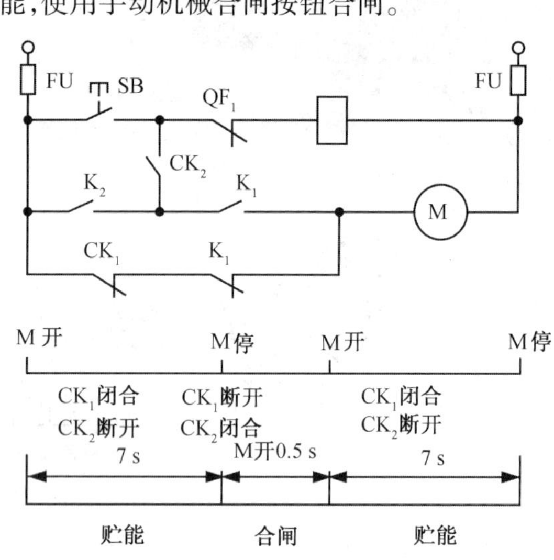

图 3-21　DW-95 型主开关及电动合闸原理电路

2. 电动或电磁合闸

空气断路器的电动机合闸方式采用弹簧储能快速闭合的操作机构。如国产 DW-95 型合闸操作线路原理,如图 3-21 所示。整个合闸过程分为两个阶段:储能阶段及合闸阶段。在储能阶段,电动机 M 经连锁触头 CK_1(CK_1 在储能阶段闭合,在储能阶段结束及合

闸阶段是断开的）和中间继电器 K 的常闭触头 K_1 获得供电，电动机开始运转，使合闸机构储能，直至连锁触头 CK_1 断开，CK_2 闭合（CK_2 闭合情况与 CK_1 相反）从而使电动机断电而停转，完成了合闸的准备。在合闸阶段，也就是如果要使空气断路器合闸，可按下合闸按钮 SB，经主开关常闭触点 QF_1 使中间继电器 K 接通电源。通过继电器常开触头 K_2、K_3 的闭合，使电动机通电运转，从而使主开关合闸。合闸后，由于主开关常闭辅触头 QF_1 断开，继电器 K 断电释放，K_1 重新闭合，此时连锁触头 CK_1 也闭合，又使电动机运转而储能，一直到 CK1 再次断开，CK_2 再次闭合，就为下一次的合闸做好了准备。

也有空气断路器采用电磁力合闸方式实现合闸操作的。如国产 DW-98 型主开关合闸采用电磁合闸操作，其合闸操作线路原理图如图 3-22 所示。发电机建立电压后，交流电流经二极管 D 整流向电容 C 充电。合闸时，按下按钮 SB，电容 C 就会对继电器 KA 放电，使 KA 的常开触点 KA_4 和 KA_5 闭合，接通合闸电磁铁线圈 KM，在电磁吸力的作用下储能弹簧拉长储能，自由脱扣机构已处于“再扣”位置。由于电容两端的电压很快下降，因此当下降到继电器 KA 的释放电压时，KA 的常开触点 KA_4 和 KA_5 断开，合闸电磁铁线圈 KM 断电，储能弹簧释放，自由脱扣机构动作实现合闸。合闸后，由于 DW 触点断开，此时再按下按钮 SB，不会再有合闸动作。

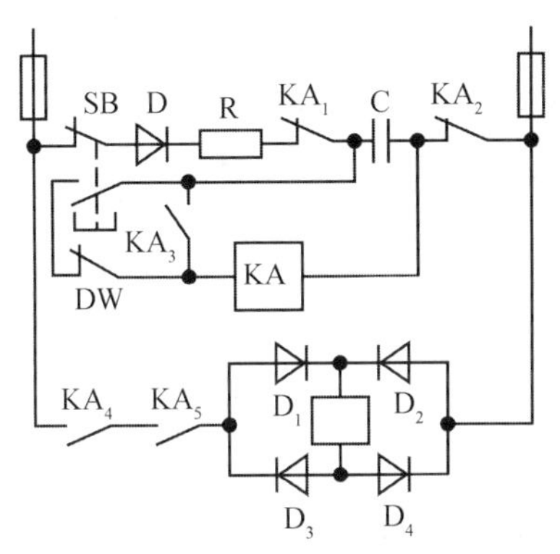

图 3-22　DW-98 型主开关电磁合闸控制线路

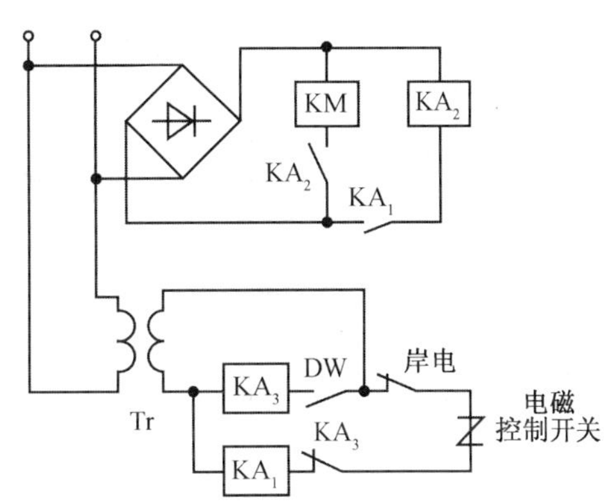

图 3-23　AH 型主开关电磁合闸原理图

国外某系列 AH 型主开关采用电磁铁直推式合闸，线路原理图如图 3-23 所示。发电机建立电压后，按下电磁控制开关，继电器 KA_1 通电，其常开触点 KA_1 闭合后继电器 KA_2 有电，其常开触点 KA_2 闭合，合闸线圈 KM 通电，快速将动衔铁吸上，利用动衔铁的质量和速度，通过电磁合闸柱销，对四连杆机构产生一较大的冲击，推动合闸机构合闸。合闸后，自动开关的辅助常开触点 DW 闭合，继电器 KA_3 通电，其常闭触点 KA_3 断开；继电器 KA_1 断电，其常开触点 KA_1 断开；控制继电器 KA_2 失电，触点 KA_2 断开，从而使合闸线圈 KM 断电，电磁吸力消失，合闸动衔铁恢复原样，为下次合闸做准备。

3. 基本功能与保护元件

发电机主开关是发电机投入电网的接入部件，同时具备在非正常运行如发生过载、电网短路、发电机欠压等情况下，能自动将发电机与电网断开的功能。因此它既是开关电器，又是保护电器。

要实现相关的功能，万能式自动空气断路器通常设有过电流脱扣器、失压脱扣器及分励脱扣器,通过它们对自由脱扣机构的作用来实现对发电机主电路的短路、过载、失压、欠压等保护及遥控分励操作(发电机与电网分离)。其操作原理图如图 3-24 所示。

(1)过电流脱扣器一般有电磁式和半导体式,它被用作发电机的短路和过载保护,一般具有反时限延时动作、定时限动作和瞬时动作三种动作特性。当短路故障和过载现象发生时,瞬时或经短路短延时或经长延时后接通电磁铁使过电流脱扣器瞬时动作,开关自动跳闸。延时元件通常采用钟表机构或利用 RC 电子式充放电电路延时等实现。如 DW-95、DW-98 型采用 RC 充放电延时。

(2)失(欠)压脱扣器一般由一个瞬时动作的电压继电器组成,当线路电压低于规定的整定值时,由于电磁吸力的不足引起继电器释放,通过自由脱扣机构使开关自动跳闸。为避免电网电压瞬时波动产生误动作,可采用延时,延时时间一般为 1 ~3 s。

(3)分励脱扣器主要用于远距离控制自动开关的断开,当按下分励脱扣按钮时,继电器吸合,通过自由脱扣机构将自动开关断开,即把发电机与电网断开。

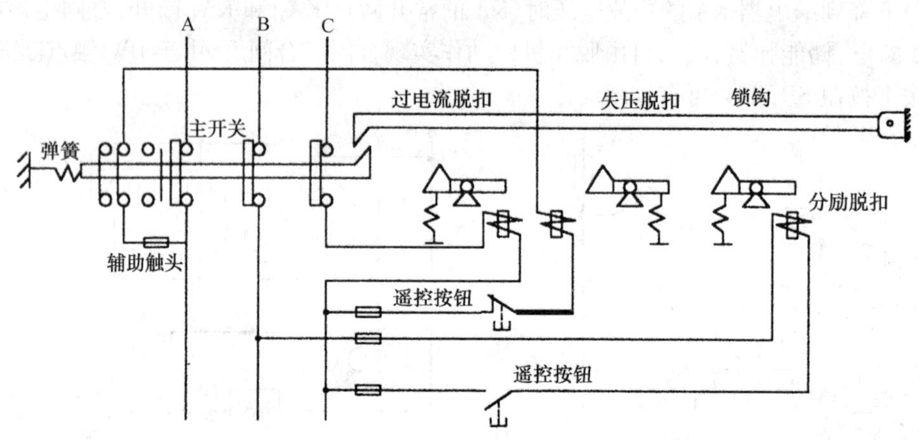

图 3-24　万能式自动空气断路器各脱扣器动作原理示意图

第六节　同步发电机有功功率调节与频率调节

一、同步发电机并联运行的概念与条件

1. 同步发电机并联运行的概念

现代船舶大多采用交流电站。为了满足船舶供电的可靠性和经济性,一般的船舶电站均配置了两台以上的同步发电机组作为主电源。

将两台以上的发电机可以通过母线汇流排向全船负载供电,这就是同步发电机组并联运行。发电机并联运行俗称并车。

为什么要采用并联运行的方式呢?这是因为船舶发电机设计时就考虑到发电机在额定负载下运行具有最高的效率,而船舶工况变化较大,因而用电量变化也很大。例如,船舶在停泊和装卸货两种不同的工况时,用电量可能相差 3 倍甚至更多,采用两台以上较小容量的发电机可以根据负荷的大小选用发电机单机还是并联运行方式,使发电机经常处

于最佳运行状态。如果电站只采用一台大容量发电机,使它满足最大负荷的需要,那么在小负载时,发电机将处于轻载而使效率大为降低而浪费,并且选择备用机组容量时也必须考虑和这台大容量发电机容量相同,从而使投资费用和运行费用都会增加,这是船东所不希望的。另外,为了维护检修的方便,也需要采用并联运行的方式,要检修某运行中的发电机组而又不允许电站停电时,就必须先将备用机组投入并联运行,然后再从电网上切除要检修的机组。

2. 同步发电机并联运行的条件

目前船舶上普遍采用的一种并联运行(并车)方法是准同步并车方式。为了使并联运行的交流同步发电机保持稳定地工作,每台并联运行的发电机必须满足如下 4 个条件:

① 待并机组的电压与运行机组(或电网)的电压大小相等;

② 待并机组电压的初相位与运行机组(或电网)电压的初相位相同;

③ 待并机组电压的频率与运行机组(或电网)电压的频率大小相等;

④ 待并机组的相序与运行机组(或电网)的相序一致。

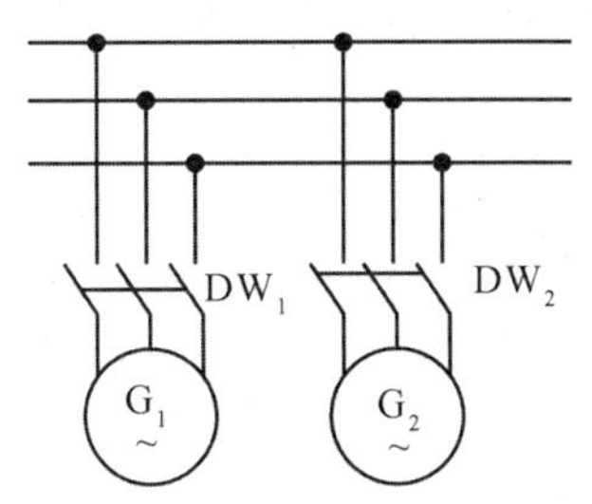

发电机主开关未合闸

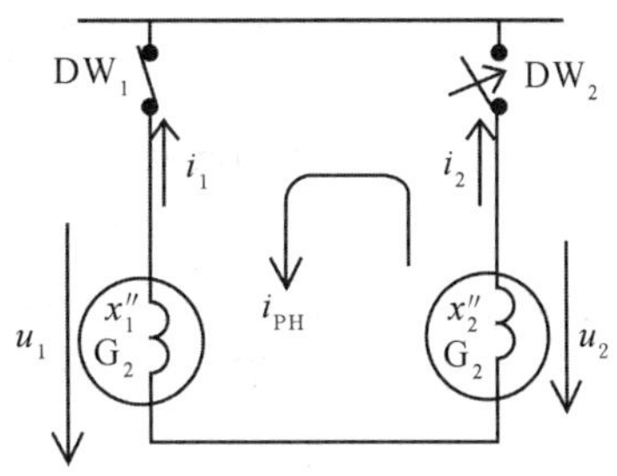

发电机主开关合闸并联瞬间冲击电流 i_{PH}

图 3-25 两台发电机并联运行示意图

由于在发电机组安装时已经对发电机的相序与电网的相序进行测定,保证相序一致的条件,因此,并车操作就是检测和调整待并发电机组的电压、频率和相位,使之在满足上述三个条件的瞬间通过发电机主开关的合闸投入电网。这样就可以保证在并车合闸时没有冲击电流 i_{PH},并且并车后能保持稳定的同步运行。并联运行示意图如图 3-25 所示。实际并车时,除相序外其他条件不可能做到完全一致,而且必须有一定的频差才能快速投入并联运行,所以,可以有下面的条件范围:

①并车操作时两台发电机组之间的电压差不能超过额定电压的 10%,$\Delta U \leqslant 10\% U_N$;

②并车时要求相位差一般应在 ±15°之内,$\delta \leqslant \pm 15°$;

③并车时一般要求将两台发电机的频差控制在 ±0.5 Hz 之内,$\Delta f \leqslant \pm 0.5$ Hz。

这就是所谓的准同步并车条件。准同步并车可以使得发电机并联瞬间冲击电流 i_{PH} 在可接受的范围内。

船舶同步发电机的并车可以由轮机人员在发电机并车控制屏用手动准同步并车操作或通过设置的自动并车装置实现自动并车操作。

二、同步发电机的有功功率调节和频率调节

船舶电站单机组运行或多机组并联运行都必须进行有功功率调节和频率调节。

船舶发电机输出的有功功率是由原动机(柴油机)的机械功率转化而来的,船舶电力系统的用电负载有功功率变化(如空压机电动机的起动,停机等),会引起发电机组转速的扰动变化,从而使电网频率发生变化。

由于电网频率 f 与发电机组转速 n 有关系式:

$$f = pn/60 \tag{3-6}$$

若发电机的负荷功率与柴油机输入功率之间失去平衡,机组转速 n 会变化,引起系统频率 f 的变化。

例如,当船舶上突然增加或卸掉某些负荷(用电负荷增加或减少)时,柴油发电机组由于机械惯性的作用,油门尚未变化(柴油机输出的机械功率未变),这就导致了频率下降或升高。此时若不相应增加或减少柴油机的喷油量,则频率的变化将会使电力系统不能正常运行。实际上,与额定电压一样,维持频率恒定也是电能质量的重要指标之一。

船级社规定船用电气设备在电源频率波动稳态值达 ±5 % 额定频率时应能正常运行。因此要求船舶电网频率的变化最好保持在 ±0. 2 Hz 以内。显然,对同步发电机有功功率调节和频率调节对于电网稳定供电是重要的。而影响功率和频率的调节作用则是调速器。

1. 同步发电机调速器的结构及频率调节

柴油发电机组转速的调节是由柴油机的调速器来实现的。因此,发电机组的功率—频率特性取决于调速器的特性。由于电力系统要求频率能维持在一定范围之内,因此调速器应是一种“定速调速器”,即通过调速器调节维持原动机转速不变。

调速器种类有机械式、液压式和电子式等。但无论哪种形式,其工作原理都是测出转速偏差后,根据偏差的大小和极性去调节柴油机,使柴油机在负载从零到额定值范围内变化时,维持转速在允许范围内。常见的机械离心式调速器的结构如图3-26所示。

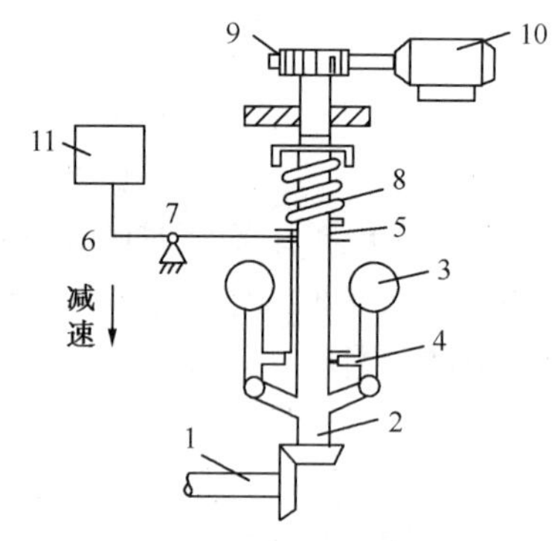

图 3-26 机械离心式调速器的结构图

1—传动轴;2—轴;3—飞铁;4—拨爪;5—滑套;6—弹簧;7—杠杆;8—拉杆;9—蜗轮蜗杆;10—伺服电动机;11—油门控制机构

调速器是基于离心力的原理制成的。从图3-26中可以看出,调速器由输入传动轴 1、飞铁 3、滑套 5、弹簧 6 和杠杆 7、拉杆 8 所构成。柴油机运行时,通过齿轮传动机构带动调速器的传动轴 1 将转速传到轴 2,使飞铁 3 绕轴 2 旋转,飞铁在离心力作用下,力图张开,并将滑套 5 向上顶压缩弹簧 6,直到与弹簧 6 产生的反作用力相平衡,这时滑套 5 将处于某一平衡位置,通过杠杆 7、拉杆 8,将油门拉到一定的开度,使柴油机有一定大小的喷油量,机组在一定转速下运行,此时的调速器处于一种平衡状态。

若由于某种原因破坏了调速器的平衡,譬如功率负载减少,机组转速升高,则飞铁的离心力增大,张开的角度将更大,引起滑套 5 上移。在滑套上移的过程中,通过杠杆、拉杆,使油门减小,转速就被阻止进一步增加。同时,因为滑套的上移压迫了弹簧 6,其反作用力也将增加,直到与离心力的作用平衡,滑套 5 就停止上移。至此,调速器达到了一个新的平衡状态，机组在另一个转速下稳定运行，相反若由于某种原因使转速降低，则飞铁的离心力变小、平衡又被打破。此时弹簧6的压力大于离心力的作用，滑套下移，于是油门加大，阻止了转速进一步下降，又达到了一个新的平衡。这种自动调整作用，使柴油机能稳定运行于一定的转速范围内。

由图3-26可知，通过伺服电动机10，经蜗轮、蜗杆传动，可以将弹簧6事先压紧到一定的程度；弹簧"预紧"是通过配电盘上的手动调速开关接通伺服电动机进行的操作。预紧力越大，滑套越被压向下移，对应的油门开度越大；反之油门开度越小。

如果需要保持转速（频率）不变而加大输出功率时，可以加大弹簧预紧力，此时油门加大，输出功率也就增加；同样要求提高转速（频率），也应加大预紧力，使油门加大，则转速就升高。总之，加大预紧力可以使柴油机输出功率增加，也可以使频率升高，而减小预紧力则使柴油机输出功率减少，也可以使频率降低。这一点对于频率和有功功率的调节是很重要的。

2．调速器的特性

现在以船上一台发电机组的运行为例讨论调速器的自动调节作用及调速器的特性。

当柴油机输出的功率与发电机组的负载功率平衡时（不计损耗），机组将作匀速运转，频率稳定在某一值上。设此时已将调速器的弹簧预紧力整定在使机组的转速正好等于额定转速，由调速器进行自动调节。若负载突然增加，由于油门还来不及改变，原动机发出的机械功率将低于负载实际的功率，机组减速，频率逐渐下降。由于转速下降，飞铁离心力减少，在弹簧力作用下，滑套下移，使油门加大，柴油机发出的功率逐渐增加，以阻止其转速进一步下降。当原动机功率增加到与发电机负荷功率重新平衡时，自动调节完毕进入匀速运转，但新平衡状态的转速比原来的转速低了。同样若负载减小时，调节完成后的新转速将比原来的转速要高些。

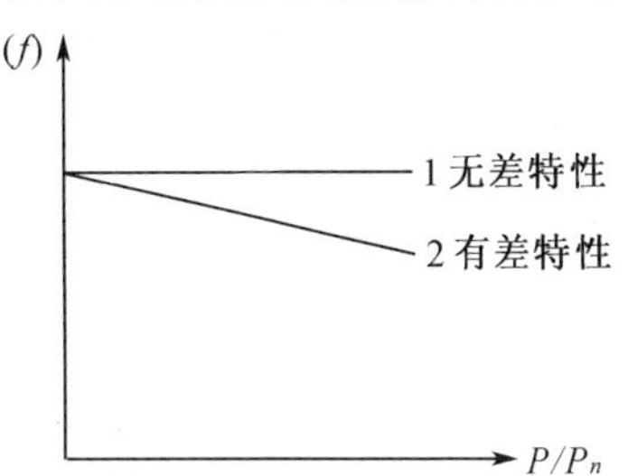

图3-27　调速器静态调速特性

在调速器自动调节时，机组的转速 n 或频率 f 与输出有功功率 P 之间的关系，称为调速器的静态调速特性，如图3-27所示。

图中曲线2为上述调速器的调速特性，因为转速 n（或频率 f）是随负载有功功率P的增加而下降，所以称为下倾的有差调速特性。如果转速不随负载有功功率而变化，则称为无差调速特性，如图中曲线1所示。上述机械式的调速器不能得到无差特性，而使用液压调速器才可以获得无差特性。实际上为了使发电机组能稳定地并联运行，船用发电机组调速器一般均采用有差特性。

3．单机运行时频率的调整

当发电机的负载功率变化时，由于调速器的作用，能自动地调节油门的大小，从而维持发电机组的转速（频率）在一定范围内，但因为是有差特性，所以频率并不是恒定的。若希望维持额定频率，还需适当地手动调节调速器弹簧的预紧力，改变油门的大小。这就是人为地将调速特性曲线作上、下平移，如图3-28所示。

在图3-28（a）中，假设发电机运行于特性曲线1，对应负载功率 P_1 时的频率为 f_N（如图中的 A 点),若负载功率增加到 P_2,在调速器的作用下机组将沿特性曲线 1 中的 A 点下降到 B 点。此时频率 $f_1 < f_N$,为了保持频率为 f_N,就要增加弹簧的预紧力,加大油门,将特性曲线 1 抬高到特性曲线 2。当机组转速还来不及改变时,其频率仍为 f_1,这时已运行在特性曲线 2 上的 C 点,对应的功率为 P_3。而 $P_3 > P_2$,剩余功率将使机组沿特性曲线 2 加速,频率由 f_1 上升到 f_N,在特性曲线 2 上对应的输出功率正好等于负载所需功率 P_2' 时,达到了功率平衡,发电机运行在特性曲线 2 上的 D 点。上述过程实现了频率的再调整。

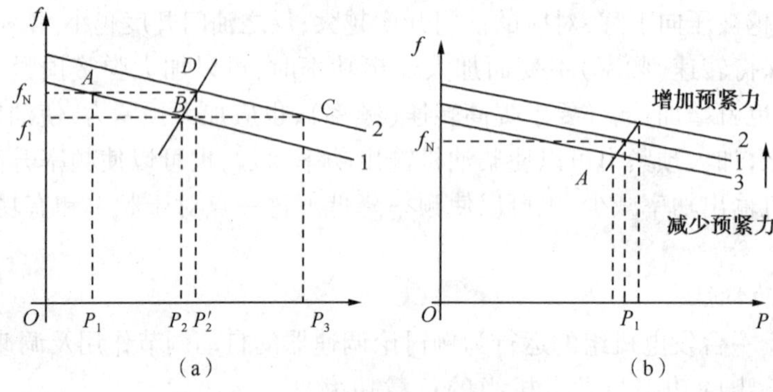

图 3-28　单机运行的频率调节

综上所述,在同一负载下欲使频率升高,应加大弹簧预紧力,将油门加大,整个曲线 1 将向上平移到曲线 2,如图 3-28(b)所示。若减小弹簧预紧力,则特性向下平移,如图中的曲线 3 所示。

第七节　同步发电机的自励恒压装置与发电机的无功功率调节

维持供电电压的稳定是保证供电质量的主要目标之一。然而,电网电压是会经常变化的,船舶电网电压波动比陆上大电网电压波动更为严重,其电压是否稳定取决于发电机的自动励磁调整装置(自动电压调节器)性能。

励磁调整控制系统是发电机的重要组成部分,它的主要任务是根据发电机的各种运行状态,向发电机的励磁系统提供一个可调的直流电流,以稳定发电机的输出电压。性能优良、可靠性高的励磁系统是保证发电机安全发电,提高电力系统稳定性所必需的。

引起船舶电网电压波动的主要原因是负载变动。负载电流幅值变化或负载性质变化都将引起发电机的电枢反应发生变化,从而引起发电机端电压变化。因此,作为船舶交流同步发电机必须设置维持电压恒定的自动调节装置。

一、自动恒压装置的作用和基本要求

1. 自励恒压装置的作用

当电压波动时,通常是靠调节发电机励磁电流的大小来进行恒压控制的。电压自动调整装置实质上是励磁电流自动调整装置。调整励磁电流既可以对电压进行调整,当发电机并联运行时,它还可在发电机组之间无功功率分配方面起作用。

2. 对自励恒压装置的基本要求

基于船舶工作环境的特殊性，对自动励磁调整装置的基本要求是：简单可靠；灵敏度高而稳定；保证电压为给定水平；具有一定的强行励磁能力；合理地分配无功功率以及充分地考虑经济等方面的因素。在一般稳定调整的情况下，船舶电力系统电压的暂态调整过程如图 3-29 所示。下面分析其具体指标：

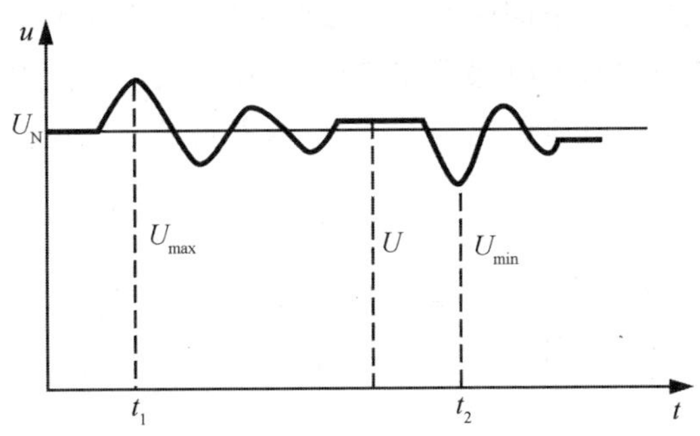

图 3-29　船舶电力系统电压的暂态调整特性曲线

(1)静态和动态特性的要求

自动电压调压器的静态和动态特性，是以调压器的静态电压调整率和动态电压调整率来表示的，这是衡量调压器的主要技术指标。

当负载在一定范围内变化时，在不同的负载下，调压器应保证稳定状态时的电压在允许的范围内。这个静态指标，用静态电压调整率 δ_u 来衡量，有

$$\delta_W = \frac{U_W - U_N}{U_N} \times 100\% \tag{3-7}$$

式中，U_N—— 发电机的额定电压(V)；

U_W—— 发电机在规定的负荷变化范围内端电压的稳态最大值或最小值，即 U_{max}(或 U_{min})(V)。

我国《钢质海船入级规范》规定：发电机从空载至满载，功率因数保持为额定值，主发电机的静态电压变化率应在 ±2.5% 以内，应急发电机的静态电压变化率应在 ±3.5% 以内。

当较大负载突变时，瞬时电压变化很大，此瞬时电压也要在规定的允许范围之内，而且恢复的时间越快越好。这个动态指标，用动态电压调整率 δ_{ud} 和电压恢复时间 t_W 来衡量。

$$\delta_{ud} = \frac{U_s - U_N}{U_N} \times 100\% \tag{3-8}$$

式中：U_s—— 发电机突加负荷或突减负荷时的最低电压值或最高电压值。

我国《钢质海船入级规范》规定："交流发电机在负载为空载，转速为额定转速，电压接近额定值的状态下，突加和突卸 60% 额定电流及功率因数不超过 0.4(滞后) 的对称负载时，当电压跌落时，其瞬态电压值应不低于额定电压的 85%；当电压上升时，其瞬态电压值应不超过额定电压的 120%，而电压恢复到与最后稳定值相差3% 以内所需的恢复时间应不超过 1.5 s。"

(2) 强行励磁

电力系统的特点之一,是过渡过程非常快。当负载突然有很大增加或发生突然短路时,电压便会突然下降很大。这将给电力系统的运行带来许多问题,甚至可能使电力系统失去稳定。

因此,为了提高船舶发电机并联工作稳定性和电动机运行稳定性以及继电保护装置动作的准确性等动态稳定性,要求调压器的动作要迅速。解决这个问题的方法之一就是实行强行励磁,也就是要求励磁系统应保证在最短的时间内,把励磁电流升高到超过额定状态时的最大值,以使发电机的电压迅速得到恢复。这就要求调压器应具有一定的强行励磁能力。

(3) 电磁兼容性

电磁兼容性是描述电气设备在规定的电磁环境中有效工作的能力。对励磁装置的电磁兼容性要求主要体现在不干扰其他设备的正常工作这一方面。

(4) 自励起压性能

自励起压性能是对自励类型的励磁装置的要求。保证发电机依靠剩磁从静止起动后能迅速顺利地发出规定的电压。自励类型的励磁装置应用最为普遍。

对调压器还有安全性、可靠性、经济性等也是主要衡量指标。

3. 自励恒压装置的分类及调压原理

目前船舶同步发电机采用自励形式,其直流励磁电流是由自身输出的交流电经过整流后获得的。各类装置的基本调压原理都是通过对发电机端电压,或者负载电流及其功率因数的检测来调整励磁电流,从而实现输出端电压恒定。按照被检测量,自励恒压装置可分三大类:

(1) 按发电机电压偏差调节

发电机在运行中,由于某种原因使得发电机输出电压与给定的电压出现偏差时,调压器将根据偏差电压的大小和极性输出校正信号,对发电机励磁电流进行调节。由于被检测量和被调量都是发电机端电压,恒压装置与发电机构成一个闭环调节系统,稳态特性比较好,静态电压调整率一般均在 ±1% 以内。常见的晶闸管自励恒压装置属于这种类型。

(2) 按负载电流和功率因数调节

发电机电压的波动,是由于负载的变化和故障所引起。如果被测量是发电机的负载电流及功率因数,再经调压器去调节励磁电流来稳定发电机电压。这时被测量和被调量不同,故构成一个开环调节系统,静态特性比较差,但动态特性较好。常用的不可控相复励自励恒压装置属于这种类型。

(3) 复合调节

这类复合调节是将上述两种调压方式结合在一起,它是在按负载电流调节的基础上引入自动电压调节器(AVR)。静态和动态特性都比较好,是一种较理想的励磁调压装置。可控相复励自励恒压装置属于这种类型。

目前船用同步发电机自励恒压装置主要采用的类型有:不可控相复励自励恒压励磁装置、可控相复励自励恒压励磁装置、晶闸管自励恒压励磁装置及无刷同步发电机励磁系统。

二、不可控相复励自励恒压装置

1. 自励起压的基本原理

自励同步发电机的励磁电流是由同步发电机的定子三相电枢绕组产生的交流电，通过静止的整流元件供给的。发电机自励回路的单线原理图如图 3-30 所示。自励同步发电机的自励起压特性曲线如图3-31 所示。在图3-31 中，曲线1 为同步发电机的空载特性曲线 $U_0 = f(I_f)$，曲线 2 为自励回路的理想励磁特性曲线 $I_f = f(U)$。

起压过程是这样的：发电机旋转磁极由于磁滞现象，在磁极上留有剩磁，当柴油机起动拖动发电机 G 的转子转动后，发电机定子绕组将感应产生剩磁电压 U_r。U_r 经 DK 电抗器加在自励回路上，经整流器 ZL 整流，在发电机励磁绕组 L 中产生励磁电流 I_{f1}；I_{f1} 在发电机定子绕组中感应电压 U_{01}。U_{01} 通过自励回路在励磁绕组 L 中又产生 I_{f2}；I_{f2} 又感应更高的电压 U_{02}，如此循环，构成正反馈，逐渐提高发电机空载电压 U_0，最后达交点 A 稳定，此时发电机得到空载额定电压 U_{0N}。

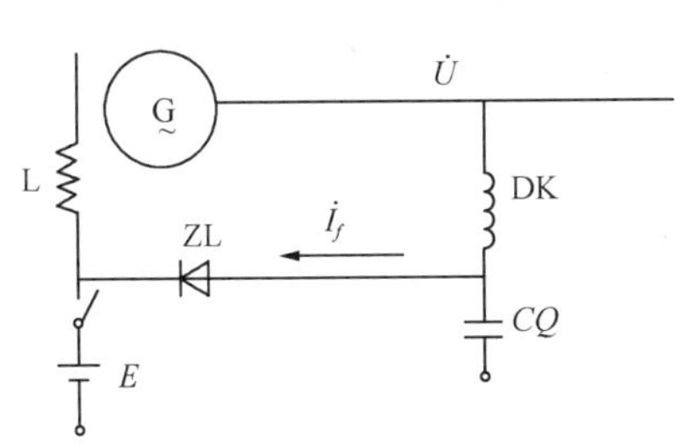

图 3-30　发电机自励回路的单线原理图

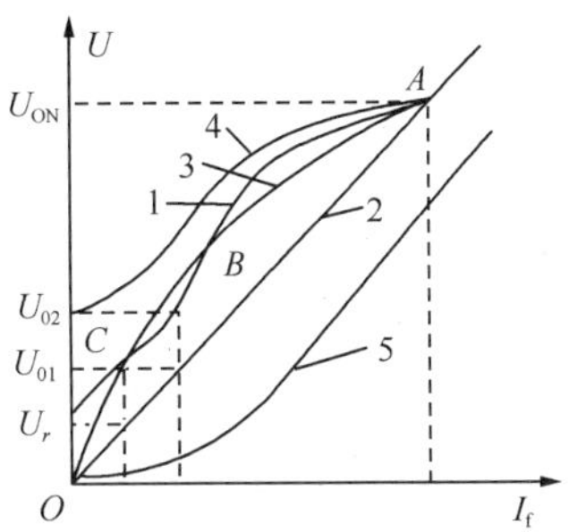

图 3-31　发电机的自励起压特性曲线

自励同步发电机要顺利达到正常自励起压，必须满足两个条件：① 必须要有足够大的剩磁电压 Ur，以使自励回路导通；② 必须适当整定自励回路阻抗，使励磁特性与空载特性配合恰当，正好相交在正常空载额定电压 U_{0N}，即图 3-31 的 A 点。

自励同步发电机的自励起压，是否一定在正常空载额定电压 U_{0N} 稳定下来，决定于励磁特性曲线 2 的 $I_f = f(U)$ 与空载特性曲线 1 的 $U_o = f(I_f)$ 是否能够稳定的交于 A 点，而励磁特性曲线不仅决定于电压 U，而且还决定于自励电路的阻抗的大小即与线性电抗器 DK 的电抗值、整流器 ZL 的正向电阻值以及电刷和滑环接触的电阻值等有关。实际上，这些阻抗都是非线性的。例如，在电压很低时，ZL 的正向电阻值和电刷与滑环的接触电阻值都比较大，而当电压较高时，则其阻值很小，因而使得励磁特性曲线 $I_f = f(U)$ 是非线性的，在开始一段曲线坡度较陡，而后一段曲线坡度较斜，如图 3-31 曲线 3 所示。这样，就使得曲线 3 与曲线 1 有三个交点 C、B、A。在起压中，当达到 C 点时，便稳定下来了，如此就达不到正常的空载额定电压 U_{0N}，因此必须要设法消去 C 点和 B 点。要解决这个问题，有两种办法：一种是抬高曲线 1，例如使之变成为曲线 4；另一种是降低曲线 3，例如使之变成为曲线 5。

抬高曲线 1，就是保证要有足够大的剩磁电压 U_r。充磁是比较简易可行而常用的方法，即外接一充磁电源 E，如图 3-30 中所示。在失去剩磁或剩磁不足而起压困难时，合上充磁电源开关 K，使对励磁绕组 L 进行充磁，以提高 U_r，将曲线 1 抬高为曲线 4，如图 3-31 所示，即可顺利起压达正常空载额定电压 U_{0N}。

降低曲线 3 的常用方法是，接入谐振起压电容 CQ，如图 3-30 所示。当开始起压时，一般设计在接近额定频率时，使由电抗器 DK 和电容 CQ 组成的串联谐振回路发生串联电压谐振。此时，谐振电路总的电阻很小，电流很大，因而 CQ 上将有很高的电压，加在励磁回路上，使励磁电流 I_f 大为增加，也就是将曲线 3 下降为曲线 5。由于曲线 5 的开始一段陡度就很小，因此便可顺利而迅速的起压。当起励电压 U 接近于正常空载电压 U_0 时，由于此时励磁回路电阻减小，使谐振电路脱离了串联谐振状态，励磁特性曲线便由曲线 5 转为曲线 2，交于 A 点，于是得到正常空载额定电压 U_{0N}，发电机便进入正常空载运行。

上述的过程为自励起压过程。

2. 恒压的基本原理

解决了同步发电机的自励起压问题。在同步发电机建立正常空载电压 U_{0N} 后，在船舶主开关合闸带负载时，由于发电机内部电枢反应的去磁作用和内部阻抗压降，其端电压 U 必然有所降低。因此，必须采用恒压措施。由于是负载电流 I 变化引起了发电机端电压 U 的变化，因而也就可以利用负载电流 I 进行复式励磁，以附加励磁电流来调整 U。

复式励磁，就是将发电机的定子电枢电流整流后供给励磁电路。其调压作用是借助电流互感器 LH 组成的复励回路来实现的。当 I 增加引起 U 下降时，同时 I 通过 LH 也使励磁电流 I_f 增大，以提高 U，从而达到以补偿方式进行调压的目的。

引起同步发电机 U 变化的原因，除了负载电流大小外，还和功率因数 $\cos\varphi$ 的大小有很大关系，所以还需要调压器能补偿 $\cos\varphi$ 变化引起的 U 的变化。这就需要进行所谓的相复励，如图 3-32 所示的电流叠加相复励调压原理单线图。

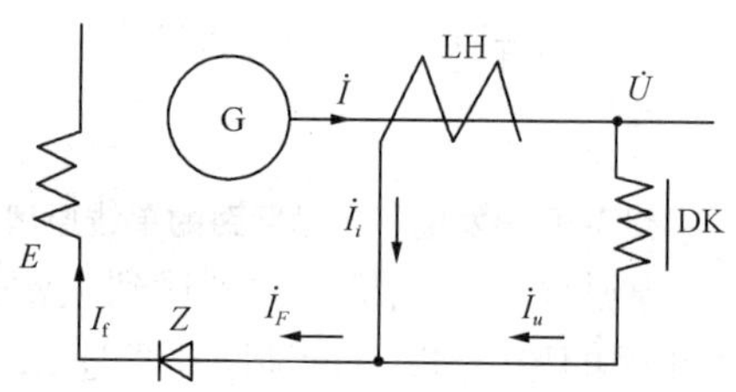

图 3-32　电流叠加相复励调压原理单线图

通过 LH 反映随 I 而变化的分量 I_i，称为电流分量；通过移相电抗器 DK 自励回路的分量 I_u，称为电压分量。励磁电流的电压分量和电流分量是在交流侧叠加的，是相量相加，故可反映相位关系。因为电压分量与 U 有关，电流分量反映 I，所以只要采用适当接线就可使它们的合成电流直接反映出随 I 和 $\cos\varphi$ 的变化而进行的调压。为此，必须在自励回路中接入电抗器，以将自励回路中的电流移相 90°，移相电抗器 DK 就具有这个作用。

图 3-32 是电压分量和电流分量以电流的形式在 ZL 的交流侧直接相叠加，故又称为电流叠加的相复励自励恒压装置。除此之外，基于同样的基本原理，还有以电磁或电压形式在 ZL 交流侧叠加的，分别称为电磁叠加和电势叠加的相复励自励恒压装置。

上述同步发电机的自动励磁系统的基本原理，是直接利用发电机本身的剩磁电压进行自励起压，直接利用发电机本身负载电流的大小及负载电流与电压的相位关系进行相位复励，调整发电机励磁电流，达到调节发电机端电压的目的。所以，同步发电机的这种励磁系统，被称为相复励自励恒压励磁系统。这种系统由于采用相复励，使调压和电压的变化几乎是同时进行。它的最大特点就是调压动作迅速，因而其动态特性很好。但是，这种相

复励系统只是反映了随负载电流 I 和 $\cos\varphi$ 的变化而进行的调压。在调整原理上说，它是一个开环的调整系统，从调压的实际问题来说，它没有反映出其他原因引起的电压变化。例如，频率变化、绕组发热、磁饱和等造成的电压偏差。因而，相对于按电压偏差进行调压的系统来说，它被称为不可控相复励自励恒压励磁系统。显然，从原理上来说。不可控相复励系统的调压静态特性是比较差的。

3．电流叠加相复励自励恒压装置

电流叠加相复励自励恒压装置原理图如图 3-33 所示，其主要元件及其作用是：

LH 为电流互感器，它反映发电机负载电流 $\dot{I}$ 的大小和相位，以进行相复励调压。其原、副边皆有抽头可调，调整匝数可改变复励电流分量 $\dot{I}_i$ 的大小，以整定发电机端电压 $\dot{U}$。

DK 为移相电抗器，它将发电机电压产生的电流移相 90°，作为电压分量 $\dot{I}_u$，以进行自励起压。$\dot{I}_i$ 与 $\dot{I}_u$ 合成，进行相位复励。DK 是一个具有气隙的三相铁芯电抗器，并且线圈具有抽头。调整气隙大小或线圈匝数可改变电抗值大小，以改变 $\dot{I}_u$ 之大小，整定空载电压 $\dot{U}_0$。

3C 为谐振起压电容器，有助于发电机快速建立电压。

VD 为三相桥式整流器，它将交流侧合成电流 $\dot{I}_L = \dot{I}_i + \dot{I}_u$ 整流成直流励磁电流 I_f，供励磁绕组 LF 励磁。由于 I_L 与 I_f 具有固定的关系：$I_L = 1.23I_f$，故对 I_F 也称为励磁电流。直流侧并联 R、C 作为过电压保护元件，保护二极管整流器 VD。

SB 为充磁按钮；E 是蓄电池；R_S 是限流电阻，它们共同组成充磁装置。当发电机由于在运输中或维修时碰撞、振动等原因，使磁极失去剩磁或剩磁太小时可按下 SB，对磁极进行充磁以便自励起压。

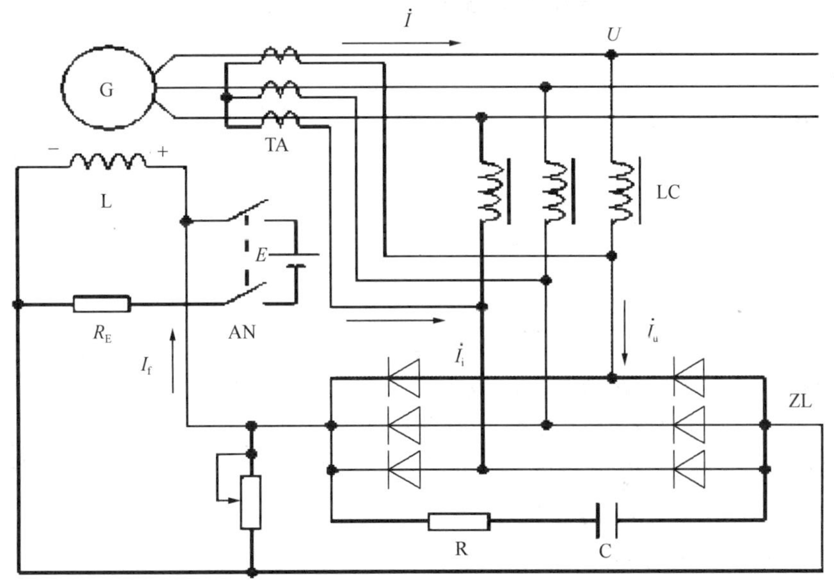

图 3-33　电流叠加相复励自励恒压装置原理图

这类调压装置所提供的励磁电流为两部分:一部分是由发电机本身的电压 $\dot{U}$ 通过自励回路提供的自励电流 $\dot{I}_u$,它是励磁电流 $\dot{I}_L$ 的电压分量;另一部分是由发电机本身的负载电流 $\dot{I}$ 通过复励回路提供的复励电流 $\dot{I}_i$,它是 $\dot{I}_L$ 的电流分量。$\dot{I}_u$ 和 $\dot{I}_i$ 是以电流的形式在 VD 交流侧矢量叠加成为 $\dot{I}_L$,并经整流后形成总的直流励磁电流 I_f 去供励磁绕组 LF 进行励磁,所以,该装置是电流叠加的相复励自励恒压装置。

由于线性电抗器 DK 的电抗值远远大于它的电阻,即 $X_{DK} >> R_{DK}$,故可近似认为发电机的空载分量 $\dot{I}_u$ 落后于发电机端电压 90°,而发电机的复励分量 $\dot{I}_i$ 与负载电流 $\dot{I}$ 成比例,它与发电机端电压 $\dot{U}$ 之间的夹角即为功率因数角 φ。图 3-34 画出调压器励磁电流的相量图。从图中可以看出励磁电流 $\dot{I}_L$ 随负载电流 $\dot{I}_i$(大小和相位差)的变化而变化,这就补偿了随负载电流变化而产生的电枢反应去磁作用,使发电机的电压得到补偿。只要在设计时适当地选择自励恒压装置各元件的参数,就可以满足由空载到额定负载及功率因数经常变动的情况下维持电压在船舶电气设备"规范"所允许的范围内,实现发电机电压的基本恒定。

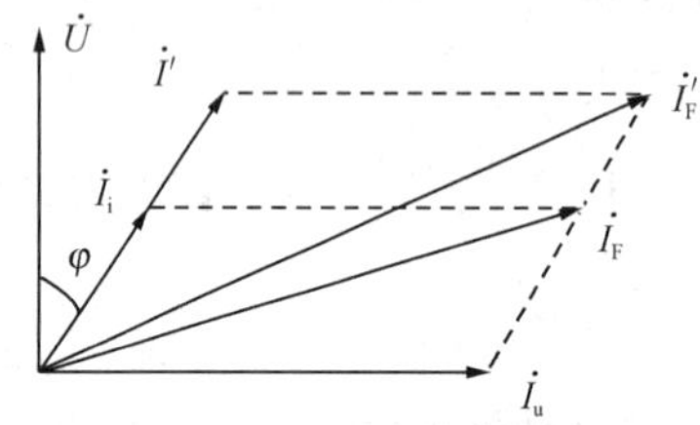

(a) 负载电流大小变化引起励磁电流变化

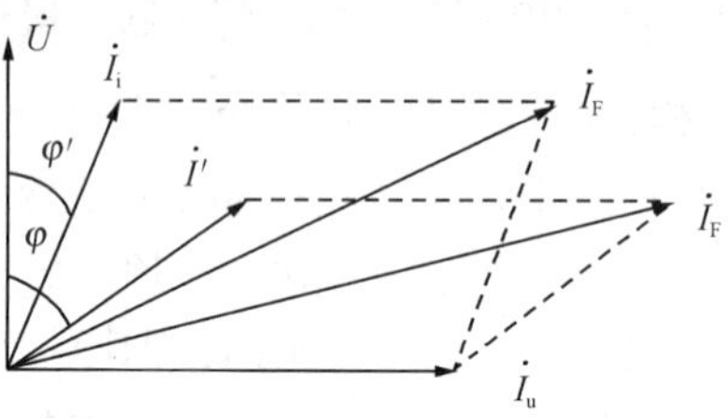

(b) 负载电流相位差变化引起励磁电流变化

图 3-34　电流叠加相复励调压器恒压原理的相量图

在相复励的基础上,加上能够调节电压偏差信号的自动电压校正装置(AVR)就可以构成可控相复励装置,来进一步提高电压调节精度。

三、可控相复励自励恒压装置

前述的相复励装置,虽然具有动态性能好、强励能力强等特点,但其调压精度不高,调压特性的线性度差。为此在按负载电流 $\dot{I}$ 进行不可控相复励调压的基础上,又加上了一个按 ΔU 进行微调的电压校正器 AVR(Automatic Voltage Regulator)。这就是所谓可控相复励自励恒压励磁系统,其原理框图如图 3-35 所示。

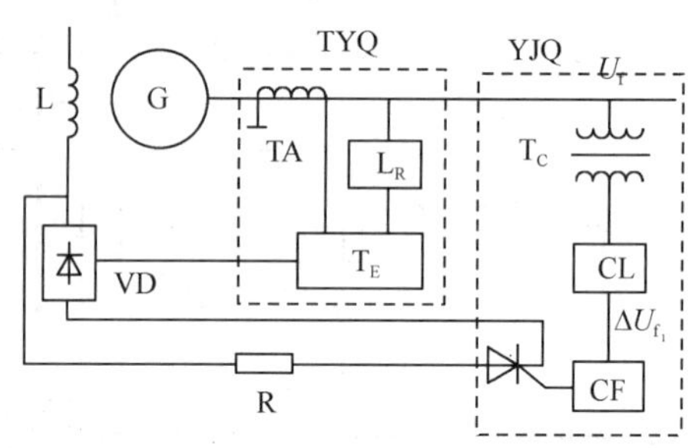

图 3-35　可控相复励自励恒压励磁系统原理框图

TYQ— 相复励调压装置;TA— 电流互感器;L_R— 移相电抗器;T_E— 相复励变压器;YJQ— 电压校正器;U_f— 发电机端电压;CL— 整流滤波电路;CF— 移相触发电路;VD— 全波桥式整流电路;L— 励磁电路

该调压系统包括两大部分:相复励自励恒压装置 TYQ 和晶闸管分流的电压校正器 YJQ。其中,相复励装置 TYQ 的作用是实现自励起压,因其动态特性很好,负责动态电压调

整;电压校正器 YJQ 的作用是负责静态电压调整,进一步提高电压的调节精度。可控相复励自动调压装置产品较多,下面是几种常用的形式。

1. 电磁叠加可控相复励变压器式自励恒压装置

可控相复励自励恒压装置,采用在电磁叠加相复励装置的三绕组变压器中加一个直流磁化绕组的方法。自动电压调节器 AVR 通过改变直流磁化绕组 N_4 中的电流来改变变压器铁芯的磁化程度,从而控制相复励变压器的各交流励磁线圈的电抗值,以控制相复励变压器的输出电流,原理电路单线图如图 3-36 所示。

当发电机的电压偏离给定电压时,AVR 的输出电流 I_T 就有相应的改变,使得可控相复励变压器 T_E 的饱和程度发生变化。在电流绕组 N_3 和电压绕组 N_1 的电流某一值时,输出绕组 N_2 所感应出的电流将作相应的变化。这样能按照电压偏差进一步调整发电机励磁电流的大小。

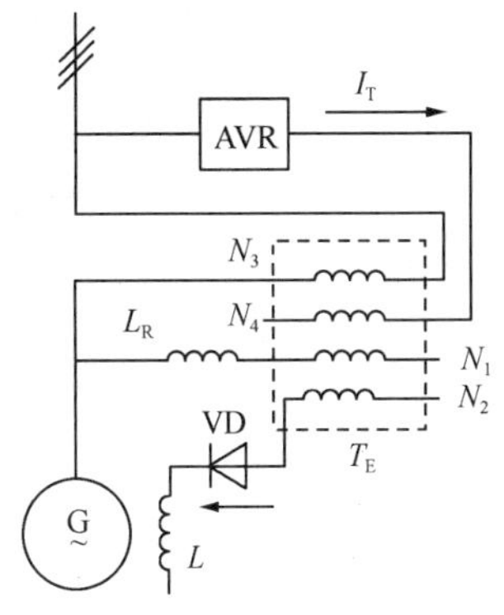

图 3-36　电磁叠加可控相复励变压器式自励恒压装置原理单线图

2. 交流侧晶闸管分流相复励调压器

图 3-37 所示为交流侧晶闸管分流的相复励调压器单线原理图。晶闸管并联在相复励装置的交流侧实现交流侧的分流。当电压出现偏差时,AVR 输出与电压偏差相应的触发电流,改变晶闸管的导通角进行分流,达到调整发电机的励磁电流,实现按电压偏差调整发电机电压。通常在晶闸管电路中串联一适当的阻抗 L_R,以限制晶闸管导通时的分流电流。晶闸管分流是断续的。

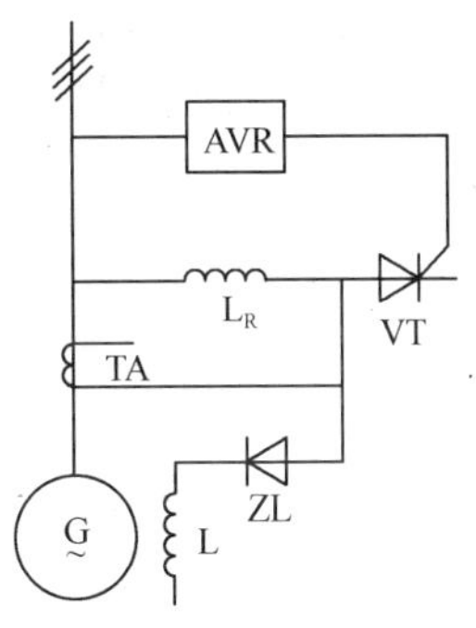

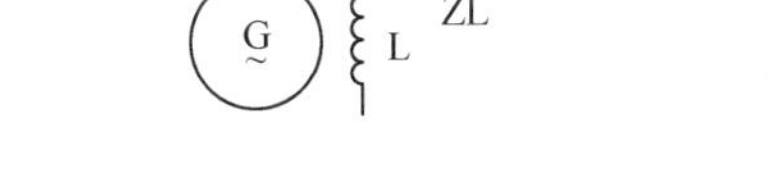

图 3-37　交流侧晶闸管分流的相复励调压器

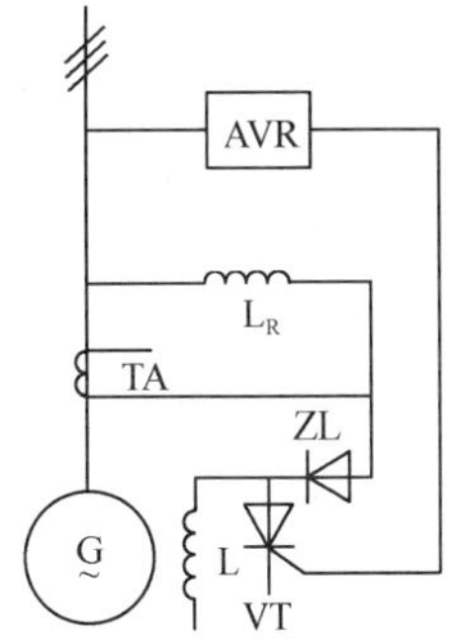

图 3-38　直流侧晶闸管分流相复励调压器

3. 直流侧晶闸管分流相复励调压器

直流侧晶闸管分流相复励调压器单线原理图如图 3-38 所示。它与交流侧晶闸管分流的可控相复励调压装置不同的是晶闸管并联在直流侧,工作原理大致相同。

由于可控相复励自动调压装置是带有电压校正器 AVR 的相复励装置,它具有调压精度高,无功功率分配均匀,起动可靠,强励倍数高,动态性能好等特点,因而获得了广泛的应用。

四、可控自励恒压励磁系统

以晶闸管作为控制励磁电流大小的可控自励恒压装置单线原理电路如图 3-39 所示。该励磁装置是按发电机电压偏差ΔU进行自动调压,它是一个闭环的调节系统,具有很高的调压精度。同时由于半导体器件惯性小、体积小、重量轻、成本低,所以易于系列化。该励磁装置的动态性能好。

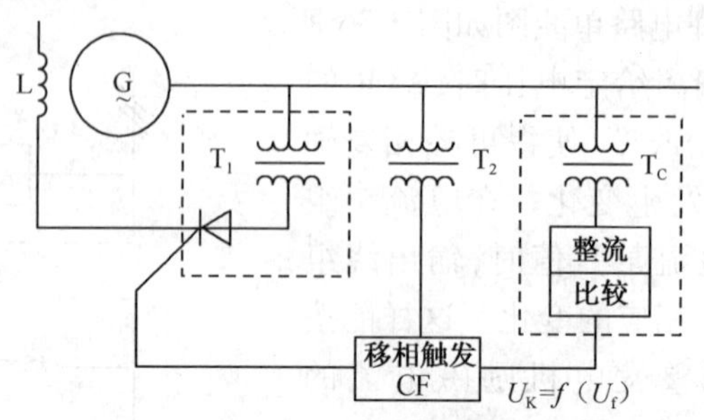

图 3-39　晶闸管可控自励恒压装置原理框图

晶闸管自励恒压装置主要由测量比较环节,移相触发控制环节及励磁主回路三大环节组成。

晶闸管自励恒压装置的工作原理是,当发电机电压低于(或高于)额定值时,测量环节采样发电机电压经T_C并经整流器变换为直流电压,在比较环节与给定的基准电压值相比较,得出偏差信号U_K,该偏差信号经放大后,由触发控制回路根据比较电路输出的偏差电压的大小和极性,移相触发电路对晶闸管发出相应的触发控制脉冲,控制晶闸管的导通角,从而随电压偏差使输出相应的励磁电流得到调节,使电压保持恒定,所以具有良好的静态电压调整特性。

五、无刷发电机励磁系统

有刷同步发电机旋转磁极式转子的励磁电流,是通过电刷和滑环引入发电机励磁绕组。由于电刷的磨损,增加了维护和保养工作,磨损产生的炭粉又会导致发电机绝缘下降,产生的电火花不仅会影响无线电通信,在油船上使用极为危险。为从根本上解决这一问题,采用了具有同轴交流励磁机和旋转硅整流器的无刷同步发电机。

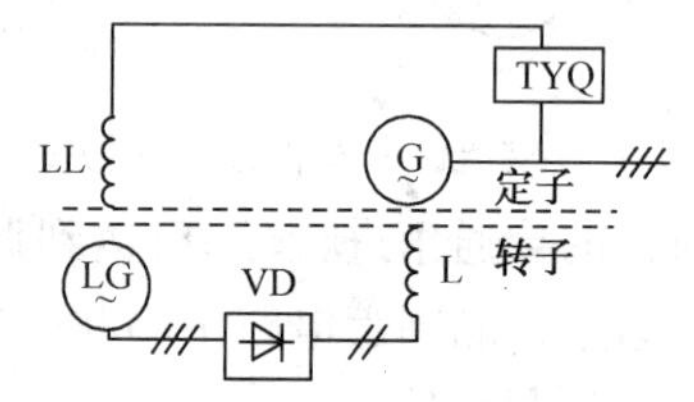

图 3-40　无刷发电机励磁系统示意图

如图 3-40 所示,主发电机 G 和励磁机 LG 都是三相同步交流发电机。它们在结构上的区别在于:主发电机 G 是旋转磁极式的,其定子是三相交流电枢绕组,转子 L 是直流励磁绕组的旋转磁极;而励磁机 LG 则是旋转电枢式的,其定子 LL 是直流励磁绕组的固定磁极,转子 LG 是旋转的三相交流电枢绕组,与主发电机的旋转磁极转子是同轴。

励磁机 LG 是无刷同步发电机励磁系统的主要部分,其励磁绕组 LL 由主发电机的电压调整器 TYQ 的输出来供电。励磁机旋转电枢 LG 发出的三相交流电经三相桥式旋转硅

整流器 ZL 整流后供给主发电机励磁绕组 L。旋转硅整流器安装在同步发电机转轴上。由于整流器需承受离心力,因此对其制造和安装工艺有一定的要求。

励磁机是放大系数很大的环节,调压器小而可靠,其缺点是发电机轴向尺寸因同轴励磁机而增加,励磁机具有较大电磁惯性,动态特性较差。

第八节 船舶电站运行的安全保护

船舶电力系统包含船舶电站(发电机组、配电板)、电力网和负载等几大部分。船舶电力系统在运行中,可能会出现各种不正常运行和故障情况,主要有过载、欠压、过压、欠频、过频、逆功率以及三相三线制中性点绝缘系统发生单相接地等。若不正常运行或故障发生,往往会引起严重的后果,因此必须做好安全保护,设置各种安全可靠的保护装置,及时报警或自动迅速切除故障,防止事件的发生。

所以,船舶电力系统的安全保护环节主要包括船舶发电机的保护、船舶变压器的保护、船舶电网的保护和船舶电动机的保护等。

根据船舶电力系统安全保护装置所担负的基本任务和作用,一般对它提出如下基本要求:

(1)具有选择性

安全保护装置的选择性是指当电力系统发生故障时,继电保护装置应仅把故障单元切除,使停电范围尽量缩小,从而保证电力系统中其他非故障部分仍然能够继续安全地运行。

(2)具有速动性

保护装置的速动性是指保护装置的动作时限应力求短。迅速切除故障可减轻被保护设备的损坏程度;防止故障蔓延,缩小破坏范围;减少对非故障部分的影响,保证其正常安全运行。

(3)具有灵敏性

保护装置的灵敏性是指对于其保护范围内的故障或不正常工作状态的反应能力。即在保护范围内,不管运行情况、短路性质和位置如何,对属于自己保护之内的故障,都应反应灵敏。灵敏性越高,故障发觉和切除得就越早,从而对系统的影响和设备的破坏就越小。

(4)具有可靠性

保护装置的可靠性是指装置本身要能可靠地工作,对它保护范围之内的故障,不应拒绝动作,在正常运行或不属于它保护的范围故障时,不应误动作,否则,它本身就可能成为产生和扩大事故的根源。因此,保证保护装置的可靠性是很重要的。

一、船用同步发电机的保护

船用同步发电机是船舶电站的重要组成部分,它是保证船舶安全航行的重要设备。因此,必须设置必要的继电保护装置。

根据我国《钢质海船入级规范》规定,对 500 V 以下同步发电机,针对其不正常运行情况和可能出现的故障,主要设置如下继电保护:过载保护及优先脱扣、外部短路保护、欠压保护和逆功率保护。

1. 发电机的外部短路保护

船用低压同步发电机的电压,多数在500 V以下,且有定期的绝缘检查和日常维护,发电机内部短路的概率相当小,故一般不考虑装设专门的发电机内部保护装置。

发电机的外部短路将会产生巨大的短路电流,对电力系统设备有巨大的破坏作用,电网电压急剧下降,会使电动机停转,甚至发电机跳闸,引起全船失电。

发电机外部短路保护的原则是既要保护发电机,又要尽可能不中断供电,为兼顾保护的快速性和选择性,通常采用时间原则和电流原则相结合的方法。

对于船舶发电机外部短路保护一般应设有短路短延时和短路瞬时动作保护。当短路电流达2 ~5倍的额定电流时,保护装置延时0.2 ~ 0.6 s动作,使发电机自动跳闸。当短路电流达5 ~ 10倍的额定电流时,保护装置应瞬时动作,使发电机自动跳闸。因此,船舶发电机的外部短路保护装置中,一般设有两套电流保护装置,根据短路电流的大小,实行短延时或瞬时动作保护。

船舶发电机的外部短路保护由万能式自动空气断路器中的过电流脱扣器承担。

2. 发电机的过载保护

同步发电机的过载,主要是指发电机的输出功率和电流超过了它的额定值。出现问题的起因是发电机的容量不能满足负载的需要,或并联运行的发电机组负载分配不均匀而造成的。发电机的长期过载,会使发电机过热,引起其绝缘损坏或老化,并会影响原动机的使用寿命。发电机的过载保护,一方面要保护发电机不受损害,另一方面要能避开允许的短暂过载电流,尽量确保不中断供电。

从发电机本身来说,它能在滞后功率因数为0.5的条件下,承受150%额定电流2 min,保持额定电压近似不变,说明允许有一定时限的过载。

从电力系统的运行要求来说,希望发电机的过载保护带有时限。例如,当船上大容量电动机起动或几台较大容量电动机同时起动时,其起动电流往往超过发电机的额定电流,但起动过程很短(一般 <10 s),此时发电机的过载保护须避开这种过渡过程。

为了最大限度地保证供电的连续性,船用发电机广泛采用自动分级卸载保护装置。发电机一旦发生过载现象,自动保护装置将次要负载逐级卸去,同时发出报警信号,如到了允许的时限,仍不能消除过载现象,保护装置则应动作,发出发电机过载跳闸的指令。

对于发电机过载保护,我国《钢质海船入级规范》规定:

对无自动分级卸载装置的发电机,当过载达125% ~ 135%额定电流时,保护装置延时15 ~ 30 s动作,使发电机自动跳闸。

对有自动分级卸载装置的发电机,当过载达150%额定电流时,保护装置延时10 ~ 20 s动作,使发电机自动跳闸。

船舶发电机的过载保护一般是由装于主配电板的自动分级卸载装置和万能式自动空气断路器中的过电流脱扣器来实现的。

3. 发电机的欠压保护

当发电机的励磁装置发生故障、原动机故障或发电机外部发生持续性过载故障时,都

可能出现欠压。发电机在欠压情况下运行将引起电动机转矩下降，电流增加，发电机过载，绝缘损坏，这对发电机本身和电动机的运行是很不利的。因此需要设置欠压保护，以使出现欠压现象时发电机合不上闸或从电网上自动断开。

对于船舶发电机的欠压保护，我国《钢质海船入级规范》规定：对带有延时的发电机欠压保护，当发电机电压低于额定电压的70% ~ 80%时，延时1 ~ 3 s动作跳闸。对不带延时的发电机欠压保护，当发电机电压低于额定电压的35% ~ 70%时，瞬时动作跳闸。

船舶发电机的欠压保护是由万能式自动空气断路器中的失压脱扣器来实现的。

4. *逆功率保护*

当多台发电机并联运行时，由于原动机或调速器工作失常，往往会出现逆功率状态，其中一台发电机从电网吸收功率变成电动机工作状态。

发电机在逆功率状态下运行，会使另外并联运行的发电机过载，以致过载跳闸，因此必须设置有逆功率保护。

交流发电机的逆功率保护是由逆功率继电器来实现的。逆功率继电器的动作取决于发电机是发出还是吸收功率，当发电机向电网输出功率时，它不动作；当发电机从电网吸收功率时，逆功率继电器动作，其输出触点一般串于失压线圈电路，使失压脱扣器动作导致主开关跳闸。考虑到当采用手动或半自动方式进行并车操作时，在投入并联运行的发电机组中会出现逆功率状态，而这种逆功率的状态发生的时间短，逆功率的数值也不大，因此逆功率保护应避开这种状态。

我国《钢质海船入级规范》规定：船舶上并联运行的同步发电机逆功率保护装置的起动值一般整定在8% ~ 15%额定功率（原动机为柴油机），延时1 ~ 10 s动作。

同步发电机的逆功率保护由逆功率继电器承担。它既反映有功功率的大小，又反映有功功率的方向。当同步发电机出现逆功率并达到或超过保护动作整定值时，逆功率继电器延时动作，将发电机主开关切除，使该发电机退出并联运行。

逆功率继电器有感应式、电子式等多种类型，常用的如GG—21型感应式逆功率继电器。图3-41是GG—21型逆功率继电器的结构原理与接线图。

继电器的铝质圆盘固定在一根转轴上，轴上的齿轮对与动触头相连，圆盘上方的铁芯绕有电流线圈 W_i，通过经电流互感器后的发电机输出电流 I_i；圆盘下方的铁芯绕有电压线圈 W_u，经电压互感器后连接在发电机的电压端。

电压线圈和电流线圈产生的磁通均在铝盘中感应出涡流，载流铝盘在磁场中受到力矩作用而产生转动。发电机输出功率时，铝质圆盘要向顺时针方向转动，但因有一止挡块挡住而不能转动；当发电机出现逆功率时，铝盘向逆时针方向转动，轴上齿轮带动继电器动触头移动，达整定时间后，将两个静触头连通，从而使自动空气断路器中的失压脱扣器获电动作，将发电机主开关跳闸。

逆功率动作值的大小，可通过改变电流线圈的匝数来实现。调整止挡块的位置，可以改变动触头的行程，以整定延时的时限。时限一般可在2 s、3 s、5 s、7 s、9 s、12 s内整定。

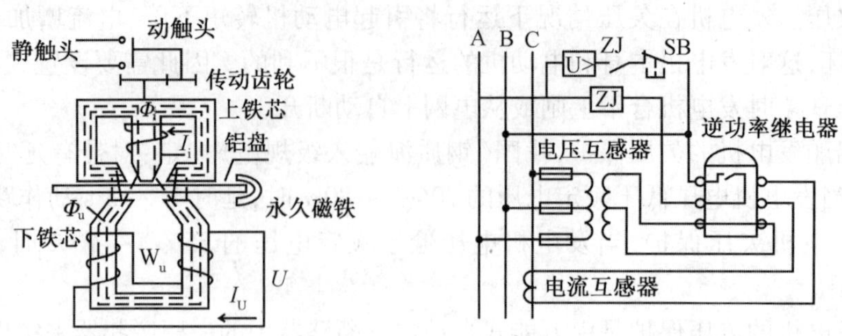

图 3-41　GG—21 型逆功率继电器结构原理及接线图

二、船舶电网的短路、过载保护

1. 电网的短路保护

船舶电网的短路保护要求良好的选择性。当发生短路故障时,仅允许切除有故障的线路部分。通常对各级保护装置的动作整定值按时间原则或电流原则予以整定。

如图 3-42 所示,若按时间原则整定,则应有 $t_1 > t_2 > t_3$,即各级保护装置动作时间的整定值应从用电设备到发电机主开关处逐级增大;如按电流原则整定,则应有 $I_1 > I_2 > I_3$,即各级保护装置动作电流的整定值应从用电设备到发电机主开关处逐级增大。实际应用时,常将两者结合起来综合考虑,以满足选择性保护的要求。

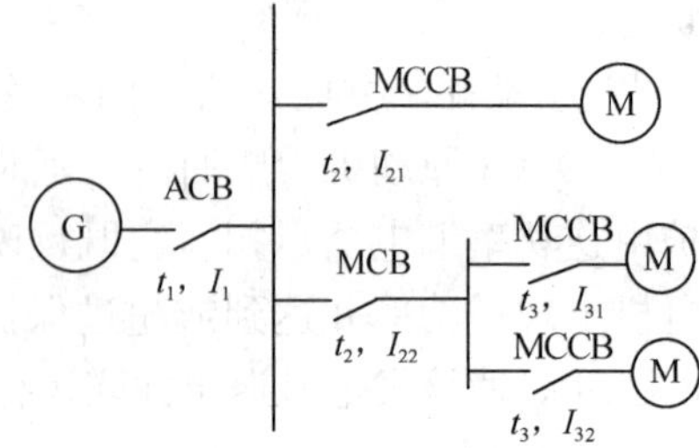

图 3-42　船舶电网短路保护整定选择示意图

短路保护装置通常采用万能式自动空气开关、装置式自动空气开关及熔断器等。装置式自动空气开关装有电磁式脱扣器,大量应用于各种配电装置,熔断器一般用作电网的末级保护。

在船舶电网中,发电机和用电设备的短路保护装置通常设在靠近电源侧的出线端,所以电网不设专门的短路保护装置,而是与发电机及负载的短路保护共用一套保护装置的。

2. 电网的过载保护

船舶电网大多为枝状放射型馈线式配电网络,电网馈线的截面积又都与发电机及用电设备的容量相配合的。由于发电机和用电设备的过载保护装置同时保护了电网,电网中不设专门的过载保护装置。

需要指出的是,舵机电动机和它的供电线路根据规范要求均不设过载保护,只设短路保护和过载报警装置。

三、船舶电网的绝缘监测

1．单相接地监视

船舶电网一般采用三相三线绝缘制系统，电网中的任何一相接地，将造成另外两相对地均为线电压，严重影响人身安全，若再有一相接地，就会引起两相短路的故障。这类潜在的危险性必须及时发现，予以清除。

船舶配电板上大多装有绝缘指示灯（亦称地气灯）以监视电网的单相接地。图3-43是地气灯的电气工作原理图。

正常工作时，交流三相电网的三盏灯星形连接，各灯泡两端均为相电压，因而亮度相同。若某一相（设图中的A相）出现接地故障，则灯 L_1 熄灭，而灯 L_2、L_3 两端的电压上升为线电压，灯泡亮度增强。这样，值班人员就能方便地判断哪一相发生接地故障。直流供电系统的单线接地监视也是同样的原理。

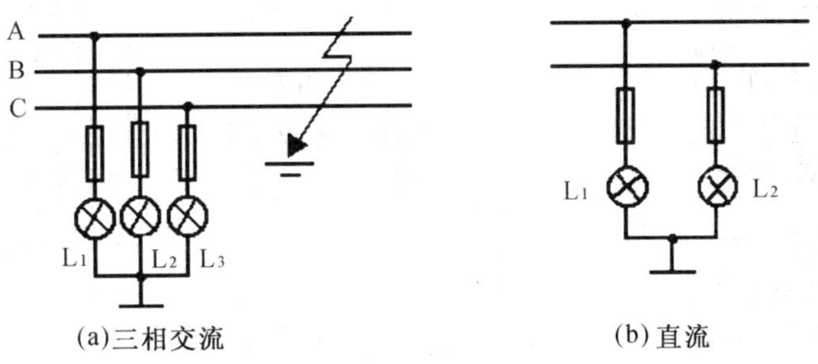

图3-43　地气灯指示灯电路图

2．船舶电网绝缘检测

船舶电网绝缘监测常用配电板式兆欧表，安装在主配电板上。它能在线随时监测船舶电网的绝缘电阻。这类兆欧表的电原理如图3-44所示。

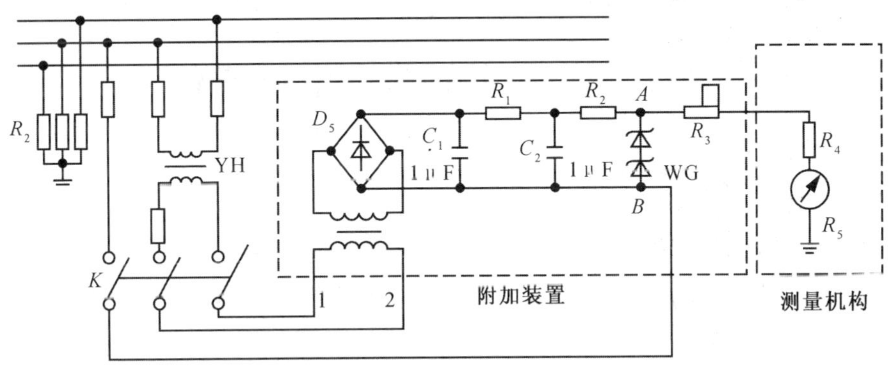

图3-44　配电板式兆欧表电原理图

配电板式兆欧表能及时指示电网对地的绝缘状况。兆欧表包括两个部分：测量机构（表头）和附加装置（整流电源）。在监测各相绝缘电阻时，当电网某相绝缘电阻 R_x 下降，漏电流将增大，漏电流经电源正极接线柱 A→测量机构→电网对地绝缘电阻 R_x→电网→电源负极接线柱 B 构成回路，漏电流越大，测量机构指针偏转越大，说明绝缘电阻越小。

如一相接地,表头指针偏转最大,绝缘电阻指示值为零。测量表头可以直接读出电网的绝缘电阻值,配电板式兆欧表配合转换开关分别可以测量动力电网和照明电网的绝缘电阻值。R_3 可调电阻用于表头的零位调整。

根据规范要求,船舶电网的绝缘电阻应该不低于 2 MΩ。

四、船舶岸电接用的注意事项

为把从岸上或其他外来电源接入船内,船上均装有岸电箱,能方便地与外来电源的电缆连接。岸电箱与主配电板之间,应设有足够容量的固定电缆。在主配电板上的岸电接入,应装有指示灯,可以指示外来电源的电缆是否已经带电。交流船舶接岸电时,还应注意如下各项:

(1)检查岸电电力系统参数(电制、电压和频率)是否与本船电网参数一致。若电制、频率相同,仅电压不同,可通过调压器将岸电电压变换成与本船电压相等后,再接至船上电网。

(2)检查岸电相序与船上电网相序是否一致,如果相序不一致将会使船上电机反转。一般船上的岸电箱内均有相序指示灯,电路原理如图 3-45 所示,或逆序继电器。当显示相序正确时才能接岸电。相序正确时,白(绿)灯比红灯亮,为正序,可接岸电;红灯比白(绿)灯亮为逆序,应该将岸电任意两根接线对换。新型的岸电箱装有两个开关,可通过切换开关改变岸电相序。

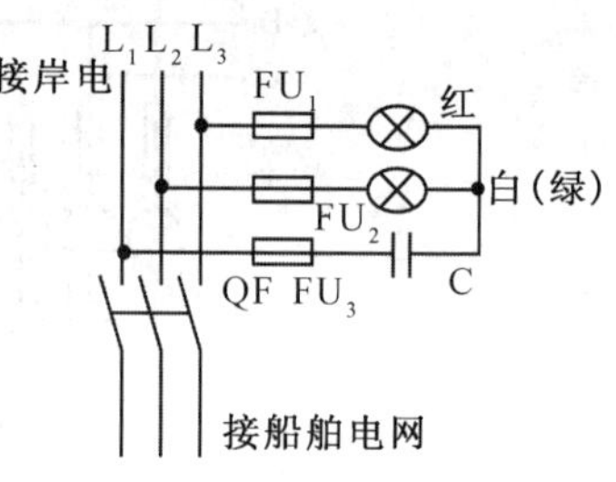

图 3-45 相序指示灯电原理图

(3)接通岸电后,不允许再起动船上主发电机或应急发电机合闸向电网供电,因此主配电板均设有与岸电的互锁保护,使两者不可能同时合闸。

(4)若岸电为三相四线制时,应将船体与岸上接地装置相连,然后接岸电。

第九节 船舶轴带发电机简介

一、轴带发电机的基本知识

动力来源于船舶主机的发电机称为轴带发电机(Shaft Generator,SG),由轴带发电机向船上电网馈送电能的系统称为轴带发电系统。图 3-46 表示轴带发电机(SG)和船舶主机(ME)之间的关系。

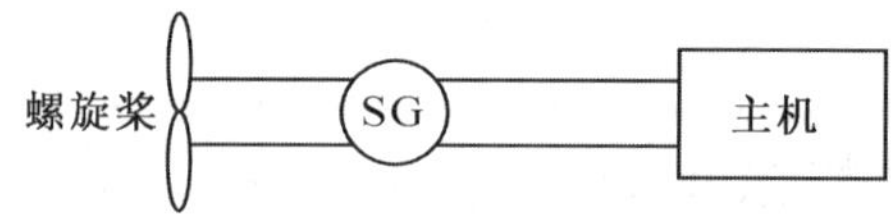

图 3-46 轴带发电机(SG)和船舶主机(ME)之间的关系图

轴带发电机在船上的使用已有很长的历史,20 世纪 50 年代就广泛应用于各类直流

设备的船舶上。但由于船舶大量使用交流电制后，难以解决主机转速变化导致交流电频率无法恒定在规定值内等一些关键性的技术难题，使得应用受到制约。目前中大型船舶上还是以交流柴油发电机组作为主电源，而近年来，由于电力电子技术的发展，关键性的技术难题得到较好的解决，随着各种形式的轴带交流发电机装置应运而生，国内外新造的许多大型船舶均采用轴带发电机和柴油发电机组，共同作为船舶电站的设计方案。

1. 轴带发电机的优点

(1)船舶节能是船舶设计和营运中的一项重要内容。从船舶发电系统来看，采用轴带发电机是有效利用主机能源的重要措施。因为轴带发电机的动力来自主机，低速运行的主机的热效率比发电用的中高速柴油机要高，此外，主机采用重油做燃料，而发电用的柴油机使用的燃料是轻质柴油，轻质柴油密度油价格要高多了，所以使用轴带发电机，成本可以降低，提高综合经济性。船用交流轴带发电机由主机拖动，可以长期使主机在较高负荷下运行，消耗主机剩余功率，节约副机燃料油。另外，主机效率一般比辅助柴油机的中速柴油机要高，提高了综合经济性。

(2)利于能量综合利用。主机配备轴带发电机后，在船舶正常航行时，由轴带发电机供电，不必使用辅助柴油机，因而可以省去副机动力系统的功耗，而主机的辅助系统功耗基本不变。目前，船舶副机的排烟余热一般没有得到利用，浪费了大量排气余热。如果设置主机轴带发电机，辅助柴油机因运行时间少，其排气余热浪费减少，而主机的排气余热可以得到更为有效的利用。

(3)减少润滑油消耗及副机维护保养费用。船舶正常航行时，由主机轴带发电机供电，可以减少辅助柴油机运行时间，其滑油耗量减少，磨损减少，从而降低了运行维护费用。

(4)使用交流轴带发电装置后，可以少设置柴油发电机组的台数，从而节约了柴油发电机购置费用，同时使机舱布置空间增大，有利于机舱布置。在航行期间使用交流轴带发电装置，减少了机舱噪声和温度，改善了机舱工作环境。

2. 轴带发电机的类型

船用轴带发电装置就是由船舶主机通过变速装置直接驱动一台发电机发电，它有各种类型。一般根据船舶的种类、吨位、主机类型和主要动力的选用情况等可选用适当类型的轴带发电装置。由于螺旋桨形式不同，所以，轴带发电机可分为固定螺距桨(FPP)和可调螺距桨(CPP)轴带发电两种装置。

(1)可调螺距桨船舶轴带发电装置

可调螺距桨轴带发电装置适用可调螺距桨船舶。无论船舶是机动航行还是正常航行，可调螺距桨主机转速基本保持不变，轴带发电装置电压频率基本保持恒定，因此可以采用一般的船用交流发电机组，其工作原理及操作也比较简单，但是在轴带发电机和主机主轴之间需采用中间传动机构，以提高轴带发电机的转速，又使发电机体积不致太大。在船舶航行中，主机转速恒定，轴带发电装置利用率近似为100%。由于主机与柴油机组的转速特性不一致，可调螺距桨轴带发电装置不能与船上柴油发电机组长时并联运行。

(2)固定螺距桨船舶轴带发电装置

当主机驱动固定螺距桨运行时，随着主机工况变化、转速变化，轴带发电机的转速随之变化,其电压和频率不能保持稳定。为使轴带发电机的频率稳定在允许的范围内,就必须配备自动调节装置。当前经常采用的是转速补偿装置和频率补偿装置。

对于固定螺距桨型轴带发电装置解决频率不稳的方式,归纳起来主要有:旋转变流机组稳频型、行星齿轮传动型、液力传动型以及晶闸管(可控硅)整流—逆变器型。

3. 轴带发电机的组成

图 3-47 是固定螺距桨晶闸管变流器轴带发电机系统的结构示意框图。系统主要由三大部分组成:

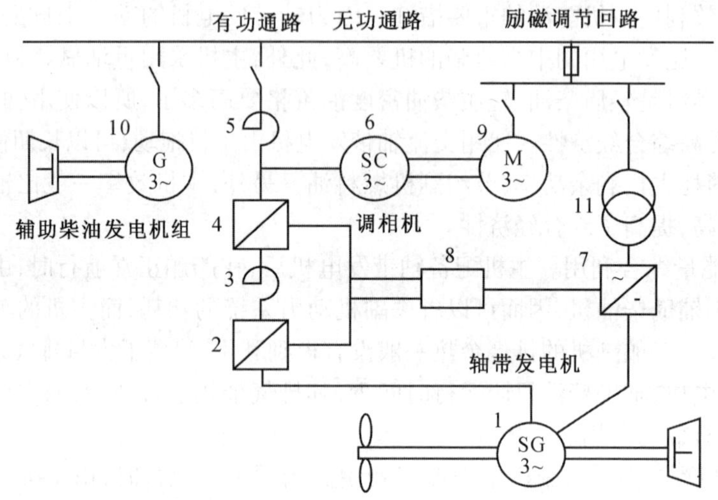

图 3-47 固定螺距桨晶闸管变流器轴带发电机系统的结构示意框图

1—轴带发电机;2,4,7—晶闸管;3,5—电抗器;6—调相机;8—控制器;9—异步电动机;10—辅助柴油发电机组;11—变压器

(1)主回路有功通路

图中的轴带发电机(SG)1、晶闸管整流器 2、直流平滑滤波电抗器 3、晶闸管逆变器 4 和交流电抗器 5 构成主回路有功通路。变压器 11 和晶闸管整流器 7 是轴带发电机励磁电流调节电路。向电网负载提供有功功率。

(2)无功通路

由具有自动调压器(AVR)的调相机(也称同步补偿机 SC)6 与同轴的三相异步电动机 9 拖动构成。向电网负载提供无功功率。

(3)控制器

频率和逆变角控制器 8 的作用是调节和控制系统频率和有功功率。交流电抗器 5 滤除交流谐波使输出电压更接近于正弦波,也有限制短路电流的作用。

同步电机除作发电机和电动机使用外,还可作为调相机使用。作为调相机运行时轴上既不需要原动机,也不带机械负载,利用同步电机能通过改变励磁电流而改变其无功功率的特点,用来改善供电线路的功率因数,它与用于改善功率因数的电容起同样的作用。在轴带发电机系统的调相机除输出无功功率外,还有维持系统电压、频率等作用。

二、轴带发电机系统基本工作原理与运行操作

1. 轴带发电机系统基本工作原理

下面以图 3-47 所示系统为例来分析轴带发电机的基本工作原理。轴带发电机 SG 1 是低频无刷同步发电机，发出非恒定频率的交流电，经晶闸管整流器 2 变成直流电，再经晶闸管逆变器 4 将直流电变成标准频率的交流电，与调相机 SC 6 并联向电网供电。轴带发电机 SG 只向电网提供负载所需要的有功功率，而调相机 SC 向电网输出负载所需要的无功功率。调相机在系统开始起动时它是靠同轴的异步电动机 9 拖动，是作为同步发电机运行，在自动调压器(AVR)的作用下建立起正常频率的额定电压。系统的电压和频率就决定于调相机的电压和频率，以调相机的频率控制触发逆变器，在控制器 8 的作用下，当轴带发电机的逆变器已输出与调相机相同的电压和频率时，调相机的异步电动机将被自动从辅助发电机电网上断开，而此时补偿机则由逆变器输入功率继续保持与逆变器并联运行。这时调相机就相当于两台并联运行同步发电机中的一台原动机失去动力的同步发电机，是处于逆功率下的电动机运行状态。

如果轴带发电机系统与辅助发电机并车后是独立运行供电(辅助发电机被解列)，则由轴带发电机的逆变器向电网负载输出有功功率，由调相机向负载输出无功功率，这就类似于两台同样的柴油发电机并联时，将有功功率全部转移给一台发电机，并通过调节励磁电流将全部无功功率转移给另一台发电机的供电情况。因为逆变器将直流变成交流是靠晶闸管的开关作用完成的，逆变器输出的交流电压和电流每半波都是同时导通和关断，没有落后电流的通路，所以电压和电流同相位，只输出有功功率。

系统频率的调节：改变轴带发电机的励磁电流来实现系统频率的调节，增加励磁电流，轴带发电机的电压升高，逆变器的输入电压升高和输出功率增加，因电网负载一定，故使调相机的输入功率增加、转速增加，频率上升。

系统有功负载平衡的调节：当电网负载的有功功率增加时，首先是引起调相机有功电流的增加，使其转速和频率下降，即靠调相机动能的减少暂时提供有功功率。但与此同时，频率控制器根据频率的变化增加发电机的励磁电流(而不是直接控制主机油门)，使逆变器输出的有功功率增加来与电网负载的有功功率平衡，并恢复额定频率。

系统负载无功功率平衡的调节：当负载无功功率变化时，调相机输出的无功电流随之变化，从而引起它的电压(也即电网电压)变化，而自动调压器 AVR 相应的改变它的励磁电流以保持电压的恒定和无功功率的平衡。这与一般同步发电机调节无功功率的原理相同。

2. 轴带发电机运行操作

(1)轴带发电机系统起动程序

当船舶离港进入正常航行工况后，主机转速达到要求时，可投入轴带发电机系统。起动可按以下步骤进行：

①接通控制系统的电源；

②检查起动条件，当系统无故障报警和车钟在大于最小转速(>75% 额定转速)位时，允许起动调相机 SC(控制系统发出允许起动信号)；

③按下异步电动机 M 的起动按钮(或自动控制起动),带动调相机起动,并建立电压;

④检查调相机建立正常电压后,接通轴带发电机的励磁电路,发电机起压空载运行;

⑤给整流器、逆变器触发脉冲,逆变器开始向调相机输出功率,异步电动机断电;

⑥轴带发电机系统已经具备供电能力,起动成功。

(2)轴带发电机与辅助发电机并联和转换

如果是手动并车、其整步合闸、负载转移和辅助柴油发电机的解列与一般的手动准同步并车操作相同。经自动频率预调,有功通道的主开关储能,观察整步指示灯、满足并车条件时按下合闸按钮。操作调速开关进行负载转移,则辅助发电机组可以解列、停机。这一切操作通常是由自动并车装置完成。

(3)轴带发电机停机条件

导致停机的条件如下:

①按停机按钮;

②电源故障;

③运行故障(短路、过载、欠压、转速过低、频率过高等);

④系统中任一电机绕组过热等。

这些条件都将引起轴带发电机系统自动开关跳闸,整流器、逆变器停止触发而停机。

(4)正常停机的操作程序

当船舶需要转入机动工况(如进出港等)时,因主机将进行减速、倒车、停车等操纵,轴带发电机应预先进行解列,停止工作。

①起动柴油辅助发电机组,并切除次要负载;

②完成辅助发电机的手动或自动并车及转移负荷,之后才能操纵主机减速或倒车;

③当主机转速降低到额定转速的 40% 以下时,轴带发电机励磁终止,主开关跳闸,逆变器停止触发,轴带发电机终止发电。

三、轴带发电机运行管理的注意事项

船舶在整个航行过程中必然会遇到移泊、紧急停车和紧急倒车等情况。这些均涉及轴带发电机和辅助柴油发电机带电转换和并联运行问题。

船舶在进出港口和靠离码头时一般都不使用轴带发电机,而是使用辅助柴油发电机。轴带发电机要与辅助柴油发电机长期并联运行,要求轴带发电机系统中的频率变换器的控制电路具有与调速器相同的特性,因此在选用轴带发电机组时,一般不考虑连续并联运行的要求。于是,船舶在航行中需临时停车,或在进出港时,必须考虑与辅助柴油发电机组进行带电转换,带电转换必须在主机额定转速的 60% ~ 110% 的范围内方可进行。主机在紧急停车和紧急倒车时,可以采用两种转换方法:一种是主机转速降到 60% 以下,采用失电转换;另一种是主机转速维持在额定转速 60%,带电转换后再急剧降低主机转速。若来不及带电转换就要求主机停车,此时只能使用应急电源。

第十节　船舶照明系统

船舶照明是船舶航行、作业以及船舶管理工作人员生活的必要条件。船舶照明通常包括确保航行安全和人员安全照明（如航行灯、信号灯、救生艇登放区域照明）、船舶工作场所照明（如驾驶台、机舱和甲板装卸区域照明）以及生活区域照明等。

一、船舶照明系统的分类和特点

1. 船舶照明系统分类

船舶照明系统与陆地照明系统不同，一般分为主照明、应急照明、临时应急照明和航行灯信号灯照明几种类型。

(1)船舶照明按其功能大致可作如下分类。

①室内照明：舱室主体照明，局部辅助照明，娱乐美化气氛照明；

②室外照明：室外通道照明，室外工作照明（甲板照明）；

③探照灯和投光灯；

④航行信号灯。

(2)按供电方式分类：

①正常照明（船舶主电源供电）；

②应急照明（应急电源供电，包括应急发电机供电和蓄电池组供电）；

③临时应急照明（俗称小应急照明，蓄电池组供电 30 min）；

④航行信号灯（正常和应急两路供电）。

照明系统的设计应依据船舶入级规范有关照明及航行信号的要求及《国际海上人命安全公约》（SOLAS 公约）和《国际海上避碰规则》等有关条款进行，对不同国籍和航区还必须加上相应的地区规范、规则的要求。

2. 船舶照明系统特点

(1)正常照明系统（主照明系统）

船舶正常照明系统又称为主照明系统，分布在船舶内外各个生活和工作场所，提供各舱室和工作场所足够的照度。该系统的特点是：主配电板上照明汇流排直接向各照明分电箱供电，然后由照明分电箱向邻近舱室或区域的照明灯具供电；照明电压一般为交、直流 110 V 或 220 V；不同舱室和处所均有不同的照度要求；所有照明灯具均设有控制开关。

正常照明是全船的主体照明，由船舶主发电机供电，凡船舶生活和工作所及之处均应照亮。

正常照明包括：舱室主照明，如顶灯的大部分；局部或辅助照明，如床灯、壁灯、盥洗灯等；装卸货强光照明；室内外走道半数以上的照明；各舱室必须备有的插座等。

电风扇、冰箱和舱室电取暖器等定额等于或小于 0. 25 kW 的非重要设备也可包括在正常照明系统内。

(2)应急照明系统（大应急照明）

应急照明是在主电网发生故障不能工作时投入使用的。应急照明由应急配电板经应急照明分电箱供电,电压可与正常照明相同,也可用低压电。

船舶应急照明系统主要分布于机舱内重要处所、船员和旅客舱室、艇甲板及各人员通道。它在主配电板失电、主照明系统故障情况下作应急照明使用。其特点如下:应急发电机通过应急配电板及专用线路供电。对于客船,应急电源的供电时间应大于 36 h;对于货船,应急电源供电时间一般应大于 18 h。

规范有明确规定,客船和 500 总吨以上的货船,在下列处所必须设置适当数量的应急照明:

①重要工作舱室,如驾驶舱(包括海图和无线电作业区域)、消防站、各种控制室等。

②各种机器处所,如机舱、舵机舱、应急发电机室等。

③通道、逃生口、梯道及乘人电梯内。

④放艇、筏处及舷外空间以及通往艇、筏处的灯光指路标。

⑤众多船员、旅客可能聚集处所和超过 16 个人的居住舱室,尤其是出口。

⑥主配电板、应急配电板前后。

⑦锅炉水位指示灯。

⑧消防员装备储放处所。

⑨为增强旅客在应急状态下对脱险通道的识别,国际海事组织 A. 752(18)决议规定,对客船的梯道和出口在内的脱险通道全线(包括转弯和岔路口处)距甲板高度不超过 0.3 m 处要设置低处照明(简称为 LLL)系统,该系统可以用电力照明(白炽灯、发光二极管等),或是光致发光指示器。

⑩对载有滚装货的客船,除上述要求外,还必须在所有的旅客公共处所和走廊设有附加应急照明。此照明要求在所有其他电源发生故障和在各种横倾条件下,至少维持 3 h;所提供的照明应能照亮逃生设施的周围。

规范还规定应急照明不可兼作正常照明,并规定除驾驶台及救生艇、筏存放处的舷外照明外,应急照明电路中不得设就地开关。应急照明灯具上应有明显的标志,或在结构选型上与一般照明灯具不同。

(3)临时应急照明(小应急照明)

在主照明和应急照明系统发生故障时,临时应急照明系统应能发挥作用。它的特点是:灯点少,无照度要求,灯具涂以红漆标志;主要分布在驾驶台,船舶重要通道,扶梯口和机舱重要处所;小应急照明由蓄电池组供电,与主、应急照明系统之间有电气连锁;馈线上不设开关;它应能连续供电 30 min 以上。

对有应急照明系统的船舶一般不设置临时应急照明,但对客船和应急发电机自动起动不能满足规范要求的货船,还必须设置临时应急照明系统,用以弥补正常与应急电源转换时带来的短时断电,保证船舶与旅客的安全。

临时应急照明的设置地点与应急照明基本相同,但临时应急照明只有在主照明和应急照明都失电时才会照亮。

临时应急照明必须采用蓄电池组供电,并应保证当主电网及应急电网失电或者电压降至 40% 额定值时能自动接通,主电网及应急电网电压恢复时能自动切断。

临时应急照明系统不得采用荧光灯为光源,更不得设置就地开关。

(4)航行灯与信号灯系统

①航行灯

航行灯是船舶照明系统中的一个独立部分,是保证船舶夜间安全航行的重要灯光信号。在任何情况下,都必须保证它的明亮,以表明本船的位置、状态、类型、有无拖船等,从而防止周围或过往船舶误会,造成海损事故的发生。

航行灯由前桅灯、后桅灯、艉灯(三者均为白色)、前后锚灯(白色环照灯)和左右舷灯(左红右绿色)组成,其中左右舷灯和艉灯的灯光水平照射角之和为360°,用于船舶夜航和指示船舶的状态和相应位置。驾驶台设置专用的航行灯控制箱或控制板,由主配电板和应急配电板两路供电。航行灯灯泡一般为60 W的双丝白炽灯。每盏灯具都为双套,其中一个做备用,可在控制箱上进行切换。

②信号灯

信号灯是船舶在各种特殊情况下的灯光标志,特别是夜间航行,更是不可缺少的通信联络的工具之一。信号灯的控制一般是集中在驾驶台,要求两路供电。信号灯的种类很多,为了适应某些国家的港口和狭小水通道的特殊要求,远洋船舶的信号灯设置比较复杂。这些信号灯通常安装在驾驶台顶上专设的信号桅或雷达桅上,按照规定数盏(8 ~ 12盏)红、绿、白、黄等颜色的环照灯分成两行或三行分布在桅杆上面的,其布置和配置都应满足相关规定。使用时,根据国际船舶海上避碰规则和港口的规定,显示一只或几只灯的组合。比如:船舶正在装卸或运输危险品,就显示一盏红灯;又如,船舶失控就显示红色的环照灯。

船舶航行灯与信号灯控制器模拟控制面板和航行灯实物如图3-48所示。图3-49给出了船舶航行灯和信号灯种类模型和常用航行灯布置示意图,以供参照。

二、船舶常用灯具与电光源

1. 船舶常用灯具

(1)船舶常用灯具的基本类型

由于船上的环境条件比陆地上苛刻,因而对船舶灯具的结构和形式有着更高的要求,除了遵照规范及有关标准的要求外,船用灯具的材料应该是坚固、轻巧、美观,并能满足使用环境的要求;结构要牢固、零部件不易落下、防震性好;防潮、防水性好,尤其是露天安装的灯具,防护等级要达到IP5×;对有危险粉尘等场所,防护等级可高达IP6×;具有良好的接地保护措施。船舶常用灯具模型如图3-50所示。

船舶常用灯具应具有一定的机械防护性能,确保工作可靠。根据使用场合的不同,船舶灯具的结构可分为下列四种类型。

①防护型:用于干燥舱室,如船员和旅客的居住舱、休息室、餐厅、驾驶台、报务室等,防护等级为IP2×。

②防潮型:用于有较大潮气,水溅的场合,如外走道、厨房、洗衣间等,防护等级为IP3× ~ IP4×。

③防水型:有比较好的水密性能,用于有水滴、溅水和凝水的场所,如机炉舱、干货舱、轴隧、管隧、露天甲板等,防护等级为IP5× ~ IP6×。

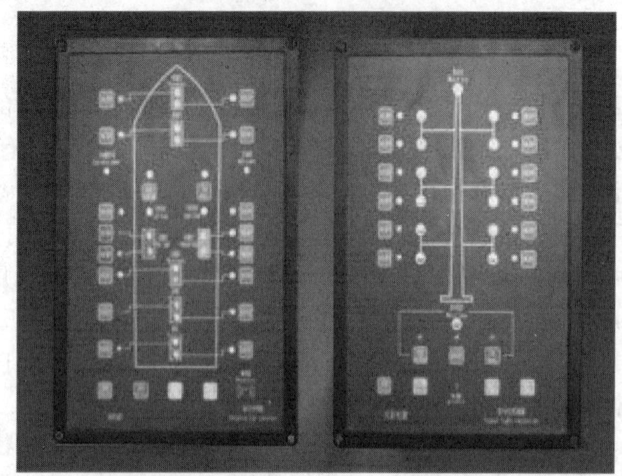

航行灯控制面板　　　　信号灯控制面板

航行灯

图 3-48　船舶航行灯与信号灯控制器控制面板和航行灯实物图

④防爆型:用于可能积聚易燃易爆气体和各有关危险区域,其密封性能最好。用于装有易燃性物体和存在爆炸性气体的舱室,如蓄电池室、油漆储藏室、分油机室、舱底花铁板之下和油舱的第二类区域。

(2)船舶照明属具

①开关:一般舱室灯开关应安装在门开启边,有的舱室有两扇门,可采用双联开关。储藏室、蓄电池室、油漆间、灯间、消防设备控制站等舱室开关不应设在室内;厕所、浴室等处开关通常设在门外;冷库、粮库、行李舱、邮件舱等处开关应设在门外且开关上应带接通指示灯。

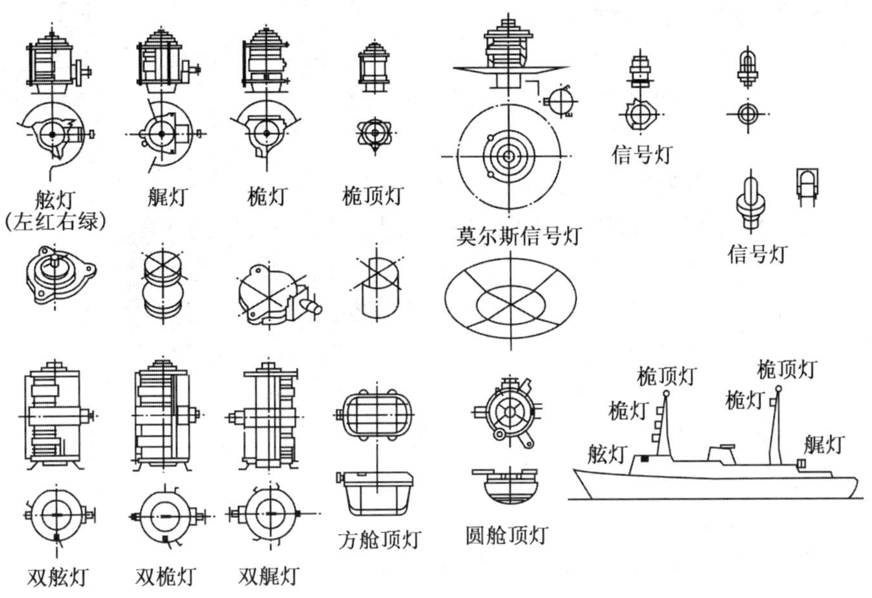

图 3-49　船舶航行灯和信号灯种类模型和船舶常用航行灯布置示意图

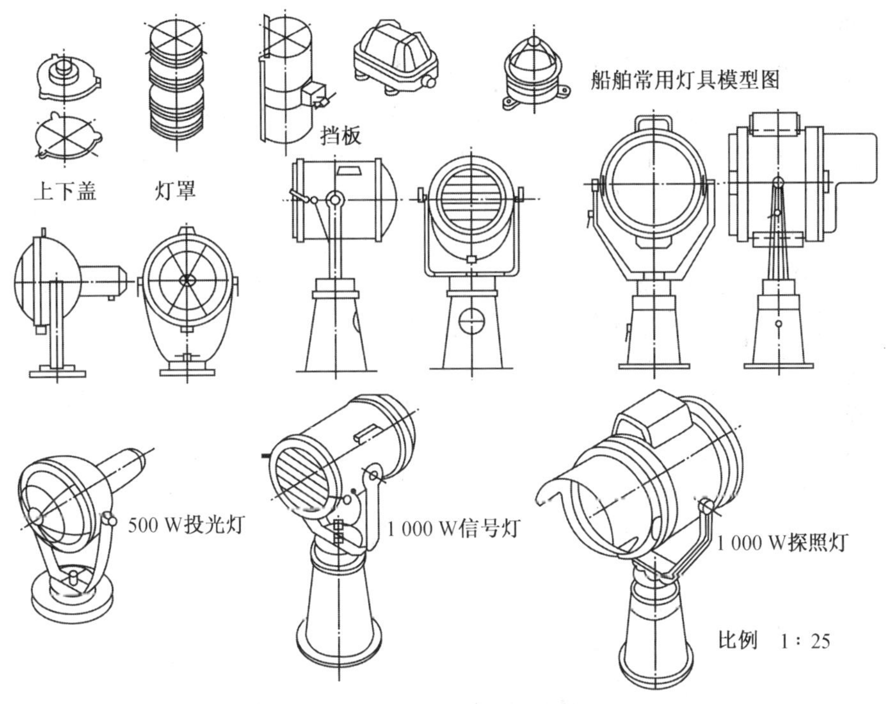

图 3-50　船舶常用灯具模型图

②插座：在居住舱室的台灯、冰箱、电取暖器旁；餐厅、厨房、配餐间；机器处所及各种工作舱室；主配电板、应急配电板及大型控制设备近旁；计程仪、测深仪舱、轴隧、起货机舱房等；内外走道适当处所均应装设插座。对不同电压等级的插头、插座应选用不同的结构形式。

（3）油船及特殊船舶的附加要求

①在油船危险区域或处所内固定安装的照明灯具应采用防爆型、增安型、正压型、空气驱动型灯具。这些照明灯具的开关应能分断所有绝缘极，并应设置在安全区域或处所内。

②油船危险区域或处所内可携式照明应采用带有独立蓄电池的本质安全型、增安型、防爆型、空气驱动型灯具。危险区内不应使用由电缆供电的可携式照明。

③货泵舱、毗邻于货油舱的隔离空舱、直接位于货油舱上面的封闭和半封闭处所以及储放输油管的舱室，可以通过固定装在舱壁上或甲板上的玻璃窗进行照明。照明灯具及其配线固定安置在非危险处所。

④安装在露天甲板或扩大危险区域或处所的插座，应选用带连锁的形式，使开关在接通位置时，插头不能插入或拔出，并且开关应能分断所有绝缘极。

⑤油船上严禁挂彩灯。

2. 船舶照明电光源

船舶照明电光源可分为两大类：一类为热辐射光源，如白炽灯（我国将于2013年淘汰停产）和卤钨灯；另一类为气体放电光源，如荧光灯、汞灯、金属卤化物灯和汞氙灯等。

（1）热辐射灯

①白炽灯

白炽灯是最普通的照明电光源，它依靠电流通过螺旋状的钨丝产生大量热，使灯丝温度升高到白炽程度而发光。白炽灯结构简单、能瞬时点燃、无频闪、可调光、价格低廉，在照明系统中得到了广泛应用。60 W 以下功率的灯泡保持真空、以减少热量损耗；功率在 60 W 以上的灯泡内充氩氮气，以减少钨丝蒸发，延长使用寿命。

船用白炽灯灯丝稍粗，具有较高的机械强度、耐振性及耐潮性。除普通照明光源外，船舶航行灯、信号灯和应急照明灯都采用白炽灯，因为它不会因电压低落而熄灭。便携式灯具和部分控制系统指示灯也采用白炽灯泡。航行灯多用插口灯头，大功率白炽灯采用螺口灯头，以增大导电接触面积。

普通白炽灯寿命和光通量受电压波动的影响较大，当电压升高 5% 时，灯泡寿命缩短 25%；电压降低 5%，其光通量减少 18%。

②卤钨灯

为克服普通白炽灯的缺点而出现了卤钨白炽灯。双端型卤钨灯如图 3-51 所示。

卤钨灯是在耐高温的石英玻璃灯管内加入微量的卤族元素碘或溴等，并充以较高压力的惰性气体制成的。

在高温下卤素与蒸发的钨原子化合成卤化钨，然后再回到灯丝附近时被那里的高温分解成为钨和卤原子，形成循环，从而抑制了钨原子向管壁的沉积，抑制了管壁的黑化。另外，由于灯管内惰性气体压力很高，大大抑制了钨丝的蒸发，延缓了灯丝的变细速度，延长了使用寿命。

卤钨灯尺寸较小，机械强度高，耐压增加。由于它的工作温度高，宜用耐高温导线，如硅橡胶导线。它的发光效率约是普通白炽灯的 2 倍，额定寿命可达 2 000 h，卤钨灯适用于要求高照度、空间开阔的场所，例如机舱上部、辅机平台和甲板等处所的集中照明。有

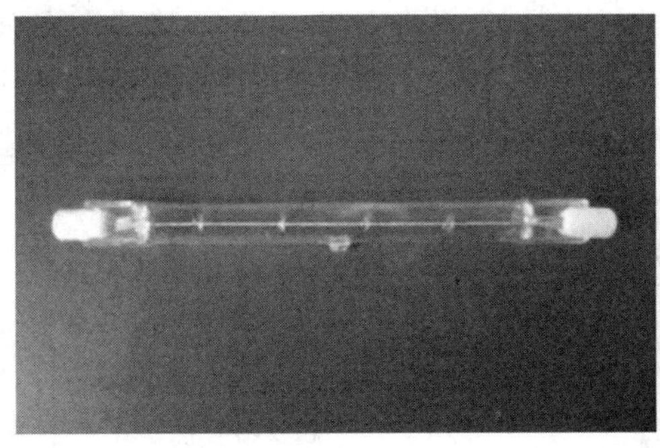
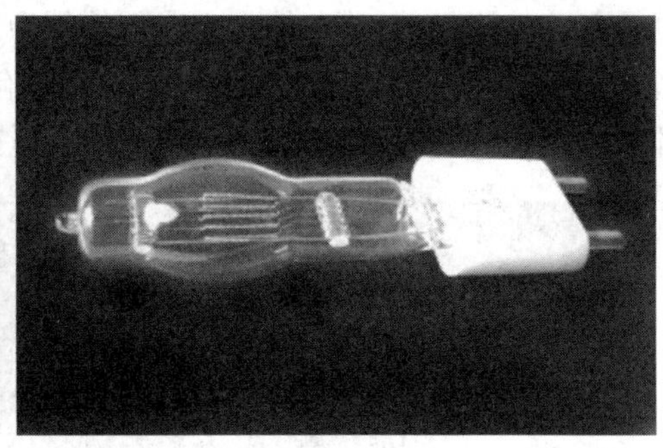

图 3-51　卤钨灯实物图

些卤钨灯的灯管要求水平安装，倾斜不得超过规定的角度。

(2)气体放电灯

①荧光灯(日光灯)

荧光灯灯管在抽真空后充入了少量的氩气和汞，灯管内壁涂有荧光物质，管内两端灯丝上涂有发射电子的阴极物质，是一种预热式低压汞蒸气放电灯。图 3-52 是直管型荧光灯构造图和接线图。荧光灯是大家都比较熟悉的电光源。

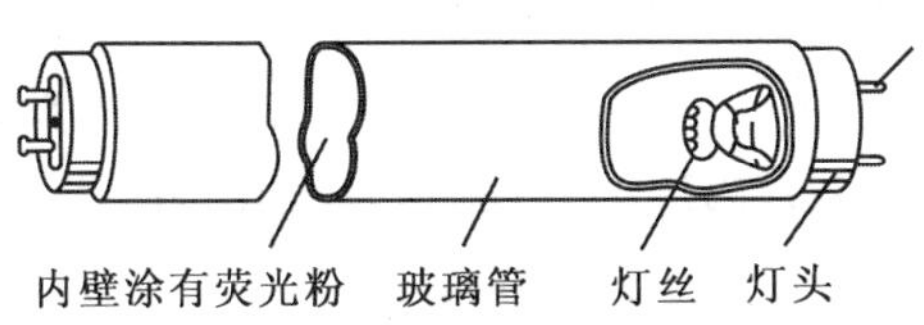

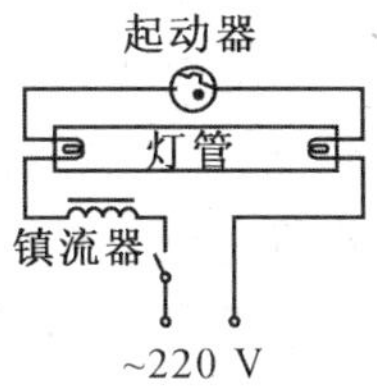

图 3-52　直管型荧光灯构造图和接线图

荧光灯的电极用螺旋状钨丝做成，具有良好的热电子发射能力，管内的工作介质为汞蒸气。它的发光效率约为白炽灯的 6 倍，平均寿命可达 5 000 h 左右。

荧光灯的起动电压较高，一般采用灯丝预热，高压击穿起动，起动后需用镇流器限流。荧光灯光效高，寿命长，表面温度低，光通分布均匀，被广泛应用于工作的场所，目前几乎所有船舶舱室内的主照明采用它。但如开关次数频繁，电压过高过低，容易使荧光灯寿命降低，当电压的大幅度跌落，会导致荧光灯熄灭。连续点燃的荧光灯寿命比额定寿命长 2.5 倍，所以机舱内的荧光灯使用寿命很长。

荧光灯具有各种规格和外观形式，具有暖色、冷色、三基色等多种光式。荧光灯要求供电电压波动范围为 ±10%，供电电压过高和过低都会影响其寿命。

荧光灯具有负电压—电流特性，为了限制放电灯的工作电流，保证工作稳定，需要串联一个镇流器，又为提高瞬间起动电压，有时还需使用起动器。目前船上使用的荧光灯起动方式，通常采用起动器起动和手动起动两种，前者主要用于棚顶灯、壁灯和舱顶灯等，后者一般用按钮，所以也叫按钮式，主要用于台灯和床头灯。

②高压汞灯

高压汞灯的主要构成部分是放电管，它由耐高温的石英玻璃制成，两端装有主、辅电极，电极用钨丝浸渍碳酸钡、碳酸锶等热电子发射材料制成，有良好的热电子发射能力；辅助电极用于热起动,放电管内充以氩气作为起动气体,工作气体为汞蒸气,汞蒸气的压力较高(约 2 ~ 6 个大气压),而灯泡内壁涂有荧光粉,故称为高压汞灯。高压汞灯属于气体放电灯,须串镇流器限流,其实物外观和热起动工作线路如图 3-53 所示。

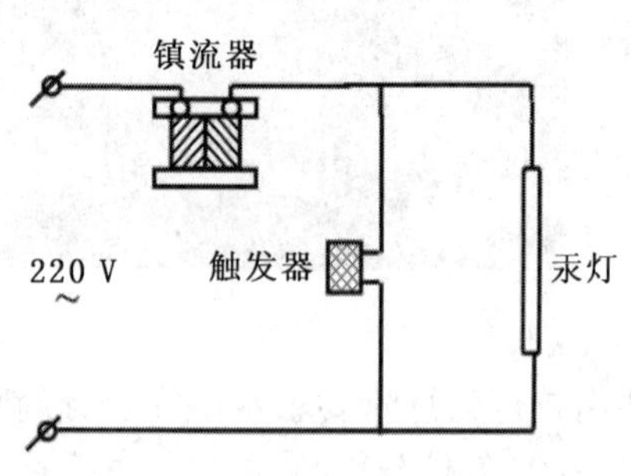

图 3-53 高压汞灯及热起动工作电路示意图

接通电源后,辅助电极(起动电极)与其较近的主电极之间首先发生辉光放电,加热放电管,使管内汞蒸气压力升高。随着管内温度、压力的升高,激发电位较低的汞蒸气成为放电的主要因素。主电极之间的汞蒸气击穿产生电弧,发出更为明亮的蓝绿色光。如果放电管压力较低,产生紫外线较多,一般在灯泡壁内涂以荧光粉,可由这部分紫外线激发荧光物质发出红色的补充光色,如果放电管内压力较高,紫外线比例减少,灯泡壁内则不涂荧光粉。目前两种产品都有售。

高压汞灯的发光效率约为白炽灯的 6 倍,额定寿命为 5 000 h。还有一种利用钨丝代替镇流器的自镇流高压汞灯,钨丝装在灯泡内,作为限流电阻串在电路中,也发出一定可见光,此种汞灯发光效率较低,额定寿命仅为 3 000 h 。

高压汞灯在工作中因瞬间断电或欠压而熄灭后不能立刻燃亮,须降温后重新起动,一般须间隔 5 ~ 10 min,所以不适用于频繁开关的场所。

高压汞灯适用于大面积高大厂房或露天场地等,船上被广泛用作辅机平台、主甲板和货舱口等处的照明,但因光色较差,近年来有被金属卤化物灯代替的趋势。

③金属卤化物灯

金属卤化物灯是继高压汞灯之后诞生的一种新型电光源,为当前船舶普遍采用的一种光源,用途同高压汞灯,功率有 400 ~ 3 500 W 等多种规格。

它的外形结构、工作原理、热起动工作线路与汞灯基本相同,所不同的是,放电管中除充有汞和氩气外还加入了金属卤化物气体,此时,汞蒸气只作辅助作用,金属卤化物气体为工作气体。因为金属卤化物更易激发,所以发光效率更高,加入不同比例不同品种的卤化物可得到不同的光色。有一种冷起动的金属卤化物灯,需要 10 000 V 左右的高压实现冷起动。

④高压钠灯

高压钠灯的结构形式上与冷起动的金属卤化物灯相似,其外观及热起动方式工作电路如图 3-54 所示。管内氩气为起动气体,汞蒸气起缓冲气体和增加放电电抗的作用。钠

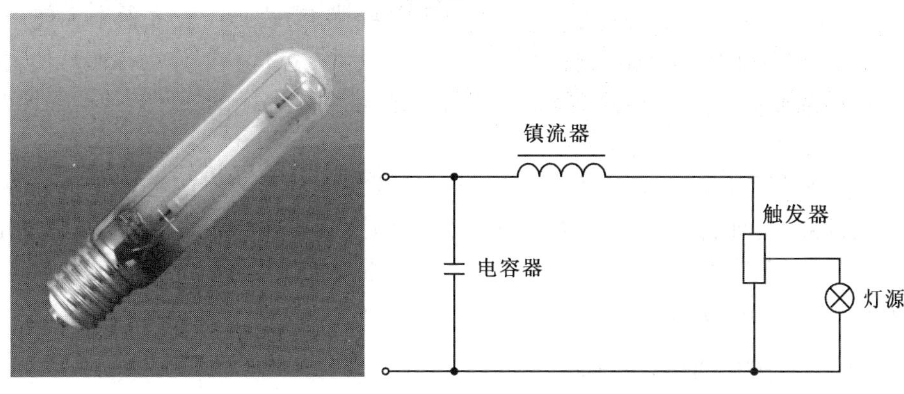

图 3-54　高压钠灯及常见热起动方式工作电路

化汞更易激发,故以钠蒸气放电为主,是主要工作气体。

钠灯需要很高的起动电压(2 000 ~ 2 500 V)。

高压钠灯有冷起动工作方式与热起动工作方式。冷起动是用晶闸管触发的电子电路控制工作的,钠灯点燃放电后,灯管两端电压很低,触发电路停止工作,镇流器起限流、降压作用。由电子触发电路控制的冷起动工作线路起动时间需 8 min 左右,突然熄灭后,要冷却 1 min 才能重新起动。而热起动方式是利用高压钠灯外玻璃泡的内部有一供起动用的热控触发器来起动灯泡点燃放电的,工作电路如图 3-54 所示。热起动的起动时间较短,约为 4 min。但如因某种原因,钠灯突然熄灭,热控触发器需冷却 15 min 左右,才能重新起动。

高压钠灯发光效率和光色与钠蒸汽的压力有关。压力较低时,光色偏黄(属低压钠灯),发光效率很高;压力较高时,光色接近日光(金白色),但发光效率降低。高压钠灯的使用场所与高压汞灯相同。

⑤氙灯及汞氙灯

氙灯是惰性气体弧光放电灯。汞氙灯依靠氙灯气放电发出强光,比金属蒸气放电灯的起动快。它俗称“小太阳”,适用于港口、广场、车站、机场等大面积照明场所。

氙灯分长弧和短弧两种:长弧氙灯是圆柱形石英放电管;短弧氙灯为椭圆形石英灯泡,两头有圆柱形伸长部分,图 3-55 为长、短弧氙灯的实物图。

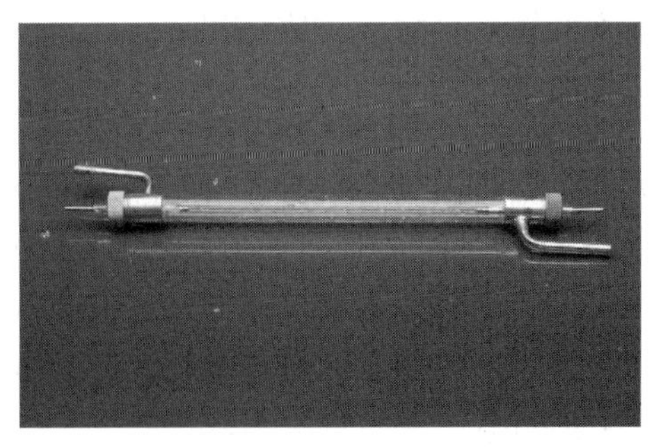

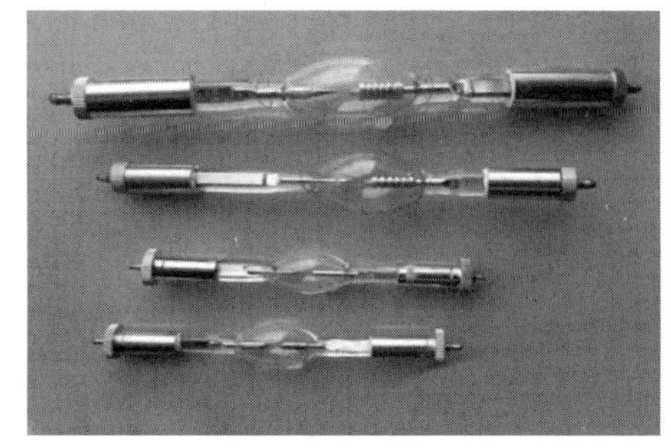

图 3-55　长、短弧汞氙灯

在氙灯管内充入适量的汞就成为汞氙灯。汞氙灯保留了氙灯起动快、稳定时间短、再起动容易和透光性好等优点，又具有高压汞灯的某些优点，改善了发光效率和使用寿命。管形长弧汞氙灯广泛用于海船甲板和货舱上照明，短弧汞氙灯一般作为探照灯使用。

此外，超高压氙灯、超高压汞氙灯等弧光放电灯也用于船舶的探照灯或舱面照明的投光灯。

总的来说，基于各种光源有其不同的特性，现代船舶各种舱室的主体照明，通常选用荧光灯，局部照明（如台灯）和装饰性照明（如壁灯）用白炽灯，甲板面强光照明选用高压气体放电灯。对于冷库等低温潮湿场所，由于环境温度低于 10 ℃，日光灯起动难，光通量下降较多，一般都用白炽灯。

三、船舶常用照明控制线路

船舶照明线路涉及照明电网的供电和控制。

1. *船舶照明系统的供电要求*

通常，照明电源都是由配电板经照明分电箱分路供给的，整条船的灯经过多少分电箱供电、分电箱设在何处、照明分路怎样组合等，都要遵循以下基本规则：

（1）照明分路

①每一照明分路必须有过载和短路保护；照明分电箱每一容量大于 16 A 的最后分路的供电灯点应不超过 1 个；每一容量小于或等于 16 A 的最后分路的供电灯点数根据供电电压的不同应分别为 50 V 及 50 V 以下电路不超过 10 点，51 ~ 120 V 电路不超过 14 点，121 ~ 250 V 电路不超过 24 点；对直接用灯泡或灯管组成的嵌入式反光照明，只要电流不超过 10 A，则灯点可不受限制。

②照明最后分路不得给电力、电热设备供电，但小型厨房设备，如咖啡壶、面包片烘烤器、冰箱等可除外。如果有小型厨房设备则必须由独立分路供电，不得与照明灯点混为一路。对于数量不多于 10 只且总的电流定额不超过 16 A 的小型电热器可共同接至 1 个独立的电热最后分路上。

③电风扇一般为独立分路，不与照明灯点混为一路。

④个别情况除外，插座一般应由独立分路供电。

⑤重要舱室、处所，如走道、出入口、梯道、机炉舱、公共场所及旅客超过 16 人的客舱等处照明，至少应由两个最后分路供电，其中一路不能供电时，另一路仍能保持上述处所必要的照明，两个分路的灯点以交错布置为好。对封闭式梯道等场所，照明电源应为独立分路。

⑥机舱及内外走道等处照明应为各自独立的馈电线路，不要与其他舱室照明混在一起。室外灯可在各舱室分电箱内设独立分路加继电器控制（当然也可以是独立分电箱），以便于驾驶台集中控制。

⑦为了方便接线，往往一个居住舱内的全部照明灯点集中通过一个分线盒供电，其中一个灯坏了，并不影响其他灯点工作，但为提高供电质量，防止线路故障引起断电，有时也可将这类舱室中的某一个照明灯点拉出来独立照明馈电，其中一路可为应急照明。

⑧每一防火区至少需有两路独立照明馈电，其中一路可为应急照明。

⑨在考虑灯点的连接时，每一照明分路的灯点应相对集中，线路不要拉得太长，同一

分路尽量不穿过二层甲板。

⑩为保证照明网络的安全接地，许多灯具和开关本身已带接地极，因此在考虑连接电缆时，应包括接地线芯。

(2)分电箱

实际在考虑照明分路连接的同时，早已有分电箱划分的初步概念，因为照明分路是通过分电箱组合的(小船、小艇直接由主配电板控制的除外)。

①每一照明分电箱最多不超过12路，线路设计时不应用足，要适当留有1路至2路作备用。

②交流分电箱为考虑三相平衡，电源通常为三相进线，分路单相出线，因此在考虑分路组合时，应力求做到三相平衡。

③上层建筑舱室照明分电箱通常以甲板划分，根据船舶大小、舱室分路多少决定分电箱个数。舱室照明分电箱一般放在电缆通道间，若无电缆通道间，可另选合适场所，甚至选用嵌入式分电箱嵌装在内走道的适当位置。

④机舱应设独立分电箱，机舱照明分电箱一般设在机舱集控室内，机舱应急照明分电箱必须设在机舱外的适当处所。

⑤货舱照明应设独立分电箱，布置在起货舱间或货舱之外的适当处所。其每一分路应在分电箱门上设有电源接通指示灯，但每一分路开关手柄不得外露，分电箱箱门应带锁。

⑥客船上如果风扇很多，可设独立分电箱。

照明系统是全船性设备，照明网络几乎遍布全船每一个角落。为使各照明灯具能正常发光，必须保证供电电源的电压，保证照明线路的电压降不得超过规定范围，照明线路(除电源馈线外)的电压为110 V、220 V时选用电缆截面1 mm^2；照明线路(除电源馈线外)的电压24 V时选用电缆截面2. 5 mm^2。显然，线路负载过大、电缆过长可能使其电压降超过限度，从而影响照明质量。

2. 船舶常用照明控制线路

(1)单联控制

单联控制采用单个开关来控制照明灯具的接通与断开，常见的有单极开关控制和双极开关控制两种。一般安装场所可用单极开关控制，潮湿及有爆炸危险的场所应采用双极开关控制。图3-56所示是单个开关控制的线路图。

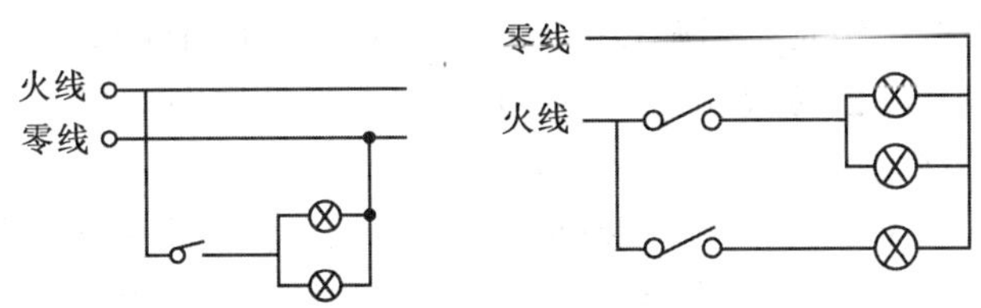

图3-56　单个开关控制的线路图

(2)双联控制

需要在两个地方均能控制同一盏灯的电路，称为双联控制。双联控制有两种接线方式：一种是电源线进开关的双联开关控制，如图3-57(a)所示；另一种是电源线进灯具的双联开关控制,如图 3-57(b)所示。两个双联开关装设在两处,每一处的开关均可独立地控制灯的开关。

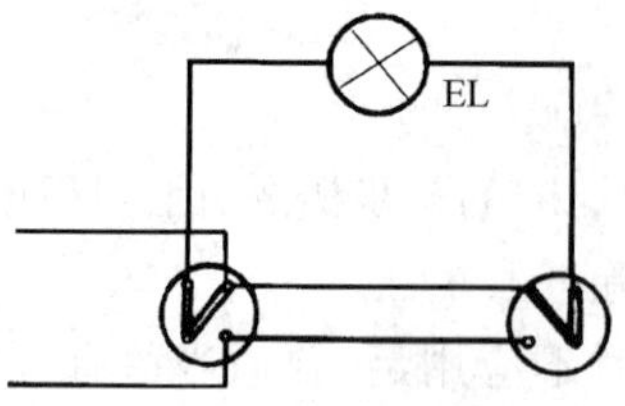

(a)电源线进双联开关再进灯具

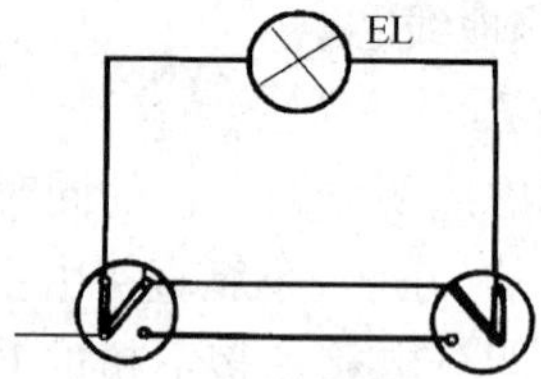

(b)电源线进灯具再入双联开关

图 3-57 双联开关控制灯泡原理电路

(3)荧光灯控制线路

船用的荧光灯采用双线圈镇流器以改善起动性能,延长灯管寿命。其控制线路图如图 3-58 所示。

图中主线圈标号 1、2,它的线圈匝数较多,电阻较大;副线圈标号 3、4,线圈匝数较少,电阻较小。主线圈串接于主回路,副线圈与起动器串联后接于两灯脚之间;副线圈只起起动作用。起动时,主线圈产生的感应电势较大,使荧光灯的点燃速度加快。接线时主、副线圈不能接错,否则易烧坏灯管和镇流器。

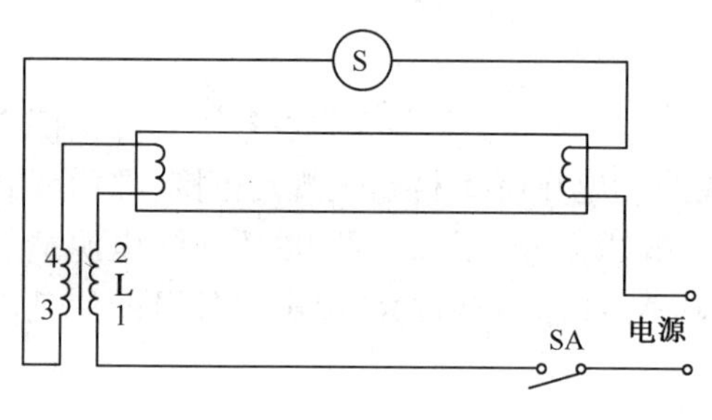

图 3-58 双线圈镇流器日光灯线路

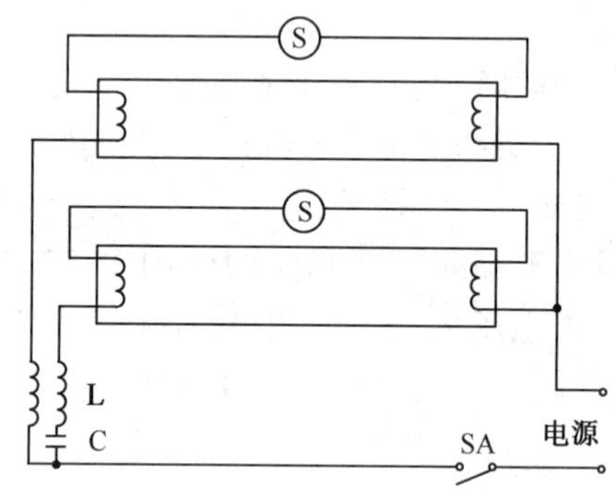

图 3-59 双管日光灯接线图

由于交流电路中电压电流的周期性变化,在交流电路中工作的日光灯存在着周期性的灯光明暗现象,荧光粉虽有一定的余辉时间,但不能完全消除闪烁现象,特别在照射旋转物体时,容易使人产生错觉。当旋转体的旋转频率是荧光灯明暗率的整数倍时,转动的物体看上去像不转一样,极易造成事故。为了消除荧光灯的闪烁现象,在某些工作场所,如船舶机舱等可用装两管或三管日光灯,采用三相供电,并分别接到不同的相线上。这样,由于三相电压的相位不同,灯管的亮暗时间先后不同,基本上可以消除闪烁的感觉。接在单相交流电源中的日光灯可在其中一支日光灯电路中串入电容器,利用电容器的移相作用,把两支灯的电流相位错开,也可收到消除闪烁的效果。其接线图如图 3-59 所示。

(4)探照灯、投光灯

探照灯和投光灯同是强光照明灯具,探照灯具有近乎平行的光束,射程远、光照集中;而投光灯的光束是在有限的立体角内向外扩散,投射面较宽,相对射程较短。两者具有不

同的照明效果，其用途也不相同。

探照灯主要用于船舶夜航，尤其是通过狭窄航道，内河河道等比较复杂的水域时照射航道及两岸；水面搜索及营救工作；远距离发送灯光信号通信。

投光灯主要用于舱面照明，救生艇、筏处收放时的就地水面照明，上下舷梯、烟囱标志、船名牌照明，机舱内补充照明等。

探照灯和投光灯一般都由正常照明供电，救生艇旁的投光灯应由应急配电板供电。功率在 300 W 以上的探照灯或投光灯应由分电箱设独立分路供电。所有装于室外的探照灯和投光灯均可在驾驶台遥控切断。

四、船舶照明系统的维护保养

1. 照明系统的维护周期和要求

对普通照明及可携式灯具应测量线路的绝缘电阻（正常情况下大于 0.5 MΩ），检查灯头接线是否老化和开断，对于室外灯具应检查其水密性与锈蚀，凡有损坏的应及时更换。通常每半年检查一次。

对应急照明，则每月进行一次效能试验，每半年测量一次绝缘电阻。

每次开航前，应检查航行灯和信号灯的供电电源、灯具及故障报警装置。探照灯、运河灯在使用前应检查其电源、开关连接电缆和灯具的水密性能及绝缘电阻情况。

2. 船舶照明系统维护保养注意事项

(1) 尽量避免带电更换灯泡，更换的灯泡应与电源电压一致，功率不能超过灯具允许的容量。

(2) 在检修某些特殊部位，例如辅锅炉内部、柴油机曲轴箱、压载舱、储水柜等地方时，需用临时照明时，必须使用带有安全网罩的 36 V 以下的低压行灯。装卸易燃危险货物时，不可使用携带式货舱灯。

(3) 应急照明灯具应涂以红漆标记，以示区别，经常检查灯泡是否良好，损坏的应及时更换。

(4) 甲板、船桥等露天处所的投光灯具，开灯前应先脱去帆布，用完要及时将帆布罩罩妥。

(5) 室外水密插座，通电前先检查插头螺母是否旋紧，取出插头前检查电源是否切断，用毕后应旋紧防水盖。

(6) 需要张挂彩灯时，要考虑到供电线路和开关的载流量，各相电流分配是否平衡，并要配备好保护装置。油船严禁张挂彩灯。

(7) 每一个长航次或每一季度都要测量各路航行灯的绝缘电阻，若低于规定值（1 MΩ），应及时找出原因，加以排除。

(8) 每半年或更短些时间要检查航行灯的水密情况，特别是前、后桅灯。检查控制箱内部情况，检查各元件（特别是半导体元件），进行清洁吹灰，试验报警装置。

第四章 船舶电气设备的维护与修理、故障判断与排除

第一节　船舶电气系统的工作安全要求

一、船舶安全用电基本知识

缺乏安全用电常识或对电气设备的使用管理不当，是触电事故发生的主观原因。电气设备的绝缘损坏使不带电的物体带电，是发生触电的客观原因，也是最大的隐患。环境条件对造成触电也有着重要影响。

（一）触电伤害的种类与触电方式

1. 触电种类

当人体触及带电体，或带电体与人体之间闪击放电，或电弧波及人体时，电流经人体进入大地，或通过其他导体形成回路，人体受到较高电压或较大电流伤害，会造成人体局部受伤或致残，甚至死亡的现象称为触电。按照人体被伤害的不同程度，触电种类可分为电击（造成内伤）和电伤（造成外伤）。

（1）电伤

电路放电时，由电流的热效应、化学反应、机械效应对人体造成局部伤害，一般在肌体上留下伤痕。常见的电伤有电灼伤、电烙伤和皮肤金属化。电灼伤的特征是皮肤红肿、起泡或烧焦。皮肤金属化是发生电弧时，熔化或蒸发金属微粒喷射时并渗入到皮肤内的表皮损伤。

（2）电击

电击是指人体直接接触带电体时，电流通过人体内部器官造成的伤害。人遭电击时，轻则疼痛麻木、肌肉抽搐，重则引起痉挛、呼吸困难、失去知觉甚至心脏停止跳动、停止呼吸而死亡。

2. 触电方式

人体任何两点直接触及（或通过导电介质连通）不同电位的带电体都可能发生触电

事故。钢质船舶，整个建筑是一个良导体，且空间狭窄，设备密布，人体经常碰触到电气设备的金属壳体或构架。加之高温、潮湿等恶劣环境条件，容易造成绝缘损坏，或安全接地因腐蚀或锈蚀而失去保护作用等。因此，船舶属于触电危险场所。

由于人体在触电时接触带电体的方式不同，电流流过人体的路径和伤害程度也不同。人体的触电方式一般有三种。

(1)单相触电

在三相四线制中性点接地系统中，人体触及某相导体，电流流过人体、船体和中性接地点形成回路而触电，加到人体上的电压为相电压，如图4-1所示。

(2)单线触电

在三相三线制中性点对地绝缘系统中，人体触及某相导体，如图4-2所示。此时人体和另外两相的绝缘电阻和寄生电容串联后接于线电压，其危险程度取决于人体电阻、电网与地之间绝缘电阻和电网寄生电容的大小。

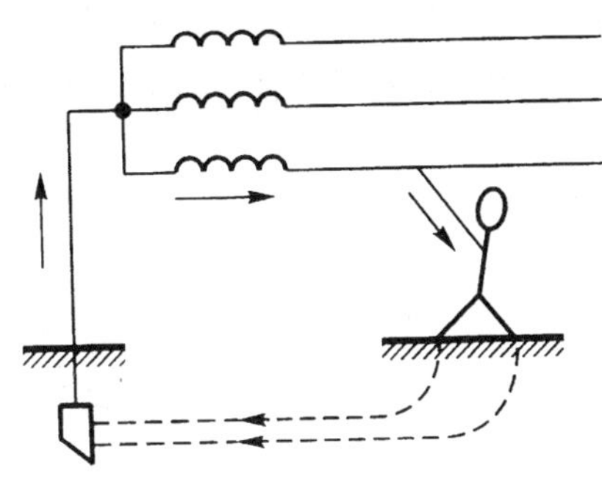

图4-1　单相触电

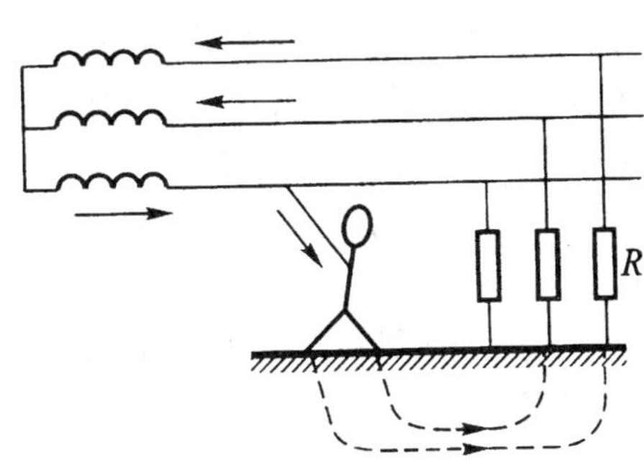

图4-2　单线触电

(3)双线触电

人体同时接触两条相线，承受的是线电压，是最危险的，如图4-3所示。

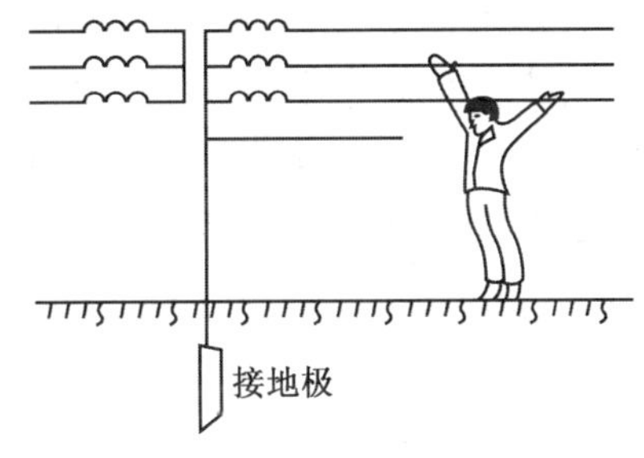

图4-3　双线触电

(二)人体触电电流及安全电压

影响触电伤害程度的因素有：电流大小、电流通过的路径、触电时间长短、电流种类、频率、人体电阻、电压高低等。其中最主要的因素是电流大小。

触电对人体伤害的程度与通过人体电流的大小、种类、路径和持续时间有关。通过人体电流的大小决定于人体两点的接触电压和人体电阻。人体总电阻是皮肤角质层电阻和体内电阻之和。皮质电阻约为40～100 kΩ，而体内电阻仅为600～800 Ω，但皮肤潮湿、不洁净或有伤口时，皮质电阻可下降到1 kΩ左右。因此人体电阻不是固定的常数，而且实际触电时的人体电阻和电流还与人体的触电部位、接触面积和接触紧密程度等有关。

危险的触电电流通过人体，首先是使肌肉突然收缩，使触电者无法摆脱带电体，以至麻痹中枢神经，导致呼吸或心脏跳动停止。通过人体0.6～1.5 mA的工频交流电流时开始有感觉；8～10 mA时手已较难摆脱带电体；几十毫安通过呼吸中枢或几十微安直接通过心脏均可致死。因此电流通过人体的路径不同,其伤害程度不同。手和脚间或双手之间触电最为危险。

所谓安全电压是指对人体不产生严重反应的接触电压。根据触电时人体和环境状态的不同其安全电压的界限值不同。国际上通用的可允许接触的安全电压分为三种情况。(1)人体大部分浸于水中的状态,其安全电压小于2.5 V;(2)人体显著淋湿或人体一部分经常接触到电气设备的金属外壳或构造物的状态,其安全电压小于25 V;(3)除以上两种以外的情况,对人体加有接触电压后,危险性高的接触状态:其安全电压小于50 V。

我国则是根据发生触电危险的环境条件将安全电压分为三种类别,其界限值分别为:(1)特别危险(潮湿、有腐蚀性蒸气或游离物等)的建筑物中,为12 V;(2)高度危险(潮湿、有导电粉末、炎热高温、金属品较多)的建筑物中,为36 V;(3)没有高度危险(干燥、无导电粉末、非导电地板、金属品不多等)的建筑物,为65 V。

可见"安全"电压是相对的,在某种状态或环境下是安全的,当状态或环境发生变化时就可能是危险的。特别是触电作用时间是触电安全的重要因素,即便是可摆脱的电流,若在20~30 s内未能摆脱,也会由于电流的热效应、化学效应等,使人体发汗,电阻下降,以及出现一系列的病理变化,仍会造成伤亡事故。

(三)触电原因与预防触电措施

1. 触电原因

主要是由于缺乏安全用电意识;违反操作标准或误操作;遇到紧急情况,紧张过度,举措失当,意外触及带电体;电气设备年久失修,绝缘破坏,且未妥善接地,人体接触到此类设备的外壳。

2. 预防触电措施

(1)加强安全用电教育,严格操作规程:了解触电原因,增强自我保护意识;严格操作规程,持证上岗;一般情况下禁止带电检修,不得已时应采取可靠的安全措施,最低也应有技术等级相同的人员在场监护。使用非安全电压便携式电气设备前,必须仔细检查其电缆、插头等的绝缘状态,特别是安全接地芯线容易折断而不易觉察。

(2)电气设备必须有可靠的安全接地或接零;经常检查、维护电气设备的接地和接零。

(四)触电急救

(1)发现有人触电时,应就近拉断电源开关或熔断器,或用干燥不导电的器具使触电者迅速脱离电源,救护者人体各部分都不可直接触及触电者,避免连带触电。并注意触电者脱离电源时是否有碰伤或摔伤的危险,以采取必要的措施。

(2)将触电者置于通风温暖的处所,对呼吸微弱或已停止呼吸的要实施人工呼吸或心脏按压抢救。只要触电者没有明显的死亡症状,就应坚持抢救。

二、船舶电气火灾的预防

燃烧和爆炸须同时具备三个基本条件:(1)有可燃性气体或物质;(2)有空气或氧气;(3)有火源或危险温度。只要这三个条件不同时存在,就能避免燃烧和爆炸。燃烧和爆炸是同一化学反应,当空气中所含可燃气体达到一定的浓度比例时,由于氧化反应的传播

速度极快，则燃烧将变成爆炸。爆炸和燃烧都产生大量的光和热，但爆炸还伴随由于气体急剧膨胀而发出的巨大声响。

（一）船舶电气设备引发火灾的原因

引发船舶发生火灾和爆炸有多种原因，电气设备的短路、过载、绝缘老化以及某些故障都是火灾的隐患。这些隐患主要是作为火灾的热源或火源。电气设备的热源或火源包括正常的和非正常的，如各种触点正常开断火花以及绝缘的短路点、线路破断点等产生的非正常火花。有正常高温元件，如电灯等。也有非正常高温，如：

（1）电气设备（特别是插座）进水形成短路或接地，在短路点或接地点局部发热。

（2）导体的连接点的松动、氧化、腐蚀等引起接触电阻过大，造成局部发热。

（3）电气设备或电线长期超负荷工作，或由于短路故障点、正常电压等引起电流过大，使温度过高而可能引发火灾。

（4）由于乱接、乱拉电线，或在插座上接用超过线路允许载流量的电热器或其他用电设备而造成线路过热。

（5）其他原因造成的绝缘强度下降或绝缘破坏，发生短路、接地故障，引起局部过热。另外，有可燃物质出现在不该出现的地方和空间，这就为正常工作的电器火源或热源提供了可燃物质，从而成为火灾的隐患。例如违禁使用四氯化碳作清洗剂，或用汽油清洗机器部件时未采取有效的防火措施，未注意良好通风，以至有油气积聚等。

对电气设备的防火要求就是避免发生和注意消除上述各点的火灾隐患。应定期检测和检查电气设备的绝缘，以保持良好的绝缘状态。在有易燃易爆物的场所必须使用合格的防爆电气设备。

（二）电气设备防火要求

1. 电气设备防火的一般要求

（1）经常检查电气线路及设备的绝缘电阻，发现接地、短路等故障时要及时排除；

（2）电气线路和设备的载流量必须控制在额定范围内；

（3）严格按施工要求，保证电气设备的安装质量；

（4）按环境条件选择使用电气设备，易燃易爆场所要使用防爆电器；

（5）电缆及导线连接处要牢靠，防止松动脱落。

2. 船舶静电的危害及预防措施

任何两种不同物质的摩擦、紧密接触—分离、受压、受热或感应都能产生正负电荷分离的静电现象。液体的流动、过滤、搅拌、喷雾、飞溅、冲刷、灌注、剧烈晃动等过程，都可能产生十分危险的静电。人体和衣着也会产生危险的静电。穿脱毛料与合成纤维衣物时，由于摩擦和接触—分离所产生的静电电压可高达数千伏至数万伏，足以引燃周围爆炸性气体。人体是静电的良导体，人体处于带电的静电空间因感应而成为一个独立的带电等位体，人体与地或与周围物体之间达到一定的电位差时就会产生放电。因此在静电危险场所的工作人员应穿导电好的服装和鞋袜。在货油舱甲板上禁止穿脱衣物。由生活居住区进入货油舱区前，手应触摸专设的用来消除静电的金属板，以防止人体带静电进入危险区。

此外，船舶在航行中除防直接雷击外，还应注意带电低云层的静电感应，会使船舶金属体感应带电。船舶航行与空气的摩擦也能使金属体带电。

由于上述种种原因产生的静电，静电积累到一定程度就会在突出部位产生放电，成为火灾和爆炸的隐患。特别是油船，存在可燃气体的空间较大，容易引起爆炸。所以船舶除了安装避雷装置外，还必须设置消除静电的装置。

（1）金属导体之间或法兰连接的管段之间要用金属导线可靠地连接，并可靠地金属接地，以便及时泄放静电。图 4-4 分别表示索具、活动吊杆、舱口盖和油管的消除静电荷的接地。

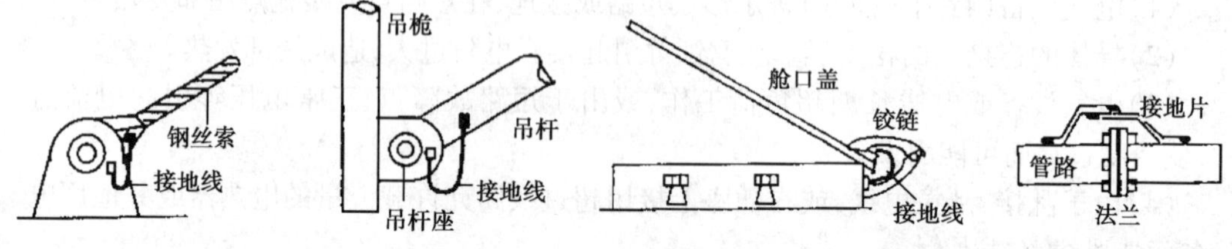

图 4-4　防静电接地

（2）电气设备的金属外壳均须可靠接地，所有电气设备的保护接地可作为防静电接地。

3. 油船和散装化学品液货船电气设备的防火措施

油船和散装化学品船防火极为重要，因此油船和散装化学品船电力系统和一些电气设备安装都有一些附加的特殊要求。例如对油船的电力系统要求：

（1）不论是直流或单相、三相交流电力系统，都必须是对地绝缘的系统，即发电、供电和配电电路均不应接地，更不能以船体作为回路。但允许仪用互感器二次绕组、抗无线电干扰电容器及网络绝缘检测器接地，允许内燃机起动、点火系统的接地回路。

（2）不同电压等级的网络不应有电气上的连接。

在有引起爆炸或可能引起爆炸的区域和处所，原则上不准安装电气设备（包括电线）。必须安装的一些电气设备都应是防爆型的和本质安全型的。所谓本质安全型的电器和电路，就是它在正常或故障情况下都不能引燃可爆炸性气体。本质安全型设备主要用于危险处所的测量、监视、控制和通信。安装的一些插座也都是带开关连锁的插座，只有当开关断开电源时。插头才能插入或拔出，以避免产生火花。在这些危险处所电气设备的控制开关和保护装置都设置在安全区，并设有永久性标志，以便识别。

作为船上工作人员，不允许在这些有危险的区域拉临时电线或临时设备；不允许使用带电缆的便携照明或普通手电筒，应使用合格的防爆照明器。在油船上严禁挂彩灯。

（三）电气设备的灭火

电气设备着火时，不应立即用水龙灭火，以防通过水柱触电。正确的做法是首先迅速切断着火电源，然后用二氧化碳或卤代烃（1211）灭火器等灭火。但停电时应注意尽量缩小停电范围。

三、船舶电气设备的船用条件及船检规定

船舶电气设备的工作环境要比一般陆地条件恶劣得多，船舶处于连续运动状态，存在

着机械振动和冲击，经常处于倾斜和摇摆状态。船内一些处所温度高、湿度大，空气中又含有盐雾、油雾等腐蚀和污染性气体。这些环境条件是一般陆用电气设备难以承受的，即便是船用电气产品，相当多的故障也是源于环境条件。因此船用电气设备必须符合船用环境技术条件。

(一)适应振动和冲击的条件

要求电气设备应能承受船舶正常运营所产生的振动和冲击。由于振动可使电气设备的固定或连接部件松脱，使部件结构损坏或失灵，因此这些部件要有防松脱的措施；对受振动影响较大的设备应有减振或隔振措施，并且具有坚固的耐振动和抗冲击的机械结构。

(二)适应倾斜和摇摆的条件

要求船用电气设备在表4-1所列的条件下应能有效的工作。持续的倾斜和摇摆，破坏了正常静止位置时力的平衡，对运动部件产生附加力，导致设备故障或损坏。例如，电机转子对轴承产生轴向推力或出现轴锤现象，使轴承受到损害以及使滑动轴承的油环不能作正常润滑运动；使继电接触器的衔铁部件不能正常动作等。因此要求船用电气设备在结构上、技术条件上、和安装方式上要能适应这种条件。例如，电机轴端游隙要小，应采用轴向直立安装或沿船舶纵向卧式安装，电磁接触器要有足够的电磁吸力和弹簧释放力等。

表4-1　倾斜角

设备组件	横倾	横摇	纵倾	纵摇
应急设备，开关设备，电器及电子设备	22.5°	22.5°	10°	10°
上列以外的设备或组件	15°	22.5°	5°	7.5°

(三)适应环境温度条件

船舶环境温度一般为-25～+45℃，锅炉舱的电气设备规定为50℃。环境温度对电气设备性能和使用寿命有重要影响。船用电气设备应能在表4-2所列的初级冷却海水温度和标准环境温度下正常工作。

表4-2　环境温度

介质温度	空气温度(℃)			海水温度(℃)
电气设备安装处所	封闭处所内	高于45℃、低于0℃处所	开敞甲板	热交换器入口
无限航区	0～45	按该处所	-25～45	32
除热带海域的有限航区	0～40	所按该处所温度	-25～40	25

(四)耐潮湿、盐雾、油雾和霉菌的环境条件

环境空气的潮湿、盐雾、油雾和霉菌使电气设备绝缘材料的绝缘性能下降，使金属部件产生锈蚀和腐蚀。因为潮湿和盐雾在绝缘材料表面形成潮湿的漏电薄膜，在湿热条件下霉菌分泌有机酸，加剧了表面的潮湿性。油雾和灰尘黏附于表面也增加了表面的漏电，而且阻碍散热使温升增高。潮湿的水分子渗入绝缘材料的裂缝和毛细孔中，使体积漏电流增大，从而导致绝缘电阻的下降。

如果某些设备没有专门的船用电气产品,则可考虑采用经三防(防湿热、防盐雾、防霉菌)处理过的陆用产品代替,但需征得有关船级社的认可。

(五)适应船舶电网电压和频率的变化

船舶电力系统是一个独立的有限电网,电压和频率均受负载变化的影响,特别是频率的变化与陆上差别较大。因此要求船用电气设备应在表 4-3 所规定的电压、频率的变化范围内能有效地工作。

表 4-3　电压和频率的波动

设 备	参数	稳 态(%)	瞬 态	
			(%)	恢复时间(s)
一 般 设 备	电压	+6 ~ -10	±20	1.5
	频率	±5	±10	5
由蓄电池或半导体变流器供电的设备	电压	±20		

(六)防护要求

为了避免电气设备受到外部固体和液体异物的侵入而发生故障或损坏、为避免人身遭受触电伤害和机械伤害,一般电气设备都应有防护壳罩。由于一些舱室机器密布,空间狭小低矮。存在着设备或人员遭受各种侵害或伤害的复杂环境。因此船用电气设备的防护等级类型也比较复杂多样。我国电气设备的防护等级采用国际电工委员会(IEC)推荐的国际防护 IP××等级标准。防护标志 IP 后面第一位数字表示防护固体异物侵入的等级,第二位数字表示防水液侵入的等级,两位数字的意义如表 4-4 所示。

表 4-4　电气设备外壳的 IP××防护等级

IP 等级		简 要 说 明	定 义
第1位数字	0	无防护	没有专门防护
	1	防 >50 mm 的固体	人体大面积部分如手(对有意识接触无防护),直径 >50 mm 的固体
	2	防 >12 mm 的固体	手指或类似物,长度不超过 80 mm,直径超过 12 mm 的固体
	3	防 >2.5 mm 的固体	直径或厚度在于 2.5 mm 的工具、电线等,直径 >2.5 mm 的固体
	4	防 >1.0 mm 的固体	直径大于 1 mm 的线或片状物,直径超过 1 mm 的固体
	5	防尘	并不防止全部灰尘进入,但进入量不妨碍设备正常转动
	6	尘密	无灰尘进入
第2位数字	0	无防护	没有专门防护
	1	防滴	垂直滴水应无有害影响
	2	15°防滴	设备与垂直线成 15°角时,滴水应无有害影响
	3	防淋水	与垂直线成 60°角范围的淋水应无有害影响
	4	防溅	任何方向溅水应无有害影响
	5	防冲水	任何方向冲水应无有害影响
	6	防猛烈海浪	猛烈游泳或强烈冲水时进入机壳水量应无有害影响
	7	防浸水	沉浸在规定压力的水中经规定的时间后,进入水量应无有害影响
	8	防潜水	能长期潜水,完全密封,进水量不产生有害影响

船用电气设备根据安装处所的不同有不同的最低防护等级要求:(1)只存在与带电

部分接触危险的干燥舱室为 IP20 级;(2)存在滴水和(或)中等机械伤害的机器舱室、控制室和配膳间等处所为 IP22 级,其附具(开关、分电箱等)为 IP44 级;(3)存在较大水和机械侵害危险的机器处所(如机舱花铁板以下)为 IP34 级,其附具为 IP55 级;(4)存在较大水和机械侵害危险的压载泵舱、冷藏舱、厨房和洗衣间等处所为 IP44 级,其附具为 IP55 级;(5)存在喷水、货物粉尘、严重机械伤害、腐蚀性气体的双层底中的轴隧、管隧、干货舱等处所为 IP55 和 IP56 级;(6)存在大量水浸入危险的露天甲板为 IP56 级;(7)存在爆炸危险处所,其外壳除具有合格的防爆功能外,还应根据安装处所有相应的防潮防水等级。

四、电缆的安全使用与维护

电缆是船舶上用于传输电能、传递信息和在电气设备之间做各种连接的一种重要的用量最大的电工材料。

(一)船用电缆的特点

船用电缆和电线按用途可分为两大类:船舶通用电缆(或电线),包括船用电力电缆(分类代号 C)和船用电信电缆(分类代号 CH)。

按电缆的绝缘材料分两类:橡皮绝缘电缆和塑料绝缘电缆。橡皮绝缘又分天然橡胶(无代号)、丁苯 - 天然橡胶(代号 X)、丁基橡胶(代号 XD)三种。聚氯乙烯电缆(代号 V)。

按护套分有三类:金属丝编织电缆、铅包电缆和非燃性橡皮套管电线。其中橡套代号为 H、非燃性橡套代号为 HF、耐油橡套代号为 HY、耐寒橡套代号为 LD;铅包代号为 Q,聚氯乙烯代号为 V;镀锌钢丝编织外护套的代号为 31、镀锡铜丝编织外护套的代号为 32。电缆或电线的牌号就由上述这些代号组成,如 CXDHY 为船用丁基橡胶绝缘耐油护套电力电缆,CHF31 为船用天然橡胶绝缘非燃性橡套镀锌钢丝编织外套电力电线。代号中 R 表示软,P 表示屏蔽。电缆的结构一般如图 4-5 所示。

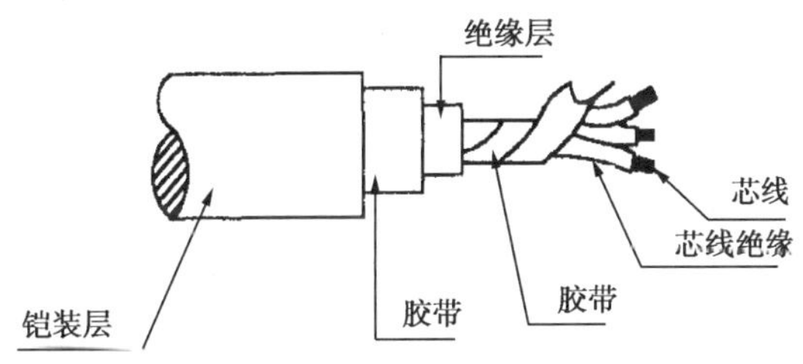

图 4-5　船用电缆

(二)电缆的选择

(1)电缆牌号的选择:根据使用的要求,按电线的用途、敷设位置环境(潮湿、屏蔽、防爆等)和工作条件(固定或是移动设备)决定。

(2)电线截面的选择:根据用电设备的工作制、电流种类、电缆芯数和负载功率,确定通过电线中的实际负载电流(计算电流)。按电缆中实际负载电流应小于电缆允许的载流量为原则来选择电缆截面。对于短时和重复短时负载用的电线其允许载流量要乘以大于 1 的适当修正系数(1.1 ~ 1.8)。这些数据都可通过查阅船用电缆最大安全载流量及载流系数表来获得。

(三)电缆的检修和更换

经常检查电气设备电缆有无损坏,特别是露天甲板和潮湿腐蚀性较大场所的设备和大功率照明器等的电缆,若局部损坏则局部修复,若无法修复则更换电缆。

(1)若外部金属屏蔽层局部严重锈烂破损,或接地辫子线或接地线锈蚀损坏,则割掉损坏的一段屏蔽层,换上一段新的同样的金属屏蔽外套,绑扎好并按原样恢复接地。有利用金属外套末端作成一定长度的辫子线接地的,或利用金属外套与填料函螺母压盖紧密接触实现接地,或将接地线用导电胶与金属外套胶结,或用电缆外皮与固定电缆的紧钩、卡线板紧密接触等接地方式。

(2)若电缆进线护套绝缘层或芯线绝缘层局部干缩、脆裂、发黏或破损,也采用局部修复。如果进线有充足余量,则可剪掉损坏部分,重新进入设备;若无余量,可剥去损坏的绝缘层,然后在芯线上包两层黄蜡绸,再套上玻璃丝质绝缘套管等。

(3)如果电缆的大部或全部发生上述情况,无法修复;或发生线间短路或芯线接地短路或开路或绝缘电阻低于最低允许值(见表 4-5),则需要更换新的电缆。

(4)检查绝缘电阻的方法

将被检测电缆的电源开关以及电线与设备的接线端均断开,用 500 V(弱电电缆用 100 V)手摇兆欧表检查电缆芯线间和芯线对地的绝缘电阻。在同样不带电的条件下,用万用表欧姆挡检查电缆开路和芯线间或芯线对地的短路。检查开路也可利用金属地(船体)作为一根回线。对于电缆本身绝缘并未老化,而由于插座或用电器的受潮或进水出现绝缘下降或短路,但经电吹风热烘驱潮后即可恢复正常。露天甲板的密封插座盖未盖或未盖好,就会出现这种情况,所以在检查时应注意这种情况。

表 4-5　电缆最低允许绝缘电阻

项 目	最低绝缘电阻值(MΩ)
电力线路	0.75
电压 100 V 以上的照明线路	0.75
电压 100 V 以下的照明线路	0.20
电压 100 V 以上的船内通信线路	0.75
电压 100 V 以下的船内通信线路	0.35
航行灯、信号灯线路	0.5

更换长的线路电缆的工艺比较复杂,电线敷设、电缆紧固件拆卸和恢复、进线填料函的密封处理、电缆的接头及其标志号码的处理、金属外套的接地处理等,不同情况有不同的处理方法,一般是按原样处理。

五、船舶电气设备接地的意义和要求

电气设备的接地就是将电气设备的金属外壳、支架和电缆的金属护套与大地等电位的金属船体作永久性的电气连接。它对保护人体不受触电伤害和保证电力系统和电气设备的正常运行都具有重要的意义。为保护人身的安全,有两种保护措施,即对电气设备采取保护接地或保护接零。此外还有为使电气设备正常工作的工作接地(如电力系统中性点的接地、绝缘指示灯接地、电焊机接地等)、防无线电干扰的屏蔽接地以及避雷接地等。

(一)保护接地

保护接地是将电气设备金属壳罩、构架和电线金属护套等与金属船体做可靠的金属连接。一旦发生这些部件带电时，使站在地上的人体的接触电压和人体电流近于零。保护接地适用于中性点对地绝缘的500 V以下的低压电力系统，如图4-6所示。虽然是中性点绝缘系统，但由于配电线路与地间存在着分布电容以及对地的绝缘电阻R'，故人体触及带电体仍与系统构成交流回路。但由于有远小于人体电阻R_b的接地电阻R_0与其并联，故通过人体的电流$I_b\approx0$。

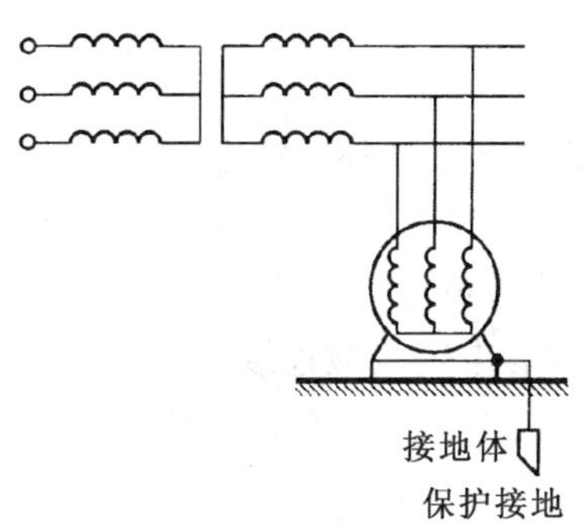

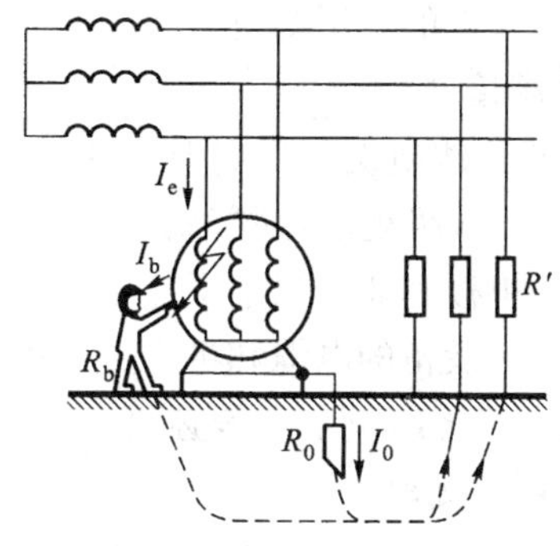

图4-6　保护接地

根据《钢质海船入级规范》规定，电气设备保护接地的要求有：

(1)电气设备金属外壳必须进行保护接地，但工作电压不超过50 V的设备、或具有双层绝缘设备的金属外壳、或为防止轴电流的绝缘轴承座的情况除外。

(2)电气设备直接紧固在船体的金属结构上或紧固在与船体金属结构有可靠金属连接的底座(或支架)上时，可不另设专用导体接地。

(3)不论是专用导体接地或设备底座(或支架)接地，其接触面均须光洁平贴，保证有良好的接触，接地电阻不大于0.02 Ω，并应有防止松动和生锈的措施。

(4)电缆的所有金属护套或金属覆层须做连续的电气连接并可靠接地。

(5)接地导体应用铜或导电良好的耐蚀金属材料制成，接地导体截面必须符合规定的要求。

(二)工作接地

为了使电气系统或设备在正常情况下能可靠运行而进行的接地，称为工作接地。如三相四线制系统中性点接地、绝缘指示灯接地、电焊机一端接地，如图4-7所示。

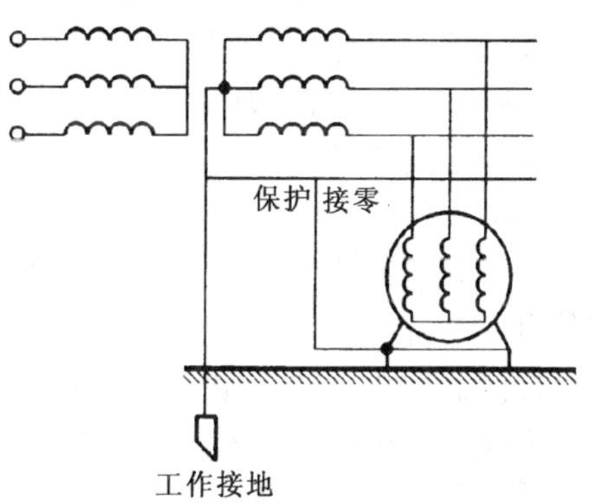

图4-7　工作接地与保护接零

《钢质海船入级规范》对船舶电气设备工作接地的要求有：

(1)工作接地和保护接地不能共用接地装置。

(2)工作接地应接到船体永久结构或船体永久连接的基座或支架上。

(3)接地点位置应选择在便于检修、维护、不易受到机械损伤和油水浸渍的地方,且不应固定在船壳板上。

(4)利用船体做回路的工作接地线的型号和截面积,应与绝缘敷设的那一级(或相)的导线相同,不能使用裸线。工作接地线应尽量短,并要可靠固定,接地电阻不大于0.01 Ω。

(5)平时不载流的工作接地线截面积应为载流导线截面积的一半,但应不小于1.5 mm^2。

(6)工作接地的专用螺钉直径应不小于6 mm。

(三)屏蔽接地

为了防止无线电设备受到干扰,将干扰源或屏蔽体的外壳接地。

《钢质海船入级规范》对屏蔽接地的要求有:

(1)露天甲板和非金属上层建筑内的电缆,应敷设在金属管内或采用屏蔽电缆。

(2)凡航行设备的电缆和进入无线电室的所有电缆均应连续屏蔽。与无线电室无关的电缆不应经过无线电室。若必须经过时,应将电缆敷设在金属管道内,该管道进、出无线电室均应可靠接地。

(3)无线电室内的电气设备应有屏蔽措施。无线电分电箱的电源电缆,应在进入无线电室处,设置防干扰的滤波器。无线电分电箱、无线电助航仪器以及分电箱的汇流排上,应设置抑制无线电干扰的电容器。

(4)内燃机(包括安装在救生甲板上的内燃机)的点火系统和起动装置应连续屏蔽。点火系统电缆可采用高阻尼点火线。

(5)所有电气设备、滤波器是金属外壳、电缆的金属屏蔽护套及敷设电缆的金属管道,均应可靠接地。

(四)其他接地

除了上述三种主要接地形式外,还有保护接零、重复接地和避雷接地等。

1. 保护接零

在三相四线制中性点接地系统中,为了保护人身安全,将电气设备的金属外壳接到零线(或称中性线)上,称为保护接零,如图4-7所示。当电气设备某相绝缘损坏碰壳时,通过零线构成单相短路。因这种单相短路电流较大,可使电气设备的继电保护开关或熔断器断开。从而既避免了人身触电,又迅速切除了故障设备,保证了其他电气设备的正常运行,如图4-8所示。即使在保护电器断开之前触及外壳时、也由于人体电阻远大于零线回路电阻而使人体电流极小。船体作为中性线的三线四线制系统,虽然接零就是保护接地,但它是以这种接零的保护方式实现保护的。

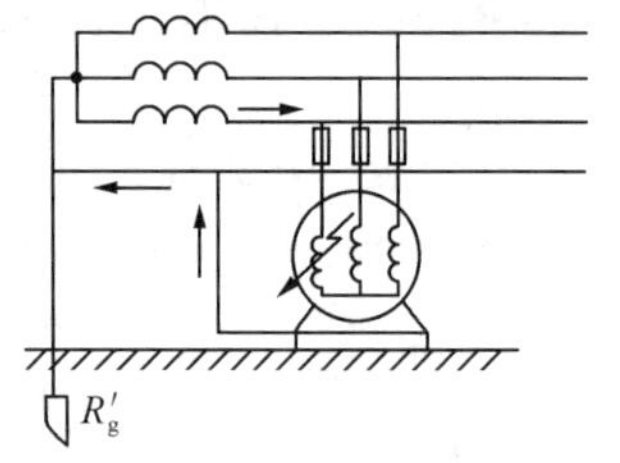

图4-8　保护接零

在三相四线制中性点接地系统中,应注意:①不能用保护接地代替保护接零。②不能一部分设备采用保护接零,而另一部分设备采用保护接地。因为当采用保护接地的设备出现碰壳漏电时,如果保护装置没有动作,不但该设备外壳带电,零线也将具有较高的对

地电压，于是采用保护接零的电气设备外壳将具有较高的对地电压，这将危及人身安全。

2. 重复接地

在三相四线制中性点接地系统中，为确保接零可靠，防止因零线断裂而造成触电事故，可将零线多处接地，这就是重复接地。

3. 避雷接地

为防止雷击而进行的接地，称为避雷接地。

六、电气设备绝缘的意义和要求

（一）电气设备绝缘的意义和要求

电气设备的绝缘不仅直接影响其正常运行和使用寿命，而且影响着用电的安全。只有绝缘良好才能隔离电气设备中有不同电位的部件，才能使电流能沿着一定的导体路径流通，才能保证电气设备的正常工作；只有绝缘良好才使人免遭触电，才能使人对其进行安全操作。所以要求船用电气设备在湿热、霉菌、盐雾、油雾等恶劣的环境条件下，要能保持良好的绝缘状态。电气设备的绝缘是靠各种绝缘材料（包括空气、液体的、固体的）来实现的。对船用电气设备提出的所谓三防（防湿热、防霉菌和防盐雾油雾）要求，实际上是针对绝缘材料而言的。而构成电气设备的材料中，绝缘材料是最薄弱的环节，电气设备的使用寿命很大程度上是决定于绝缘材料的寿命。在满足上述要求的条件下，在实际使用中影响绝缘材料寿命的主要因素是它的耐热性（或热稳定性）。许多电气设备的损坏也往往是由于绝缘材料的热击穿而引起的。因为每一种绝缘材料都有一个耐热的极限温度，超过这个极限温度将加速绝缘材料的老化，过早地失去绝缘性能，严重时会使绝缘材料迅速灼焦而引发短路或火灾。所以在使用中，电气设备中的最热点温度不能超过其绝缘材料的最高允许温度。

（二）电气设备使用的额定值

1. 电气设备额定值及其意义

电气设备使用的额定值是指在给定的工作条件下能保证正常运行所容许使用的电压、电流、功率、频率、温升等数据。给定（或规定）的条件主要是指前述的环境条件以及使用条件。

使用条件如连续工作制、短时工作制、重复短时工作制、频繁操作和非频繁操作等。也即在这些规定的条件下不超过额定值运行，电气设备的绝缘就不会发生电击穿或热击穿，特别是热击穿。电气设备运行中的温度高低决定于它的发热和散热情况。各种电气设备的发热情况，如电视、电器、电缆电线等，主要是它们的各种功率损耗都将变成热量。这些功率损耗概括起来有铜损、铁损和机械摩擦损耗等，这些热量将使电气设备的温度升高。其中铁损与电压（磁通）和频率有关，在额定电压和额定频率下运行时铁损是不变的固定损耗。而铜损与电流的平方成正比，随电流的大小而变，是决定电气设备温度的主要因素。

电气设备在发热的同时也向外散发热量，散热量的大小与本身的散热面积、通风条件、周围的温差有关。与周围环境温度的温差越大，散热量也越大。当发热量大于散热量时，电气设备的温度将继续上升，当发热量等于散热量时，温度不再上升，保持稳定的温度。当电气设备停止运行时,只有散热,温度逐渐降低,直到等于周围环境温度。升温和降温都需要经历一定的时间。只要电气设备运行时的最高温度不超过其绝缘材料的最高允许温度,就不会减少它的使用寿命。电气设备的额定温升是指在额定运行状态下的最高允许温度与标准环境温度之差。

2. 电气设备按额定值工作时几点注意事项

(1)绝大多数电气设备发生短暂的过载是允许的,因为额定温升与其绝缘材料的允许温度之间都有适当的裕量,而且温度升高需要一定的时间。

(2)若实际的环境温度超过规定的标准环境温度(如 40 ℃或 45 ℃),应考虑适当减载或加强冷却措施。注意清除任何妨碍散热的因素和障碍,如表面的污垢、覆盖、遮挡、通风道的阻塞等。

(3)不同工作制的电气设备不能互换代替。例如短时工作制的设备,其标准短时工作制有 15 min、30 min、60 min 和 90 min 四种。因其运行时间短,在运行期间达不到稳定温度,为充分利用绝缘材料的耐热能力,其使用的额定电流(或功率)要大于连续工作制的,使其运行的最后温度接近于绝缘材料的允许温度。所以不能以短时额定值连续运行。重复短时工作制是以 10 min 为一个运行周期重复循环,在一个周期中额定运行时达不到稳定温度,空载运行时又降不到环境温度。由于它比连续运行的多了空载散热的时间,其使用的额定值也偏高,所以不能作连续运行使用。重复短时工作制的额定负荷工作时间与工作周期之比称为负载持续率或暂载率(FC%)。标准持续率有 15%、25%、40% 和 60% 四种。

七、常用电工绝缘材料的类型和等级

1. 绝缘材料的类型

绝缘材料类型很多,从形态上可分为气体、液体和固体三类。固体绝缘材料又分为无机、有机和有机无机混合绝缘材料,以及耐高温(180 ~ 250 ℃)的硅有机绝缘材料。

无机绝缘材料,如云母、陶瓷、石棉、玻璃、大理石等,耐热性高、不燃烧、不分解。有机绝缘材料,如橡胶、树脂、虫胶、棉纱、纸、麻、丝、人造丝等,耐热性差、易老化,高温下可分解、燃烧或炭化。有机无机混合绝缘材料,其性能取决于组成材料的性质。人工合成的有机绝缘材料可塑性高、密度小、强度高、耐油、耐磨、易加工成型,如粉压塑料、聚氯乙烯塑料和有机玻璃等。耐热硅绝缘材料介于有机和无机物之间的合成物质,如有机硅绝缘漆、有机硅橡胶、有机硅黏合云母板和有机硅塑料等。

2. 经常使用的绝缘材料

在船舶电气设备维修中,常用的固体绝缘材料有各种绝缘带(如白布带、黑胶布带、黄蜡绸带、玻璃漆布带、聚酯膜带等)、各种绝缘纸(如青壳纸、钢板纸、酚醛层压纸(布)板、玻璃布板等)和各种绝缘套管等;常用的绝缘漆有两类,即浸漆用的各种牌号的清漆和覆盖用的各种牌号的磁漆。

3. 绝缘材料的耐热等级

按最高允许温度的不同,将各种绝缘材料划分为 7 个不同的耐热等级,如表 4-6 所列。船舶电机多为 E 级和 B 级绝缘材料。

表 4-6 绝缘材料的耐热等级

耐热等级	极限温度（℃）	材料举例	耐热等级	极限温度（℃）	材料举例
Y	90	未浸渍的棉纱、丝、纸及其组合物	F	155	B 级材料用合成胶黏合或浸渍
A	105	Y 级材料经绝缘漆处理	H	180	B 级材料用硅有机树脂黏合或浸渍
E	120	高强绝缘漆、环氧树脂、合成有机薄膜、青壳纸等	C	>180	B 级材料用优良硅有机树脂黏合或浸渍以及云母、玻璃、陶瓷石英等
B	130	云母、石棉、玻璃丝用有机胶粘合或浸渍			

八、船舶常用电工仪表的结构和使用方法

（一）万用表的使用

1. 万用表的原理

万用表是一种多用途的电表，可以用来测量直流电压、直流电流、交流电压、电阻等。它的特点是量程多、用途广，为电工及电子技术常用的检测仪器之一。分为指针式万用表和数字式万用表，如图 4-9 所示。

图 4-9 万用表

一般的指针式万用表由表头、测量线路和转换开关主部分组成。万用表的表头采用高灵敏的磁电系测量机构，其满偏转电流一般为几微安到几十微安。一般万用表直流电压挡内阻可达 20 ~ 100 kΩ/V。交流电压挡内阻稍低些，构成的万用表准确度一般可达 2.5 级以上。测量线路的各个不同部分通过转换开关与表头连接组成了多量程直流电流

表、多量程直流电压表、多量程整流系交流电压表和多量程欧姆表。转换开关作为选择不同测量种类和不同量程的切换开关。

万用表的工作原理简介如下：

(1)直流电流的测量

直接利用一个高灵敏度的磁电式电流表串入待测量电路中就可以测量直流电流。为了扩大电流表的量程，把表头与几个分流电阻并联，组成分流器。测量时先将面板上的转换开关旋至所需的量程，然后用测试笔(表棒)将万用表串联于被测电路中。

(2)直流电压的测量

将表头与几个不同阻值的电阻串联就可以测量直流电压，改变串联电阻的阻值，即可得到不同的量程。

测量直流电压时除注意量程范围应符合测量要求外，还必须用测试笔(表棒)将万用表并联于被测电压的两端。

(3)交流电压的测量

使被测交流电压经整流器做全波或半波整流以后，转化为直流电压测量。

测量交流电压的标尺按正弦波有效值来刻度。而电表的偏转角 α 是与整流电流的平均值成正比，所以万用表只能用来测量正弦电压。所测交流电的频率应该在 45 ~ 1 000 Hz的范围内。

(4)电阻的测量

测量原理基于欧姆定律。利用被测电阻接入电流回路前后电路电流的改变，来衡量被测电阻的大小，从而达到测量电阻的目的。

测量电阻时，将转换开关旋到适当的欧姆挡量程，再将两根测试笔短接，转动调零电位器，使指针指在零欧姆的位置、然后用测试笔去测量待测的电阻。每换过一次欧姆挡量程都要重新调零。

如果表内电池的使用时间较长，电动势 E 会逐渐下降，造成电流减小而产生误差。其明显的特征是当被测电阻 $R_X=0$ 时，指针不能偏转到满刻度的位置，即零欧姆的刻度位置。为此万用表都装有调零电位器。在 $R_X=0$(将两测试笔短接)时，只要调整调零电位器的阻值，流过表头的电流仍能达到满偏转的电流使指针偏转到满刻度即零欧姆，从而保证了正常测量。当两根测试笔(表棒)分开，未与被测电阻 R_X 相接，则两笔间的电阻值为∞。这时通过表头的电流为零，指针不动，表盘上欧姆刻度为“∞”。

万用表上欧姆挡标尺是不均匀的。为了能共用一标尺通常都以标准挡尺 ×1 为基础。按 10 的倍数来扩大电阻的量程，如 R×1，R×10，R×100，R×1 k，R×10 k 等。例如转换开关旋在 R×1 k 处，测试笔外接一被测电阻 R_X。这时指针若指着刻度盘上的 35 Ω。则 $R_X=35\times1\ \text{k}=35\ \text{k}\Omega$。

2. 万用表的使用注意事项

(1)在使用前将表笔插头与插孔插准，不能插错；将转换开关设置在正确的位置上，不能放错。

(2)在测量电流、电压时，如果对所测值大小不清楚，应将量程置于最高挡上，以防止表针打坏。然后断电，转换到合适的量程上测量，以减少测量误差，一般表针指表盘中间

区域精度较高。

(3)测量直流电时,要注意被测量的极性,仪表的正负端应与被测电路的正负极对应,测量电压时,仪表并联于电路,测量电流,仪表串联于电路。

(4)测量 2 500 V 交流或直流高压时必须注意安全,防止触电,电路中有固定大电容器件时,应事先放电。

(5)测量交流电,须考虑测值的波形,万用表只适合测正弦量。

(6)测量电阻时,被测电阻至少有一端与电路完全断开,并要切断电源再进行测量;测量低值电阻时,要注意表笔的接触电阻;测量高电阻(大于 10 kΩ)时,应注意不要形成并联支路(如不要将二手同时分别触及表笔导体或触及电阻二端引线)。

(7)测量电阻时,每次选好量程挡后,都需调零,将表笔短路,调节调零旋钮,使表针指零,若指不到零,则应换电池或检查线路,排除故障后再进行测量。

(8)使用完毕后,应将转换开关置于"OFF"挡或交流电压最大量程位置。

(二)钳形电流表的使用

1. 钳形电流表的原理

通常在测量电流时,需将被测电路切断,才能将电流表或电流互感器的原边线圈串接到被测电路中。而钳形电流表是在不需断开电路的情况下,进行电流测量的一种仪表。如图 4-10 所示。

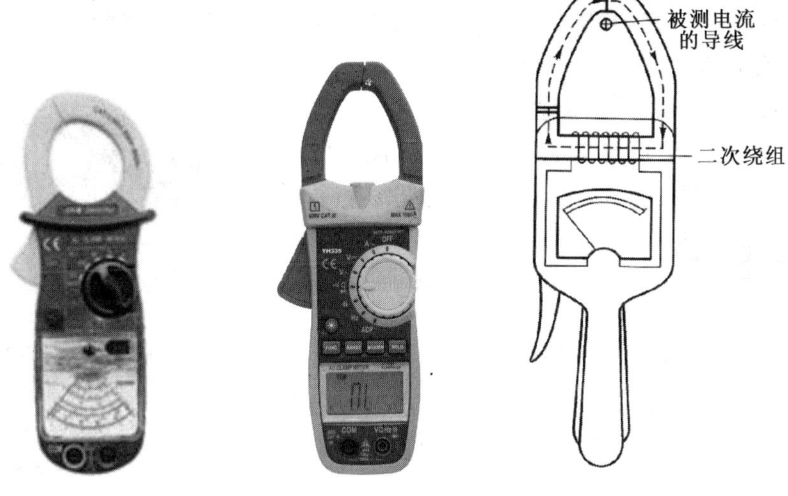

图 4-10 钳形电流表

钳形电流表具有使用方便,不用拆线、切断电源及重新接线的特点。但它的精度不高,只能用于对设备或电路运行情况进行粗略了解,而不能用于需要精确测量的场合。

钳形电流表是由电流互感器和电流表组成的,互感器的铁芯有一活动部分同手柄相连。当握紧手柄时,电流互感器的铁芯便张开,将被测电流的导线卡入钳口中,成为电流互感器的原边线圈。放开手柄,则铁芯的钳口闭合。这时钳口中通过导线的电流,便在副边线圈中产生感应电流,其大小取决于导线的工作电流和匝数比。电流表接在副边线圈的两端，它所指示的电流取决于副边线圈中的电流，该电流的大小与导线中工作电流成正比。因此，将折算好的刻度作为电流表的刻度。当导线中有工作电流流过时，与副边线圈相接的电流表指针便按比例偏转，指示出所测的电流值。钳形电流表中的电流互感器和普通的电流互感器不同，它没有原边绕组，它的原边绕组就是钳口中被测电流所通过的导线。

2. 钳形电流表的使用注意事项

（1）测量前应将转换开关，置最大量程挡，估测后再变换合适量程。

（2）不允许在测量电流时切换量程。

（3）测量电流时，被测载流导线应放在钳口中央，以免产生误差。

（4）应保证钳口紧密结合。

（5）测量较小的电流时，为了得到较精确的数值，在条件许可的情况下，可把导线绕几圈放进钳口测量，但实际测量值应为读数除以放进钳口内的圈数。

（6）测量完毕后，一定要将转换开关置于最大量程挡，以免再次使用时，由于疏忽未选择量程而损坏仪表。

（三）兆欧表的使用

1. 兆欧表的原理

兆欧表是用来测量绝缘电阻的仪表，如图 4-11 所示。绝缘材料的绝缘性能会因受潮、发热、老化等原因而下降。当其达不到规定的要求时，设备就不能正常使用。便携式兆欧表主要由一台小容量、输出高电压的手摇发电机和一只磁电系比率表及测量线路组成，所以便携式兆欧表也常被称为摇表。

兆欧表上有 3 个接线柱，分别是“线路端（L）”、“接地端（E）”和“屏蔽端（G）”。测量时一般只使用兆欧表的“线路端（L）”和“接地端（E）”两个接线端接被测对象。但在测量特高电阻或被测物表面有较严重漏电时需使用“屏蔽端（G）”，以消除漏电引起的误差。

图 4-11　便携式兆欧表

2. 兆欧表的使用注意事项

（1）测量电气设备绝缘电阻时，应根据设备额定电压的大小选用不同等级的兆欧表。额定电压在 500 V 以上的设备，应选用 1 000 ~ 2 500 V 的兆欧表，额定电压在 500 V 以下的设备，一般选用 500 V或 1 000 V 的兆欧表，额定电压为 36 V 以下的电气设备只能选用 100 ~ 200 V 的兆欧表。

（2）被测设备必须切断电源，并将设备放电，以保障仪表和人身安全并使测量结果准确。

（3）测量用连接导线，应用单股线分开连接，不能用双股线和绞线，以免绞线绝缘不良引起测量误差。

（4）测量前应对兆欧表进行一次开路和短路试验，检查仪表是否良好，连接线开路，

摇动兆欧表手柄，表针应指在“∝”，连接线短路，摇动手柄，表针应指在“0”，否则表有故障。

(5)对有可能感应出高电压的设备，应采取必要的措施消除这种可能后，才能进行测量。被测设备表面要擦干净，以免造成测量误差。

(6)测量时，保持兆欧表转速 120 r/min，要在表针指示稳定后读取数值。

(7)在测量电缆的缆芯导体对外壳和绝缘电阻时，应将 L 线接缆芯导体，E 线接电缆金属护套，G 线接电缆套芯之间的内层绝缘物，G 线主要用以消除因表面漏电而引起的测量误差。

(四)交流电压表、电流表的使用

1. 交流电压表的使用

测量交流电压需用交流电压表，测量低电压时，可将电压表直接并联在电路中，若测量的电压较高，超出电压表最大量程，就需要扩大量程。可以采用在测量机构中串联一个限流电阻，或连接电压互感器的办法扩大电压表的量程。电压互感器有以下使用注意事项：

(1)电压互感器副边不能短路，否则会因短路电流大而烧毁。

(2)电压互感器的铁芯及副边的一端都应可靠接地，以防止因原副边绕组间的绝缘损坏而导致原边高压进入副边，危及人身安全。

2. 交流电流表的使用

测量交流电流需用交流电流表，当被测电流不超过表头的允许值时(一般在几十微安到几十毫安之间)，则可将表头直接与负载相串联。若被测电流超过表头的允许值时，就必须扩大量程。可以采用并联分流器，或连接电流互感器的办法扩大电流表的量程。电流互感器有以下使用注意事项：

(1)电流互感器副边绝不允许带电开路。当需要检修或更换仪表时，都不应发生或留下开路点。副边不允许装熔断器。带电拆卸电流表时，应先副边短路后拆仪表。

(2)为了人身安全，电流互感器的铁芯及副边的一端都应可靠地接地。

第二节　电气控制线路识图与控制线路装配

一、电气控制线路识图

(一)控制线路中电器和元件的图形符号和文字符号

继电接触器控制系统由各种继电器、接触器、按钮、开关、其他电器及电机组成。每个电器又包含若干个元件，如主触头、辅助触头、线圈等。将有关元件用导线接成一定的电气线路，便组成了一个控制系统。为分析、设计和维护时阅图方便，国家统一规定了电工系统图形符号和文字符号来表示各种电工元器件。

(二)电气线路图

电气线路图可以分为两部分：主电路和辅助(控制)电路。电动机、发电机等通过大电流的电路属于主电路，其他均属于辅助电路。

电气线路图根据需要可以绘制成两种不同的形式:电气原理图和接线图。

1. 电气原理图

电气原理图是把系统中所有电机及控制电器按各元件在电路中的相互关系和所起的作用来绘制的,同一电器的若干部件可能画在几个不同的位置上。这种线路图能够清楚地表明电路的功能,对分析电气系统的工作原理是十分方便的。

2. 接线图

接线图又称安装图,是将系统中各个部件按其实际位置及相互连接关系绘制的,同一电器的部件必须画在一起,然后用导线按要求连接起来。这种图是供施工和检修时使用的。

(三)绘制电气原理图的规定

绘制电气原理图的规定也就是阅读线路图的方法。其主要规定归纳如下:

(1)控制系统的全部电机、电器和其他带电部分都应按国家标准规定的图形符号和文字符号绘制和标注。

(2)电气原理图一般按主电路和控制电路两部分画出:主电路在图的左边或上端,用粗线表示;控制电路画在图的右边或下端,用细线表示。

(3)整个电路与电网断开,各电器都按没有通电或不受外力作用时的正常状态画出。

(4)属于同一电器的若干部件按其在电路中的作用画在不同的电路部位上,标以相同的文字符号并用数字加以区别。

(5)电路图中,各元件一般按动作顺序从上到下,从左到右依次排开。有直接联系的导线交叉连接点要用小圆圈或黑圆点表示。

二、电气控制线路装配

在装配电气控制线路前,首先必须读懂电气控制线路图,再根据控制线路图进行接线安装。对复杂的控制线路,一般按照接线图进行接线;对一些比较简单的控制线路,也可以根据原理图进行接线。接线时,可以先接主电路,再接控制电路。接线工艺要规范,线头要接到接线端子上。

第三节　电气控制箱的常见故障查找与排除

一、根据故障现象判断故障性质和故障可能存在的环节

有了电气原理图或安装接线图后,便可以根据故障现象用看图的方法判断故障性质以及故障可能存在的环节。

尽管电气设备的故障现象五花八门,但引起故障的根本原因反应到电路上则主要有以下几种:

(1)该通的不通:要求接通的接点接触不良或断开;线圈断线等。

(2)该断的不断:要求断开的地方没有断开,主要表现为短路、接地、触头熔焊、线圈短路、绝缘电阻过小等。

(3)电压不正常:表现为失压、缺相、电压过低等。

(4)元件参数变化过大:如电阻过大或过小,各种参数整定不当等。

要根据故障现象判断故障性质和故障可能存在的环节,首先必须熟悉电路的工作原理,根据故障现象确定故障在主电路还是在控制电路,是开路故障还是短路故障,然后确定故障的具体位置。

确定故障在主电路还是在控制电路的方法:凡控制执行电器通断的接触器动作正常而执行电器不工作,可大致断定故障在主电路;反之故障在控制电路。

短路故障:短路通常会引起熔断器烧毁,应查明是哪个熔断器烧坏,并据此查明短路原因。

开路故障:开路原因有很多。首先在读懂电路图的基础上,找出可能造成开路的若干种原因,每种原因中故障点可能在哪条支路。

二、运用断电或带电查线法寻找故障点,并排除故障

在读懂电路图,熟悉电路的工作原理的基础上,根据故障现象判断故障性质和故障可能存在的环节,再运用断电或带电查线法寻找确定故障点,并排除故障

断电查线法:首先断开电源,确保被测电路断电后方可进行测量。把万用表打到欧姆挡(R×1),调好零位,查找开路点或短路点。

带电查线法:把万用表的转换开关切换到交流电压挡,要注意万用表的量程,接通电源,按下起动按钮,观察设备动作情况,若发现动作不正常,应根据故障现象深入分析确定是主电路故障还是控制电路故障。再用万用表测量相应各处电压是否正常,确定故障点。

需要指出的是,带电查找时由于是带电操作,要特别主要两点:一是不能使用万用表的电阻挡而应使用交流电压挡,而且万用表的量程必须大于所测电路的实际电压;二是要防止测量过程中发生短路和人体触电。

第四节　船用电机的维修

一、交流电动机解体维修的方法与操作

1. 交流电动机正确的拆卸步骤

(1)拆下联轴器;

(2)拆卸轴伸端轴承盖与端盖;

(3)拆卸风罩与风叶;

(4)拆卸端盖螺钉、连同端盖取出转子;

(5)拆卸轴承。

2. 电机解体注意事项

(1)对于重要的或结构复杂的电动机,如起货机、锚机等拖动电机,拆卸前根据资料应预先拟定拆卸方案;

(2)拆卸场地应宽敞明亮、清扫干净、保持干燥,附近应没有杂物,以便安放拆下的零

部件;

(3)拆卸时不得损坏机械和电气部分的结构部件,尤其抽取转子时不要碰伤定、转子绕组;

(4)拆卸时应妥善放好拆下的零部件;

(5)拆卸时应按先后次序做好标记;

(6)使用适当大小尺寸的工具,用力不可太猛;

(7)不得使用铁锤等硬金属敲打轴承、端盖等物,若须敲打也应用软金属棒或木棒垫着按对称位置均匀敲打;

(8)对于较大的电机,抽出的转子应放在转子支架上。

二、交流电动机装配并恢复功能的方法与操作

(一)交流电动机正确的装配步骤

(1)在转子上安装轴承;

(2)把风叶侧端盖装在转子上;

(3)安装转子,初步紧固风叶侧端盖螺钉;

(4)装上轴伸端端盖与轴承盖;

(5)盘动转子;

(6)紧固螺钉;

(7)装上风叶与风罩;

(8)装上联轴器。

(二)电机装配注意事项

(1)使用适当大小尺寸的工具,用力不可太猛。尤其当用扳手上紧螺钉时切忌用力过大以防扭断螺钉;

(2)不可用不同螺距和尺寸的螺钉强行旋入,螺钉上的弹簧垫片必须保留,不得舍弃;

(3)组装时注意保护绕组的端部,不得碰伤绝缘;

(4)旋紧轴承盖与端盖螺钉时,应在对称方向先后旋紧;

(5)组装时不得将异物或小零件遗忘在电机内部,即拆下的零件必须全部装上,如有缺少或多余一定要查明原因;

(6)不得使用铁锤等硬金属敲打轴承、端盖等物。若需敲打也应用套筒或软金属棒或木棒垫着按对称位置均匀敲打。

三、电机受潮、绕组绝缘值降低时的处理方法

电机绝缘电阻下降的直接原因,除一部分是绝缘老化外,主要是受潮。受潮后应进行干燥处理。电动机绕组的干燥方法有很多。

(一)灯泡干燥

灯泡干燥法工艺、设备简单,耗电少,适用于对小型电机的干燥。其烘烤设备如图4-12所示。将待烘定子置于两个灯泡之间(最好用红外线灯泡,灯泡的功率可按 4 ~

5 kW/m^{2}选用)，烘烤过程中应用温度计监视烘烤温度。对于E级绝缘电机定子烘烤温度为80 ℃≤T≤100 ℃。干燥开始时应每隔30 min测量一次温度和绝缘电阻，当稳定温度后应每隔1 h测量一次绝缘电阻，当绝缘电阻达到5 MΩ以上而且不再变化(一般绝缘电阻稳定后2~3 h)，即可停止烘干。

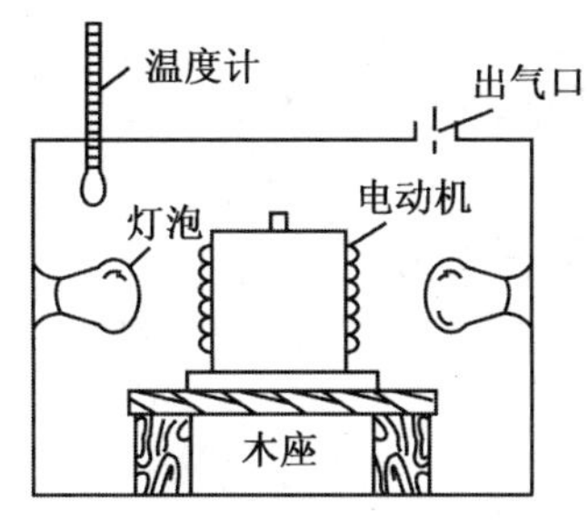

图4-12　灯泡干燥法

(二)烘箱干燥法

如图4-13所示，烘箱用铁皮焊合，将发热元件(如电阻丝)装于靠近烘房两面侧壁，发热器外面用铁皮罩住，铁皮的作用是使热量传导均匀，同时避免电热丝的火星溅在电动机绕组上。烘烤过程中，必须用温度计监视温度，不得超过允许值。

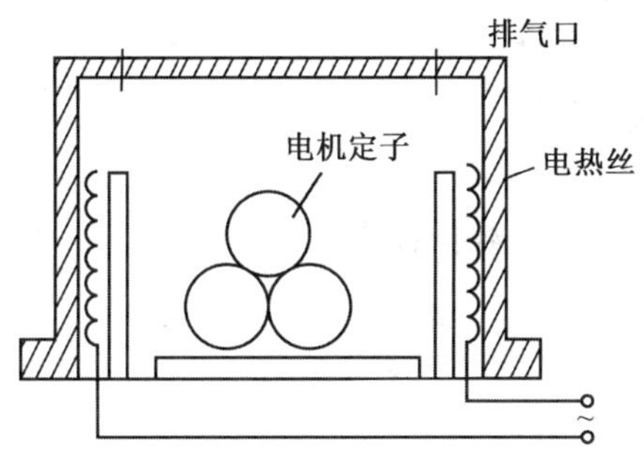

图4-13　烘箱干燥法

(三)热风干燥法

循环热风干燥室用保温材料砌成，分内外两层，中间填有石棉粉、硅藻土等隔热材料。电热器产生的热空气吹入干燥室内，其流速在200~250 mm水柱的压力下，为3~5 m/s。

(四)电流干燥法

将电动机绕组按一定的接法输入低压电流，利用绕组本身的铜损发热进行干燥。在干燥前，要将转子抽出，以免阻碍潮气的逸出，在电子绕组上加入电压，通过调压器调节电压改变电流。开始时，通入30%的电机额定电流，然后逐步加大。每相绕组所通过的烘烤电流都应控制在其额定值的60%左右。由于各种电机的体积、烘烤条件不尽相同，以通电3~4 h，绕组温度达70~80 ℃为宜。

四、三相异步电动机常见故障的判断方法与故障排除

三相异步电动机常见故障现象及其可能原因有：

(一)不能起动

可能原因：

(1)三相电源未接通(开关、熔丝、电机接线等有开路)；

(2)控制线路有故障；

(2)定子绕组有短路、开路；

(3)定子绕组一相或两相开路；

(4)轴承或转子卡住。

(二)电机起动后转速低且显得无力

可能原因：

(1)电源电压过低；

(2)负载过重；

(2)单相运行,勉强起动后过载；

(3)定子绕组应接 Δ 形而错接成 Y 形；

(4)鼠笼转子导条或端环断裂或开焊。

(三)电机温升过高

可能原因：

(1)负载过重,且保护装置失灵；

(2)电源电压偏离额定值；

(3)定子绕组有短路或接地；

(4)重载下单相运行；

(5)电机机械方面不灵活,空载损耗大；

(6)散热有障碍；

(7)环境温度过高。

(四)电机运行时噪声大

可能原因：

(1)单相运行；

(2)定子绕组引出线接错；

(3)定、转子相擦；

(4)轴承损坏或严重缺少润滑脂；

(5)风扇叶碰壳；

(6)振动过大。

(五)电机运行时振动过大

可能原因：

(1)单相运行；

(2)电源电压三相不平衡；

(3)转轴弯曲变形；

(4)机组安装时对中不良；

(5)地脚螺栓松动。

(六)轴承过热

可能原因：

(1)轴承磨损严重或损坏；

(2)润滑脂过多、过少或变质；

(3)电动机端盖或轴承安装不良；

(4)联轴器安装不良；

(5)转轴弯曲变形。

第五节　船舶电力系统的继电保护及主要故障的判断与排除

一、自动空气断路器的维护、常见故障的判断及排除

(一)自动空气断路器的维护要求

自动空气断路器的维护要求有：

(1)自动空气开关在使用前应将各电磁铁工作表面(如失压脱扣器电磁铁吸合面)的防锈油漆或油脂擦净，以免影响开关的动作值。

(2)操作机构在使用一段时间后(可考虑1~2年或约1/4机械寿命一次)，在传动机构部分应加润滑油(小容量塑壳式断路器不需要)；

(3)每隔一段时间(例如定期检修时)，应清除落于断路器上的灰尘，以保证断路器绝缘良好。

(4)灭弧室在因短路分断后或较长时期使用后，应清除灭弧室内壁和栅片上的金属颗粒和黑烟灰。长期未使用的灭弧室(如配件)，在使用前应先烘一次，以保障良好的绝缘。

(5)开关触头使用一定次数后，如触头表面发现有毛刺、金属颗粒等，应当予以清理以保证良好的接触。只有当触头被磨损至原来厚度的1/3时，才考虑更换触头。

(6)定期检查各脱扣器的电流整定值和延时时间，特别是半导体脱扣器，应定期用试验按钮检查其动作情况。

(二)框架式自动空气断路器主要故障的判别与排除

框架式自动空气断路器主要故障的原因与排除方法：

1.合不上闸

可能原因及排除方法：

(1)失压脱扣器不动作

检查失压脱扣线圈是否断路，若断路应修复或换新；检查脱扣按钮接触是否良好；辅助开关与线圈串联的触点接触是否良好；保险丝是否烧断。

(2)过电流脱扣器失调(动作值太小)

校正、调整到规定值。

(3)脱扣机构磨损严重，钩不住

修理脱扣机构或换新。

(4)热脱扣器动作后没有复位

停几秒,待热元件复位。

2. 合闸后无电压

可能原因及排除方法:

(1)主触头烧坏,动、静触头不接触

检查、修理或更换主触头。

(2)动触头连接线松脱或断线

检查连接线及连接处,接好或紧固螺钉。

3. 断路器跳闸

可能原因及排除方法:

(1)失压脱扣器的脱扣钩握持不牢

检查脱扣机构。

(2)失压脱扣线圈串联电阻过大

检查串联电阻及连线是否良好。

(3)失压脱扣器反作用弹簧拉力过大

检查、调小弹簧拉力。

(4)过电流脱扣器失调(动作值太小)

校核、调整到规定值。

二、发电机外部短路、过载、失(欠)压故障的判断方法

(一)发电机外部短路故障的判别

这里指的是按规范要求的对发电机外部短路保护,即发电机电流大于等于200% I_N(额定电流)时主开关跳闸这一故障的判别。对于自动化电站,当发生发电机主开关跳闸,主电网失电,除报警外机舱没有其他任何反应且报警指示的是短路保护时,说明这时发生了发电机外部短路故障。对于常规电站,当发生发电机主开关跳闸,这一跳闸不是出现在有关人员的操作失误上(如并车操作等),不是发生在同时起动几台大负荷时,不是出现在利用船上起货机进行装卸货作业时,不是出现在先出现转速下降后发生主开关跳闸,也不是出现在先发生电压下降后再跳闸(从照明灯的亮度可得到判别),这时一般可断定发生了发电机外部短路故障,但也不排除主开关本身故障引起跳闸。

(二)发电机过载保护的判别

发电机过载主开关跳闸一般是发生在发电机运行在较大负荷下,在不察看发电机实际功率时起动大负荷运行,如起动空压机、压载泵等致发电机过载而跳闸;也可能发生在并联运行时,其中一台机组因机电故障保护立即跳闸,而分级卸载装置失灵导致运行机组出现过载而发生保护跳闸等场合。

(三)发电机欠电压保护的判别

发电机欠电压保护跳闸主要发生在调速器及燃油系统或调压器出现故障时场合。调速器及燃油系统故障导致欠电压保护的判断依据是先出现转速下降(这可从柴油机声音听到)后发生跳闸,调压器故障导致欠电压保护的判断依据是先出现电压下降(这可从照

明灯的亮度变化看出)后发生跳闸。

三、无功功率分配装置故障的判断与排除方法

判断两机之间的无功功率分配是否出现故障,可以采用以下两种方法:

(1)机组并联运行,两台发电机功率表(有功)指示基本相同而电流表指示相差太大时,说明无功分配不均,需要进行调节或可能存在故障;

(2)机组并联运行,两台发电机功率表(有功)指示基本相同而功率因数表($\cos\varphi$ 表)指示相差较大时,需要进行调节或可能存在故障。

在发电机并联运行时,其无功功率的分配是由自动电压调整器来自动完成的。但是如果电气元件出现故障,也会使无功分配装置出现故障。

下面以均压线连接为例来分析故障排除的方法,重点检查均压接触器:

(1)检查接触器是否通电动作,检查线圈本身、发电机主开关常开辅触头、熔断器、导线及相应接线柱等,或修复或更新;

(2)检查接触器触点是否可靠闭合,或打磨修理或更新。如果触头接触不良,会使均压线开路,并车时不易并上,即使空气开关能合闸,发电机也不能稳定地并联运行,两台发电机的电流可能同时急剧上升,直至发电机的主开关保护动作而跳闸。

四、船舶电网绝缘降低和单相接地故障的查找

船舶电网绝缘降低和单相接地故障的查找步骤如下:

(1)打开配电板式兆欧表(或接地灯),测量照明网络对地绝缘时兆欧表指示为0(接地灯中有一个灯熄灭)。

(2)在主配电板前,逐个拉掉照明配电开关,查看兆欧表指示是否恢复正常值(接地灯三个灯是否同样亮)。

(3)拉开关的区域次序应为:船员居住区—甲板照明区—机舱照明区—驾驶台通导设施。

(4)找到发生接地故障分配电开关后,切断该路供电,并在该配电开关上悬挂“严禁合闸”警示牌,关上兆欧表(接地灯)开关。

(5)在分配电箱前,运用便携式兆欧表来查找二次配电网络,逐个测量分支电路对地绝缘状况。

(6)找到接地的分支电路后,拉掉这一路分配电开关,合上其余开关,在主配电板前合上这一路配电开关向其供电。

(7)在查找具体接地点时,应从中间接线盒(如两个房间中间的)断开,来测量判断是哪一小区域(如房间)接地的。

(8)由于小区域(房间)中只有有限的几个供电点,一般不超过5个点,应逐一检查每个供电点。主要检查灯头、插头、开关部分引线,检查灯头、插头、开关内部状况,经过这些检查仍找不到接地点时,应检查接线盒至用电器间电缆直至找到接地故障点。

五、照明设备的维护

(一)照明系统维护、保养注意事项

(1)安装灯泡时,应注意灯具规格、电压等级。灯泡功率不得超过灯具所允许的容量,灯泡电压应与电源电压一致。尽量避免带电换灯泡。

(2)装卸易燃危险货物时,不可使用携带式货舱灯。

(3)甲板、船桥等露天的投光灯具用后应用帆布罩罩妥。

(4)船舶应急照明设备应有红漆记号,并经常检查灯泡是否良好。

(5)室外水密插座,接通电源前应先检查插头螺母是否旋紧,取出插头前也应先检查电源是否已切断,用毕后用防水盖盖上旋紧。

(6)张挂彩灯时,要检查供电线路及开关的载流量是否超负荷,相电流是否分配平衡,并检查保护装置是否完好。油船严禁张挂彩灯。

(二)照明系统维护周期及要求

(1)航行灯及信号灯

每航行一次,检查航行灯、信号灯供电是否正常,故障报警或显示装置是否正常。

(2)闪光灯

每二月一次,检查灯具、导线的完好性,并测量绝缘电阻。

(3)普通照明灯及可携式灯具

每半年一次,检查灯头接线是否老化、断开,同时检查室外灯具水密锈蚀情况,如有损坏要更换。

(4)应急照明

每月一次效能试验,逐路检查灯具及应急照明接触器的工作情况,如有故障应予排除。另外每半年应测量一次绝缘电阻。

(5)探照灯、运河灯

使用前应检查开关及灯具的水密、电缆、电源情况,并测量绝缘电阻。

六、船舶照明系统的常见故障检查

(一)白炽灯常见故障及其排除方法

1. 灯泡不发光

可能原因及排除方法:

(1)灯丝断裂:更换灯泡。

(2)灯座或开关触点接触不良:把接触不良的触点修复。

(3)熔丝烧毁:更换熔丝。

(4)开关损坏或电路开路:修复开关或修复线路。

(5)停电:验明停电点。

2. 灯泡发光强烈

可能原因及排除方法:

(1)灯丝局部短路:更换灯泡。

(2)灯泡标称电压低于电路电压:更换为符合电路电压的灯泡。

3. 灯泡忽亮忽暗或时亮时暗

可能原因及排除方法:

(1)灯座或开关触点(或接线)松动氧化:修复松动的触点或接线,去除氧化层。

(2)电源电压波动:查找电源电压不稳的原因。

(3)熔丝接触不良:修复或更换。

4. 连续烧断熔丝

可能原因及排除方法:

(1)灯座或接线盒连接处线头短路:重新接线。

(2)负载过大:减轻负载或扩大线路的导线容量。

(3)熔丝太细:按容量选择熔丝规格。

(4)胶木灯座两触点间胶木严重烧毁(炭化):更换灯座。

5. 灯光暗红

可能原因及排除方法:

(1)灯座、开关或导线对地严重漏电:更换灯座、开关或导线。

(2)灯座、开关接触不良:修复接触不良的触点。

(3)线路导线太长、太细,线路压降太大:缩短线路长度或更换大截面的导线。

(二)日光灯常见故障及其排除方法

1. 灯管不发光

可能原因及排除方法:

(1)启辉器损坏,或与基座触点接触不良:先旋动启辉器,试看是否发光,再检查线头是否脱落,排除后仍不发光,应更换启辉器。

(2)灯座触点接触不良或电路线头松散:重新安装灯管,或重新连接已松散线头。

(3)镇流器绕组或管内灯丝断裂或脱落:测量绕组和灯丝是否通路。

2. 灯管两端发亮、中间不亮

可能原因及排除方法:

启辉器接触不良或内部小电容击穿:按上述启辉器损坏检修方法检查,小电容击穿,可剪去后复用。

3. 启辉困难(灯管两端不断闪烁、中间不亮)

可能原因及排除方法:

(1)启辉器配用不成套:换上配套的启辉器。

(2)电源电压太低:调整电压。

(3)环境温度太低:可用热毛巾在灯管上来回熨烫。

(4)镇流器配用不成套,启辉电流过小:换上配套的镇流器。

(5)灯管衰老:更换灯管。

4. 灯光闪烁或管内有螺旋形滚动光带

可能原因及排除方法:

(1)启辉器或镇流器连接不良:接好连接点。

(2)镇流器不配套(工作电流过大):换上配套的镇流器。

(3)新灯管暂时现象:使用一段时间会自行消失。

(4)灯管质量不好:更换灯管。

5. 镇流器异声

可能原因及排除方法:

(1)铁芯叠片松动:固紧铁芯。

(2)绕组内部短路(伴随过热现象):更换镇流器。

(3)电源电压过高:调整电压。

6. 灯管两端发黑

可能原因及排除方法:

(1)灯管衰老:更换灯管。

(2)启辉不佳:排除启辉系统故障。

(3)电压过高:调整电压。

七、发电机主开关跳闸的应急处理

(一)自动化电站

(1)除因短路保护至主开关跳闸断电外,对于其他各种机、电故障至主开关跳闸,自动化电站均能自动处理,不需要值班轮机人员加以干涉,值班人员仅需按照报警指示故障进行相应检查、排除处理即可。

(2)若电网突然失电除警报声外所有设备均停止运行。此时值班人员切忌起动机组、合闸供电,首先应查看报警指示,警报必指示发电机短路,控制系统自动切换至非自动状态。应答后至主配电板后面仔细检查汇流排是否发生短路,找到短路点排除后或确信主配电板没有发生短路(船舶电网短路保护的选择性整定不当)才可按复位按钮,系统即恢复至自动状态,同时解除阻塞,此时值班人员可遥控起动值班机组投入电网运行即可。

(二)常规电站

1. 并车操作时发生电网跳电

首先检查原运行机组与待并机组的机、电状况,由于并车操作不当,发电机主开关不是过流保护跳闸就是逆功率跳闸,复位过流继电器、复位逆功率继电器(视具体发电机控制屏而定,有些不需要),一切正常时合上其中任一台机组的主开关,然后按功率大小及重要性逐级起动各类负荷,待发电机组带上相当负荷时,再将另一台机组按并车条件进行并车操作。

2. 运行机组因机械故障跳闸电网失电

首先应答警报、消声,警报或指示滑油失压或指示超速等机械故障,然后起动备用机组,待转速、滑油压力、电压正常后即可合闸供电,之后按功率大小及重要性逐级起动各类负荷,最后检修故障机组。

3. 单机运行时起动大负荷或几乎同时起动几个较大负荷(如用船上起货机进行装卸货作业)至发电机过流跳闸电网失电

若机舱报警则先应答警报、消声,复位过流继电器(视具体发电机控制屏而定,有些

不需要），然后合上发电机主开关，再按功率大小及重要性逐级起动各类负荷投入运行，之后起动备用发电机组，待一切正常后按并车操作要求进行并车投入电网并联运行，最后再起动大负荷投入运行。

4. 运行机组因发电机短路或失电压保护跳闸电网失电

常规电站大多无此报警功能，若机组仍在运行但电压很低或没有电压，说明是失电压保护跳闸，则应停这一台机组，然后起动备用机组投入电网运行，最后再检查故障机组的发电机调压器。若机组仍在运行且电压正常，说明可能是短路保护跳闸，则应检查主配电板汇流排是否短路，排除短路故障后或确信主配电板没有发生短路故障时即可合闸供电。

5. 运行机组主开关误动作跳闸或因船舶电网选择性保护不良而跳闸电网失电

鉴于常规电站无此报警功能，按上述短路保护处理方案检查，确信配电板没有发生短路后才可合闸供电。

6. 燃油供给故障（如调速器失灵、断燃油等）至主开关跳闸电网失电

常规电站基本上均没有这类监测报警点，主开关仍系失电压保护跳闸。现象：伴随着转速下降而跳闸停机。检查系统燃油供给系统，确信系统无故障后起动备用发电机组投入电网运行，然后检修故障机组的调速器。

第五章 船舶反馈控制系统基础

第一节 反馈控制系统的基本概念

反馈控制系统是轮机自动化系统的一个组成部分。反馈控制系统的作用是,把机舱中各种运行参数如温度、压力、液位、黏度等控制在所希望的最佳值上。尽管这些参数的种类不同,其控制系统的结构形式也不相同,但是组成这些控制系统的基本单元及其工作过程大致是相同的。

一、反馈控制系统的组成

自动控制过程实际上是直接模拟手动操作过程,下面以柴油机气缸冷却水的控制过程为例来解释。图 5-1 画出了手动控制和自动控制柴油机气缸冷却水温度的示意图。

柴油机 4 在运行过程中需要保持一个最佳的冷却水温度。比如冷却水进口温度为 70 ℃。在手动控制时,管理人员要用眼睛观察温度表 2,并把观察到的冷却水实际温度反应给大脑,大脑对这一水温进行分析(温度的实际值是否偏离了最佳值)、判断(实际水温是高于最佳值还是低于最佳值)和计算(实际水温离开最佳值的数量),然后输出一个控制指令给双手,用双手来改变三通调节阀 8 的开度,从而可改变对气缸冷却水的冷却强度,使冷却水的实际温度逐渐恢复到冷却水温度的最佳值上。在自动控制过程中,由于不需要人来干预控制过

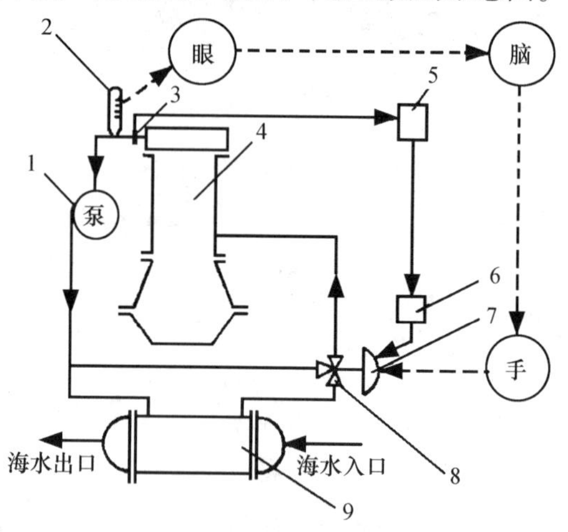

图 5-1 柴油机气缸冷却水温度控制示意图

1—泵;2—温度表;3—温度传感器;4—气缸;5—变送器;6—调节器;7—执行器;8—三通阀;9—冷却器

程，因此必须采用各种自动化仪表来代替人的感观。比如可用温度传感器 3 和变送器 5 来代替人的眼睛，随时测量冷却水的实际温度并把该值送给调节器 6。调节器相当于人的大脑对冷却水温度进行分析、判断和计算，然后输出控制信号给执行机构 7。执行机构相当于人的双手来改变三通调节阀 8 的开度。淡水水泵 1 和冷却器 9 担任冷却水的循环冷却。

通过这个实例，我们可以看到，对任何运行参数进行控制所组成的控制系统，必定要由最基本的四个单元组成，这就是：控制对象、测量单元、调节单元和执行机构。

（一）控制对象

控制对象是指所要控制的机器、设备或装置，把所要控制的运行参数叫做被控制量。例如，在上面举例的柴油机气缸冷却水温度自动控制系统中，淡水冷却器是控制对象，冷却水温度是被控量；而在锅炉水位自动控制系统中，锅炉是控制对象，水位是被控量；在锅炉蒸汽压力控制系统中，锅炉是控制对象，蒸汽压力是被控量；在空气压力的自动控制系统中，空气瓶是控制对象，空气压力是被控量；在柴油机转速的控制系统中，柴油机是控制对象，转速是被控量；等等。

（二）测量单元

测量单元的作用是，检测被控量的实际值，并把它转换成统一的标准信号，该信号叫被控量的测量值。在气动控制系统中，对应被控量的满量程，其统一的标准气压信号是 0.02 ~ 0.1 MPa；在电动控制系统中，对应被控量的满量程，其统一的标准电流信号是 0 ~ 10 mA或 4 ~ 20 mA，现用 4 ~ 20 mA 居多。在温度自动控制系统中，测量单元常采用温度传感器和温度变送器；在压力自动控制系统中，测量单元常采用压力传感器和压力变送器；在锅炉水位控制系统中，测量单元常采用水位发讯器和差压变送器；等等。

（三）调节单元

调节单元是指具有各种调节作用规律的调节器。把运行参数所希望控制的最佳值叫给定值，用 r 表示；被控量的测量值用 z 表示。把被控量的测量值离开给定值的数量叫偏差值，用 e 表示。显然 $e = r - z$。

$e > 0$，说明测量值低于给定值，叫正偏差；

$e < 0$，说明测量值大于给定值，叫负偏差；

$e = 0$，说明测量值等于给定值，为无偏差。

调节器首先接收测量单元送来的被控量的测量信号，并与被控量的给定值相比较得到偏差信号，再根据偏差信号的大小和方向（正偏差还是负偏差），依据某种调节作用规律输出一个控制信号。对被控量施加控制作用，直到偏差等于零或接近零为止。在实际应用中，调节单元有位式调节器、比例调节器、比例积分调节器、比例微分调节器、比例积分微分调节器五种，根据控制对象的特性不同及对被控量控制精度的要求，其控制系统可选用不同调节作用规律的调节器。

（四）执行机构

执行机构的输入量是调节单元输出的控制信号，执行机构的输出量是调节阀的开度。调节单元输出的控制信号经执行机构直接改变调节阀的开度，从而可改变流入控制对象物质或能量流量，使之能符合控制对象负荷的要求，被控量会逐渐回到给定值或给定值附近,系统将会达到一个新的平衡。在气动控制系统中,执行机构一般是气动薄膜调节阀或气动活塞式调节阀;在电动控制系统中,一般采用可逆转伺服电机或三相交流伺服电机。

以上四个单元在组成反馈控制系统中是缺一不可的。但对一个完整的控制系统,一般都设有显示单元,用来指示被控量的给定值和测量值。同时,对气动控制系统来说,应设有气源装置和定值器;对电动控制系统尚需设稳压电源等辅助装置。

二、反馈控制系统结构方框图

为了分析反馈控制系统工作过程方便起见,可把组成反馈控制系统的四个基本单元分别用一个小方框来表示,并用带箭头的信号线来表示各单位之间的信号传递关系。这样就构成了如图 5-2 所示的反馈控制系统结构方框图。通过方框图,要明确以下几个概念。

(一)环节

在方框图中,代表实际单元的每个小方框称为一个环节。作为一个环节必须满足两个条件:其一是,必定有输入量和输出量,并用带箭头的信号线来表示。其中箭头指向该环节的信号线为输入量,箭头离开该环节的信号线为输出量,在信号线上可标明输入和输出量的名称,也可以不写;其二是,任何环节输出量的变化均取决于输入量的变化及该环节的特性,而输出量的变化不会直接影响输入量,这就是信号传递的单向性。

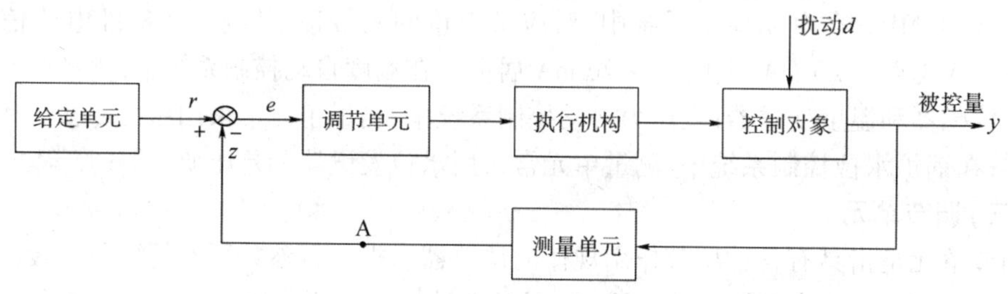

图 5-2 反馈控制系统结构方框图

(二)扰动

要把控制对象看做一个环节,它的输出量是被控量 y。引起被控量变化的一切因素统称为扰动或扰动量 d。显然,扰动量是控制对象的输入量。扰动量可分为两类,一类是轮机人员无法控制的扰动,称为外部扰动。例如,以锅炉为控制对象的水位控制系统,水位是被控量,锅炉负荷(外部用汽量)的变化会引起水位的变化,是扰动量;在柴油机气缸冷却水温度控制系统中,水温是被控量。柴油机负荷的变化,海水温度的变化,淡水冷却器中水管结水垢的多少等都会引起冷却水温度的变化,这些都是扰动量。这些扰动都是管理人员无法控制的,是属于外部扰动。另一类是轮机人员可以控制的扰动,称为基本扰动。例如,在水位控制系统中,给水调节阀开度的改变(会引起水位的变化,是输入量),在冷却水温度控制系统中,改变三通调节阀的开度(会引起水温的变化,是输入量),这些扰动是管理人员可以控制的,属于基本扰动。在图 5-2 中,有两个信号线的箭头指向控制对象,它们分别是基本扰动(执行机构的输出,即调节阀的开度)和外部扰动(用 d 表示的信号线,即控制对象负荷的变化)。

从控制对象这一环节可以看出,输入信号(包括基本扰动和外部扰动)的改变,会引起输出量(水位、水温等)的改变,而输出量的变化,不会直接影响调节阀的开度和控制对象负荷的改变,这就是信号传递的单向性。

对于基本扰动来说,改变调节阀的开度,会改变流入控制对象物质或能量流量,所谓物质流量是指,调节阀开度改变后,流入控制对象的物质(水、空气等)流量直接影响被控量的改变。例如,水位控制系统,流经给水阀水流量的改变,会影响水位的高低。所谓能量流量是指,调节阀开度改变后,被控量的变化不是取决于物质流量的改变,而是与其中所含能量的多少有关。例如,在燃油黏度控制系统中,燃油黏度的改变不是取决于流经蒸汽调节阀的蒸汽流量,而是蒸汽中所包含的热量。

(三)闭环系统

在反馈控制系统的方框图中,前一环节的输出就是后一环节的输入。这样,控制系统就形成一个封闭控制回路,称为闭环系统,反馈控制系统必定是闭环系统。如果在某处把回路断开,比如在图 5-2 中的 A 处断开,这时系统就由闭环系统变为开环系统。开环系统不再是反馈控制系统,也就不能对被控量进行自动控制。

运行参数自动控制系统,必定是闭环系统。而逻辑控制系统,如主机遥控系统的起动、换向、制动等回路,均为开环系统。

(四)反馈

在控制系统方框图中,符号“⊗”是比较环节(它不是一个独立环节,而是调节器中的一个组成部分,为清楚起见,单独画出)。它随时对被控量的给定值 r(旁标“ + ”号)与被控量的测量值 z(旁标“ - ”号)相比较,得到偏差值 e,即 $e = r - z$。e 就是调节器的输入量,调节器的输出量经执行机构改变调节阀的开度,即改变流入控制对象的物质或能量流量,目的是控制被控量。而被控量的变化经测量单元又反送到调节器的输入端,这个过程叫反馈。只有反馈才能随时对被控量的给定值和测量值进行比较,只要存在偏差,调节器就会指挥调节阀改变开度,直到测量值回到给定值使偏差 $e = 0$ 为止。这时调节器输出不再改变,调节阀的开度正好适应负荷的要求,控制系统达到一个新的平衡状态。可见,对运行参数的自动控制必须要有反馈过程,这就是把运行参数的自动控制系统称为反馈控制系统的原因。

在反馈中,有正反馈和负反馈之分。正反馈是指经反馈能加强闭环系统输入效应,即使偏差 e 增大;负反馈是指经反馈能减弱闭环系统输入效应,即使偏差 e 减小。显然,按偏差控制运行参数的控制系统,必定是负反馈控制系统。但是,在自动化仪表中,特别是在调节器中,为实现某种作用规律和功能,常采用复杂的正、负反馈回路。

现在,可用前面介绍的名词和概念,来描述反馈控制系统的工作过程:

系统在初始平衡(受到扰动前,系统稳定运行)状态时,突然受到一个扰动(控制对象受到的扰动,也可以看做是系统受到的扰动),被控量将离开初始稳定值发生变化,测量单元将把被控量的实际值检测下来,并转变成统一的标准信号送至调节器的输入端,调节器随时对被控量的给定值与测量值进行比较,得到偏差值 e,并作为调节器的输入量,调节器依据某种调节作用规律输出一个控制信号,从而改变调节阀的开度,也就是改变流入控制对象的物质或能量流量,从而可以克服扰动,逐渐消除偏差,最终使被控量又回到给定值或给定值附近,系统达到一个新的平衡状态。

三、反馈控制系统的分类

反馈控制系统按其用途、形式和特点有多种分类方法,通常有以下几种分类:

(一)按对象能源分类

反馈控制系统分为气动控制系统和电动控制系统。

在气动控制系统中,用压缩空气作为能源,气源压力是 0.14 MPa,各种气动仪表输入和输出信号为标准的气压信号 0.02 ~ 0.1 MPa。

在电动控制系统中,用电能作为能源,各种电动仪表的输入和输出信号是标准的电流信号 0 ~ 10 mA 或 4 ~ 20 mA。

(二)按仪表的结构形式分类

按仪表结构形式可分为单元组合仪表和基地式仪表。若组成控制系统的各个单位都分别制成一台独立的仪表,各仪表之间用标准的统一信号联系起来,叫单元组合仪表。若把测量单元、调节单元和显示单元组装成一台仪表,在这台仪表中,虽然仍有测量、显示和调节等功能,但在结构上,它们已是不可分割的整体,因而它们之间也不用标准信号加以联系,这种仪表叫基地式仪表。

(三)按给定值的变化规律分类

按给定值变化规律,控制系统可分为定值控制系统、程序控制系统和随动控制系统。在定值控制系统中,给定值是不变的。当系统受到扰动后,被控量的测量值会离开给定值出现偏差,控制系统的作用是逐渐消除偏差,使被控量最终回到原来的给定值上或给定值附近。机舱中大多数运行参数的自动控制系统均属于定值控制系统。一般在调节器上都有一个给定值调整旋钮,可以对给定值进行人工整定。当旋钮的位置固定以后,控制系统的给定值就不再改变。例如,在燃油黏度控制系统中,若把给定值设定在 80 s(最佳喷射黏度)上,控制系统的任务就是在系统受到扰动后,最终要把燃油黏度控制在 80 s 上。

在程序控制和随动控制系统中,给定值是变化的。控制系统的作用是,使被控量始终跟踪给定值,随给定值而变化。两者的区别在于,程序控制系统给定值的变化是按人们事先安排好的规律进行变化,一般给定值是一个时间的函数,如柴油机在高负荷区加速的转速控制。随动控制系统给定值是某个参数的函数,这个参数的变化是任意的,不可能按事先安排好的规律来描述。如在自动舵中,控制船舶航向的改变就属于随动控制系统。这里需注意的是,在自动舵中,既有随动控制又有定值控制,船舶的航向是可以任意改变的,设定一个航向就是改变航向的给定值,这是随动控制系统;当设定航向不变时,即给定值不变,这是定值控制系统。

四、反馈控制系统的控制过程

反馈控制系统的控制过程是一个动态到稳态控制过程。

一个控制系统在运行过程中,若输出量(被控量)不随时间变化而是稳定在给定值上或给定值附近,系统的这种状态叫稳态。稳态是控制要到达的目标,是平衡的状态。但是稳态是暂时的、相对的,因为系统经常会受到扰动,系统的平衡状态(稳态)就会遭到破

坏。系统受到扰动后，由于控制对象有惯性，被控量不能突变。因此在受到扰动的短时间内，偏差不大，这样调节器输出的控制信号及经调节阀流入控制对象的物质或能量流量的改变量都不大，它不足以克服扰动，使偏差越来越大。随着偏差的增大，调节器输出的控制信号及由它所指挥的调节阀开度变化量都增大，克服扰动能力增强。控制系统在实际运行中，调节阀开度的变化量往往会过头，使被控量在向给定值恢复过程中，会出现反向偏差，即被控量会使给定值产生波动。以后在调节器控制作用下，波动越来越小，最终被控量会稳定在新稳态值(给定值或给定值附近)，系统达到一个新的平衡。

系统从受到扰动开始到被控量稳定在新稳态值，系统达到新的平衡状态的过程，也就是被控量随时间的变化规律，这为动态过程，也叫过渡过程。动态过程的特点是一个衰减振荡过程。

评定控制系统动态控制过程好坏的指标是控制过程品质的指标。

控制系统之所以会出现动态过程，是因为对系统施加了输入(扰动)信号。其扰动形式是随机的，很难用一个数学表达式来精确地描述它，但可以归纳为四种扰动形式，这就是：阶跃形式、线性形式、脉冲形式、正弦形式。其中阶跃扰动是最严重的扰动，控制系统能把阶跃扰动控制住，对其他扰动形式也就容易控制了。所谓阶跃扰动是取扰动的突变形式，即在 $t=0$ 时刻(在施加扰动瞬间)，扰动量突变一个值，以后这个值保持不变。如果这个突变值是一个单位，就称为单位阶跃扰动。阶跃扰动是基本符合实际的扰动形式。

船舶的控制系统大部分是定值控制系统。对于定值控制系统来说，评定动态控制过程品质指标包括最大动态偏差 e_{max}、衰减率 φ、过渡过程时间 t_p、振荡次数 N 及静态偏差 ε 等。

第二节　船用自动化仪表的基本知识

一、自动化仪表的主要品质指标

在船舶自动控制和监视系统中，我们希望仪表所检测的参数值能完全反映出该参数的实际值。但是，不论品质多么好的仪表，所测结果与参数的真值之间总有一定的差别，习惯上称为“误差”。对自动化仪表品质的要求，主要是看它能以多大的准确度来反映被测量参数的真值。测量值与真值越接近，仪表的误差就越小，测量精度也就越高。但仅用误差来描述仪表的好坏是不够的，还必须从多方面来鉴别仪表的品质。

(一)基本误差与附加误差

基本误差是由于仪表结构中的间隙、摩擦、刻度不均或分度不准等原因所造成的误差，即为仪表本身缺陷所造成的误差。因此，一台好的仪表在加工制造时，就应制作得很精密，尽量减小基本误差。

附加误差是仪表在使用中，由于外界条件的影响，如环境温度、湿度、振动等所引起的误差。一般在仪表设计中预先都采取了一些补偿措施来减小附加误差，但不可能彻底消除。

在仪表的说明书中，规定了使用方法和使用条件，以免带来过大的附加误差。

(二)绝对误差

绝对误差又称指示误差,若仪表表示的被测参数值为 A,而被测参数的真值是 A_0,则绝对误差 $\Delta = A - A_0$,被测参数的绝对真值是很难得到的,一般是用精度高的标准仪表所测得的平均值作为被测参数的真值 A_0。

绝对误差是不能完全反映仪表的精度的,比如 $\Delta = 0.01$ MPa,若测量范围是 10 MPa 的话,该误差可忽略不计。但若测量范围是 0.02 ~ 0.1 MPa,则这个误差已大到该仪表不能再使用了。因此就需要相对误差的概念。

(三)相对误差

相对误差 δ 是指仪表的绝对误差与仪表指示值之比的百分数,即

$$\delta = \frac{\Delta}{A} \times 100\% \tag{5-1}$$

相对误差是能反映测量仪表的精确度的。

(四)仪表的精度

仪表的精度就是仪表盘或说明书中所写的精度等级,常见的等级有 0.1 级、0.2 级、0.35 级、0.5 级、1.0 级、1.5 级、2.0 级、2.5 级等,其中 0.1 级、0.2 级和 0.35 级多用于标准仪表。

仪表的精度是指测量中的最大绝对误差的绝对值 $|\Delta_{max}|$ 与仪表的最大测量范围(量程)A' 之比的百分数,即

$$\delta = \frac{|\Delta_{max}|}{A'} \times 100\% \tag{5-2}$$

通常用去掉百分号的数字表示仪表精度的等级。

(五)仪表的灵敏度

灵敏度 S 是指仪表对输入信号开始有反映的灵敏程度,若仪表的输入量变化 Δx,相对应的输出量变化 Δy,则仪表的灵敏度 S 为

$$S = \frac{\Delta x}{\Delta y} \tag{5-3}$$

可见,仪表的灵敏度越大,越能测出微小的输入变化。一般小量程仪表的灵敏度比大量程的灵敏度高。

(六)仪表的不灵敏区、灵敏限、变差

由于仪表活动部件的摩擦、间隙、弹性元件滞后现象的存在,当输入信号(测量)有一微小变化时,仪表输出(指示值)仍然不变,这就是不灵敏区。

灵敏限是指引起仪表输出有一微小变化时、所需输入量的最小变化值,一般认为不灵敏限等于 1/2 不灵敏区。

仪表的变差是指在外界条件不变的情况下,多次由不同方向使仪表输入为同一真值时,仪表指示值之间的最大误差。即仪表在同一测量点,其正行程和反行程指示值之差。可见,仪表的不灵敏区是由输入量的变化来表示的,而变差是以输出量的指示变化来表示的,它们都是仪表结构不完善程度的标志。

二、常用气动仪表及气动元件和组成原理

(一)船舶机舱常用气动仪表

在船舶机舱中,自动化仪表的应用是相当广泛的,其中气动控制的自动化控制系统比较常见,因此气动仪表在机舱里也比比皆是。自动化仪表不仅能在反馈控制系统中,对运行参数进行自动控制,同时也能对运行参数进行测量和显示。

自动化仪表按用途分类,有测量仪表、显示仪表、调节器和执行机构;按使用能源分类,有气动仪表和电动仪表;按结构形式分类,有基地式仪表和单元组合仪表。

在实际应用中,船上所采用的气动仪表中,基地式仪表和单元组合式仪表两种形式都有,而气动单元组合仪表应用得更多一些。因此,了解常用的气动单元组合仪表的结构组成、工作原理及在管理中应注意的问题有助于日常的机舱管理。

船舶常用的气动仪表有气动差压变送器、色带指示仪、气动 PID 调节器、气动执行器等。

(二)常用气动仪表的主要元部件

气动仪表的种类繁多,功能相同仪表的结构也是千差万别的。但是,这些仪表的基本都是由基本元部件组成的,主要有弹性元件、节流元件、气体容室、喷嘴挡板机构和功率放大器等。

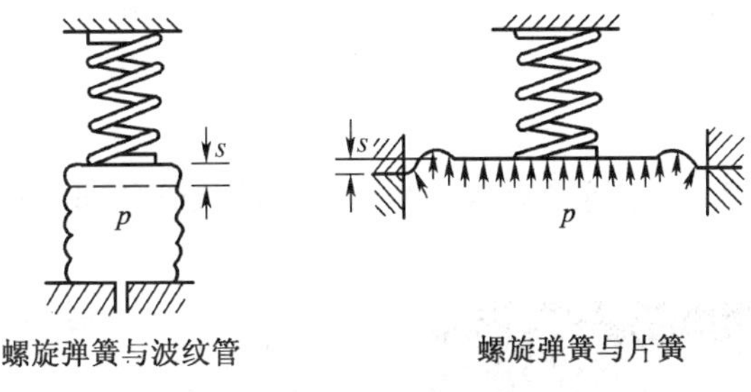

图 5-3　弹性支承元件

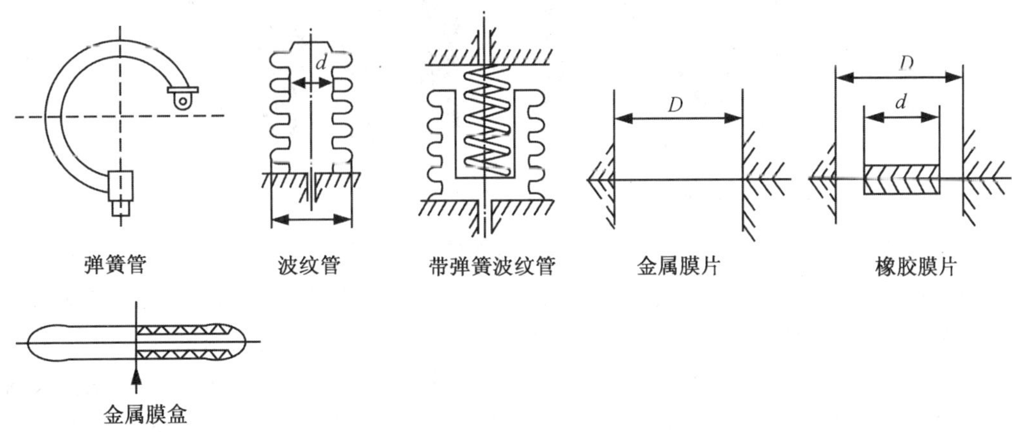

图 5-4　弹性敏感元件

1. 弹性元件

弹性元件是气动仪表重要的元件。分弹性支承元件和弹性敏感元件两类。弹性支承元件有螺旋弹簧和片簧,用于支承、平衡或增强弹性敏感元件的刚度;弹性敏感元件的作用是将承受的压力或轴向推力转变成位移信号。

弹性支承元件螺旋弹簧刚度 E 较大,通常与弹性敏感元件组合使用,以增加其刚度,也多用于调整弹性敏感元件的初始位置;弹性敏感元件的刚度 E 较小、灵敏度(刚度的倒数)δ 较大,当对弹性敏感元件施加一定的轴向推力时,其变形位移量较大,也就是说,它们对轴向推力的变化反应是敏感的,如图 5-3 所示。

弹性敏感元件有弹簧管、波纹管、金属膜片、橡胶膜片和金属膜盒等,如图 5-4 所示。

(1)波纹管

波纹管是压力测量仪表中的一种测压弹性元件,如图 5-5 所示,在压力、轴向力、横向力或弯矩作用下能产生位移。波纹管通常采用金属圆柱形薄壁折皱结构,有多个横向波纹的壳体,主要用途是作为压力测量仪表的测量元件,将压力转换成位移或力。波纹管管壁较薄,灵敏度较高,测量范围为数十帕至数十兆帕。另外,波纹管也可以用作密封隔离元件,将两种介质分隔开来或防止有害流体进入设备的测量部分。

从图 5-3 中,波纹管在使用过程中通常是一端被固定,另一端为自由端。假定,送入波纹管的气压信号 p,它是弹性敏感元件的输入量,波纹管的位移量 s 是弹性敏感元件的输出量,显然输出与输入的关系是:

$$s = \frac{PF_e}{E} \tag{5-4}$$

式中,F_e 是波纹管的有效面积,这个有效面积要大于波纹管顶部的几何面积 $\pi d^2/4$;E 是波纹管和支承弹簧的总刚度。

图 5-5　波纹管与螺旋弹簧实物图

从上面的式子可以看出,弹性元件在弹性变形范围内,其刚度 E 为常数,波纹管的有效面积为常数。则弹性元件的输出量 s 与输入量 p 之间是成比例关系的。实验结果表明,对波纹管的压缩变形比拉伸变形具有更好的线性关系,且处于压缩状态能承受较大的压力。如果一开始让波纹管处于自由状态,其工作过程中是处于拉伸变形,则它的变形量不大就进入了非弹性变形区。所以,在实际安装波纹管时,常采用预压缩的办法来提高波纹管的线性使用范围。

波纹管制作材料是黄铜,精度要求高的可以用锡磷铜或铍青铜。

(2)金属膜片

金属膜片的工作情况与波纹管的工作情况相似,也是感受气压或压差信号,输出是膜片中心部位的位移或力信号。在弹性变形范围内,其变形量很小。为增加它的线性范围,常制成波纹状,且与水平面成一定角度。

金属膜片由铍青铜、锡磷铜或不锈钢等材料冲压制成。

另外,也有非金属膜片,如橡胶膜片,橡胶膜片很软,在小的工作范围内,其刚度可近似看成为零。在实际使用中,往往制成波纹状且中间加硬芯。

(3)弹簧管

弹簧管功能是把输入的压力信号转换成自由端的位移量。使用时一端固定并作为压力信号的输入口,另一端密封并处于自由状态。有单圈弹簧管和多圈弹簧管两种。单圈弹簧管自由端位移量较小,如果在弹性变形范围内要得到较大的变形,可采用多圈弹簧管。

2. 节流元件

在气动仪表中,节流元件起着阻碍气体流动的作用,又称为气阻。它能产生压降和改变气体的流量。节流元件按其工作特点可分为恒节流孔和变节流孔两种类型。

(1)恒节流孔

常用的恒节流孔节流元件有两种:毛细管式和小孔式,如图5-6所示。

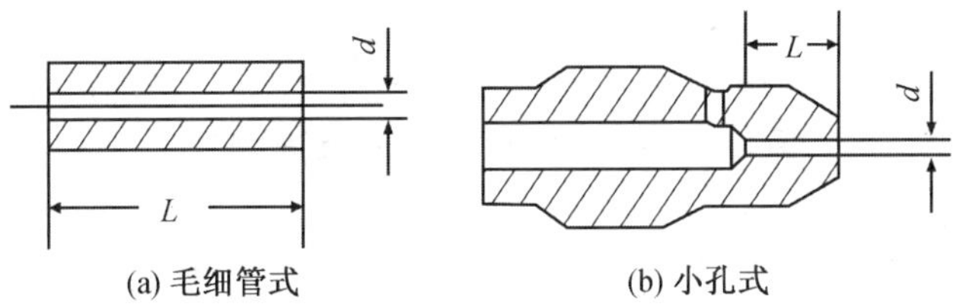

图5-6 恒节流孔

毛细管式可用不锈钢或玻璃管制成,直径为0.18 ~ 0.3 mm。小孔式恒节流孔的内径有几种规格,即0.25 mm、0.30 mm、0.50 mm,长度为4 mm。

衡量节流元件特性的参数是气阻。通常把气体流过节流元件在两端产生的压降,与气体流量之间的对应关系称为节流孔的流量特性。显然,节流孔内径越小,产生的压降也就越大。

我们常用气阻 R 来表示节流元件对气体流动阻碍作用的大小,若气体在节流孔中处于层流状态时,气阻 R、压降 Δp 和流量 G 之间的关系为

$$R = \Delta p/G \tag{5-5}$$

或

$$\Delta p = G \cdot R \tag{5-6}$$

由于恒节流孔内径不能改变,气阻不能调整,所以常称为恒气阻或固定气阻。

(2)变节流孔

变节流孔是指,气体经过节流孔流通时的流通面积是可以调整和改变的,其结构形式

有:圆锥—圆锥型,圆柱—圆锥型,圆球—圆锥型等,如图 5-7 所示。由于变节流孔的流通面积是可调的,故在气体流过节流孔产生相同压降的情况下,其流量是不同的,即气阻 R 不同,所以变节流孔的气阻 R 叫可调气阻。常用变节流孔组成变节流阀,用于调整比例带、积分时间和微分时间。

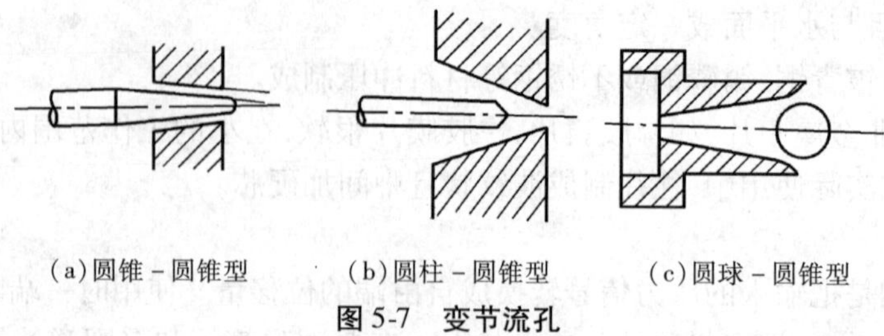

(a)圆锥-圆锥型　(b)圆柱-圆锥型　(c)圆球-圆锥型

图 5-7　变节流孔

(3)气体容室

气体容室简称气容,在气动仪表或气路中,能贮存或放出气体,对压力变化起惯性作用。气动系统采用气体容室有:定容气室和弹性气室,结构如图 5-8 所示。

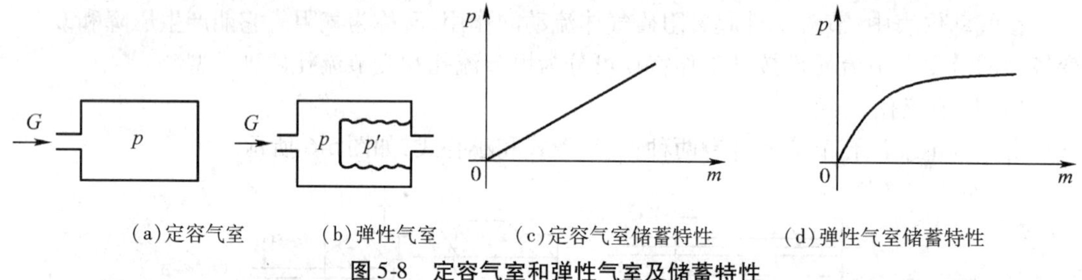

(a)定容气室　(b)弹性气室　(c)定容气室储蓄特性　(d)弹性气室储蓄特性

图 5-8　定容气室和弹性气室及储蓄特性

①定容气室

定容气室是连接在气动管路上的一个能贮存气体或放出气体的空腔,其特点是它的体积不变。一个气体容室贮存空气量的能力,常用气容 C 来表示,气容 C 的物理意义是,气体容室内,每升高单位压力所需增加的空气量,即

$$C = \mathrm{d}m/\mathrm{d}p \tag{5-7}$$

式中,dm 是气体容室内空气贮存量的增量,dp 是空气压力的增量。可见,气容 C 的大小是由气体容室的体积决定的。体积越大,压力每升高一个单位,气室内需要增加更多的空气贮存量,说明它贮存空气的能力大,即气容 C 大。

对定容气室来说,由于气室的体积不变,故气容是个常数,其储蓄特性如图 5-8(c)所示。

② 弹性气室

弹性气室是在空腔中加装了一个波纹管,其容室的体积(空腔与波纹管之间的体积)是随压力 p 的变化而变化的。因此,弹性气室在充、放气过程中,气容是变化的。它的储蓄特性如图 5-8(d)所示。

4. 喷嘴挡板机构

喷嘴挡板机构是气动仪表最基本,也是最精密的元件。它的作用是,把挡板微小的位移转换成相应的气压信号。喷嘴挡板机构的结构如图 5-9 所示。它由恒节流孔 1、喷嘴

3、挡板4及背压室2(恒节流孔与喷嘴之间的气室)所组成。

与恒节流孔相比较,喷嘴的孔径 D 要大得多,保证挡板全开(远离喷嘴)时,背压室的压力能降低到接近大气压力。同时,喷嘴的轴心线必须与挡板垂直,保证挡板全关(靠上喷嘴)时,具有良好的密封性,这时背压室的压力接近气源压力0.14 MPa。显然,挡板开度 h 越小(挡板离喷嘴越近),气体从喷嘴流出的气阻越大,背压室中的压力越高。若挡板开度 h 增大(挡板离喷嘴远),气阻越小,背压室中的压力越低。实际上,喷嘴挡板是起到变气阻的作用,不同的挡板开度就对应一个不同的背压室的压力,在稳定工况下(恒节流孔与喷嘴流量相等),背压室中压力不变,即背压室压力 p(输出量)与挡板开度 h(输入量)之间的对应关系称为喷嘴挡板机构的静特性。其静特性实验曲线如图5-9所示。

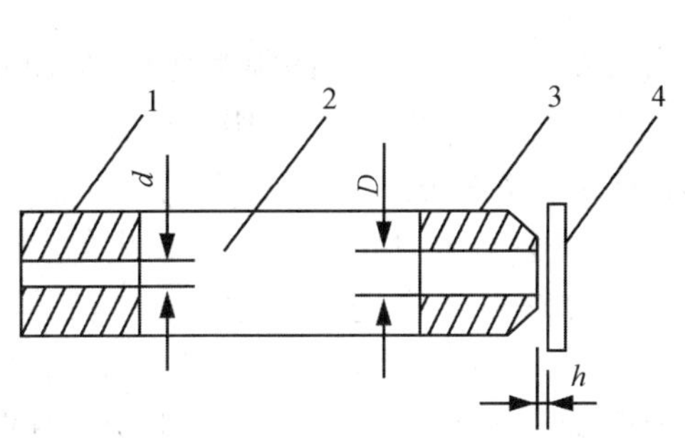

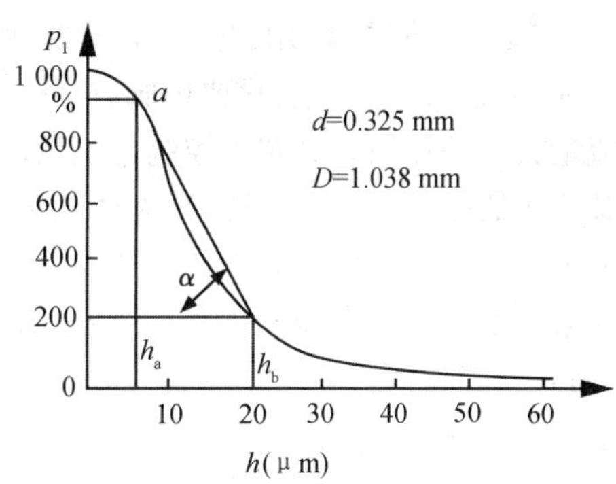

图5-9　喷嘴挡板机构的结构和静特性

当挡板处于全关($h=0$)状态时,由于喷嘴挡板的加工和装配精度所限,难免有一点漏气,这样背压室的压力不能等于,而只能接近于气源压力0.14 MPa。在挡板全开时,由于喷嘴孔径远大于恒节流孔的孔径,使背压室压力接近大气压力。挡板从全关逐渐移到全开时,背压室中的压力 p 将从接近气源压力逐渐降低到接近大气压力。从静特性曲线图上还可看到,各点的斜率是不相同的。也就是说,背压室的压力与挡板开度之间不是严格的线性关系,特别是静特性曲线上、下两头,是明显的非线性关系。但是,在a、b两点之间,随挡板开度 h 的变化。背压室压力变化很快,静特性曲线很陡。这时用a、b两点间的直线来代替a、b两点间的曲线其误差是不大的。这样,在喷嘴挡板机构的工作范围(背压室压力为0.02 ~ 0.1 MPa)内,可把它看成是线性元件。这样,喷嘴挡板机构背压室中压力的变化量 Δp 与挡板开度变化量 Δh 之间的关系可表示为

$$\Delta p = K_1 \cdot \Delta h \tag{5-8}$$

式中,$K_1 = \tan\alpha$,是比例系数,实际上它是 a、b 两点间的平均斜率。喷嘴挡板机构通常是工作在 a、b 段上,称之为工作段。由于工作段线性度好,能保证仪表的精度和灵敏度。

5. 气动功率放大器

由于喷嘴挡板机构中的恒节流孔的流通面积很小,工作时输出的空气量很少,很难直接动作执行机构,甚至传送距离远一点,其压力信号也会有较大的衰减。为此,几乎所有的气动仪表,都在喷嘴挡板机构的输出端串联一个气动功率放大器,对喷嘴挡板机构输出的压力信号进行流量放大或流量、压力放大,即功率放大。

气动功率放大器结构形式很多,但基本上有两种:一种是对喷嘴挡板机构输出的气压

信号不放大压力,只放大流量,为非耗气型的气动功率放大器;另一种是流量压力都放大,为耗气型的气动功率放大器。

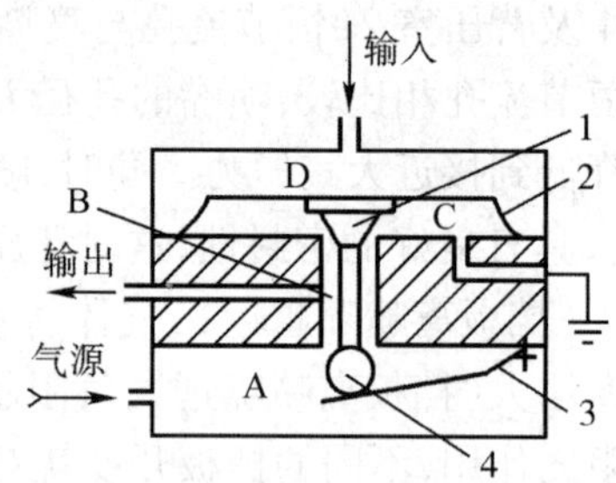

图 5-10 耗气型气动功率放大器结构原理图

1—锥阀;2—金属膜片;3—弹簧片;4—球阀

图 5-10 给出了耗气型气动功率放大器结构原理图。图中,A 室接压力 0.14 MPa 的气源,C 室通大气,放大器的输入压力信号 p_d 加在金属膜片 2 的上方,B 室的压力是放大器的输出压力信号 $p_{出}$。由两个变节流阀构成了放大气路,一个是球阀 4,另一个是锥阀 1,它们起着不同的作用,球阀 4 控制来自 0.14 MPa气源的进气量,只要球阀有一微小的位移,就能引起进气量的很大变化,从而满足流量放大的作用。锥阀 1 控制排气量。当输入压力信号 p_d 增大时,克服金属膜片 2 和弹簧片 3 的张力使阀杆下移,开大球阀关小锥阀,这样由 A 室进入 B 室的空气量增加,而由 B 室经锥阀排入大气量减少。B 室的压力即放大器输出压力 $p_{出}$ 增大,且输出的空气流量大大增加。反之,输入压力下降时,阀杆上移经球阀由 A 室进入 B 室的空气流量减少,而 B 室经锥阀排大气量增大,则放大器输出压力 $p_{出}$ 会降低。因此,阀杆的位移 s 就决定了放大器输出压力的大小。当金属膜片 2 的有效面积为 F,则金属膜片 2 承受的轴向推力为 p_dF 与金属膜片位移变形之间的关系如图 5-11 所示。

当输入信号 p_d 等于大气压力时,金属膜片与阀杆之间存在一个间隙 s_0。输入信号开始增大时,金属膜片的位移使 s_0 逐渐减小。当 p_d 增加到 p_0 时 $s_0 = 0$,这是图中斜线 *I* 的情况,金属片刚好与阀杆接触。当 p_d 由 p_0 继续增大时,由于金属膜片承受的轴向推力 p_dF 不足以克服弹簧片 3 的预紧力及气源对球阀的作用力,金属膜片 2 与阀杆均无位移,这是水平线 *II* 的情况。只有 p_d 增大到 p_a 后,阀杆开始有位移,放大器开始有输出,我们把此时的 p_a 称为放大器的起步压力。当输入压力 p_d 由 p_a 继续上升时,放大器工作在斜线 *III* 上,即放大器的工作段。

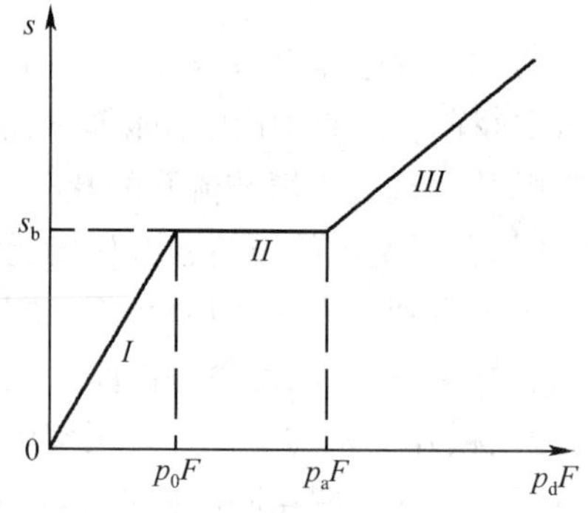

图 5-11 推力与金属膜片位移的关系

在放大器的工作段上,阀杆位移量 Δs 与输入压力的变化量 Δp_d 已成比例,放大器输出压力的变化量 $\triangle p$ 出与阀杆位移的变化量 Δs 成比例。因此可得到:

$$\triangle p_{出} = K_2 \cdot \Delta p_d \tag{5-9}$$

式中,K_2 称为气动功率放大器的放大倍数。它与金属膜片的有效面积、弹性组件的刚度及放大器的结构因素有关,当金属膜片及弹簧片选定后,可以近似把 K_2 看做是常数,所以气动功率放大器是一个放大倍数为 K_2 的比例环节。

(三)气动仪表的主要环节简介

气动仪表大都是按反馈原理设计,由三个环节组成,即放大环节、反馈环节和比较环节。组成原理如图 5-12 所示。

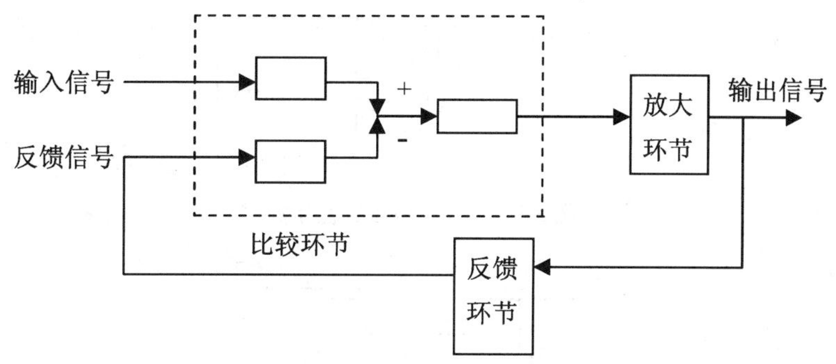

图 5-12　气动仪表的组成原理

1. 气动仪表的放大环节

放大环节起信号放大作用，要求它具有较高的灵敏性和足够大的功率输出。前面介绍过，几乎所有气动仪表在喷嘴挡板机构的输出端都要串联一个气动功率放大器。在结构上两者往往组成一体，称为二级气动功率放大器。其中喷嘴挡板机构为一级放大。如图 5-13 所示为耗气型二级气动功率放大器结构示意图。

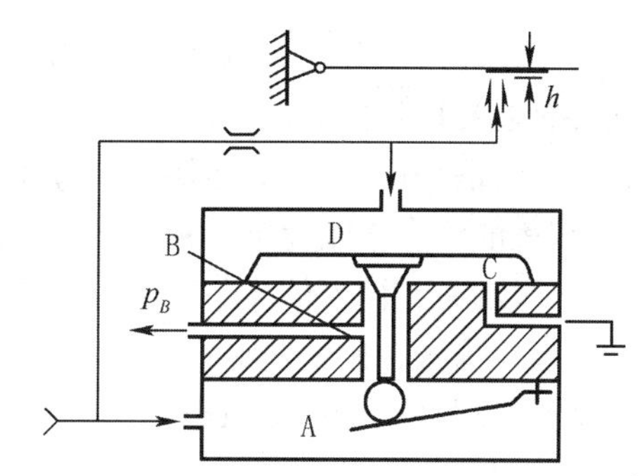

图 5-13　耗气型二级气动功率放大器结构示意图

2. 气动仪表的反馈环节

反馈环节起信号的运算作用，通常是把仪表的输出信号 Δp_{sc} 通过反馈回路，送回到仪表的输入端作反馈信号 Δp_E 与输入信号 Δp_{sr} 进行综合，如果放大环节放大倍数足够大，仪表的信号传递关系只决定于反馈回路的信号传递关系。这样，可消除放大环节各种非线性因素的影响，提高仪表的精度。

下面介绍一些常用的反馈气路环节。

(1) 节流分压器：又称为节流通室，由可调气阻 R_F、流通气室 p_1 和恒节流孔 R 串联组成，两个气阻一般都工作在层流状态。流通气室容积很小的。节流分压器可用来调整调节器的比例带，结构示意图如图 5-14 所示。

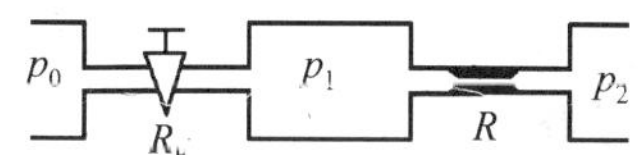

图 5-14　节流分压器结构示意图

(2) 节流盲室：节流盲室是在节流元件(可调气阻或恒气阻) 后面串联一个定容气室(盲室) 构成的，结构示意图如图 5-15 所示。在调节器中，实现积分作用就是用节流盲室作为反馈环节实现的。

(3) 比例惯性环节：比例惯性环节是由弹性气室(波纹管 E 与壳体之间的腔室)、波纹管 E'、气阻 R 及连接管路组成。结构示意图如图 5-16 所示。在调节器中，利用比例惯性环节作为反馈环节，可实现比例微分作用。

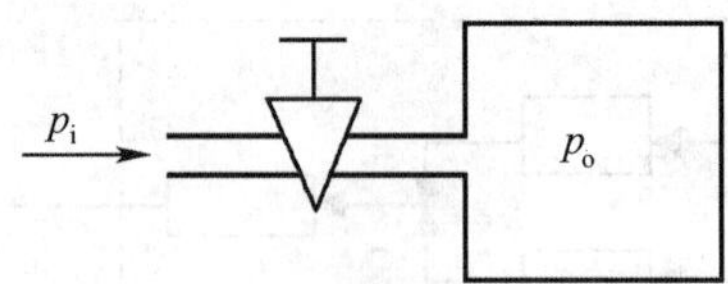

图 5-15　节流盲室结构示意图

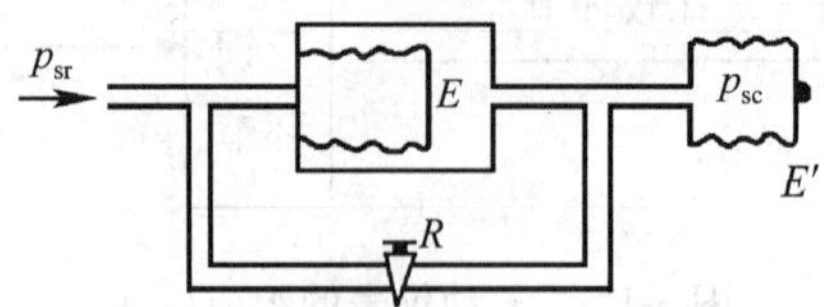

图 5-16　比例惯性环节结构示意图

3. 气动仪表的比较环节

比较环节起信号比较作用，使输入信号与反馈信号通过比较环节进行比较，直到两者处于平衡，仪表的输出才能稳定下来。在气动仪表中，比较环节常对两个或两个以上信号进行综合和比较，只有输入信号与反馈信号始终进行比较，仪表才能有稳定的输出。根据输入信号与反馈信号在比较环节的比较形式不同，气动仪表是按位移平衡原理、力平衡原理和力矩平衡原理这三种平衡原理工作的。

第三节　船舶反馈控制系统的调节器及调节规律

调节器是组成反馈控制系统的主要单元。当控制对象如锅炉水位、油柜的液位选定后，由于描述控制对象特性参数如放大系数 K、时间常数 T、迟延时间 τ 均不能改变，因此调节器就对控制系统的动态过程品质起着决定性的影响。调节器的输入是被控量的偏差值 e，调节器的输出量是调节阀门的开度 p，也就是执行机构的位置。调节器的作用规律是指调节器的输出信号 $p(t)$ 随输入量 $e(t)$ 变化的规律，即给调节器施加一个输入信号后，其输出量是按何种方式变化，也就是调节器的输出量 p 与输入量 e 之间保持怎样的函数关系，通常用 $p = f(e)$ 来表示。常用的调节器的作用规律有：双位式作用规律、比例作用规律、比例积分作用规律、比例微分作用规律、比例积分微分作用规律等五种。下面重点介绍双位式和比例作用规律。

一、双位式控制规律调节器

（一）双位控制调节器特点

双位式控制规律调节器的特点是，调节器只有两个输出状态，它不能使被控量稳定在某个值上而只能保持在一个范围内（上、下限之间）。当被控量下降到下限值时，调节器的输出接通电机电源使电机转动，或令电磁阀通电使阀门全开。当被控量达到上限值时，调节器动作使电机断电停转，或电磁阀断电阀门全关。当被控量在上、下限之间变化时，调节器输出状态不变。除了液位控制常用双位控制外，常见的空调器、冰柜温度控制均采用双位控制。

（二）YWK-50-C 型压力调节器

YWK-50-C 型压力调节器（原型号 YT-1226 型）也叫压力开关，属于双位式作用规律，可用于辅锅炉蒸汽压力的双位控制。图 5-17 画出了 YT-1226 型压力调节器的结构原理图。在比较杠杆 9 上，对支点 8 作用三个力矩并互相平衡。三个力矩分别是，由测量波纹管 11 产生的测量力矩；由给定弹簧 16 产生的给定力矩；由幅差弹簧 13 产生的幅差力矩。当输入信号 $p_{入}$ 达到压力下限值时，比较杠杆 9 处于水平位置。这时动触点 2 离开静触点 1 而紧压在静触点 3 上，此时，螺钉 15 离开幅差弹簧盘一段距离，幅差弹簧对杠杆 9 不起作用，当 $p_{入}$ 增大时，杠杆 9 绕支点 8 逆时针转动，通过拨臂 7 使舌簧 5 的下边框左移，跳簧 4 被压缩，贮存弹性能。同时，螺钉 15 逐渐与幅差弹簧盘接触，杠杆 9 再转动时，不仅要克服给定力矩，还要克服幅差力矩。当杠杆 9 转过 α 角，即 $p_{入}$ 达到压力上限值时，舌簧 5 的下边框正好与跳簧 4 在同一平面，跳簧 4 有了释放所贮存弹性能的机会，迅速把舌簧 5 弹开，使动触点 2 离开触点 3 而与触点 1 闭合。当 $p_{入}$ 降低时，杠杆 9 绕支点 8 顺时针转动，只有杠杆 9 转到水平位置，舌簧 5 下边框又转过 α 角，与跳簧 4 处于同一平面，跳簧再次把舌簧弹开，使动触点 2 离开触点 1 而与触点 3 闭合。$p_{入}$ 在上、下值之间变化时，跳簧保持原状态不变，也就是调节器输出状态不变。用螺丝刀拧动螺钉 18 可调整给定弹簧 16 的预紧力，可调整触点动作的下限压力值，用 p_L 表示，其值大小由指示器 17 来指示。调整螺钉 14 可调整幅差弹簧的预紧力，可调整触点动作的压力上限值，用 p_H 表示。则 $\Delta p = p_H - p_L$ 称为幅差。

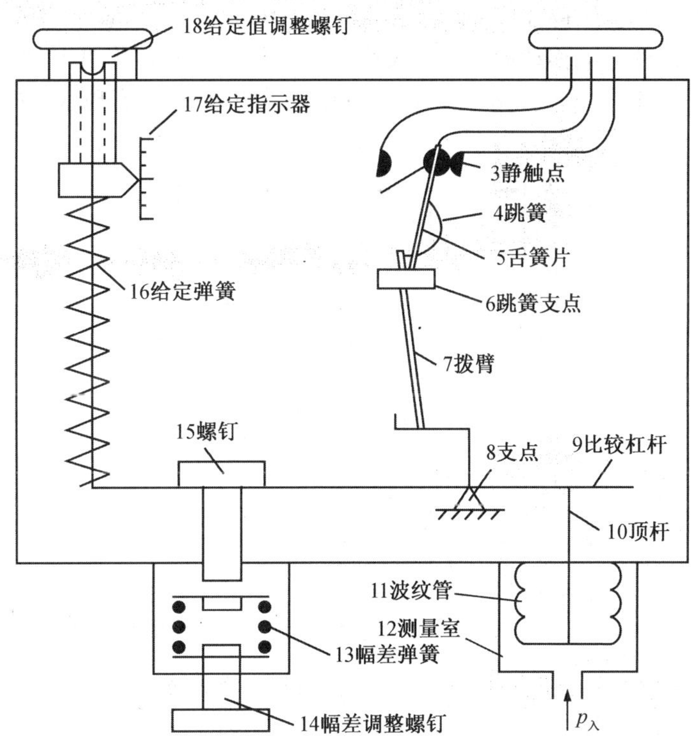

图 5-17　YWK-50-C 型压力调节器的结构原理图

螺钉14有一红色标记,在它旁边的圆柱面上有0 ~ 10挡刻度。红色标记对准0挡,其$\triangle p = 0.07$ MPa;红色标记对准10挡,其$\triangle p = 0.25$ MPa。红色标记对准不同档时,其$\triangle p$的计算公式为

$$\triangle p = p_H - p_L = 0.07 + (0.25 - 0.07) \times \frac{x}{10} \tag{5-10}$$

式中,x表示红色标记对准的挡数,压力单位为MPa。

二、比例作用规律(P)及调节器

比例作用规律是指调节器的输出量p(调节阀开度的变化量)与输入量e(被控量的偏差值)成比例变化,其输出与输入之间的函数关系是

$$p(t) = K_P \cdot e(t) \tag{5-11}$$

其中,K_P是比例调节器的放大倍数。K_P大,比例作用强,在输入相同偏差$e(t)$信号时,调节器输出量$p(t)$大,也就是调节器指挥调节阀开度的变化量大。反之,K_P小,其比例作用弱。用比例作用规律制成的调节器,称为比例调节器。

(一)比例调节器的控制过程

图5-18为一个用浮子式调节器控制水柜水位按比例作用规律进行自动控制的简单例子。它虽然不能直接用于实际的控制系统,但它所揭示的比例作用规律和特点却具有普遍意义。控制过程为:水柜的水使用时不断地从出水管流出,又不断地从进水管注入补充,调节器的作用是把水位保持在合适的高度上。当水柜的水位升高时浮子随之升高,并通过杠杆的作用使阀门杆向下移动而把阀门关小一些;反之,当水位降低时,浮子就把阀门杆提升而把阀门开大些。这样就自动把水位保持在合适的液面上,实现水位的自动调节。

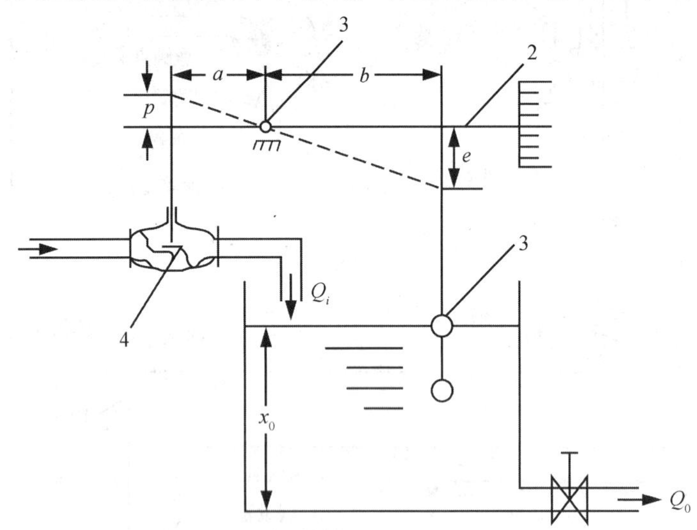

图5-18　浮子式调节器控制水柜水位

在图5-18中,水柜中的实际水位是被控量,其给定值是X_o,给水阀开度是P。在初始平衡状态下,给水流量Q_i与出水流量Q_o相等,水位稳定在X_o上,偏差$e = 0$。在初始平衡状态,水柜的出水流量Q_o应在额定值,其调节阀开度P应是全开的一半左右。这样,不论负

荷怎样变化，调节阀开度都有变化的余地，都能对给水流量加以控制。如果在初始平衡状态下，突然开大出水阀，出水流量 Q_o 增大，由于给水流量 Q_i 暂时未变，水位会连同浮子和浮子杆一起下移，杠杆绕支点顺时针转动，开大给水调节阀，增加对水柜的给水流量 Q_i，直到 $Q_i = Q_o$ 为止，水位才会稳定在比给定水位 X_o 略低的值上。相反，若突然关小出水阀，出水流量 Q_o 减少，水位连同浮子和浮子杆一起上移，通过杠杆作用使调节阀关小，减少给水流量 Q_i，直到 $Q_i = Q_o$ 为止，水位又会稳定在比给定值 X_o 略高的值上。

当水柜出水阀开度变化后，水位的实际值（浮子的位置）X 偏离给定水位 X_o 的数值就是偏差值 e 。从图上可见，P 与 e 的关系是

$$P(t) = \frac{a}{b} \cdot e(t) = K_P \cdot e(t) \tag{5-11}$$

式中，$K_P = a/b$，是比例调节器放大倍数。改变杠杆长度比 a/b，可改变 K_P 值。左移可调支点3，a 减小，b 增大，则 K_P 减小，调节器比例作用弱；反之，右移可调支点3，a 增大，b 减小，则 K_P 增大，调节器比例作用强。K_P 是衡量比例作用强弱的参数。所以，K_P 若大，系统出现一个较小的偏差 $e(t)$，调节器就能使给水调节阀开度有一个较大的变化，给水流量的变化量也比较大，克服扰动的能力强，其比例作用强。K_P 若小，被控量出现较大偏差 $e(t)$ 时，调节器指挥调节阀开度变化不大，克服扰动的能力弱，其比例作用弱。

比例作用规律的优点是，调节阀的开度能较及时地反映控制对象负荷的大小。负荷变化大，偏差 $e(t)$ 就大，调节阀开度会成比例变化，对被控量控制比较及时。正因为如此，比例作用的调节器应用比较广泛，它也是其他作用规律（双位式作用除外）的基础。但是，比例作用规律存在的缺点也是明显的。当控制对象受到扰动后，在比例调节器的控制作用下，被控量不能完全回到给定值上来，只能恢复到给定值附近。被控量的稳态值与给定值之间必定存在一个较小的静态偏差，这是比例作用存在的固有的、不可克服的缺点。下面加以说明。

在图5-18中，若水位稳定在 X_o 上时，如果对水柜施加一个阶跃的扰动，例如突然开大出水阀，出水流量 Q_o 会阶跃增大，水位逐渐降低，在杠杆（调节器）的作用下，使给水阀的开度逐渐增大，其给水流量 Q_i 也会逐渐增大，这就限制了水位的降低并使水位逐渐向给定值恢复（这与没有配控制系统的单容水柜受到外部扰动后，水位的变化规律是不同的。因为没有配控制系统的水柜，在受到外部扰动后 Q_i 是不变的）。但是，被控量不可能完全回到 X_o，只能比 X_o 低一点，才能使调节阀的开度比原来大一点。这样才能保证给水流量的增大，以适应水柜受到扰动后 Q_o 的增加，使 $Q_i = Q_o$，系统达到新的平衡；相反，若突然关小出水阀，出水流量 Q_o 会阶跃减少。$Q_i > Q_o$，水位会上升，在杠杆（调节器）作用下，调节阀要关小，使 Q_i 减小，水位逐渐向给定值 X_o 恢复。当 $Q_i = Q_o$ 时，水位将稳定在新稳态值上，该值必定比 X_o 略高一点，只有这样调节阀开度会略小一点，使给水流量 Q_i 的减小适应负荷减小的要求。

由上述可见，比例作用的结果，被控量达到新稳态值必定与给定值之间存在一个静态偏差值。实际上，比例控制系统正是靠静态偏差来适应不同负荷的要求。显然比例作用放大倍数 K_P 越大（比例作用越强），稳态时，有一个较小的静态偏差，调节阀就会有一个较大的开度变化以适用负荷的要求，因此，K_P 越大，稳态时静态偏差越小。

所以,对被控量稳态精度要求不是很高控制系统如水位控制、空气瓶的气压保持控制中,采用结构比较简单的比例调节器是较为普遍的。

(二)比例带 PB 及调整

在实际控制系统中,不是用 K_P 而是用一个无量纲的参数来衡量比例作用强弱,这个无量纲的参数就是比例带 PB,也叫比例度 δ。它是一个百分数。

比例带 PB 或比例度 δ,是指调节器的相对输入量与相对输出量之比的百分数,即

$$PB(\delta) = \frac{e/\Delta X_{max}}{p/p_{max}} \times 100\% = \frac{p_{max}}{\Delta X_{max}} \times \frac{e}{p} \times 100\% = \frac{R}{K_P} \times 100\% \qquad (5\text{-}12)$$

式中:e—— 被控量的变化量(偏差值);

ΔX_{max}—— 被控量允许变化的最大范围,叫全量程;

$e/\Delta X_{max}$—— 被控量的变化量与全量程的比值称为调节器的相对输入量;

p—— 调节阀开度的变化量;

p_{max}—— 调节阀开度的最大变化量,即全行程(调节阀从全关到全开或全开到全关叫全行程),调节阀开度变化量与全行程的比值 p/p_{max} 是调节器的相对输出量;

R—— 量程系数,$R = p_{max}/\Delta X_{max}$。

在单元组合仪表中,由于仪表采用统一标准信号(如气动单元仪表为 0.02 ~ 0.1 MPa,电动单元仪表为 0 ~ 10 mA 或 4 ~ 20 mA),则调节器输入、输出信号最大变化范围都是一样的即常数 $R = 1$。因此

$$PB = \frac{1}{K_P} \times 100\% \qquad (5\text{-}13)$$

显然,比例带 PB 与放大倍数 K_P 成反比。

比例带 PB 的物理意义可理解为,假定调节器指挥调节阀开度变化全行程(从全关到全开或从全开到全关),需要被控量的变化量占全量程的百分数就是比例带。换句话说,控制系统受到扰动后,被控量要离开给定值出现偏差,调节器将使调节阀的开度成比例地变化。偏差越大,调节阀开度的变化量越大,当偏差大到使调节器控制调节阀开度变化全行程时,该偏差占全量程的百分数就是比例带。例如 $PB = 100\%$,说明被控量变化全量程的 100%,即变化全量程,调节器使调节阀开度变化全行程,若 $PB = 50\%$,说明被控量变化全量程的一半,调节器就能使调节阀开度变化全行程。若 $PB = 200\%$,说明被控量变化了全量程,调节阀的开度只变化了全行程的一半。可见,比例带 PB 越小,在被控量偏差占全量程百分数相同的情况下,调节阀开度的变化量越大,克服扰动能力越强,比例作用也就越强;反之,比例带 PB 越大,比例作用越弱。

比例带是比例作用极为重要的参数。当组成控制系统的控制对象确定以后,比例带 PB 的大小,对控制系统动态过程品质好坏起着决定性的影响。若比例带 PB 选定太大,比例作用很弱,克服扰动的能力就弱;若比例带 PB 选定太小,比例作用很强,有一点偏差,调节阀开度的变化量就很大,相对扰动来说,调节阀开度的变化量会过头,造成被控量的大起大落,系统的振荡倾向明显增大,降低了系统的稳定性。因此,对一个实际控制系统来说,要根据控制对象的特性,调定合适的比例带 PB,以保证一个控制系统具有最佳的控

制。在一般情况下，控制对象惯性大的控制系统，要使比例带 PB 小一点，如温度、黏度等控制系统，可选定 PB 为 50% 左右。控制对象惯性小的控制系统，比例带可适当选定大一点，如液位控制系统，其控制对象惯性都比较小，可选定 PB 为 70% ～ 80%。

在调节器上装有比例带调整旋钮，用来设定比例带。比例带的可调范围，对不同类型的调节器不尽相同，一般是在 5% ～ 300% 之内。

第四节　船舶机舱中常用传感器

船舶机舱中常用多种传感器来监测各种设备运行工况的参数，需要监测的参数种类繁多，因此传感器的类型也很多。传感器是把监测的工况参数变换成电信号后传送到报警控制装置上，是船舶机舱监控系统的信息采集器。传感器按信号的状态有模拟量与开关量传感器。模拟量传感器是把被测的参数变换成连续变化的信号，用于既要监测运行设备参数是否正常，又要随时显示其运行参数的监测通道；开关量传感器是把被测参数是否超限变换成开关触点的断开或闭合，即开／关(0 或 1) 信号，适合于运行设备参数的鉴别但不能用于参数测量显示。

常用的传感器简单介绍如下。

一、温度传感器

常用的温度传感器有热电阻式、热电偶式及热敏电阻式等类型。

(一) 热电阻式温度传感器

这类传感器是利用金属材料电阻值随温度升高而增大，且在检测范围内电阻值与温度之间保持良好线性关系的特性制造的。热电阻是由铜丝或铂丝双线并绕在绝缘骨架上，再把它插入保护套内，装在要检测的管路或设备中。热电阻式温度传感器由热电阻和测温电桥组成，其测温原理线路与各型热电阻实物外观如图 5-19 所示。

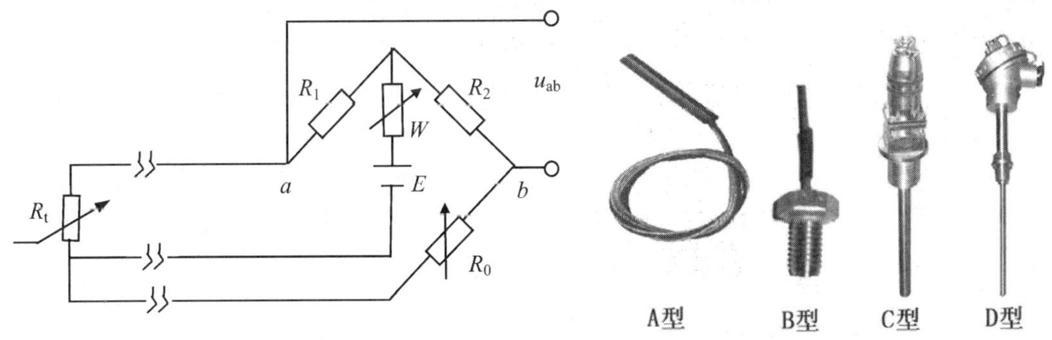

图 5-19　热电阻的三线制测温原理图与热电阻实物

热电阻 R_t 是测温电桥的一个桥臂，安装在需要监测温度的设备或管路中，连接电缆线离测温电桥较远。连接热电阻的两根导线的电阻值会随环境温度的变化而变化。这样会引起一定的测量误差。为减小测量误差，在实际测量电路中往往把“两线制” 接法改为“三线制”。这时，图中线路电阻 R_a 和 R_b 不再同属热电阻 R_t 的同一桥臂，而是分属两个相邻的

桥臂。这样当环境温度变化时，这两根导线电阻值的变化可互相抵消，实现了对环境温度变化的补偿。

R_0 是调零电位器。当测量温度为 0 ℃ 时，调整 R_0 使桥路输出 $U_{ab}=0$。

铜热电阻的测温范围 −50 ~ +150 ℃，铂热电阻的测温范围 −200 ~ +650 ℃，适合于测量温度较低的场合如主机冷却水温度、燃油温度、滑油温度等。

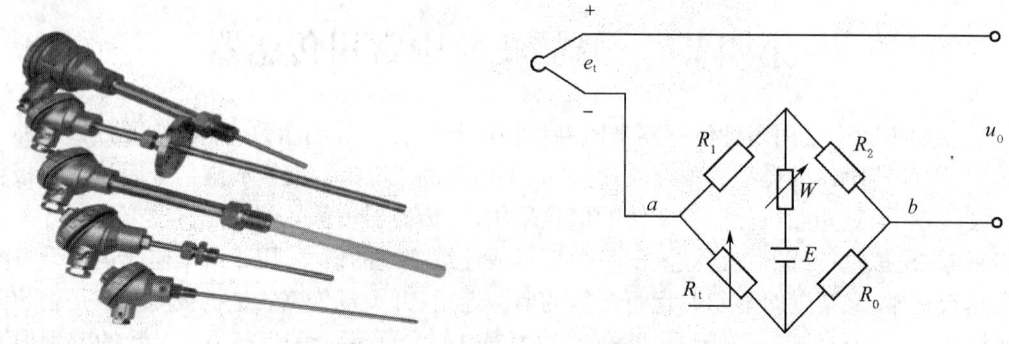

图 5-20　热电偶与冷端温度补偿电路

（二）热电偶式温度传感器

在检测高温的场合，如排烟温度、主机气缸套表面温度等，一般都采用热电偶式温度传感器。热电偶实物及冷端温度补偿电路如图 5-20 所示，它是由两根不同的金属导线或半导体材料焊接而成的。焊接端称为热端，与导线连接端称为冷端。热端插在需要测温的地点，冷端置于室温中。若热、冷两端温度不同，在热电偶回路中，会产生热电势 e_t。当冷端温度不变时，其热电势随热端温度的升高而增大。由于冷端温度是随室温变化的，若热端测量温度不变而室温升高时，则因热、冷端温差减小使热电势 e_t 也减小，这就降低了测量的精度。为了消除冷端温度变化对测量精度的影响，一般要采用冷端温度补偿措施。冷端温度补偿的方法很多，常用补偿电桥法。图中 R_0、R_1 和 R_2 是锰铜丝绕制好的电阻，它们的电阻值基本上不随温度变化。R_t 是铜丝绕制的补偿电阻，其电阻值随温度升高而增大。温度补偿电桥的输出为 U_{ab} 与热电偶输出的热电势 e 串联。这时，热电偶传感器输出电压 $U_o=e+U_{ab}$。假定热端温度不变而冷端室温升高，这时热电势要减小，而桥路中 R_0、R_1 和 R_2 电阻值基本不变，R_t 要增大，致使 a 点电位升高，故 U_{ab} 升高，故可维持 U_o 基本不变。

常用的热电偶有铂铑 − 铂热电偶（测温范围0 ~ 1 600 ℃），镍铬 − 镍热电偶（测温范围0 ~ 1 300 ℃）。机舱中检测排烟温度常用镍铬 − 镍型热电偶。

二、压力传感器

（一）电阻式压力传感器

电阻式压力传感器是由弹簧管、传动机构、电位器及测量电桥组成。外观实物及原理电路如图 5-21 所示。

弹簧管是弯C形的空心管，用来将压力信号转换成自由端的位移。滑针把电位器分成两部分 R_{f1} 和 R_{f2}，分别串联在 R_4 的桥臂上和串联在 R_3 桥臂上。当所测量的压力变化时，通过弹簧管和位移传动机构使滑针绕轴转动，改变两个相邻桥臂的电阻值，使测量电桥输出

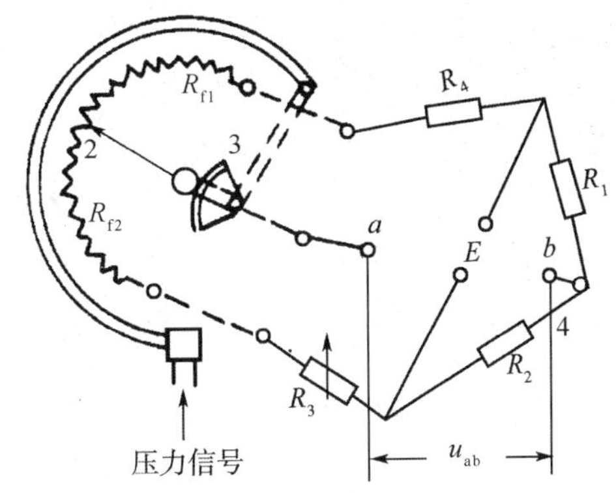

图 5-21　电阻式压力传感器及原理电路

的电压信号 U_{ab} 与输入的压力变化成比例。

这种传感器多用于静态压力的测量。

(二) 应变片式压力传感器

常见的应变片式压力传感器有金属应变片式和半导体式。外观与测量原理电路如图 5-22 所示。

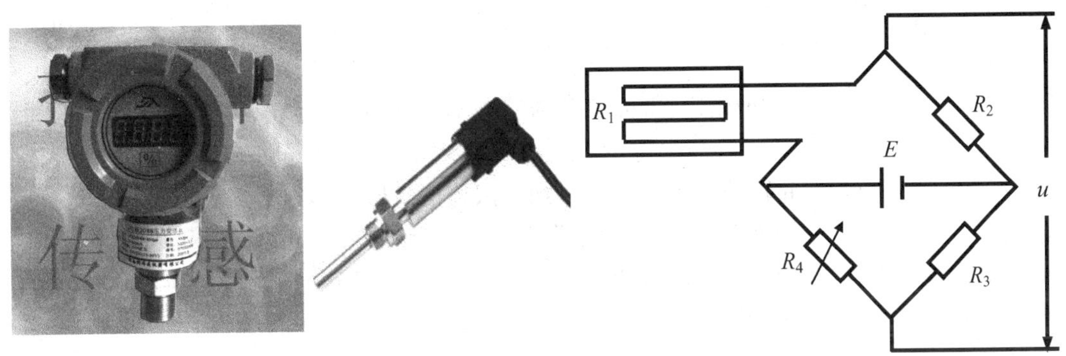

金属片式　　半导体式　　测量原理电路

图 5-22　应变片式压力传感器

金属应变片是用铜镍或镍铬等金属丝绕制成栅状，用黏结剂贴在基板上，两端焊接镀银或镀锡铜线作为引出线构成的。应变片粘贴在压力传感器的测量部分。应变片具有一定的电阻值，它作为测量电桥的一个桥臂，结构如图 5-23 所示。

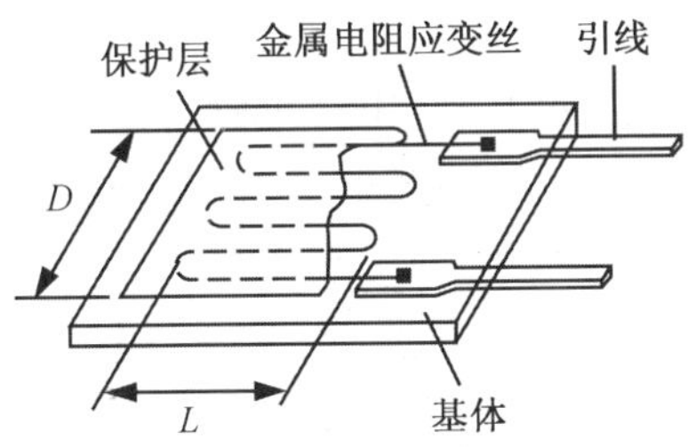

图 5-23　金属应变片结构

在测量压力为零时,调整 R_4 的电阻值使电桥处于平衡状态,输出电压 $u=0$。当测量压力增大时,应变片要弯曲变形,栅状金属丝被拉长使其电阻值增大,电桥失去平衡,并输出一个与测量压力成比例的电压信号。

应变片式压力传感器可用于监测柴油机的爆压等,可以用于测量静态压力也可用来测量动态压力。

三、液位传感器

液位传感器种类很多,有浮子式、电极式、吹气式、超声波式及参考水位罐液位传感器等。

(一)浮子式液位传感器

开关型浮子式液位传感器,它主要包括浮子、磁铁、支架、输出信号开关触点。开关型浮子式液位传感器常用于如水箱、水柜等多种液位控制场合。图 5-24 画出了采用浮子式液位传感器对锅炉水位进行双位控制的原理图。浮子式液位传感器的工作原理如下:在锅炉外面的浮子室 1 有汽管和水管分别与锅炉的汽空间和水空间相通,故浮子室内水位与锅炉水位一致。浮子 2 与水位同步变化。当水位达到上限值时,浮子杆与上面的销钉 5 相接触,并带动调节板 3 及永久磁铁 12 绕枢轴 4 顺时针转动,使磁铁 12 转至与它同极性的永久磁铁 6 在同一直线上时,由于同极性互相排斥,开关箱 8 内的永久磁铁 6 立即被向上弹开,使转轴 9 上的转杆 10 动作带动动触头 11 立即与静触头 7 断开,切断电机电源,给水泵停转,停止向锅炉供水;若外界负荷不断消耗蒸汽,水位会不断降低,浮子连同浮子杆绕枢轴 4 逆时针转动,当水位下降到接近下限水位时,浮子杆与下面的销钉 5 相碰,并带动调节板 3 一起转动。当水位下降到下限值时,两同板性的永久磁铁 12 和 6 正好相遇并互相排斥,动触头 11 立即与静触头 7 相接触,接通电机电源,并带动给水泵向锅炉供水。随着水位的上升,浮子连同浮子杆绕枢轴 4 顺时针转动,调节扳暂时不动,只有水位接近上限水位时,浮子杆才与上面的销钉相碰,并带动调节板转动,当水位上升到上限值时,两同极性的永久磁铁又相遇,动触点 11 又与静触点断开,切断电机电源,停止给水泵向锅炉供水。可见,只有水位处在上、下限值时,调节器输出状态才改变,水位在上、下限之间变化时,调节器输出状态不变,例如水位从上限值下降时,电机保持断电,水位从下限值上升时,电机保持通电,从而实现水位信号的监测与保持。

在实际使用时要注意浮子机构的机械环节的灵活性,要经常对浮子室进行清洗,避免污垢影响传感器的工作性能。

(二)电极式液位传感器

该型传感器是利用水的导电性来工作的。图 5-25 为辅助锅炉电极式水位传感器控制水位的原理电路。下面从锅炉的水位控制原理来介绍电极式水位传感器的水位监测原理。

电极式双位水位控制系统是在锅炉的外面装设一个电极室,它分别与锅炉的水空间和蒸汽空间相通,故电极室中的水位与锅炉水位一致。由于锅炉水有一定的盐分,所以它是导电的,电极室中插有三根电极棒,其中,电极 1、2 分别控制允许的上、下限水位;电极 3 用于危险低水位报警。1Z 和 2Z 是桥式整流电路。由变压器副边绕组输出的 24 V 交流

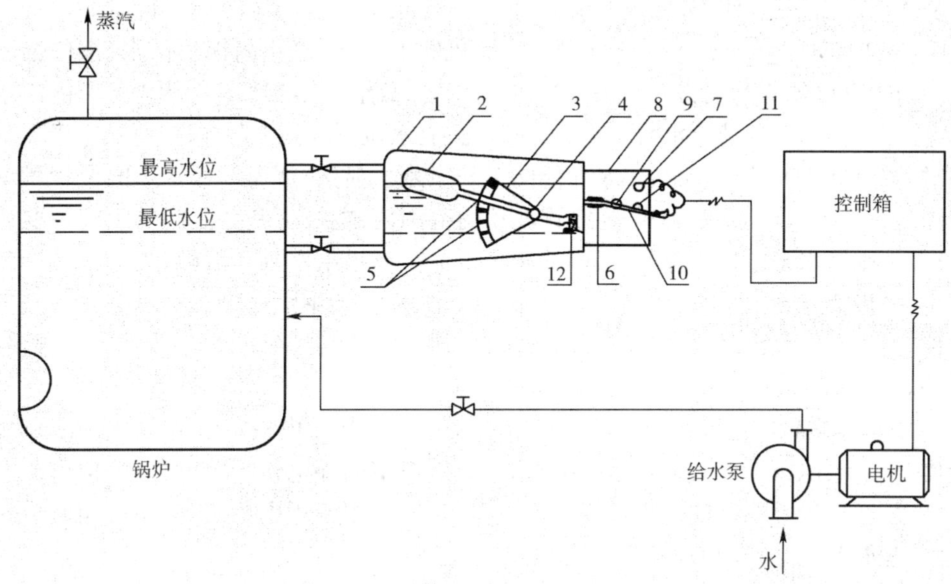

图 5-24　浮子式液位传感器.在锅炉水位双位控制原理图

1—浮子室；2—浮子；3—调节板；4—枢轴；5—销钉；6，12—永久磁铁；7—静触头；8—开关箱；9—转轴；10—转杆；11—动触头

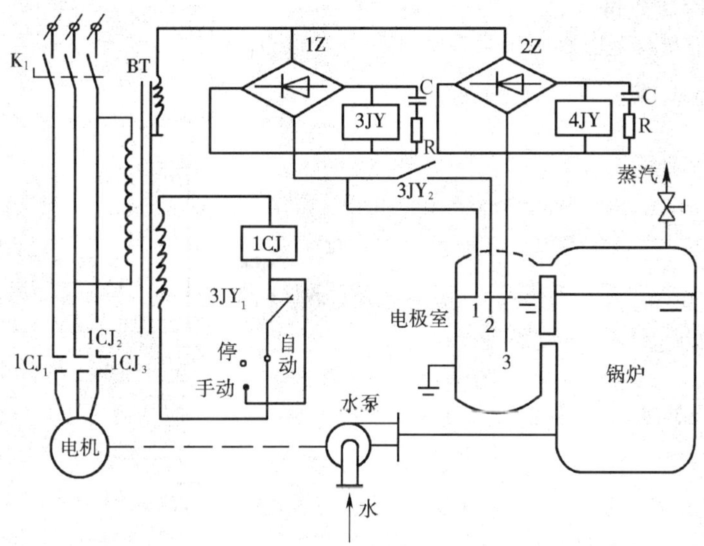

图 5-25　辅助锅炉电极式水位传感器控制水位的原理电路图

电压经 1Z、2Z，电极 1、2、3，锅炉水及电极室接地的壳体，构成交流通路，经 1Z 和 2Z 整流成直流电作为继电器 3JY 和 4JY 的电源。当水位下降到允许的下限水位时，电极 1 和 2 均露出水面，切断了 1Z 的交流通路，继电器 3JY 断电，其常闭触头 $3JY_1$ 闭合，接触器 1CJ 通电动作，其常开主触头 $1CJ_1$ ~ $1CJ_3$ 闭合，电机带动给水泵向锅炉供水，水位会不断升高。由于继电器 3JY 的常开触头 $3JY_2$ 已经断开，所以当水位超过电极 2 时，1Z 的交流通路仍然是断开的，3JY 保持断电，水泵继续向锅炉供水。当水位达到上限允许水位时，电

极1和2均浸在水里,使1Z构成交流通路,继电器3JY通电,常闭触头$3JY_1$断开,接触器1CJ断电,其常开主触头$1CJ_1$～$1CJ_3$断开,电机断电停转,停止向锅炉供水,水位会逐渐下降。由于继电器3JY的常开触头$3JY_2$已经闭合,故继电器3JY不会因电极1露出水面而断电,即不会马上起动给水泵向锅炉供水。只有水位下降到下限允许水位,电极2露出水面时,继电器3JY才会断电,水泵才能向锅炉供水。显然,调整电极1、2的位置可调整锅炉的上、下限水位。一般来说,在允许波动的范围内,电极1和2之间的距离不要调整得太小,否则给水泵电机启停频繁,影响使用寿命。如果给水泵有故障,当水位下降到下限水位,电极2露出水面时,水泵不能向锅炉供水,水位会继续降低。当水位降低到危险低水位时,电极3露出水面,切断2Z的交流电通路,使继电器4JY断电,发出声光报警,并自动停炉。

一般辅锅炉都装有两个电极室,一个工作另一个备用。电极室由于长期使用,其中水的纯度会提高,电极及电极室壳体会结水垢,使电极室的导电性能降低,水位信号监测不可靠。因此,电极室要定期放水和清洗。清洗前,要转用备用电极室,然后关闭电极室与锅炉水空间和蒸汽空间相通的截止阀,再打开电极室底部的放水阀放掉电极室中的水。这时可拔出电极,打开电极室上盖,清洗电极室壳体上的水垢和电极上的水垢。要检查电极与电极室上盖之间的绝缘是否良好。如果绝缘不好,要更换绝缘材料。电极室装复后,打开与锅炉蒸汽和水空间相通的截止阀,电极室的水位就与锅炉的实际水位一致了。

(三)变浮力液位传感器

变浮力液位传感器结构原理示意图与实物安装如图5-26所示。它由浮筒1、弹簧2和差动变压器3组成。

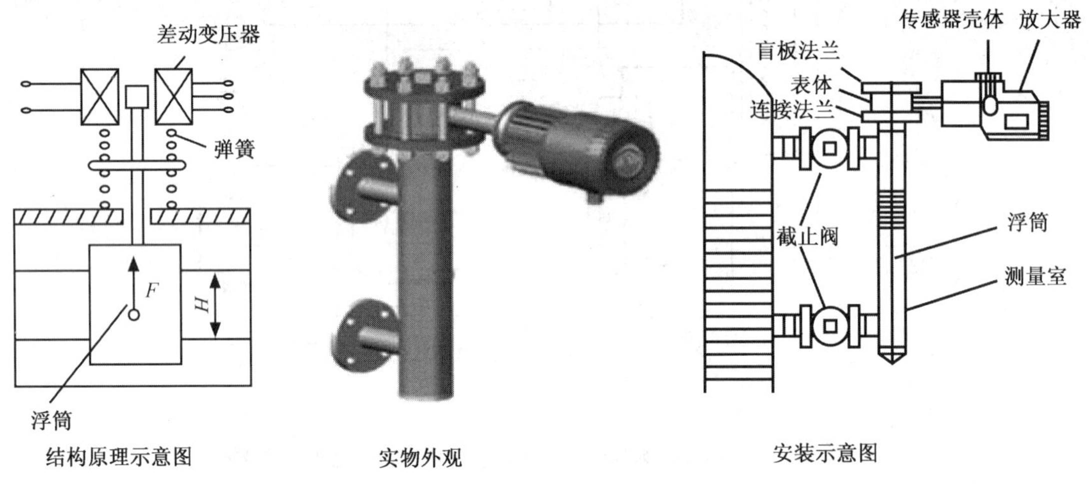

图5-26　变浮力液位传感器原理图

当液位变化时,浮筒1浸没在液体中的体积发生变化,浮筒受到的浮力F也将随之变化。于是浮筒会克服弹簧2的张力使差动变压器3中的铁芯产生位移。这样差动变压器就会输出一个与液位成比例的电信号。液位最低时差动变压器铁芯在中间位置,$u_o=0$,液位升高,铁芯上移,u_o增大。

(四)吹气式液位传感器

吹气式液位传感器是属于静压式液位传感器,其结构原理如图 5-27 所示。它是由过滤减压阀 1、节流阀 2、导管 3、平衡气室 4 及差压变送器 5 等元件组成。液位监测对象的液位高低以压力 p_0 进入过滤减压阀 1,调整节流阀 2 使液位在最高位置时,从平衡气室中有微量气泡逸出,这样导管 3 中压力始终与平衡气室压力相等。平衡气室的压力就是液位的静压力,即与液位高度成比例,因此,液位变化时,导管内的压力也随之变化,经变送器输出的气压信号就与液位高度成比例。

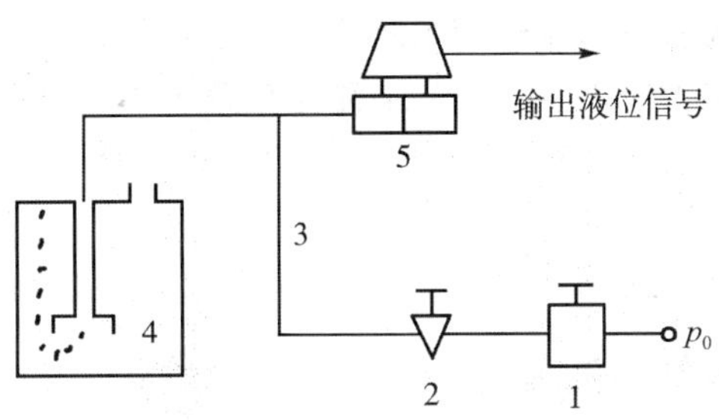

图 5-27　吹气式液位传感器

1—过滤减压阀;2—节流阀;3—导管;4—平衡气室;5—差压变送器

四、流量传感器

流量传感器有容积式、电磁式和差压式等几种。

(一)容积式流量传感器

容积式流量传感器主要用来检测船舶柴油机燃油流量和冷却水的流量。

它由检测齿轮 1、转轴 2、永久磁铁 3 和干簧管继电器 4 等部件组成,如图 5-28 所示。

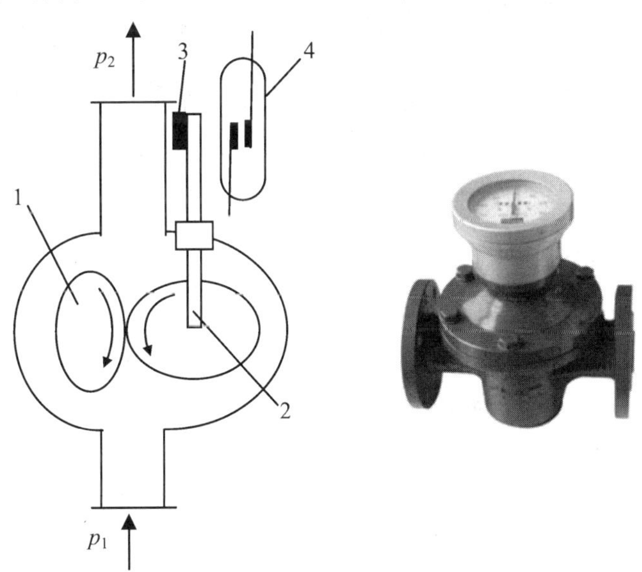

图 5-28　容积式流量传感器结构原理图与实物

1—检测齿轮;2—转轴;3—永久磁铁;4—干簧管继电器

当流体自下向上流动时，由于存在摩擦力，因此有压力损失，使进口流体压力 p_1 大于出口流体压力 p_2。检测齿轮在压差作用下产生作用力矩而转动。通过的流量越大，齿轮转速越快。齿轮转动转轴 2 上端的永久磁铁 3 磁力驱动干簧继电器 4 使其触点闭合和断开，从而输出反映流量大小的不同频率的电脉冲信号。被测介质流量越大，转轴使永久磁铁转动越快，脉冲信号的频率就越高。

（二）电磁式流量传感器

电磁式流量传感器是根据电磁感应原理来检测流量的。所以只适用于测量导电液体的流量。它主要由一对磁极、一对电极和检测放大电路组成，其工作原理如图 5-29 所示。一对磁极置于管导两侧，用于产生磁场。导电流体在磁场中垂直于磁通方向流动时，切割磁力线，于是在两个电极上产生感应电势，其电势的大小与液体的体积流量成比例，感应电势经放大后输出为标准信号。

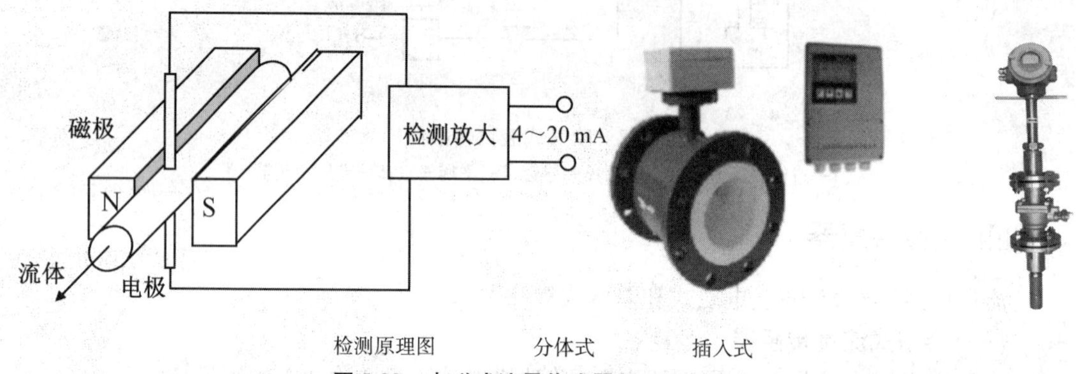

检测原理图　　分体式　　插入式

图 5-29　电磁式流量传感器原理图与实物

（三）差压式流量传感器

差压式流量传感器主要由节流装置（流量传感器）、差压计（差压变送器）组成，其原理和实物如图 5-30 所示。

它是利用流体通过如孔板等节流装置时产生压力差来反应流量变化，膜片两侧承受压力差信号如 $\Delta p = p_1 - p_2$，通过膜片硬芯使差动变压器铁芯偏离中间位置向左移动，差动变压器输出的电信号就与流量成比例。

五、转速传感器

在机舱中需要检测转速的设备有主机、发电机的原动机及废气涡轮增压器等。检测主机转速可用测速发电机和磁脉冲传感器，检测发电机原动机及废气涡轮增压器的转速，由于转速较高，一般常用磁脉冲传感器。

（一）测速发电机

测速发电机是把所测量的转速信号直接用发电机输出的电压信号来表示，也就是微型的发电机。测速发电机有直流和交流两种形式，如图 5-31 所示。

直流测速发电机输出的直流电压信号 U_a 与主机转速 n 成比例，即

$$U_a = K \cdot n \tag{5-14}$$

式中 K 是比例系数，U_a 的大小反映了主机转速的高低，U_a 的极性反映了主机的转向。

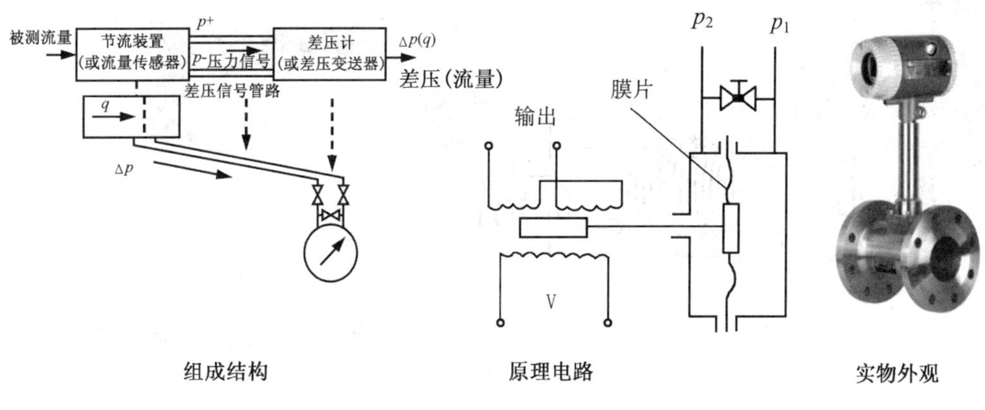

组成结构　　　　原理电路　　　　实物外观

图 5-30　差压式流量传感器组成、原理电路和实物

图 5-31　交、直流测速发电机输出电压/转速关系曲线与实物外观

直流测速发电机电路简单，但由于存在电刷、换向器等元件易引起故障，目前在船舶机舱较少使用。

船舶中较多地采用交流测速发电机。交流测速发电机输出电压信号的极性是交变的，需要对它进行相敏整流、滤波后变成直流电压信号。同样该电压信号的大小反映主机转速的高低，其极性反映了主机转向。

测速发电机测得的转速信号可送至转速表指示主机的转速和转向。但作为转速的反馈信号和逻辑信号不能使用负向电压的转速信号，尚须经过整流把倒车负极性电压转变成正极性电压信号。

(二)磁脉冲式转速传感器

磁脉冲传感器属于非接触式测速元件，它没有相对摩擦的运动部件，所以这种传感器使用寿命长、检测精度高。

磁脉冲传感器是由磁探头、脉冲整形放大电路、频率—电压转换电路及滤波电路等部件组成。磁探头是产生脉冲信号的部件。它所产生脉冲信号的频率与转速成比例，在主机的主轴或凸轮轴上装一个齿轮 5(可利用盘车的齿轮)把磁探头对准齿顶固定，磁探头与齿顶之间保持一个较小的间隙。当齿轮转动时，磁探头将交替对准齿顶和齿槽，即可输

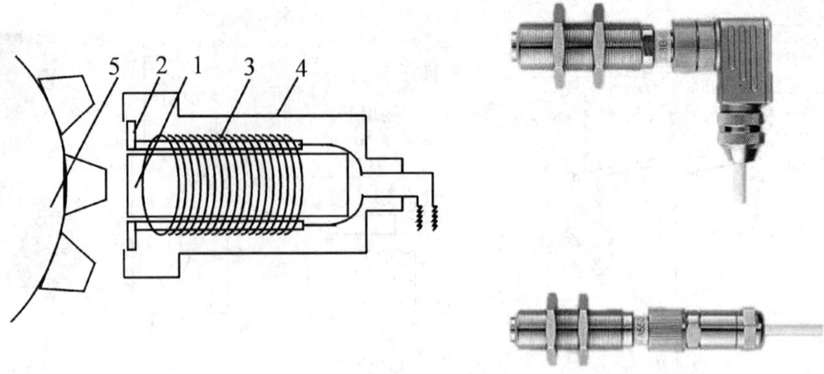

图 5-32　磁探头的结构原理与实物

1—永久磁铁;2—软铁芯;3—线圈;4—非导磁性外壳;5—齿轮

出脉冲信号。磁探头的结构原理与实物如图 5-32 所示。其中主要的组成部件是在永久磁铁 1 和软磁芯 2 上绕一组线圈 3,外罩非导磁性外壳 4 起保护作用。当齿轮转动时,磁探头对准齿顶与齿槽会交替变化,则会引起线圈内磁通变化,从而在线圈内产生与转速成比例的矩脉冲形感应电势。

在实际中是用电势的变化频率来反映转速的。磁探头每转过一个齿,线圈中磁通就变化一次,探头就产生一个脉冲,脉冲的频率为

$$f = \frac{Z \cdot n}{60} \quad (\mathrm{Hz}) \tag{5-15}$$

式中 Z 为齿轮的齿数,n 为转速。当齿数为 60 时,$f = n$,感应电势频率与转速成正比。

磁探头所得到的感应电势的脉冲信号较弱,其波形也不理想,所以要把磁探头输出的脉冲信号送入整形放大电路,使其成为同频率的具有较大幅值的矩形波。再把该矩形波送到频率 - 电压转换电路中,把它转换成与矩形波频率成比例的直流电压信号来表示主机的转速。输出的直流电压信号反映了转速的高低,两者之间为线性关系。还有一个问题要解决,为了检测主机的转向,需要装两个磁脉冲传感器,这两个磁探头空间位置要相距 1 / 4 齿距,则它们相位相差 1/4 或 3/4 个周期。这两个磁探头所获得的脉冲信号经整形放大后,分别送至由电子 D 触发器组成的转向鉴别电路,用触发器输出端的状态来表示主机的转向。图 5-33 画出了磁脉冲传感器检测主机转向的原理图。当齿轮如图示正车方向转动时,电子 D 触发器的输出 Q 端保持 1 信号,$\overline{Q}$ 端为 0,表示主机在正车方向运行。当主机在倒车方向运行时,电子 D 触发器输出端 Q 保持 0 信号,$\overline{Q}$ 端保持 1 信号,表示主机在倒车运行。

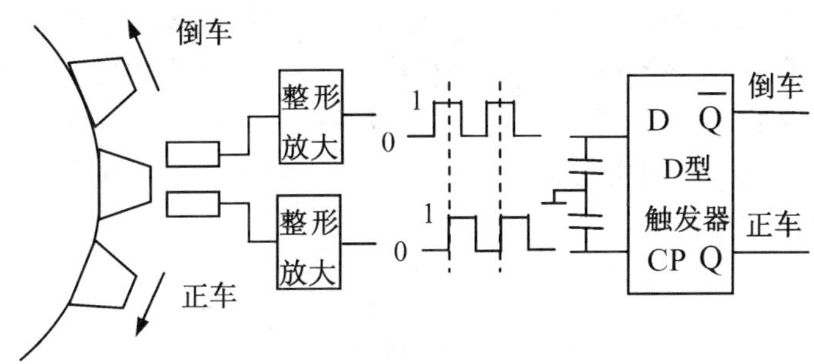

图 5-33　磁脉冲传感器检测主机转向原理图

第五节　变送器

变送器属于测量仪表。它用以测量各种运行参数(温度、压力、流量、液位、黏度等),并把这些参数的变化成比例地转换成统一的信号输出,这个输出信号送至调节器和显示仪表。根据运行参数的性质不同,变送器又有温度变送器、压力变送器及差压变送器等。尽管变送器的种类和结构形式很多,但它们的基本工作原理是相同的,其中以差压变送器最具有典型性。下面介绍气动差压变送器。

气动差压变送器输出的统一信号是0.02 ～ 0.1 MPa。

一、QBC 型气动差压变送器的结构和原理

差压变送器是根据力平衡原理工作的。不仅可直接测量压差信号,还可以间接测量液位、流量、黏度等参数。差压变送器结构类型很多,这里介绍 QBC 型单杠杆差压变送器结构和工作原理。QBC 单杠杆差压变送器的实物如图 5-34 所示,任何气动变送器都是由测量部分和气动转换部分组成。

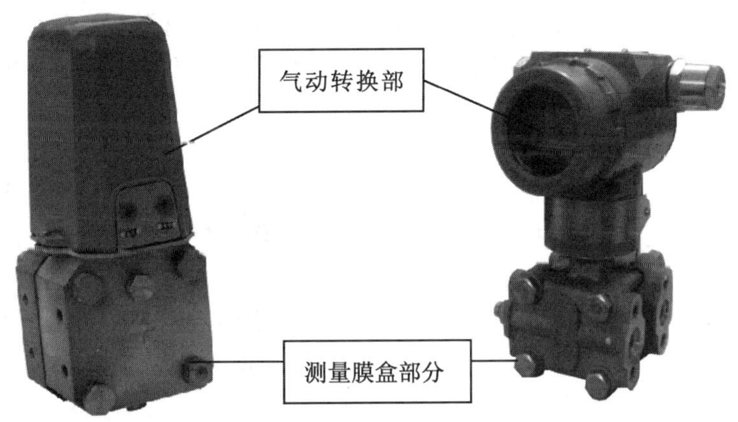

图 5-34　QBC 单杠杆差压变送器的实物图

(一)测量部分

测量部分是由测量膜盒、测量室(正压室和负压室)、主杠杆和弹性支点等部分组成。

测量膜盒结构如图 5-35 所示。测量膜盒的测量正压室和负压室,分别接收 p_1 和 p_2 压力信号。在形成测量差压信号 $\Delta p = p_1 - p_2$ 的作用下,测量膜盒内的金属膜片变形并带动主杠杆下端产生一个微小的位移,主杠杆就会绕一弹性支点转动。因此,测量部分的作用是,把输入的压差信号 Δp 的变化,转变成轴向推力 $q_{测}$ 的变化,从而使主杠杆对支点产生一个测量力矩 $M_{测}$。

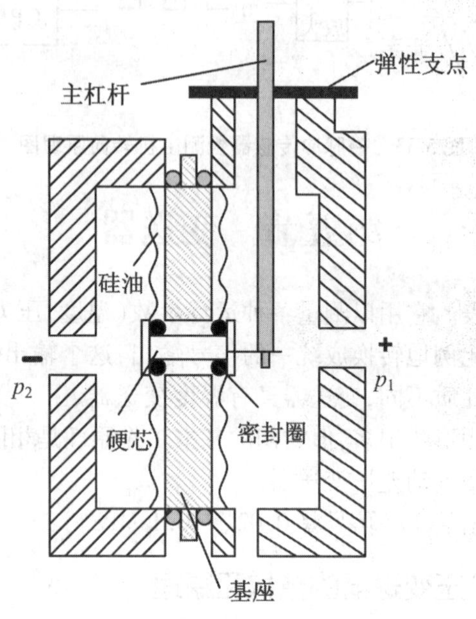

图 5-35　QBC 差压变送器测量膜盒结构示意图

测量膜盒是检测元件,在制造时先把测量膜盒抽成真空,然后充注硅油。硅油是凝固点低、体积膨胀系数小的有机化合物。它在膜盒内作为传递压力的介质,对膜片的运行起阻尼作用,防止膜片及变送器发生振荡。

弹性支点是配合主杠杆转动的支点,又起密封测量室的作用,直接与检测介质相接触。要求弹性支点要有良好的弹性、耐腐蚀性及具有足够的机械强度,一般弹性支点是用镍铬铁合金制成的。

(二)气动转换部分

气动转换部分一般包括主杠杆、喷嘴、挡板、放大环节、反馈波纹管及调零和迁移弹簧等部分组成,图 5-36 为气动转换部分结构示意图。其作用是把测量部分输出的轴向推力 $q_{测}$ 及由 $q_{测}$ 所产生的测量力矩 $M_{测}$ 转换成 0.02 ~ 0. 1 MPa 的气压信号,作为差压变送器的输出。当测量力矩 $M_{测}$ 变化时,主杠杆绕弹性支点转动,挡板开度变化使输出信号 $p_{出}$ 变化,送到反馈波纹管,产生于测量力矩 $M_{测}$ 方向相反的负反馈力矩 $M_{反}$。有

$$p_{出} = K \cdot \Delta p \tag{5-16}$$

可见,差压变送器的输出 $p_{出}$ 与测量信号 Δp 是成比例的。

(三)工作原理

单杠杆差压变送器是按照力矩平衡原理工作的。若测量室的测量差压信号 Δp 增大时,测量膜盒受到一个向左的推力,内部的主杠杆将绕弹性支点顺时针转动,顶针移动,挡

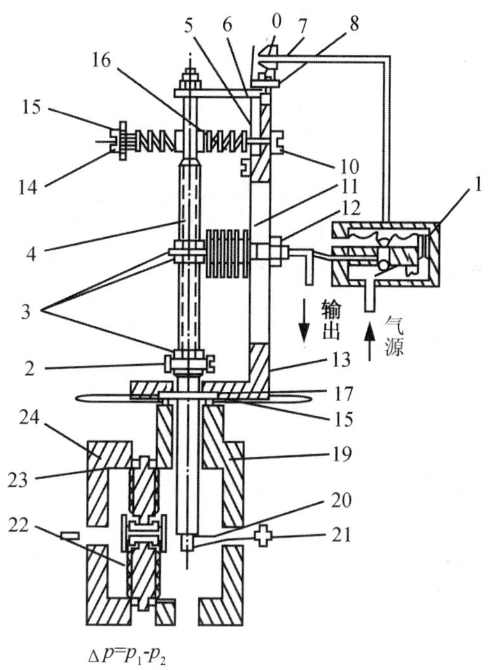

1—放大器;2—调静压误差螺钉;3、7、12—螺母;4—杠杆;5-挡板;6—顶针架;8—顶针;9—喷嘴;10、14—调零或迁移量调节螺钉;11—反馈波纹管;13—支架;15、16—调零或迁移弹簧;17—密封簧片(弹性支点);18、23—密封环;19—正压室;20—弹簧片;21—特殊螺母(锁紧);22—膜盒;24—负压室

图 5-36　QBC 差压变送器气动转换结构示意图

板靠本身的弹性移向靠近喷嘴,喷嘴背压升高,经气动功率放大环节放大,差压变送器输出压力信号 $p_{出}$ 增大。这个增大的 $p_{出}$ 代表被控量的测量值送至调节器和显示仪表。同时,该输出压力信号 $p_{出}$ 还直接送入反馈波纹管,这会限制挡板继续靠近喷嘴。当差压变送器输出信号 $p_{出}$ 增大到反馈波纹管使主杠杆对支点产生的反馈力矩 $M_{反}$,等于测量信号对主杠杆产生的测量力矩 $M_{测}$ 时,主杠杆停止不动,喷嘴与挡板之间开度保持不变,差压变送器的输出 $p_{出}$ 就稳定在比原来大一些的值上。变送器的工作又处于新的平衡状态。

气动差压变送器可以在有爆炸危险的场合工作。

二、调零和调量程

变送器在投入工作前,要根据测量信号的最大变化范围调好零点和量程。任何变送器都是如此,差压变送器也不例外。

(一)调零

所谓调零是指,当输入的测量信号 $\Delta p = 0$ 时,变送器的输出 $p_{出} = 0.02$ MPa。但是,实际上,当 $\Delta p = 0$ 时,$p_{出}$ 不等于0.02 MPa。为此,可通过调整气动转换部分的调零(迁移)弹簧,改变挡板与喷嘴之间的初始开度,直到 $\Delta p = 0$,$p_{出} = 0.02$ MPa 为止。这就是调零的操作步骤。

特别注意,变送器的零点是,输入的测量信号为0时,变送器输出 $p_{出} = 0.02$ MPa。

(二)调量程

所谓调量程是指,当测量信号达到所要测量的最大值时,变送器的输出为 $p_{出}$ = 0.1 MPa。为使 $p_{出}$ =0.1 MPa,Δp 就要越大,也就是测量值的变化范围越大,即为量程增大了。反之,为使 $p_{出}$ = 0.1 MPa,需要测量差压信号 Δp 变化较小,$p_{出}$ 就能达到0.1 MPa,即为量程小了。在单杠杆差压变送器中,测量膜盒的有效面积、空间和波纹管的有效面积都是固定不变的。所以,调量程只可在上部的气动转换部分沿主杠杆上下移动反馈波纹管来实现。打开外盖,松开量程支点的锁紧螺母,上移波纹管量程可增大量程;下移波纹管则量程将减小。

由于量程支点变了,变送器的零点也会改变,要重新调零,这个重新调零和调量程的过程可能要反复几次,直到零点和量程准确为止。有经验者,经2 ~ 3 次调整就可把零点和量程调准。请注意,零点和量程调好后,一定要把波纹管的锁紧螺母扭紧。

差压变送器有微差压变送器、低差压变送器、中差压变送器和高差压变送器之分。不同数量级的差压变送器,其测量信号 Δp 最大变化范围的数量级不同。微差压变送器的 Δp 变化范围只有几十毫米水柱,而高差压变送器的 Δp 最大变化范围高达几个兆帕。不同数量级的差压变送器在结构上的主要区别是,测量膜盒的有效面积不同。微差压变送器测量膜盒的有效面积要比高差压变送器大得多。

二、迁移原理和迁移量调整

所谓迁移是指,根据实际需要将变送器量程的起点由零迁到某一数值(可正值或负值)。迁移后,量程的起点和终点都改变了,但量程不变。

(一)负迁移

变送器量程的起点由零迁到某一负值称为负迁移。现以测量锅炉水位为例,说明其负迁移原理。目前,测量锅炉水位普遍采用参考水位罐装置,如图 5-37 所示。

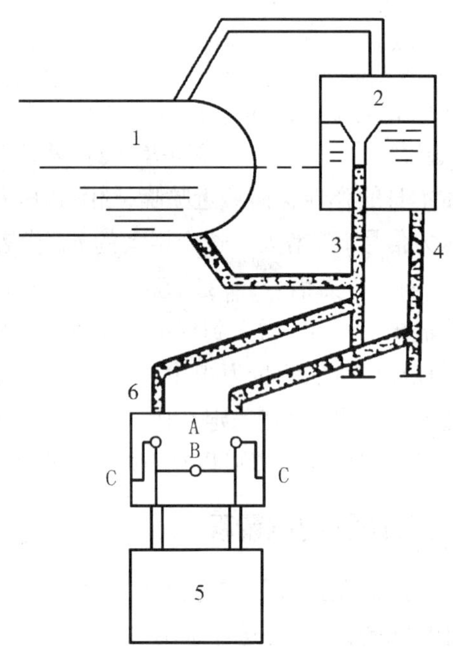

图 5-37 用参考水位罐检测锅炉水位装置示意图

1—锅炉;2—参考水位罐;3—测量水位管;4—参考水位管;5—差压变送器;6—阀箱;A—截止阀;B—平衡阀;C—泄放阀

参考水位罐 2 上端与锅炉 1 的蒸汽空间相通,下端有测量水位管 3 和参考水位管 4 分别接在差压变送器 5 的正、负压室。其中测量水位管 3 还与锅炉的水空间相通,其管伸进参考水位罐里面,管口的位置调整到与锅炉的最高水位一致。由于蒸汽的不断冷凝,参考水位罐中水位不断升高。当水位升至测量管的管口位置时,蒸汽再冷凝成的水会经测量管口流回锅炉的水空间。因此,参考水位罐将保持一个与锅炉最高水位一致,且固定不变的水位,称为参考水位。而测量水位管中的液面与锅炉的实际水位一致,叫测量水位。参考水位管 4 接到差压变送器的压

力是蒸汽压力加上参考水位的水柱高度，测量管 3 接到差压变送器的压力是蒸汽压力加上测量水位的水柱高度。因此，差压变送器正、负压室所承受的压差信号 Δp 将是参考水位与测量水位之间的水柱高度 H。由于参考水位不变，随着测量水位的升高，H 将减小，即 Δp 减小。反之，测量水位降低，H 增大，Δp 增大。

问题是，参考水位管 4 和测量水位管 3，哪个该接正压室，哪个该接负压室。如果把管 4 接正压室，管 3 接负压室，这时差压变送器输入的压差信号 Δp 为正值，差压变送器是能正常工作的。但是，随着锅炉测量水位的上升，Δp 减小，变送器输出信号也随之减小。这样，变送器的输出与锅炉测量水位的变化方向正好相反，显示仪表指示锅炉的水位方向必然相反。这不符合人们的习惯，容易造成错觉。为了解决这个问题，可把参考水位管 4 接到差压变送器的负压室，把测量水位管 3 接到正压室。现在变送器的输出与锅炉测量水位的变化方向一致了，即随着测量水位的升高，变送器正压室的压力不断增加。但是，由于 Δp 是负值，挡板远离喷嘴，这对一般的差压变送器是不会有输出的。比如锅炉水位最大变化范围是 600 mm，当锅炉水位处于最低水位时，$\Delta p = \rho_{水} g\Delta H = -6$ kPa，通过调整气动转换部分的迁移弹簧把挡板拉向喷嘴，直到变送器输出 $p_{出} = 0.02$ MPa 为止。这就保证了锅炉水位处于最低水位时，差压变送器能输出 $p_{出} = 0.02$ MPa。以后，随着锅炉测量水位的升高，Δp 的负值减小（相当正压室压力的增加），挡板不断靠近喷嘴，变送器的输出 $p_{出}$ 也会不断地增大。当测量水位上升到最高水位（与参考水位一致）时，$\Delta p = 0$，变送器的输出 $p_{出} = 0.1$MPa。这就是迁移原理。

在上述的例子中，把变送器的零点从 $\Delta p = 0$ 迁移到 $\Delta p = -6$ kPa，这是负迁移，迁移量是 −600 mm。量程的起点和终点均改变，但量程没有变，仍为 600 mm。

（二）正迁移

实际上，不仅差压变送器能迁移，压力、温度等变送器也可以迁移，不仅可以负迁移，还可以正迁移。

变送器量程的起点由零迁移到某一正值称正迁移。如锅炉的蒸汽压力最大变化范围是 0.6～1.0 MPa，若不使用迁移，必须选用 0 ～ 1.0 MPa 量程的压力变送器。若采用迁移，可选用量程为 0.4 MPa 的压力变送器即可，这时可把变送器的 0 点从输入压力为 0 迁至输入压力位 0.6 MPa（正迁移）。即当对应差压变送器的输入压力为 0.6～1.0 MPa 时，输出压力为 0.02～1.0 MPa。所以，量程的起点和终点都改变了，但 0.4 MPa 的量程未变。

有时通过迁移还能提高仪表的精度和灵敏度。

第六节　气动执行器与工作原理

气动执行器是组成气动自动控制系统的重要器件之一。其作用是接收来自调节器的控制信号，改变调节阀的开度，从而改变流入或流出控制对象的物质或能量流量，以克服扰动使被控制参数恢复到给定值或给定值附近。

气动执行器以压缩空气作为驱动能源，根据控制信号气压的大小和施加的方向，产生相应的推动力，来改变调节阀的开度。气动执行器由气动执行机构和调节阀两部分组成。

前者是执行器的推动装置,产生推力;后者是执行器的调节部分,它直接与介质接触,调节气体介质的流量。常见的气动执行机构有气动薄膜执行机构和气动活塞执行机构。调节阀按其结构有直通单座、直通双座、角形、三通、隔膜、蝶阀等几种形式。

一、气动薄膜调节阀执行机构

气动薄膜调节阀执行机构一般可近似看做是比例环节。图 5-38 示出了气动薄膜调节阀的结构原理图与实物图。

它是由气动执行部分和调节阀两部分组成。控制信号可接在膜片 3 的上部空间,这时随着输入控制信号的增大,膜片 3 向下弯,压缩弹簧 6 使阀杆 5 推动阀芯一起下移,改变调节阀 12 的开度。控制信号也可以接到膜片 3 的下部空间,这时随着输入控制信号的增大,膜片向上弯,阀杆带动阀芯一起上移。如果输入的控制信号增大,调节阀开度增大,叫气开式调节阀。反之,若输入控制信号增大,而调节阀开度减小叫气关式调节阀。控制系统采用气开式调节阀还是气关式调节阀,要根据调节器输出特点(正作用式还是反作用式)及被控量实际变化规律来决定。

调整调节螺母 8 的位置可以改变弹簧 6 的预紧力,确定输入信号的起始压力值,一般 0.02 MPa。

气动薄膜调节阀具有结构简单,尺寸小等特点,适用场合比较广泛。但它的阀杆推力较小,在某些场合使用受到一定的限制。为使调节阀动作及时,并能动作到位,常加装一个阀门定位器。

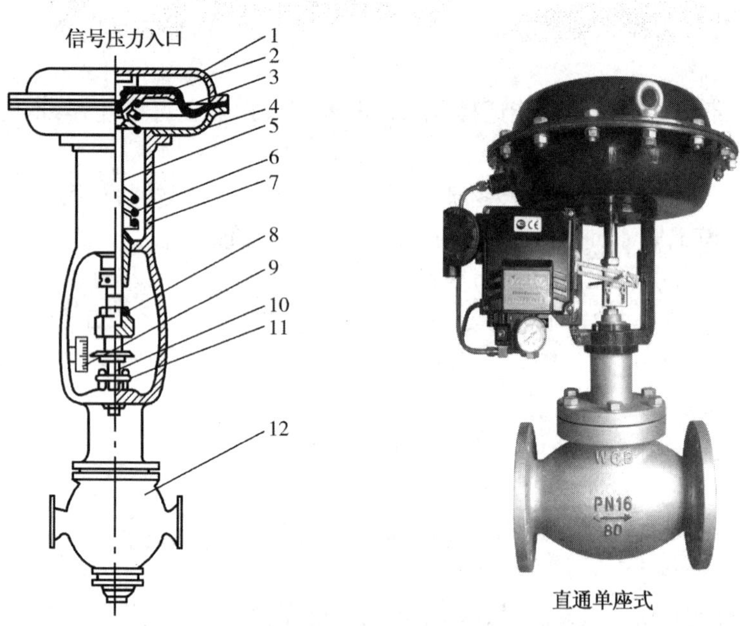

图 5-38 气动薄膜调节阀的结构原理图与实物图

1—上膜盖;2—硬芯;3—膜片;4 —下膜盖;5—推杆;6—弹簧; 7—弹簧座;8—调节螺母;9—标尺;10—阀杆;11—压板;12—调节阀

二、带阀门定位器的气动活塞执行机构

(一)阀门定位器

阀门定位器是一种与气动执行机构配套使用的辅助仪表,它的作用是把调节器输出的控制信号进一步放大,以更大的推力作用在调节阀上。阀杆移动后,通过负反馈实现阀芯的精确定位。因此,加装阀门定位器能加快调节阀的动作速度,减小系统的传输迟延。特别是由于阀门定位器能输出较大的控制信号,足以克服阀杆与填料之间、活塞与气缸之间的卡阻现象,使阀芯能够动作到位。

(二)气动活塞执行机构

带阀门定位器的活塞执行机构的结构原理和实物外观如图 5-39 所示。图中虚线框内部分就是阀门定位器。

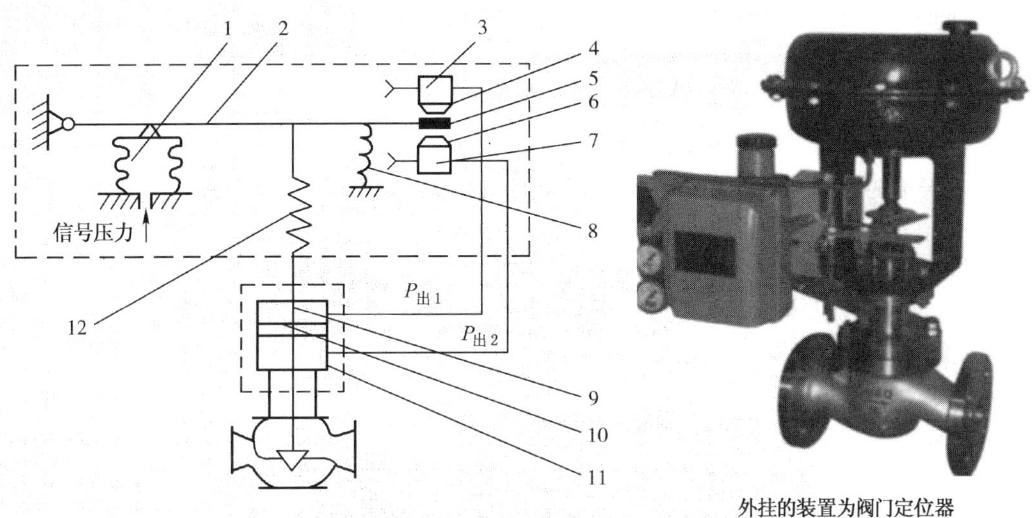

图 5-39 带阀门定位器的活塞执行机构的结构原理和实物外观

1—波纹管;2—杠杆;3、7—功率放大器;4—上喷嘴;5—挡板;6—下喷嘴;8—调零弹簧;9—推杆;10—活塞;11—气缸;12—反馈弹簧

调节器输出的控制信号送入阀门定位器的波纹管 1,若控制信号增大,杠杆 2 绕支点逆时针转动,挡板 5 靠近喷嘴 4,背压升高,经功率放大器 3 使 $p_{出1}$增大。挡板离开下喷嘴 6,背压降低,经放大器 7 其输出 $p_{出2}$降低。这样,气缸 11 中的活塞 10 在上、下压差的作用下下移,关小调节阀(这是气关式调节阀)。在活塞连同活塞杆下移时,将拉动反馈弹簧 12。当反馈弹簧使杠杆 2 对支点产生的反馈力矩与由波纹管 1 对杠杆产生的力矩相平衡时,调节阀就稳定在一个新的开度上。当调节器送来的控制信号减小时,其动作过程与上述方向相反。

该执行机构阀杆的推力较大,适用于轴向推力较大来开或关调节阀的场合。

三、气动仪表的管理要点

气动控制系统投入工作后,为保证控制系统安全、可靠和正常的运行,必须对它要进行科学管理。保证组成控制系统的各台仪表都能较长时间地保持良好的工作状况。这样,控制系统就不会或极少出现故障。为此,气动控制系统在使用管理中应注意以下几点。

(一)管理好气源

气动仪表的能源是压缩空气。要求无尘、无油、无水的干燥空气。实际上,不管对压缩空气如何进行净化处理,都在不同程度上夹杂一些油、水和灰尘。因此,在使用中必须经常打开滤清器下面的排污旋塞,排出分离出来的油、水和杂质。定时清洗滤清器的滤芯和其他附件。滤芯因长期不清洗而先去过滤能力时,必须更换。保证气源清洁是仪表可靠工作的前提。实践表明,在气动仪表中,50% 以上的故障是由气源不清洁造成的。如果发现调压阀的输出不正常,达不到0. 14 MPa,而且转动调压阀的调节螺钉也无效,或输出气压不稳定,说明整个调压阀沾污或调压阀内的金属膜片损坏,必须全部拆开进行清洗更换损坏的零件,再把各部件烘干。把调压阀装复后,要把其输出压力调到0. 14 MPa。

(二)注意清洁喷嘴挡板和放大器

变送器在使用前应该检查气源压力并接通仪表气源,应该对其参数进行复验。如果气源处理不干净,就可能使变送器或调节器中的喷嘴和放大器上的恒节流孔塞,把挡板弄脏,使仪表不能正常工作。如果发现变送器的线性度不好,零位不稳,调节器的作用规律不符合要求,很可能是喷嘴和恒节流孔堵塞,必须进行清洗。有的喷嘴和恒节流孔旁设有通针,按一下通针,即可用压缩空气把污物吹掉,如不设通针,要把喷嘴挡板拆下来,用压缩空气吹洗。若污染严重,可先用汽油泡洗,然后用酒精或四氯化碳吹洗,最后用电吹风或用干净的压缩空气吹干,按拆卸之前所打的记号装好。

(三)注意调节器整定参数旋钮的状态

调节器用于参数整定的旋钮有比例带旋钮(或有积分时间旋钮、微分时间旋钮)。在控制系统投入工作前,参数已经整定好,在控制系统工作过程中,切不可轻易转动这些旋钮。否则调节器的整定参数会离开最佳值,控制系统的工作会不正常。如果由于气源的污染使比例阀或其他阀门不能正常工作,必须进行拆卸清洗。在拆卸前要做好记号。装复后,保证调节器的整定参数值不变。

(四)防止波纹管扭曲和并圈

在调整变送器量程,或在检修变送器和调节器时,往往要扭动波纹管。如果波纹管扭曲或并圈,就会引起波纹管有效面积的改变。造成仪表比例关系的变化,因此,在维修时一定要注意这个问题。

(五)注意波纹管锁紧螺母的松动

在调整变送器量程,或在调节器调校时,都要松开波纹管的锁紧螺母,移动波纹管。调好后,必须把锁紧螺母锁紧。如果松动,波纹管就会移动,波纹管中心到支点的距离会发生变化,这也会引起仪表比例关系的变化。

(六)正确选择元件

变送器和调节器的输出特性,只取决于反馈通道的特性。其前提是喷嘴挡板机构和功率放大器的放大系数要足够大,仪表中弹性元件的刚度要尽量小。所以在检修气动仪表时,要更换的弹性元件,其刚度不能大,要选用与原弹性元件刚度相接近的弹性元件。

第六章 船舶机舱辅助控制系统

第一节　柴油机气缸冷却水温度控制系统

柴油机运行时,气缸套和缸盖必须用淡水来冷却。把冷却水温度保持在说明书所规定的数值上,对柴油机的安全、可靠和经济运行是十分重要的。

一、冷却水温度控制系统的控制方法

柴油机气缸冷却水控制方法通常是用三通调节阀把气缸冷却淡水分成两部分:一部分通过淡水冷却器,用海水冷却淡水使淡水温度降低;另一部分不通过淡水冷却器,与经过冷却的淡水混合,然后进入柴油机气缸的冷却空间。如果冷却水温度高于给定值,应减少不经冷却器的旁通水量,增大经冷却器的水量,使冷却水温度降回到给定值。反之,若冷却水温度低于给定值,则应增大旁通水量,减少经冷却器的水量,使冷却水温度回升到给定值。

控制这两部分水量比例大小的部件是三通调节阀,也就是该控制系统的执行机构。冷 却水温度自动控制系统由淡水冷却器(控制对象)、测温元件、调节器和三通调节阀(执行机构)等基本单元组成。根据测温元件的安装位置不同,冷却水温度控制系统有两种控制方案。一种是把测温元件装在柴油机冷却水进口管路上,测温元件输出信号跟随冷却水进口温度变化。测温元件输出信号送至调节器。调节器把冷却水温度给定值与测量值相比较得到偏差值,然后按着某种作用规律输出一个控制信号送至三通阀,从而可改变三通调节阀的开度,把冷却水的进口温度控制在所需给定值或给定值附近。但冷却水的出口温度会随柴油机的负荷而变化。在超负荷运行的情况下,会产生冷却水出口温度过高的现象。另一种是把测温元件装在柴油机冷却水出口管路上,这时可把冷却水出口温度控制在给定值或给定值附近。但是,进口温度会随柴油机负荷而变化,特别是当柴油机负荷突然增加时,冷却水的进口温度会明显降低。

二、冷却水温度控制系统的工作原理

上述两种控制方案在原理上都是正确的,在实际应用中均有采用。冷却水温度自动

控制系统类型多种多样。对于小型船舶的主机和副机可以采用直接作用式控制系统;对于中大型船舶主机则采用电动或气动控制系统。目前用嵌入式微机对柴油机冷却水实现智能化控制应用普遍。

(一)直接作用式冷却水温度控制系统

所谓直接作用式是指它们不用外加能源(如气源或电源),而是根据感温元件内部充注的工作介质的压力随温度成比例变化的原理,直接动作三通调节阀,来改变经冷却器冷却水的流量和不经冷却器旁通冷却水的流量,以控制冷却水温度。

直接作用式温度控制系统把测量单元、调节器和执行机构都组装在一起,成为一个整体。系统结构简单,可以实现比例控制,控制精度较低,误差大,故只能用于流量小、控制要求比较低的场合。

直接作用式温度控制系统类型很多,下面介绍 WDT-52 型淡水温度调节阀。阀的结构原理、控制流程和实物外观如图 6-1 所示。

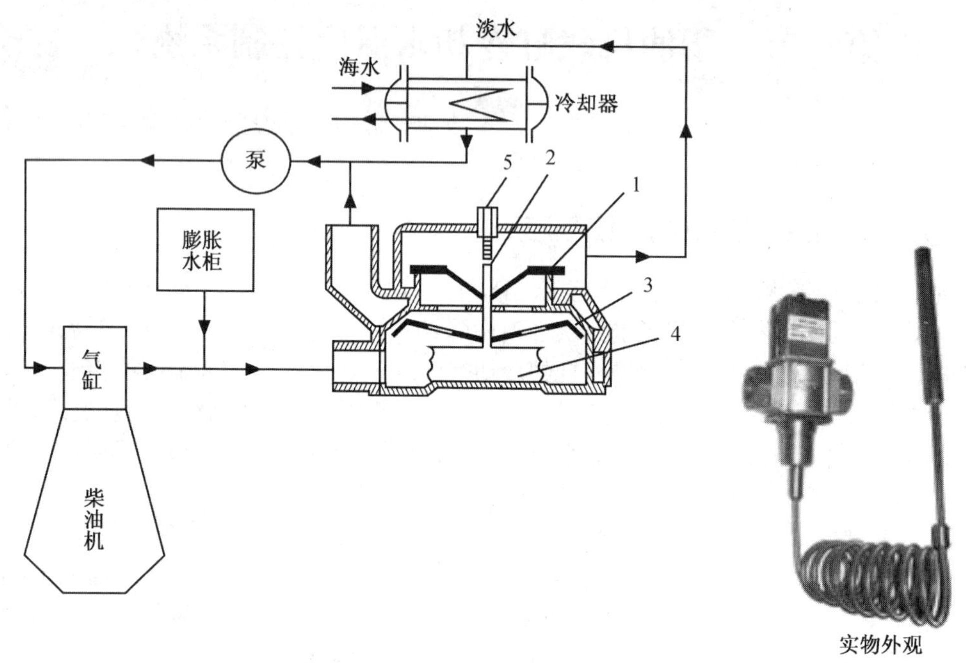

图 6-1　WDT-52 型淡水温度调节阀

1—主阀;2—阀杆;3—旁通阀;4—波纹管;5—手操机构

从柴油机出来的高温冷却水进入调节阀并分成两路:一路进入冷却器冷却,另一路直接经旁通管路与冷却器出来的水混合,然后回到柴油机冷却水循环泵入口,实现循环。若柴油机冷却水出口温度升高,调节阀会自动增加通过冷却器的水量,从而使冷却水温度下降,逐渐向给定值恢复,冷却水温度又重新稳定在给定值附近。当出口冷却水温度降低时,自动关小通过冷却器水量,使冷却水温度升高,并逐渐向给定值恢复。这样就可以维持基本恒定的水温。可见,调节阀的作用就是自动按水温的偏差来改变通过冷却器的水量和旁通水量的比例。

在调节阀中有一个密封的波纹管盒 4,其中充入某种低沸点的液体(如乙醚),但没充

满。波纹管盒内的空气已经排除,盒中只有液体的蒸气。液体的饱和压力与其温度的关系是由液体本身性质所决定的。由柴油机出来的高温冷却水包围着充有低沸点液体的波纹管,使其内部液体达到与冷却水同样的温度。波纹管内液面上的蒸气压力为液体在此温度下的饱和压力。波纹管内的蒸气压力会克服波纹管的弹力而使波纹管伸长或缩短。冷却水温度越高,蒸气饱和压力越高,波纹管伸得越长。波纹管的阀杆带动两个阀盘1和3。上阀盘1控制通向冷却器管口的开度,下阀盘3控制旁通管口的开度,因此,水温越高,旁通水量越小,通向冷却器水量越大。调节阀就是按照这个原理自动改变冷却水量的分配比例,以实现自动调节温度的目的。

该型温度调节阀若波纹管因故障泄漏时,波纹管会立即自动伸长,使主阀全开,旁通阀全关。这时淡水全部进入冷却器,保证冷却水出口温度不会过高。此外,还可以用手动转动手操机构5顶动阀杆2来调节主阀与旁通阀的开度,实现温度的手动控制。

日常管理要要注意:安装时,注意管道对中,上紧连接法兰螺栓时,用力要均匀,以避免阀体产生变形,造成阀动作失灵。运行时,每隔3 000 h要对阀的内部进行一次检查和清洗,防止污物卡住滑板。在运行过程中,若发现冷却水温度不可控制地升高时,首先要检查温度调节阀,看是否因其出故障所致。检查方法是,将通往冷却器的管口手动全开,旁通管口全关口过数分钟后,如果冷却水温度下降,说明该阀有故障,较大的可能性是波纹管感温盒中的混合液泄漏。若温度仍不下降,说明不是该阀的问题,应另找原因。

(二)气动式冷却水温度控制系统

对于中、大型低速柴油机的冷却水系统,直接作用式温度调节阀不足以推动阀门,这就必须采用气动式的冷却水温度调节系统。图6-2是TQWQ型气动温度三通调节阀组成原理图,一种气动式冷却水温度自动控制系统,该系统是以压缩空气作为能源,气源压力为0. 14 MPa。

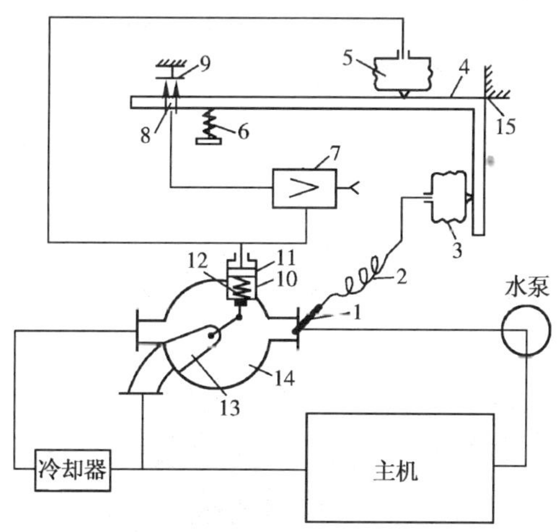

图6-2　TQWQ型气动温度三通调节阀原理图

1—感温包;2—毛细管;3—测量波纹管;4 主杠杆;5—反馈波纹管;6—定值弹簧;7—放大器;8—喷嘴;9—挡板;10—小气缸;11—活塞;12 弹簧;13—转阀;14—三通阀;15—支点

由TQWQ型气动温度三通调节阀组成的冷却水温度自动控制系统,是一种采用了按力矩平衡原理工作的比例调节器。测量单元、调节器和显示仪表都装在一个壳体内,是属于基地式仪表。

1. 控制系统的组成及工作原理

测量单元是感温包1,它是由不锈钢材料制成的,里面充注膨胀系数较大、沸点较低的易挥发性的液体。利用感温包内介质压力随温度而变化的性质,来反映冷却水温度的实际值。感温包内压力的变化经软管接入测量波纹管3。

比例调节器是由主杠杆4、作用于主杠杆4上的测量波纹管3、反馈波纹管5、定值弹簧6、喷嘴8、挡板9及气动功率放大器7等部分组成。执行机构由小气缸10、活塞11、三通阀14组成。

当系统处于平衡状态时,作用于主杠杆4上的测量力(感温包输出的压力与测量波纹管有效面积的乘积)对支点15产生的测量力矩,与作用主杠杆4上反馈波纹管5的反馈力对支点15产生的反馈力矩及定值弹簧6的张力对支点15所产生的力矩相平衡,主杠杆4稳定不动,挡板与喷嘴之间的开度不变,气动功率放大器7输出一个不变的稳定气压信号,三通调节阀中的转阀13的位置固定不变。这样通冷却器管口和旁通管口的开度不变,冷却水温度稳定在给定值上。

当系统受到扰动(如柴油机负荷突然增大),冷却水出口管路的水温会升高(感温包是插在冷却水出口管路中),感温包1内的介质汽化加强,通过毛细软管2使测量波纹管3内的压力升高,主杠杆4将绕支点15逆时针方向转动。固定在杠杆左端的喷嘴8将离开挡板9,使得背压降低,于是气动功率放大器7输出压力信号减小(测量信号增大,输出信号减小的调节器叫反作用式调节器)。小气缸10中的活塞11在弹簧作用下向上移动,拉动转阀13逆时针方向转动,开大通冷却器的管口,关小旁通管口,即经冷却器的冷却水流量增大,旁通水量减少,使冷却水温度降低,并逐渐向给定值方向恢复。与此同时,调节器的输出直接送入反馈波纹管5,使其压力降低,波纹管收缩,将使主杠杆4绕支点15顺时针方向转动,这就限制了挡板离开喷嘴,这一动作与测量信号的动作方向相反,即是负反馈作用。当放大器输出压力减小到使反馈力矩与测量力矩相等(由于挡板开度变化量极小,故定值弹簧的弹性力矩可忽略不计)时,整个系统就会处于一个新的平衡状态。有

$$p_{出} = K \cdot p_{入} \tag{6-1}$$

式中,$p_{入}$是偏离给定值的温度差信号,$p_{出}$放大器输出压力信号,K为比例放大系数与调节器结构有关。

这是一台比例调节器。

2. 参数的调整

该调节器的可调参数有给定值和比例作用。

TQWQ型气动温度三通调节阀的给定值,是通过调整定值弹簧6的预紧力来实现的。例如要提高给定值,可增大定值弹簧预紧力,使挡板能靠近一点喷嘴,背压升高,经放大器7输出$p_{出}$增大,推动小气缸10中的活塞11下移,使转阀顺时针转一个角度,关小通冷却器管口,开大旁通管口,使冷却水温度升高。这样,当系统达到稳态时,冷却水温度要比原来的高。可见,提高给定值调节器的动作过程,与系统受到扰动,使冷却水温度降低的动作过程是一样的。反之,要降低给定值,可扭松定值弹簧预紧力。它与系统受到扰动,使冷却水温度升高的动作过程是一样的。系统达到稳态时,冷却水的温度要比原来的温度

值低。

调整 TQWQ 型气动温度三通调节阀比例作用强弱是通过左右移动反馈波纹管 5 的位置，改变负反馈作用强度来实现的。松开反馈波纹管 5 的锁紧螺母，沿主杠杆 4 左移波纹管 5，负反馈作用强，放大倍数 K 减小，比例作用弱，即比例带 PB 大。反之，右移反馈波纹管 5，负反馈作用弱，K 增大，比例作用强，比例带 PB 小。在操作过程中要注意，每左右移动一次反馈波纹管，都要把它的锁紧螺母锁紧，然后再让系统投入工作。

（三）电动式冷却水温度控制系统简介

目前电动式冷却水温度控制系统的类型很多，有采用基地式仪表的，也有采用单元组合式仪表的，所用调节器主要有以运算放大器、单片微型计算机、智能化调节器等电子式装置。其控制效果好，控制精度高。

电动控制系统是需要外加电源才能工作的。下面简单介绍 MR-Ⅱ型电动冷却水温度控制系统的组成模块和控温工作原理。

该型电动冷却水温度控制系统为基地式仪表。电动调节器采用集成运算放大器，能实现比例微分控制作用，系统的组成模块如图 6-3 所示。它是由 MR-型电动调节器 1、开关组 2、限位开关 3、过载保护继电器 4、三相交流伺服电机 M、由 M 带动的三通调节阀及淡水冷却器等部分组成。它把测量、显示、调节各部分以及相应的继电器和开关元件都组装于一个控制箱中，并安装在机舱的集中控制室内。

控制系统的测温元件是热敏电阻 T802，具有负的温度系数，20 ℃时，电阻值为 802 Ω。它被插在气缸冷却水进口管路中，其电阻值与冷却水温度的变化呈线性关系，当被测气缸冷却水温度升高，其电阻值成比例减小，经分压器分配，就把冷却水温度的变化，成比例地转换成电压信号。这个表示冷却水温度测量值的电压信号，一方面送到指示电路显示实时值；另一方面与由电位器调定的代表冷却水温度给定值的电压信号相比较，得到偏差信号。这个偏差信号经比例微分 PD 作用输出一个连续变化的控制信号送到脉冲宽度调制器，脉冲宽度调制器把连续变化的控制信号调制成脉冲信号。若冷却水温度高于给定值，脉冲信号使“减温输出继电器”断续通电，接触器 SW_1 断续通电，其触点 SW_1 断续闭合；若冷却水温度低于给定值，其脉冲信号使“增温输出继电器”断续通电，接触器 SW_2 断续通电，其触点 SW_2 断续闭合。

执行机构为三相交流伺服电动机 M，其转轴上经减速传动装置带动两个互成 90°的平板阀。一个阀控制旁通淡水量；另一个阀控制经过冷却器的淡水流量。当 SW_1 断续闭合时，伺服电机 M 将断续地朝逆时针方向转动，关小旁通阀，开大经冷却器的淡水阀，使冷却水温度降低。当 SW_2 断续闭合时，伺服电机 M 将断续朝顺时针方向转动，使冷却水温度升高。当冷却水温度测量值等于或接近给定值时，调节器无输出，“减温”和“增温”输出继电器均断电。SW_1 和 SW_2 组合开关均断开，电机 M 停转，三通调节阀的开度不变。这样，可保证冷却水温度稳定在给定值或给定值附近。

为了避免三通调节阀中的平板阀阀板转到接近极限位置时，平板阀卡紧在极端位置，使电机 M 回行时动作不灵敏，或因起动电流过大而引起过热，在 SW_1 和 SW_2 的线圈回路电路中分别串联了一个限位开关 3（包含两个限位开关组合）和一个作用于伺服电机 M 的过载热保护继电器 4 常闭开关 Sr_3 作保护。若某些故障使伺服电机 M 电流过大时，过

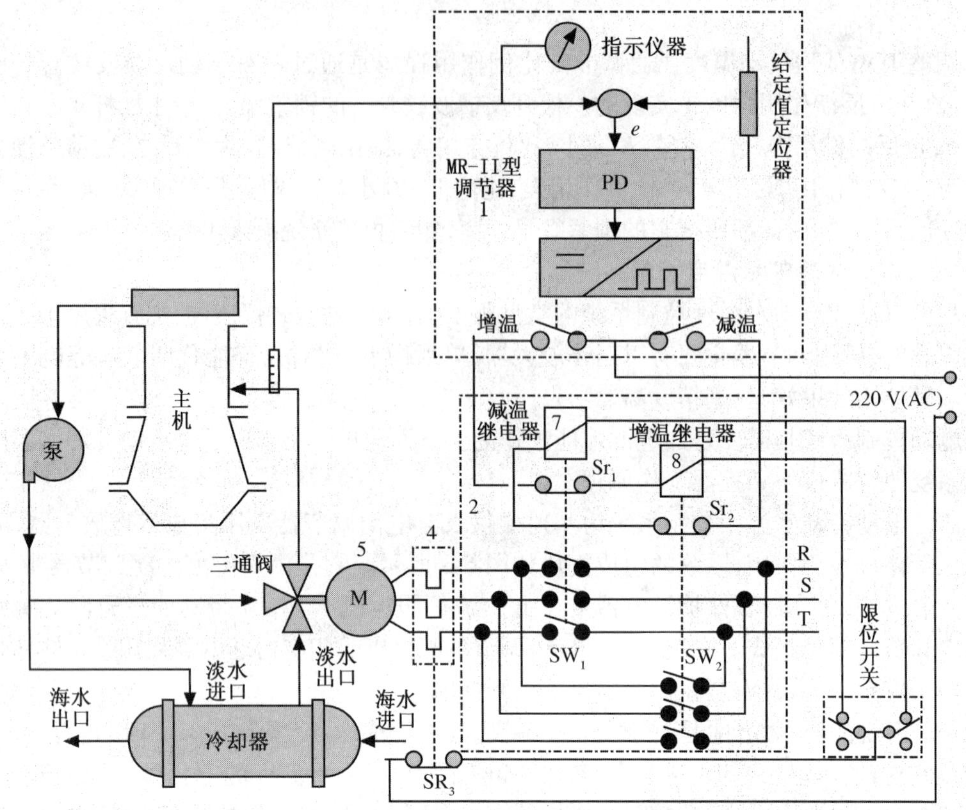

图 6-3　MR-型电动冷却水温度控制系统原理图

载保护继电器动作,使常闭开关 Sr_3 断开,使“减温”和“增温”输出继电器都断电,SW_1 和 SW_2 均断电,切断电机 M 电源,保护电机不会因过热而烧坏。限位开关 3 在一般情况下,其触点是合于上位,当电机 M 带动三通调节阀中的平板阀转到接近极限位置时,上位触点断开,使 SW_1 和 SW_2 断电,切断电机 M 电源,防止平板阀卡紧在极端位置,使电机 M 回行时动作不灵敏,或因起动电流过大而引起过热。

在接触器 SW_1 和 SW_2 的通电回路中,分别串联了对方的常闭触头 Sr_2 和 Sr_1,其作用是实现互相连锁,防止 SW_1 和 SW_2 两线圈同时通电导致电源短路。

上述简要介绍了 MR-Ⅱ型电动冷却水温度控制系统的控温原理。实际上该系统的电动调节器是由主电源电路、整流稳压电路、输入电路和指示电路、比例微分控制电路、脉冲宽度调制器、继电器和开关电路等六块电路板组成的。详细电路构成和分析可以参阅相关的文献。

第二节　船舶蒸汽锅炉控制系统

一、船舶蒸汽锅炉自动控制的基本内容

作为船舶机舱的一套重要辅助设备,锅炉是船舶动力装置最早实现自动控制的设备

之一。其自动控制项目包括水位的自动控制、蒸汽压力的自动控制、锅炉点火及燃烧的时序控制和自动安全保护等基本内容。

在蒸汽动力装置船舶中，船用锅炉称为主锅炉，它所产生的蒸汽用来驱动船舶主机，如汽轮机等，它的蒸发量较大，蒸汽压力较高，对水位和蒸汽压力要求比较严格。水位和蒸汽压力不准许有较大的波动。对锅炉一般都采用带有积分作用的调节器所组成的定值控制系统加以控制。

在内燃机动力装置船舶中所使用的锅炉称为辅锅炉。在油船，辅锅炉所产生的蒸汽要加热货油，驱动货油泵及其他甲板机械，其蒸发量和蒸汽压力都比较大，它的工作特点接近主锅炉。在柴油机动力货船的辅锅炉所产生的蒸汽仅用于加热柴油机所需用的燃油、滑油及船员生活。它的蒸发量小(一般小于 5 t/h)，蒸汽压力低(一般低于 1.0 MPa)，对水位和蒸汽压力的波动要求不严格，一般采用双位控制。

下面简要介绍柴油机货船辅锅炉水位和蒸汽压力的控制特点，辅锅炉的燃烧时序控制系统。

二、货船辅锅炉水位的双位控制

要保持锅炉的正常水位，主要是控制锅炉的给水量，使进入锅炉的给水量等于锅炉的蒸发量以适应锅炉气量的变化。柴油机货船辅锅炉由于蒸发量小，蒸汽压力低，为简化其控制系统，大多采用对水位进行双位控制，即使锅炉水位允许在上下限之间波动。当水位下降到允许的下限水位时，自动起动给水泵向锅炉供水，锅炉水位会逐渐升高；当锅炉水位达到允许上限水位时，自动停止给水泵的工作，停止向锅炉供水。因此，锅炉在工作期间，其水位是在允许的上、下限之间波动，不会稳定在某一个水位上。

目前，在船舶上常用的双位控制水位的检测元件(传感器)主要是浮子式和电极式两种开关型的检测元件。关于浮子式检测锅炉水位的原理及对锅炉水位进行双位控制过程和电极式双位水位自动控制系统，在第 5 章的第 4 节液位传感器作了详细介绍，这里不再重述。

三、货船辅锅炉蒸汽压力的自动控制

蒸汽压力的自动控制实质是对锅炉燃烧的自动控制，即以锅炉的蒸汽压力作为被控制对象，通过改变向炉膛的喷油量和送风量，控制锅炉的燃烧强度来，以改变蒸汽的产气量，实现锅炉气压恒定或在规定的范围内波动。

对柴油机货船辅锅炉蒸汽压力自动控制系统的要求是简单、可靠。对经济性的要求并不严格。因此，大多数货船辅锅炉普遍采用气压的双位控制，少数采用比例控制。并保证在锅炉不同负荷(用汽量)下，其送风量基本上适应喷油量的要求。

(一)锅炉蒸汽压力的双位控制

在燃烧的双位控制系统中，锅炉的蒸汽压力不能稳定在某一值上，而是在允许的范围内波动。所以，在绝大多数燃烧双位控制系统中，普遍是在蒸汽管路上装两个压力检测开关，它们动作的整定值不同。当蒸汽压力下降到允许下限值时，两个压力检测开关都闭合，控制系统自动起动风门电机使风门开得最大，它的同轴所带动的回油阀关得最小(锅炉只采用一个喷油头工作的情况),若采用两个喷油头的锅炉就必须打开两个供油电磁阀使两个油头同时喷油。这时喷油量和送风量都最大,锅炉进行“高火燃烧”。当蒸汽压力上升到正常上限值时,一个压力检测开关闭合,另一个压力检测开关断开,再次起动风门电机把风门关得最小,其同轴带动的回油阀开得最大(或关闭一个燃油电磁阀,只留一个油头喷油工作)。这时,喷油量和送风量都是最小的,锅炉进行“低火燃烧”。当锅炉负荷变化时,蒸汽压力就在允许的下限值和正常的上限值之间波动,若锅炉负荷很小时,在“低火燃烧”的情况下,蒸汽压力仍然要继续升高。当气压升高到高压保护压力时,两个压力检测开关均断开,自动停炉,发出声光报警。当蒸汽压力下降到允许的下限值时,两个压力检测开关均闭合,但必须按复位(起动)按钮才能重新起动锅炉。

(二)锅炉蒸汽压力的比例控制

货船辅锅炉的燃烧蒸汽压力控制系统中,常采用压力比例调节器和电动比例操作器组成的比例控制系统,如图 6-4 所示。

其中,图 6-4(a)图是压力比例调节器的结构原理,蒸汽压力的变化会使划针 2 沿着电位器滑动,从而改变电阻 R_1 和 R_2 的比值,见图 6-4(b),于是 A 点电位就与气压信号成比例。扭动调整螺钉 6 可改变弹簧 5 的预紧力,可调整蒸汽压力的给定值。图 6-4(b)是电动比例操作器的工作框图。当锅炉的燃烧强度适应锅炉负荷要求时,蒸汽压力稳定在某一值上,划针 2 的位置不变。由风门电机带动的反馈凸轮与反馈划针位置也不变,电桥[图 6-4(b)]平衡,其条件是 $R_1 \cdot R_4 = R_2 \cdot R_3$。当蒸汽压力升高时,划针 2 左移,$R_1$ 减小,R_2 增大,破坏了电桥的平衡,使电桥输出一个上负下正的不平衡电压信号 $U_{入}$,经放大器 10 放大后,去触发反转晶闸管交流开关 12 使其导通,电机 M 反转,关小风门开大回油阀,以降低锅炉的燃烧强度使蒸汽压力降低。与此同时,电机 M 同轴带动的反馈凸轮 13 转动并推动反馈划针向左移动,使 R_3 减小、R_4 增大。当反馈划针移动到使 $R_1 \cdot R_4 = R_2 \cdot R_3$ 时,电桥又处于新的平衡状态,这时 $U_{入} = 0$,电机 M 停转。锅炉的燃烧控制达到一个新的平衡状态,当蒸汽压力降低时(锅炉负荷增大),划针 2 右移,电桥输出的不平衡电压信号 $U_{入}$ 为上正下负。经放大器 2 放大后,触发正转晶闸管交流开关 11 导通,电机 M 正转,开大风门关小回油阀,加强锅炉的燃烧强度,使蒸汽压力上升。同时反馈划针右移,直到 $R_1 \cdot R_4 = R_2 \cdot R_3$ 时,控制系统又达到一个新的平衡状态。

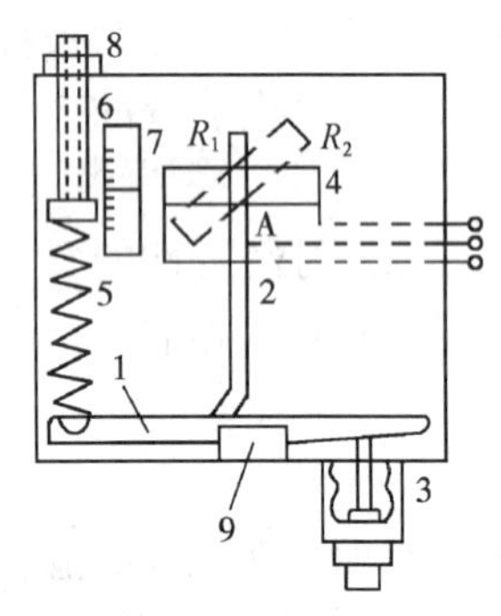

(a)压力比例调节器结构

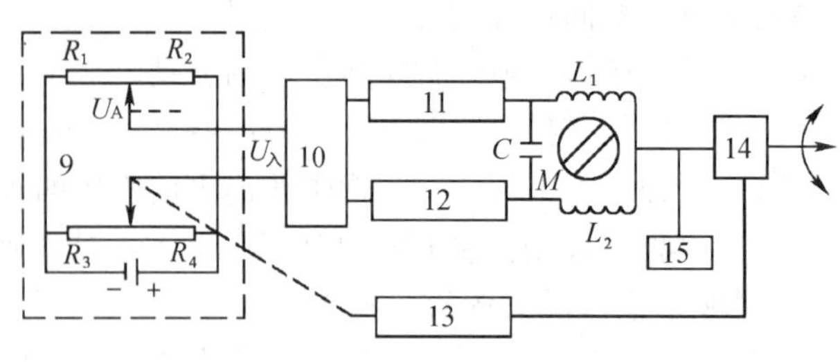

(b)电动比例操作器框图

图 6-4　蒸汽压力比例控制系统控制原理示意图

四、货船辅锅炉燃烧时序控制

（一）燃烧时序控制原理

辅锅炉燃烧时序控制是指给锅炉一个起动信号后，能按设定的时间顺序，自动进行预扫风、预点火、喷油点火，点火成功后对锅炉进行预热，接着转入正常燃烧的负荷控制阶段。同时对锅炉的运行进行一系列的安全保护。辅锅炉燃烧时序控制功能框图如图6-5所示。

（1）预扫风阶段：按下锅炉起动按钮后，自动起动燃油泵和鼓风机，关闭燃油电磁阀使燃油在锅炉外面进行循环。此时风门开得最大，以大风量进行预扫风，以防止锅炉内残存的油气在点火时发生“冷爆”。预扫风的时间根据锅炉的结构形式而异，一般是20～60 s。

（2）预点火阶段：预扫风时间达到后自动关小风门，同时点火变压器通电，点火电极发出电火花进行预点火，时间为3 s左右。

（3）点火和预热阶段：预点火正常，则打开燃油电磁阀，开大回油阀，以小风量和少喷油量进行点火。点火成功后维持一段“低火燃烧”对锅炉进行预热。

（4）负荷控制阶段：点火成功，低火燃烧预热后，则可开大风门关小回油阀使锅炉转入“高火燃烧”，即进入正常燃烧的负荷控制阶段。

（5）在预定的时间内若点火不成功，或风机失灵，或中间熄火等故障现象发生时，会自动停炉，待故障排除后按复位按钮方能重新起动锅炉。

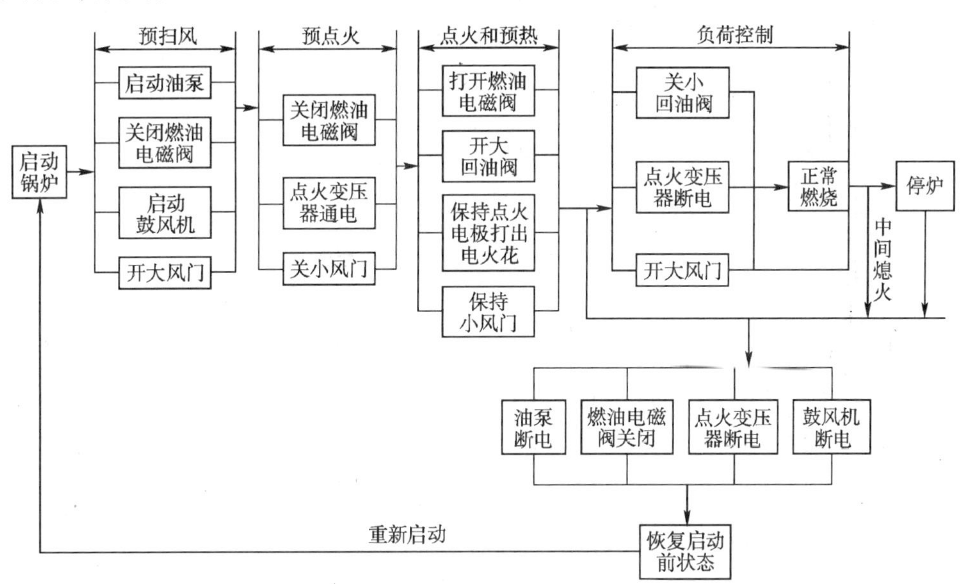

图6-5　辅锅炉燃烧时序控制功能框图

（二）时序控制系统主要元部件

为了实现辅锅炉的时序控制，必须要有一些控制元件。其中，包括信号发讯器、时序控制元件及火焰感受器。

1. 信号发讯器

信号发讯器是发送各种控制信号的元件,其中包括手动信号发讯器和自动信号发讯器。手动信号发讯器包括起动和停炉按钮、转换或选择开关等。自动信号发讯器如压力开关、温度开关等,它们的结构类型很多,YWK-50-C(YT-1226)型压力调节器实际上就是一个压力开关,其结构和工作原理见第5章第3节图5-17。

2. 时序控制器件

时序控制器是辅锅炉燃烧时序控制的核心部分。它根据起动信号发讯器送来的电信号自动接通或切断电路,或者根据规定的时间来接通或断开电路,用以实现预扫风、预点火、点火及转入正常燃烧等一系列时序动作。常用的时序控制器有两大类,即有触点时序控制器(机械式)和无触点时序控制器(电子式)。

有触点的时序控制器有多回路时间继电器和凸轮式时序控制器。图6-6为多回路时间继电器结构原理图,它主要是利用标度盘上的爪形块来控制相应的微动开关,用以控制时序电路。

当控制线圈5通电时,离合器啮合,同步电机1带动标度盘11转动。标度盘11上的爪形块12将按规定的顺序使相应的微动开关闭合或断开,以控制有关电路。而当标度盘转过360°时,最后一个标度盘的爪形块切断同步电机的电源使其停转。按下停炉按钮或当锅炉在运行时出现故障自动停炉时,控制线圈5断电,离合器脱开,在复位弹簧13作用下标度盘回零。若松开锁紧螺母14可单独转动每一个标度盘,调整相应微动开关($1JS_1$ ~ $1JS_6$)闭合或断开的时间以满足时序动作的要求。

调整完毕再把锁紧螺母14锁紧。

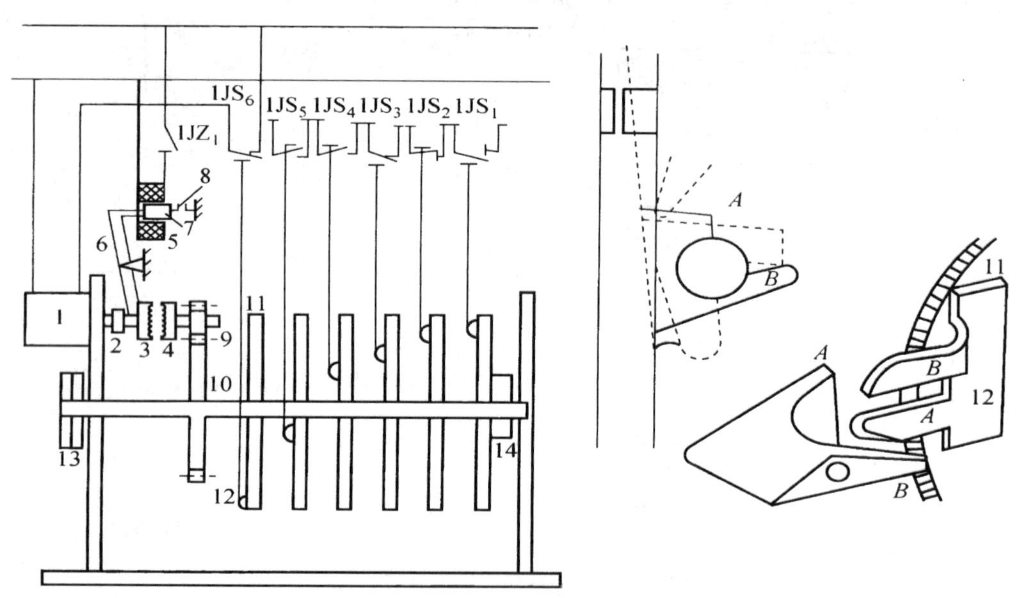

图6-6　多回路时间继电器结构原理图

1—同步电机;2—传动轴;3,4—离合器;5—控制线圈;6—杠杆;7—铁芯;8—拉力弹簧;9,10—减速齿轮;11—标度盘;12—爪形块;13—复位弹簧;14—锁紧螺母

不同类型辅锅炉燃烧时序控制系统的功能完善程度不同，多回路时间继电器标度盘的个数不同，电机经减速装置带动标度盘转动一周所需时间也不同。本例中，标度盘有 6 个，分别控制 6 个微动开关（$1JS_1 \sim 1JS_6$），转动一周需要 60 s。在使用过程中应特别注意的是，在微动开关动作时间调整好后，一定要把锁紧螺母 14 锁紧，否则，标度盘与轴相啮合的细齿会磨损，标度盘会产生相对位移，这样控制电路的时序动作就会紊乱。

有的锅炉也采用凸轮式时序控制器（常见于机械控制式全自动洗衣机的时序控制器）作燃烧时序控制器的。其工作原理与多回路时间继电器类似。同步电机经减速装置带动一根凸轮轴转动，固定在凸轮轴上的若干组凸轮片将依次使微动开关动作。改变凸轮片相对于凸轮轴的位置可调整相应微动开关的动作时间。

无触点时序控制器是利用 RC 电路延时功能实现的。通常把 RC 充放电回路加在晶体管基极电路中，利用晶体管的开关特性使继电器通电动作或断电释放，如图 6-7 所示。

图 6-7(a)为单管延时释放电路。开关 K 闭合时，电容 C 被旁路，晶体管立即导通，继电器 J 通电动作。当开关 K 断开时，电源向电容充电，在一段时间内晶体管基极的充电电流较大，晶体管保持导通，继电器 J 保持通电。随着电容的充电，电容两端电压 u 不断升高，充电电流不断减小，晶体管基极（集电极）电流不断减小，经延时后继电器 J 断电释放。

图 6-7(b)是继电器延时通电电路。当开关 K 闭合时，电容 C 被旁路，晶体管立即截止，继电器 J 立即断电释放，当开关 K 断开时，电源向电容充电，起初充电电流较大，晶体管基极电流近似为零。以后随着电容 C 两端电压的升高，晶体管基极电流不断增大，经延时后，基极电流增大到使晶体管导通，继电器 J 通电动作。

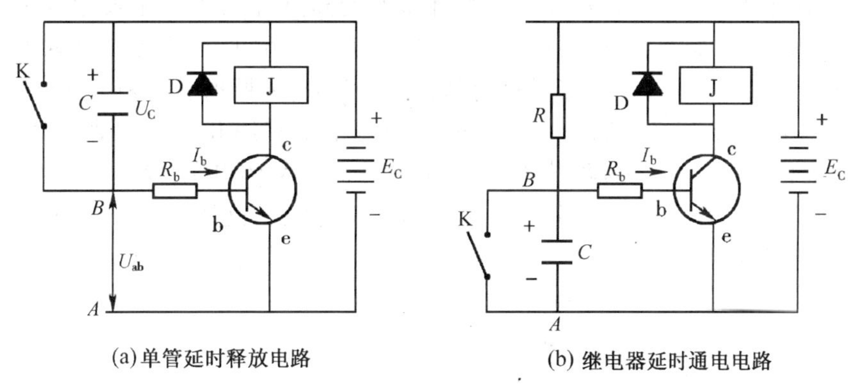

(a)单管延时释放电路　　(b) 继电器延时通电电路

图 6-7　晶体管 RC 延时开关型电路

晶体管延时开关电路的延时时间取决于 RC 电路的时间常数 τ 及继电器的动作电流。晶体管延时开关电路的延时时间可以从一秒到几十秒内进行无级调整。每个延时控制时刻通道可选用一个延时电路。

3. 火焰感受器

火焰感受器用来监视炉膛有无火焰的。当点火失败或在持续燃烧期间熄火时，为避免再向炉内喷油引起故障，要求立即关闭燃油电磁阀停止喷油，并发出声光报警。因此，自动锅炉都装有火焰感受器来监视炉膛内的火焰。辅锅炉上常用的火焰感受器有光敏电阻、光电池，还有采用紫外线灯管。

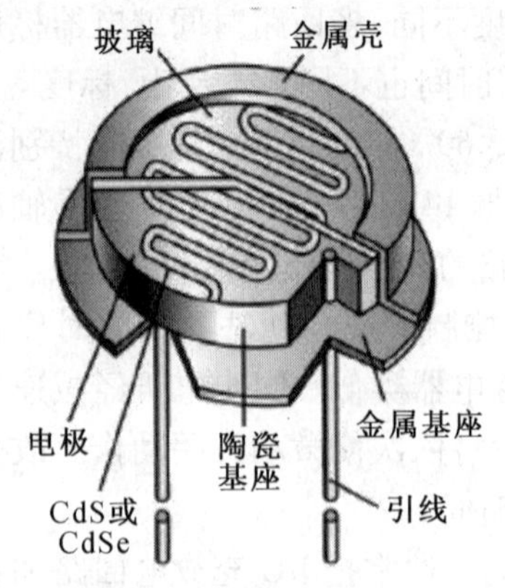

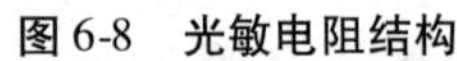
图 6-8　光敏电阻结构

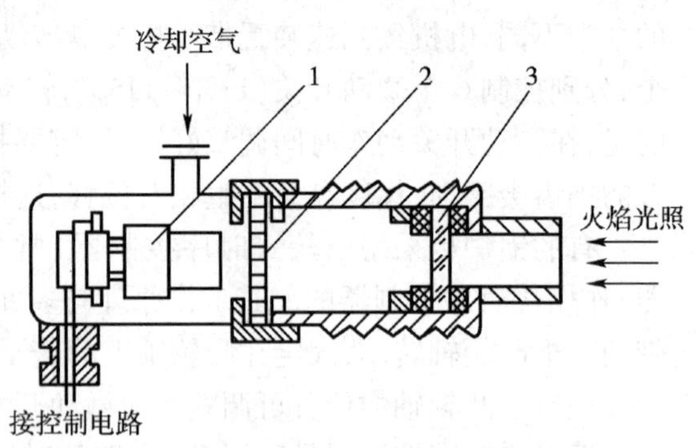

图 6-9　光敏电阻火焰感受器

1—光敏电阻;2—磨砂玻璃;3—耐受玻璃

(1)光敏电阻。光敏电阻是由涂在透明底板上的一片光敏层,经金属电极引出线构成的,结构如图 6-8 所示。光敏层是由铊、镉、铅的硫化物或硒化物制成的。光敏电阻的主要特性是,接受光照射时其电阻值很小,无光照射时,其电阻值较大。因此,在光敏电阻两端所加电压不变的情况下,有光照射时流过光敏电阻的电流很大,无光照射时流过光敏电阻的电流很小,这就可以用来监测锅炉内火焰的强弱。

用光敏电阻组成的光焰感受器结构如图 6-9 所示。为了防止光敏电阻接受高温炉墙所辐射的可见光和红外光使光敏电阻动作迟延或误动作,在安装时要避免高温炉墙辐射线直接照射在光敏电阻上。此外,光敏电阻不能承受高温,否则会影响使用寿命。因此,光敏电阻火焰感受器装有散热片并用空气冷却,磨砂玻璃可阻挡红外线的透入。

(2)光电池。光电池是一种半导体材料,它是利用有光照射后在两极间产生电压的原理工作的。图 6-10 为光电池的控制电路。其中,图(a)采用 RAR 型硒光电池作为光敏元件,当它接受光照射时,正负两极之间将会产生小于 1 V 的电压,经磁放大器 MV 放大后足以激励继电器 FR 动作。图(b)采用 2CRⅡ型光电池,当它接受光照射时,光电池两极间能产生 0. 5 V 的电压,经晶体管放大器放大后,可使继电器 J 通电动作。

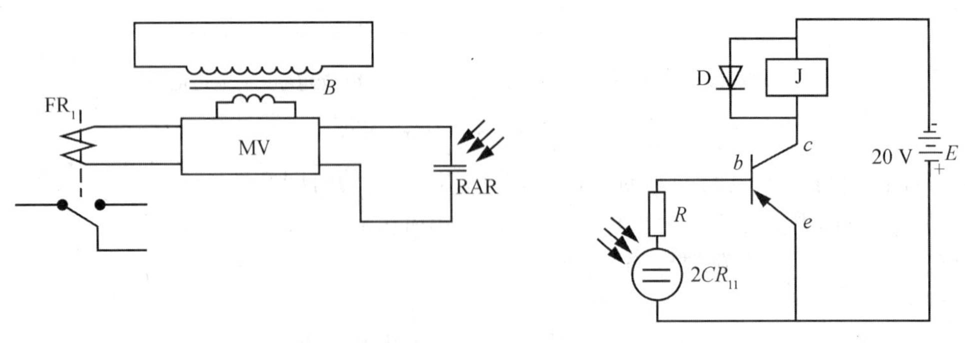

(a) RAR 型硒光电池电路示意图　　(b)继电器延时通电电路

图 6-10　光电池控制电路

光电池使用寿命长,而且它的光谱敏感范围仅限有于可见光,而不包括红外线。这对

监视炉膛内火焰是非常合适的,因此近年来使用得越来越多。

(3)紫外线灯管。紫外线灯管结构如图6-11所示。当有足够的光照射时,紫外线管子导通;无光照射时管子截止。由此可以实现控制燃油电磁阀的开闭。

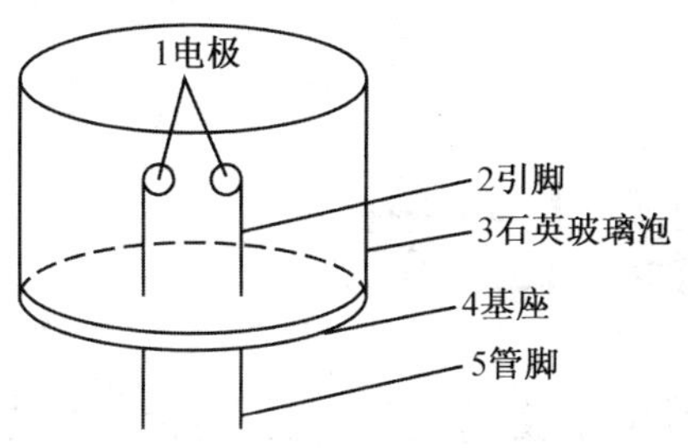

图6-11　紫外线灯管结构

五、货船辅锅炉燃烧的安全保护

货船辅锅炉为保证燃烧时的正常和安全性,设置有安全保护环节。一般有中途熄火自动点火一次保护、危险低水位自动停炉保护和风压过低自动停炉保护。

(一)中途熄火自动点火一次保护

在燃烧过程中,若炉膛中途熄火,则光敏式的火焰感受器会因失去火焰光照而电阻增大使得火焰监测电路继电器动作,这时点火用的时序控制器会自动接通点火变压器电极高压放电产生火花重新进行点火,同时时熄火延时保护继电器动作对点火时间进行监视。在整定的时间内,若再次点火成功,即可以转入正常燃烧;若仍未点燃,则表示点火失败,自动停油,锅炉停止燃烧,并发出熄火声光报警信号。

(二)危险水位自动停炉保护

锅炉在运行中若给水系统发生故障,当锅炉燃烧使水位下降到危险低水位时,浮子式或电极式的水位传感器就会因低水位使触点动作或脱离水面而电路断电,则整个控制电路会断电,锅炉自动熄火停止燃烧,同时,危险水位指示灯亮,报警器响,发出声光报警信号。

(三)风压过低自动停炉保护

锅炉控制电路安装有风压保护继电器在锅炉正常运行时投入工作监控炉膛风压。当鼓风机异常出现风压过低时,风压保护继电器会动作切断控制电路电源使锅炉自动熄火停止工作。

第七章 船舶主机遥控系统基本知识

第一节 主机遥控的基本概念

一、主机遥控的定义

目前,船舶的推进装置主要有柴油机推进和电动机电力推进两类。采用柴油机推进时,直接驱动螺旋桨的柴油机称为主柴油机。主柴油机一般可以在机旁、集控室和驾驶台三个操作部位进行操作和控制。当离开机旁转换到在集控室或驾驶台操作时,无法通过机旁操纵机构直接操纵主机,这就需要在操纵部位与主机之间设置一套能够对其远距离操纵的控制系统,这就是主机遥控系统。

所谓主机遥控,是指远离机旁在驾驶台或集控室借助于自动遥控装置对主机进行操纵。实现主机遥控,既能减轻劳动强度、避免人为的操作差错,又能提高船舶的操纵性、可靠性和经济性。因此,实现主机遥控是船舶轮机自动化的重要标志。

主机遥控主要有自动化程度不同的两种设计,即手动遥控和自动遥控。前者是轮机员在集控室根据驾驶台发来的车令对主机进行操作,由于轮机员熟悉主机的操纵方法,集控室离主机又近,因而遥控的功能和方法大为简化,这种方式也被称作“集控室远操”。后者是由不熟悉主机操纵方法的驾驶员在驾驶台通过遥控车钟对主机进行操纵,驾驶员可以根据航行需要任意扳动车钟手柄,而主机实际运行状态的改变是根据事先安排好的程序进行的。显然,后一种方式对于自动遥控装置的要求比前一种方式要高得多,这种方式称为“自动遥控”。对于无人机舱船舶,要求能在驾驶台实现主机的自动遥控。

二、主机遥控系统的分类

主机遥控系统大致可归纳为以下类型:

(一)气动式主机遥控系统

气动式系统以作为压缩空气作为工作介质。系统的遥控装置及执行机构主要由气动元件组成。这种系统具有驱动功率大、结构简单、易于掌握、价格低廉等优点。但是,它也

存在信号传递速度慢，不易实现复杂逻辑功能，对气源净化要求高等缺点。近年来，国外在集成气路的研究上取得突破，使得气动式系统又重新获得了船东的青睐。

（二）电动式主机遥控系统

电动式系统的遥控装置及执行机构均由电动元件组成。这种系统的优点在于遥控距离不受限制，控制信号传递快，便于实现复杂的逻辑功能。然而，系统存在执行机构驱动功率小，控制电路复杂，难以掌握等缺点。电动式系统多用于内河、近海小型船舶和工程船舶。

（三）电—气式主机遥控系统

电—气式系统的遥控装置主要由电动元器件（如继电器、晶体管、集成电路等）组成，执行机构则由气动元件组成，即由“电”负责控制，由“气”负责执行。显然，这种系统充分吸收了气动式和电动式系统各自的优点。

还有一种电—液（或电—气—液）结合的主机遥控系统，采用电液执行器，可以很方便地与电子调速器配合，驱动功率大且可控性好，但造价偏高且压力油容易泄漏。

（四）微机式遥控系统

这种系统实际上也属于电—气式系统，但其控制部分采用微型计算机，系统的各种功能主要由软件实现。随着计算机技术的发展，微机式主机遥控系统已取代常规的电—气式遥控系统。近年，可编程序控制器（PLC）成功地应用于主机遥控。目前，基于计算机网络技术及集成驾驶台技术的主机遥控系统也大量在船上得到应用。

三、主机遥控系统的结构组成

主机遥控系统的组成主要包括遥控操纵台、遥控装置（逻辑控制单元）、测速装置、安全保护装置以及主机操纵系统等组成，如图 7-1 所示。

（一）遥控操纵台

遥控操纵台设置在驾驶室和集控室内，主要包括遥控车钟、副车钟、应急操纵按钮、操作部位转换开关以及主机的工况、状态故障报警信息的指示和显示装置。

遥控车钟用来发送正车、倒车、停车指令和主机设定转速，设定转速是连续的无级信号。遥控车钟的外形、操纵方法和普通传令车钟相同，但内部结构大不相同。由于遥控车钟不像常规车钟那样设有“备车”、“完车”、“定速航行”等挡位，故在驾驶台、集控室的操纵台上常用带灯按钮代表和发送“备车”、“完车”、“定速航行”等信号，以实现驾驶台与集控室之间的通信联系，并称其为“副车钟”。操纵台还有各种应急按钮，用于应急停车、应急运行及越控操纵。集控室的操纵部位转换开关用于驾驶台与集控室间的遥控部位选择；机旁转换开关则用来选择机旁操纵或遥控操纵（可选择为驾驶台控制和集控室控制）。

（二）自动遥控装置（逻辑控制单元）

自动遥控装置是实现起动、换向、制动、停油、转速控制等各种功能的控制单元，它根据遥控车钟发出的指令及测速装置等提供的主机状态参数，形成起动、换向、制动、停油、转速与负荷控制等信号。显然，它是整个系统的核心部分。

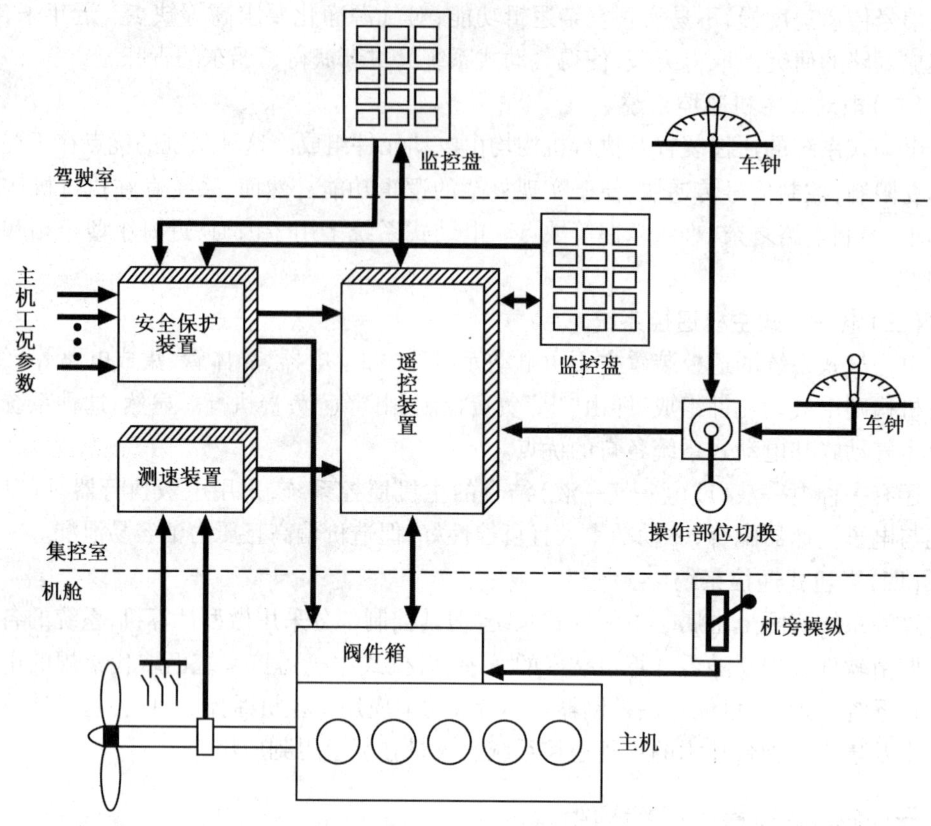

图 7-1 主机遥控系统的组成框图

(三)安全保护装置

由变速器、电磁阀及停油装置等组成,用来监视主机运行中的一些重要热工参数(如滑油、冷却水、转速等),一旦某个重要参数发生严重越限,则装置能通过遥控系统发送主机减速或主机停车信号,以保障主机安全。安全保护装置是一个不依附于主机遥控装置的独立系统。

(四)测速装置

测速装置用来检测主机的转速、转向,并与凸轮轴位置、增压空气压力等检测传感器一起向遥控装置提供主机的各种工况参数。

(五)主机气动操纵系统

主机气动操纵系统包括遥控执行机构和机旁操纵装置,主要由气动阀件组成,以压缩空气作为动力源。该系统用来执行遥控装置发出的主机起动、换向、制动、停车等逻辑程序控制命令和转速调节指令,为驾驶台/集控室自动遥控主机提供必要的控制接口,它是自动遥控装置与主机之间的最终执行机构。在遥控系统失灵时,可通过机旁操纵装置紧急操纵主机。

四、操纵部位及转换优先等级

驾驶台操纵通常为全自动遥控,是系统主要的操纵场所。操纵时,驾驶员扳动遥控车

钟手柄送出车令信号,经自动遥控装置处理后形成控制信号,然后通过气动操纵系统作用于主机。对一些大型集装箱船、油船还可在驾驶台左右两舷增设操车设备(包括车钟和侧推器操纵手柄、操舵手柄等)。因此,驾驶时还要进一步实现驾驶台、驾驶台左舷和驾驶台右舷三处部位的转换。

集控室操纵通常不是全自动的。操纵时,轮机员根据驾驶台发来的车令信号扳动车钟手柄,然后通过主机气动操纵系统作用于主机。此时,驾驶台车钟只是作为下达动车命令的传令车钟;集控室的车钟用来接收车令、实现车令跟随并进行正倒车控制,另外通过油门调节手柄给出转速指令送至调速器。集控室操纵也可以是全自动的(如微机遥控),轮机员在集控室发出的车令信号也经过自动遥控装置再去控制主机。

机旁操纵是最基本也是最可靠的操纵方式,即在机旁操纵台上通过主机操纵系统直接操纵主机。机旁操纵通常在驾驶台、集控室两地遥控都失灵或在某些特殊情况下才予以使用。因而,机旁操纵又被称为机旁应急操纵。

上述三个操纵部位可以相互切换。一般地,由机旁操纵切换到集控室(或驾驶台)操纵以及由集控室切换到驾驶台操纵(或反之)需要有转换条件。如在主机运行状态下进行驾驶台/集控室控制(BC/ECR)的转换时,需要满足两个条件,即要求驾驶台和集控室两处的车令方向一致(即同为正车、倒车或停车)、两处的设定转速大小也要相同(以实现转速的无扰动切换)。从驾驶台或集控室操纵切换到机旁操纵则是无条件的。因此,就操纵的可靠性而言,机旁操纵的优先级最高,其次是集控室操纵,驾驶台操纵的优先级最低。

第二节　主机遥控的基本功能

主机遥控系统尽管类型不同,但基本功能大同小异,主要包括操作部位切换功能、逻辑程序控制功能、转速与负荷控制功能、安全保护与应急操纵功能和模拟测试功能等。

一、操作部位切换功能

从安全考虑,主机遥控系统设计上必须保证在驾驶台自动遥控失效时能切换到集控室进行操纵,而集控室失效时能切换到机旁进行应急操纵。因此,如前述,遥控系统设置了在机旁和集控室操作部位切换装置。机旁一般设有“机旁(Local)”和“遥控(Remote)”转换开关,在监控台上则设有“集控室(ECR)”和“驾驶台(BR)”转换开关。只有在机旁转换开关转至“遥控”位置时才能在集控室或驾驶台操作,是用驾驶台操作模式还是集控室操作模式则由集控室转换开关进行选择。

二、逻辑程序控制功能

(一)换向逻辑控制

1. 停车时的换向逻辑控制

起动主机前,遥控系统首先进行换向逻辑判断,即判别车钟指令与实际凸轮轴位置是否一致。当车钟转向指令与主机实际凸轮轴位置不符时,便自动控制主机换向,凸轮轴换到车令所给定的方向后,遥控系统再转入起动控制状态。

如果在规定的时间内,主机凸轮轴未能换到车令所给定的位置,遥控系统就会发出换向失败报警信号,同时禁止起动主机。

2. 运行中的换向逻辑控制

当大型低速主机在某一转向(如正车转向)运行时,突然改变车令转向(如将车钟手柄从正车位置扳到倒车位置),就会使主机转向及凸轮轴位置均与车令转向相反。遥控系统经停油逻辑判断后控制主机停油,使主机转速下降。当主机转速下降到正常换向转速时,自动将凸轮轴从正车换到倒车。随后当主机转速降到制动转速时,系统控制空气分配器投入工作,同时打开主起动阀。此时凸轮轴位置与车令转向一致,而与主机的转向相反。因此,空气分配器控制气缸起动阀在活塞的压缩冲程打开,将来自主起动阀的3 MPa压缩空气引入气缸,强迫活塞下行,即进行强制制动,使主机转速迅速下降。这一过程一直持续到主机转速降为零。以后,主机的转向重新与凸轮轴位置一致,这时空气分配器重新控制气缸起动阀在活塞膨胀冲程时打开,从而使主机按倒车转向起动。起动成功后,按倒车加速程序将主机转速调节到车令设定转速。

在大型中速主机中,当改变车令转向时,系统将自动经历“停油减速—换向—制动(能耗制动和强制制动)—反向起动—反向加速”的程序控制过程。主机在较高转速下进行应急换向,换向完成后先进行能耗制动,当转速降到发火转速以下时再转入强制制动。所谓能耗制动是在换向完成后关闭主起动阀,只让空气分配器工作,当某缸活塞上行时(压缩冲程),空气分配器按反时序使该缸的气缸起动阀开启,气缸内的高压气体经气缸起动阀至主起动阀的放气口排入大气,从而消耗能量实现减速。

(二)起动逻辑控制

1. 正常起动

在有动车车令且主机凸轮轴位置与车钟转向指令一致时,遥控系统尚需对起动准备条件进行鉴别。当满足起动主机凸轮轴位置与车钟转向指令一致时,控制空气分配器投入工作,打开主起动阀,进行压缩空气起动。在主机达到发火转速时,自动完成油气转换。如点火成功,则向转速控制环节提供起动转速设定值,随后自动转入主机加速程序。

2. 重复起动

主机在起动过程中发生点火失败,遥控系统将自动实现三次试起动。一旦试起动成功,便转入主机加速程序。如果三次试起动均未成功,遥控系统将自动终止起动,同时发出起动失败报警。排除故障后,需将车钟手柄扳回到停车位置,以完成起动失败故障复位。

3. 重起动

在应急起动或者重复起动或者倒车起动时,为了改善主机的起动条件、提高起动成功率,遥控系统将通过自动增加起动供油量或提高起动空气切断转速的方法对主机进行起动。不同的主机遥控系统,重起动的逻辑条件及实现方法可能是不一样的。

4. 慢转起动

主机长时间停车(通常在30 min以上,可调),其缸壁会因四周的润滑油下沉而干燥,这时如直接起动会使主机造成不良磨损。为此,在停车超过规定时间后再次起动主机时,

遥控系统将自动控制主机首先进行慢转起动，即先让主机自动缓慢转动1～2转，以便在缸壁四周建立起一层油膜，随后再转入正常起动。若慢转起动失败，遥控系统将不再进行正常起动并发出相应的报警。

三、转速、负荷的控制与限制功能

主机的转速与负荷控制是一个包含加减速程序控制、转速限制、转速调节、负荷限制等环节在内的综合控制回路。在正常工况下，通过调速器实现主机转速的无差定值控制。然而，由于主机的工作条件恶劣、运行工况复杂，加之进行遥控操纵的驾驶员并不熟悉主机的性能和操作规律，因此有必要设置各种必要的限制环节，以确保设定转速和油量信号符合主机的运行规律，同时还要满足应急操纵和船舶安全的需求。

（一）加减速程序控制

驾驶室遥控时，车令设定转速的变化往往不能满足主机的操作要求，如出现中速区主机加速过快、高速区主机热负荷过载现象。为了正确操纵主机，遥控系统必须对车令设定转速的变化率进行处理和限制，实现加减速程序控制。

1. 车令设定转速的速率限制

当主机在中速区加速时，无论驾驶员将车钟手柄推得多快，限制环节都是以预先调定好的速率来发送转速设定信号，从而防止了主机在中速区加速过快的现象。速率限制的持续时间一般为几十秒钟，且可以实现加速慢、减速快。

2. 程序负荷

当主机进入高负荷区加速时，遥控系统便自动的对主机的加速过程进行时间较长的慢加速时序控制，以避免主机因加速过快而出现较大的热负荷变动，防止主机超负荷。程序负荷也常称为热负荷限制。

（二）转速限制

转速限制是对经加减速程序控制环节处理过的转速设定信号再加以各种特定的限制。为了使车令设定转速符合主机的要求，遥控系统将对进入调速器的设定转速信号进行“临界转速避让”、“轮机长手动最大转速”、“最低稳定转速”、“最大倒车转速”等限制。此外，还接收和执行起动转速设定和故障减速等信号。

1. 临界转速自动避让

当车令设定转速处于主机临界转速区时，系统可自动地将设定转速限制在临界转速区之外，并在设定转速经过临界转速区时实现快速穿越，以确保主机安全运行。

2. 轮机长手动转速限制

在非应急运行工况下，当车令设定转速值大于轮机长手动设定的最大转速值时，遥控系统对车令设定转速进行限制，以确保主机转速不超过轮机长所设定的最大允许转速。

由于主机倒车运行工况较正车差，有些遥控系统中还设置有最大倒车转速限制。

3. 最低稳定转速限制

当车令设定转速值小于主机最低稳定转速时，为防止主机因不能稳定运行而熄火，遥控系统自动地将设定转速限制在主机最低稳定转速上。

4. 故障减速限制

故障减速是指当主机出现安全方面的故障时,遥控系统自动将主机的转速限制在规定的转速上(通常在半速左右)。

(三)转速调节

在正常工况下,调速器根据主机实际转速与车令设定转速间的偏差,按照比例积分或比例积分微分(PI或PID)规律控制主机的供油,克服负荷变化等外部扰动的影响,将主机转速自动保持在设定值上。用微机控制的数字调速器中,P、I、D参数都是变量,是根据主机的负荷变化和转速变化等因素随时计算出来的。

在海上定速航行时,为了减少调速执行机构的频繁动作可以引入转速死区控制方式。如果主机转速在预设的转速死区范围(如±2 r/min)内波动,燃油齿条的位置将不发生变化,燃油供油量维持恒定不变,从而有效地提高了调速系统的稳定性和使用寿命。

在恶劣海况下,数字调速器将自动增大比例增益,加强调速器对偏差的反应强度,抑制因大风浪引起的主机转速过大波动。同时引入微分作用规律,以便在螺旋桨开始露出或潜入水面前,提前给出一个调节量,使主机转速相对稳定,避免主机转速波动过大或飞车。

(四)负荷限制

负荷限制亦称燃油限制。在进行转速自动控制时,主机的供油量是由调速器根据转速偏差的大小来控制的。调速器为了把主机的转速快速调节到设定转速,有可能使主机因供油量太大而超载,为此遥控系统应对主机的供油量进行限制。负荷限制主要包括如下环节:

1. 转矩限制

在某一转速下主机的油量过大时,会使主推进轴的扭矩加大,造成机械负荷过载。因此,遥控系统将自动的限制主机的供油量,即根据车令设定转速或主机实际转速给出一个相应的供油范围,从而将主机的转矩限制在允许的范围内。

2. 增压空气压力限制

主机低速运行时,增压器输出的增压空气压力较低。此时如给主机注入太多的燃油,就会出现油多气少的现象,导致燃烧不充分而冒黑烟。为此,遥控系统将自动按增压空气压力的大小来限制主机的最大允许供油量,以保证喷入气缸的燃油充分燃烧,同时也可防止主机受热件的过热现象。

3. 轮机长手动燃油限制

轮机长手动燃油限制亦称手动最大油量限制,它是由轮机长根据海况及主机的运行状况予以设定的,以实现主机的最大负荷(或最大转矩)限制。

在主机供油量超出轮机长所设定的最大油量时,遥控系统自动将主机供油量限制在轮机长设定的最大油量上。手动最大油量限制范围一般为额定油量的50% ~ 100%,在应急情况下,可以通过按“应急运行”按钮予以取消。

4. 起动供油的限制

起动转速设定是为了便于起动主机而由遥控系统特别设定的一个值。起动期间,由起动转速设定值提供持续一定时间的起动油量。起动转速设定值一般介于“SLOW”(慢

车)和“HALF”(半速)之间且与车钟手柄无关。

5. 螺旋桨特性限制

为了使上述调速和限制特性与主机螺旋桨推进特性相逼近,可以按螺旋桨的特性规律来限制主机的供油量,以此来修正原有负荷的限制特性,使之接近理想限制特性。

四、安全保护和应急操纵功能

(一)主机故障减速和故障停车

当发生危及主机安全运行的故障(诸如超速、滑油压力过低、冷却水压力过低、推力轴承温度过高、曲轴箱有雾浓度过高等)时,安全保护装置将根据其危害程度自动控制主机进行减速运行或停车,同时发出声光报警并显示故障原因,以确保主机安全。

(二)应急停车

在遥控系统正常停车失灵时,可按下“应急停车”按钮,遥控系统通过应急停车回路迫使主机立即断油停车,同时发出报警。在应急停车后重新起动主机前,必须对应急停车信号进行复位,否则主机仍将不能供油。

(三)应急运行

为了保障主机运行安全、延长其使用寿命,遥控系统设置了许多限制。然而,当船舶遇到紧急情况时,为了保证船舶的安全,必须解除或放松主机原有的限制,“舍机保船”。应急运行包括应急换向、应急起动和应急加速等。

应急换向转速高于正常换向转速。应急起动除了采用重起动外还将自动取消慢转起动。应急加速将自动取消某些限制(如程序负荷、轮机长手动最大转速限制、增压空气压力限制、最大油量限制等),以实现快加速之目的。

(四)越控

越控也称为“强迫运行”。当主机因故障而出现“SLOW DOWN”(减速)或“SHUT DOWN”(停车),但从船舶的安全角度出发又不允许主机减速或停车,为了保障船舶安全,将暂时取消主机故障自动减速或故障自动停车控制,迫使主机带病运行,同时发出越控报警。然而,对一些特别严重的故障(如主机滑油失压和超速)一般不能实现越控。

五、模拟实验和自检功能

模拟实验是通过车钟、电位器、开关灯装置,形成和实际信号作用相同的模拟车令设定转速、模拟实际转速、模拟凸轮轴位置等信号送至主机遥控装置,从而检验包括遥控装置和操纵系统在内的整个系统的功能及运行工况,也可对系统的设定参数进行调整,并在系统发生故障时帮助检查故障部位。管理人员可以定期或在需要时(如开航前尤其是维修后的开航前)进行模拟实验。模拟实验通常是在停机状态下进行的,实验时必须将起动空气主管路上的总阀关闭,以免误将主机起动。

微机型系统具备完备的系统自检功能和故障诊断功能,系统自检包括在线自检和离线自检,两种自检都能在系统发生故障时提供故障信息报警。和离线自检相比,在线自检的功能较弱,因为此时主机遥控系统的主要工作是对主机的正常控制。而离线自检的功能可以很强,因为此时的遥控系统很空闲,只有自检功能在单独运行。

第八章 船舶机舱监测与报警系统

机舱集中监测与报警系统是轮机自动化的重要组成部分,它能准确可靠地监测机舱内各种动力设备的运行状态及运行参数。一旦运行设备发生故障,能自动发出声光报警信号并进行报警打印记录,它还能定时地把有关运行参数进行打印制表。在自动化机舱中,设备的运行状态、运行参数值及故障报警状态都集中在集中控制室的监视屏 CRT 上,轮机人员不必到机舱去巡视,只要在集中控制室内就能了解到所有设备的运行状态及其参数值,从而可减轻轮机管理人员的劳动强度,改善工作条件,及时发现设备的运行故障,提高设备运行的可靠性。对于无人值班机舱,集中监测与报警系统能把报警信号延伸到驾驶台、公共场所、轮机长及值班轮机员的住所。

当前,计算机构成的监控系统在自动化程度高的船舶机舱中应用非常普遍,特别是机舱的分布式网络型微机监控系统代表着当前船舶机舱监控系统技术发展的先进水平。该类系统采用现场总线技术(FCS),采用分布式微处理器 DPU 与 CAN 总线对机舱现场的监控参数实施实时监控与通信。它的主要优点在于:用可靠的数字信号取代传统的模拟信号,把控制、报警、计算等功能分布到系统的最底层的现场传感器,实现完全分散控制,是全数字、全分散、全开放的现场控制系统,同时也因为使用网络数据线而节省大量的硬件和信号电缆。

第一节 船舶机舱监测与报警系统基础知识

一、船舶机舱监测与报警系统参数类型

机舱中要监测的参数可分两类:一类是开关量,另一类为模拟量。

开关量是指只有两个状态的量。这两个状态通常是开关的断开和闭合,而开关的形式可以是机械开关或继电器触头。在船舶机舱中,开关量可以反映设备的运行状态,如设备是处于运行状态还是停止状态。设备是正常工作还是出现故障。主机凸轮轴位置以及阀门位置等。机舱的监测与报警系统能对这些开关量进行显示,需要报警的则发出声光

报警。

模拟量是指连续变化的量,例如温度、液位、压力和转速等参数均为模拟量。监测与报警系统应能对这些模拟量进行实时显示,如果参数越限则应发出越限声光报警。越限报警分为两种情况:有些参数是不允许超过某一上限值的,当超过这一上限值时发出报警的称为上限报警;另外一些参数则不允许低于某一下限值的,当低于这一下限值时发出报警的称为下限报警。通常,温度参数的报警为上限报警,压力参数的报警为下限报警,液位参数的报警则可以有上限报警,也有下限报警。

在机舱中,还有些设备其运行参数虽然为模拟量,但并不把这些模拟量直接送入监测与报警系统,而是通过压力继电器、温度继电器或液位开关等转换为开关量信号再送到监测与报警系统,如空气瓶、制冷设备等。对于这类参数,监测与报警系统将以开关量的形式进行处理。

二、船舶机舱监测与报警系统监测方式

船舶机舱监测与报警系统的种类很多,可以有多种分类方法。按监测方式可分为两大类,即连续监测式和扫描监测式。

(一)连续监测式报警系统

连续监测式报警系统主要是指对机舱内全部监测点的状态及参数同时送入监测与报警系统,并实现同时连续地进行监测,为单元组合式集中监测系统。这种系统的核心单元是报警控制单元,它是由各种测量与报警控制电路组合而成的,每个监测点的参数经传感器分别送入各自相应的报警控制电路,以实现独立参数的检测与判断,从而控制故障报警。由于各监测点的报警控制电路是相对独立的,因此各监测点之间的互相影响较小。当某一监测点通道发生故障时,不会影响其他通道的工作。监测点数的增减可以不受限制。在设计中,常把报警控制电路按输入的信息类型和监测要求设计成几种形式,并把几个同类型的报警控制电路制作在一块印刷电路板上,测量状态参数和报警信息集中于公共显示和报警电路。

该类系统因硬件电路板用得比较多而体积显得比较庞大,但同类电路板可以通用、互用。

(二)扫描监测式报警系统

扫描监测式报警系统又称巡回监测报警系统。目前主要是微机控制监测系统,该类系统是以一定时间间隔依次扫描检测各监测点的参数和状态,并将监测点参数逐一采集到系统的核心单元(微处理器),实现分时处理。因此,无论监测点有多少,仅需要一个中央处理单元。测量和报警信息集中于公共显示器显示和报警。

微机型巡回监测系统采样速度快、检测精度高,具有体积小、功能强和显示技术先进等优点。为了提高系统的可靠性和控制性能,近年来,已有越来越多的船舶采用分布式微机监控系统,并由此把机舱的监测和报警系统构成一个以服务各自功能的计算机服务器为特征的小局域网络结构形式。

三、船舶机舱监测与报警系统的功能

一个完善的集中监测与报警系统,原则上应包括如下功能:

(一)故障声光报警

声光报警是监测与报警系统最根本的功能,只要监测点的状态发生异常或出现参数越限,系统就应该发出声光报警,以便警示及时处理问题。机舱中各种设备的运行是否正常,是由其一些相关参数是否处于允许的上、下限范围内来判定的。大多数设备一旦发生故障,其相关参数越限后将无法自行恢复正常,只有在轮机人员把设备修复后,才能使其参数恢复正常,这一类故障报警称为通常报警或长时报警。有些重要设备常配备两套,一套运行,一套备用且有自动切换功能。当运行设备出现故障并发报警后,自动切换备用系统运行,故障消失,在短时间内运行参数恢复正常,把这类故障报警称为短时报警。对于这两种故障将有不同的报警过程。

在正常运行期间,监测与报警系统不会发声响报警,相应的报警灯(红色)熄灭。当运行设备出现通常故障时,系统立即发出声响报警,用以通知值班轮机员,同时相应的报警指示灯(或屏幕显示器的文字)快速闪亮,以指示故障的部位和内容。值班轮机员获悉这一信息后,应做出应答操作(按确认按钮或点击闪亮的文字),于是声响消失,报警指示灯(显示器文字)转为常亮以记忆故障,直到轮机人员排除故障,使参数重新恢复正常时,报警指示灯才熄灭。当出现短时故障报警时,系统也会立即发出声光报警,在值班轮机人员尚未作出应答操作前,由于运行设备已切换到备用设备使参数自动恢复正常,此时声响报警继续保持,而报警指示灯(显示器文字)以记忆报警状态。由“快闪”转为“慢闪”值班轮机人员获悉这一信息后,要到集中控制室进行应答操作,消声且报警灯(显示器文字)从慢闪直接熄灭。轮机人员要尽快修复切换下来的设备,使其处于完好状态作为备用。两种报警状态与处理结果归纳为表8-1。

表8-1 两种报警状态与处理结果归纳

报警方式	故障形式	无故障	有故障	确认故障(应答)	排除故障
灯光报警	通常故障	灭	快闪	常亮	灭
	短时故障	灭	快闪	自动切换完成时慢闪,确认后灭	
声响报警	通常故障	无	响	消失	无
	短时故障	无	响	切换后继续响,确认后消声	

(二)参数显示与报警的指示

参数显示是指显示机舱中所有运行参数的数值。常用的显示仪表有:指针式显示仪表、数字式显示仪表和CRT显示器、液晶显示器等。报警指示常用红色指示灯或发光二极管,正常运行状态常用绿色指示灯或发光二极管。在用微型计算机进行监测与报警系统中,同时还采用CRT或液晶显示器来指示。

(三)打印记录

打印记录可以有参数打印与故障报警打印两种。

参数打印记录有定时制表记录和召唤记录。定时制表记录是打印机以设定的时间间隔自动将机舱内需要记录的全部参数打印制表，轮机人员只要将打印纸整理成册，即可作为轮机日志。召唤记录也称随时记录，轮机人员可根据需要，随时打印当时的工况参数，可全点或选点打印检测点参数。

故障报警打印由监测系统自动进行。当被监测的设备发生故障时，自动起动打印机，打印故障名称、内容和时间。而在故障排除时，自动打印故障排除时间。

（四）延时报警

在报警装置中，一般均设有延时报警环节，以免发生误报警。根据所监测的参数不同，其延时时间有长延时和短延时之分。比如在监测液位时，由于随着船舶的摇摆，其液面会来回倾斜，造成虚假越限现象，类似这些情况可采用2 ~ 30 s的长延时报警，在延时时间之内越限不报警，超过延时时间再发报警。另外，在运行期间报警开关会因外界干扰其开关状态将发生瞬间变化。比如，主机变速通过临界转速区时，船舶的激烈振动，某些压力系统的压力波动等都会使报警开关发生抖动，为避免误报警，可采用延时0.5 s的短延时。

（五）闭锁报警

闭锁报警就是根据动力设备的不同工作状态，封锁一些不必要的监测点报警。如船舶在停港期间，主机处于停车状态。为此，主机的冷却系统、燃油系统、滑油系统等均处于停止工作状态，与这些系统相关的参数都会出现异常。因此，必须闭锁有关监测点的报警。

（六）延伸报警

延伸报警功能是为无人值班机舱设置的。在无人值班的情况下，必须将机舱故障报警信号分组后传送到驾驶台、公共场所、轮机长及值班轮机员住所的延伸报警箱。延伸报警通常是按故障的严重程度来分组，可把全部监测点的报警信息分为四组：主机故障自动停车报警、主机故障自动降速报警、重要故障报警、一般故障报警。有时为了简化延伸报警，在值班轮机员住所的延伸报警箱上仅设置重要故障报警和一般故障报警两个报警指示灯。

（七）失职报警

在机舱无人值班的情况下，当监测与报警系统发出故障报警的同时，立即起动3 min计时器，若值班轮机员未能在3 min内及时到达集中控制室完成应答操作，即便已在延伸报警箱上作出应答，仍将被认为是一种失职行为，报警系统就使所有延伸报警箱发出声、光报警信号。报警系统发出失职报警后，只能在集中控制室进行消声，复位3 min计时器后才能撤销失职报警。

（八）值班呼叫

值班呼叫主要用于轮机员交接班时的信号联络。如果大管轮与三管轮需要交接班，值班大管轮只要在集中控制室操纵台上把“值班选择”开关转至“三管轮”位置即可。这样，系统就会撤销大管轮的值班信号，而向驾驶台、公共场所和三管轮住所的延伸报警发出三管轮值班呼叫声响信号，值班指示灯闪光。三管轮获悉这一信息后要进行应答操作，这时报警呼叫声消失，值班指示灯从闪亮转为常亮，表示三管轮进入值班状态。以后，监测系统会把故障报警信号传送到三管轮住所的延伸报警箱,而不再送到大管轮处。

(九)试灯与功能试验

在集中控制室的操纵台上,装有试灯按钮和功能试验按钮。按试灯按钮,所有指示灯都要亮,不亮的指示灯要换新。按功能试验按钮,所有监测点全部进入报警状态,哪个监测点未报警表示该监测通道有故障。该功能可用于协助寻找故障部位。

(十)自检功能

监测系统是用于监测参数的运行值及越限报警。但是,监测系统本身有故障,就会丧失这种正常的监测功能。为了确保监测系统本身工作的可靠性,对一些重要环节,如传感器、闪光脉冲器、电源电压,电源保险丝等进行自动检测,只要其中之一发生故障,监测系统将自动发出该系统故障报警。

(十一)备用电源的自动投入

要使监测系统在全船失电的情况下能正常工作,就必须配备相应的备用电源。在主电源失压或欠压时,系统能自动启用备用电源,实现不间断供电。

第二节　单元组合式监测与报警系统

一、单元组合式监测与报警系统的概念、特点和组成

(一)系统概念

采用连续监测式的集中监测与报警系统中,每一个监测点均需要一个独立的监测和报警控制单元,整个监测与报警系统是由各个监测点的报警控制单元组合而成的,这就称为单元组合式监测与报警系统。中小型船舶的机舱集中监测与报警系统常用这种类型。

(二)系统特点

单元组合式监测与报警系统在硬件上所用的基本元件经历了分立的继电器、晶体管、集成电路等不同发展阶段。

在系统上,由传感器所检测的每个监测点的状态和参数值是相对独立地送到集中控制室,集中监测与报警系统将单独处理每个监测点的工作状态。通常,一个监测点或几个类型相同的监测点都要制作在一块满足集中监测和报警控制功能要求的模块式印刷电路板上。因此,在集中控制室的集中监测与报警控制柜中,这样的模块式印刷电路板有很多块。该电路板可提供显示监测点参数值的信号,当监测点运行设备发生故障或运行参数越限时,能提供故障报警信号。同时,报警信号还能延伸送至驾驶台、公共场所,轮机长及值班轮机员住所,当然还和打印机连接可以打印故障报警。因此,轮机管理人员要管理好集中监测与报警系统,除要管理好所有传感器,使其处于完好的工作状态外,对于使用好嵌入了众多的电路板的报警控制单元是十分重要的。

报警控制单元有开关量报警控制单元和模拟量报警控制单元,这两种控制单元的工作原理基本相同,只是越限报警值的调整方法不同。对于开关量报警控制单元,它输入的信号是开关状态,一般由温度开关、压力开关、液位开关等传感器来检测,调整越限报警值往往是在传感器上,通过调整其幅差来实现。对于模拟量报警控制单元,其输入量是运行

参数的模拟量，其越限报警值是通过调整印刷电路板上的电位器来进行的。

（三）系统的组成

一套完整的机舱单元组合式监测和报警系统有三大部分组成：分布在机舱各监测点的传感器；安装在集中控制室内控制柜的监视显示屏和和监视仪表；安装在驾驶台、公共场所、轮机长和轮机员住所的延伸报警箱。单元组合式集中监测与报警系统的结构组成框图如图 8-1 所示。

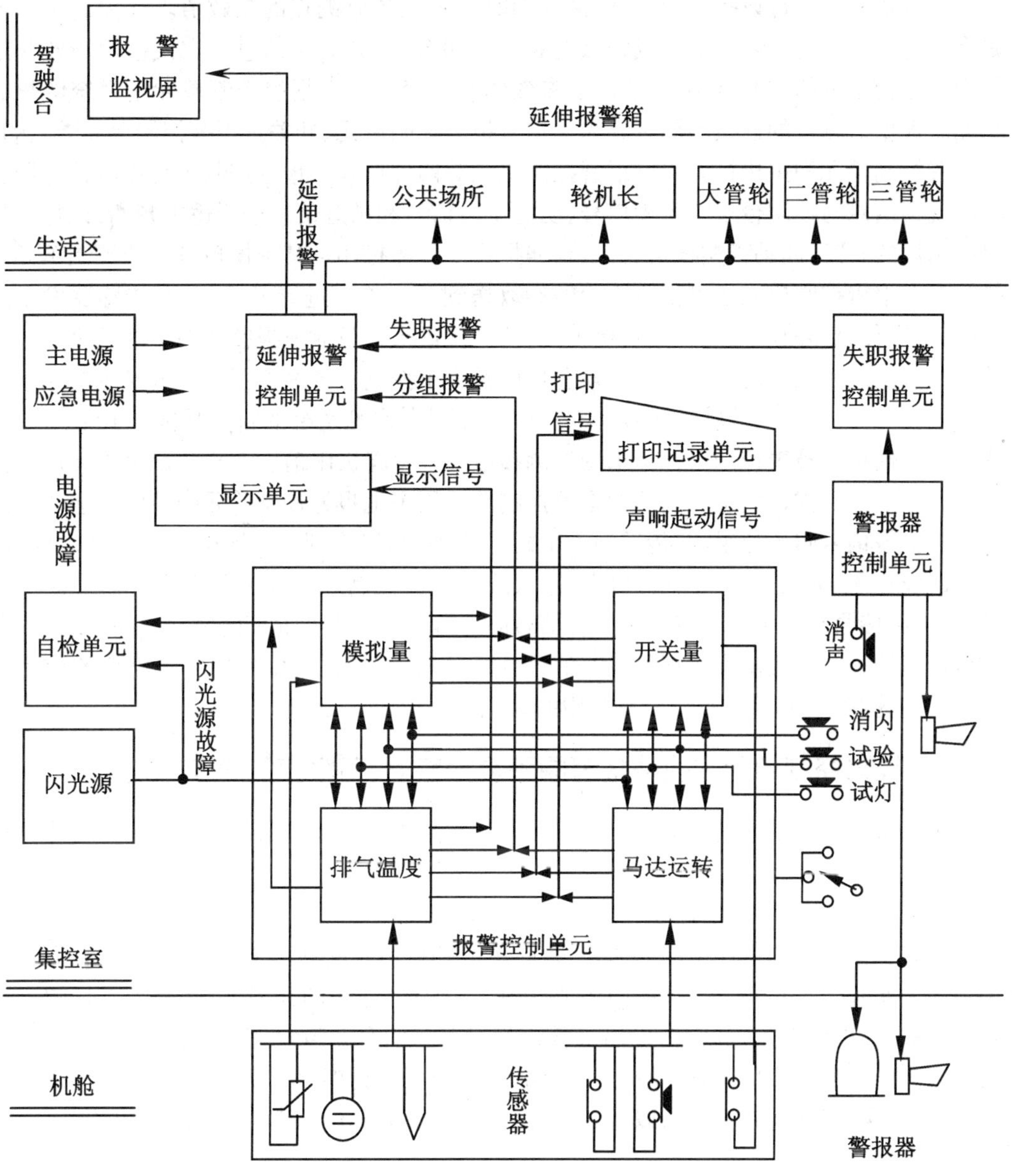

图 8-1　单元组合式集中监测与报警系统组成框图

单元组合式集中监测与报警系统是按系统各功能环节来设计的，把完成一个或几个功能的电路制作在一块模块式印刷电路板上，以构成一个相对独立的单元。并根据不同的要求把所需的功能单元组合起来,组成一个完整的系统。组成系统功能的单元有:报警控制单元、报警器控制单元、闪光源单元、自检单元、显示单元、打印记录单元、延伸报警控制单元、主电源和应急电源、延伸报警箱等。

从图 8-1 自下而上说明如下:①机舱内的各种传感器分布安装在各种被测设备上用来检测各监测点的参数,传感器是监测和报警系统信息获取装置,可分为模拟量和开关量传感器两大类。模拟量传感器是把被测参数变换成连续变化的电信号,即模拟量信息,它适用于既要监测运行设备是否正常,又要随时显示其各监测点的参数值。开关量传感器是把被监测参数是否越限变换成触点的断开或闭合,即开关量信息。它仅适用于监测运行设备是否正常的监测点,而不能用于参数的测量显示。②报警控制单元是系统的核心单元。根据监测点的性质不同可分为模拟量报警控制单元、开关量报警控制单元、马达转速报警控制单元和主机排烟温度报警控制单元等四种形式。报警控制单元接收传感器送来的现场信息与控制台来的闭锁信号、功能试验信号和试灯信息进行逻辑判断,以控制报警指示灯的状态,起动声响报警,分组延伸报警及故障打印。其中模拟量报警控制单元和排烟温度报警控制单元还可把所检测的参数送到显示单元进行显示,并在传感器发生故障时,输出传感器故障信息送至自检单元,使系统进入自身故障报警状态。③报警器控制单元用来控制机舱内的电笛和旋转报警灯以及集中控制室的蜂鸣器。④闪光源单元用来提供系统所需快、慢闪的脉冲信号。⑤自检单元用来检测系统的自身故障。⑥显示单元用来指示模拟量报警控制单元送来的检测参数值或报警极限值。⑦打印记录单元用来打印状态参数值及报警信息。⑧延伸报警控制单元用来把报警控制单元中各监测通道送来的故障报警信号归类分组后,传送到各个延伸报警箱,以实现分组延伸报警功能。此外,还有的设有 3 min 失职报警控制功能,它从故障报警控制单元发出分组报警信号时开始计时,直到接收到集中控制室消声应答信号时才复位。若计时时间超过 3 min,立即向各轮机员延伸报警箱发出失职报警控制信号,该信号要维持到集中控制室消声应答信号为止。上述的③ ~ ⑧项在系统中是共用的单元电路模块。

二、报警控制单元的故障报警原理及报警上、下限值的调整方法

关于报警控制单元的开关量报警单元和模拟量报警单元电路的报警原理下面作详细介绍。

(一)开关量报警控制单元

开关量报警控制单元由输入回路、延时环节和逻辑判断环节组成,其组成逻辑原理图如图 8-2 所示。其中,输入回路用于接收开关量传感器送来的开关信息(即触点是闭合还是断开的),并且在输入异常时发出报警信号;同时还可以接收“试验”信号,当输入试验信号时同样输出报警信号,以模拟监测点的故障信号。延时环节用于对报警信号产生适当的延时,实现延时报警功能,以避免误报警。逻辑判断环节用来完成逻辑运算、状态记忆和报警控制。

报警原理:在监测点参数处于正常范围时,开关量传感器的触点闭合,输入回路不输出报警信号,此时,报警指示灯处于熄灭状态,也不会起动声响报警、分组报警和故障打印。当监测点的运行设备发生故障,或其相关参数越限时,传感器触点断开,输入回路输

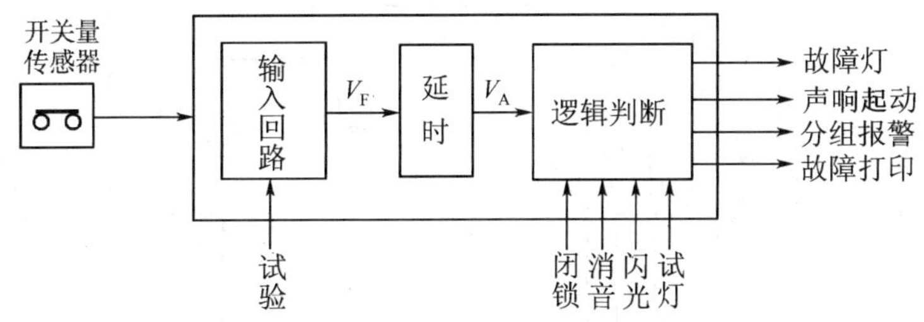

图 8-2　开关量报警控制单元组成逻辑原理图

出报警信号，经延时环节和逻辑判断环节后发出报警。

报警内容包括：①控制报警指示灯使之快速闪、慢闪、平光或熄灭；②起动共用报警器控制单元，向集控室和机舱发出声光报警；③输出分组报警信号到延伸报警单元，进行归类分组后控制延伸报警箱实现分组报警；④起动报警记录打印机，记录故障发生时间和报警内容。而逻辑判断环节除了接收报警信号外，还接收闭锁、消闪、闪光和试灯信号。

根据持续时间的长短，报警可分为长时报警和短时报警。长时报警是指报警长时间存在，而短时报警则是指发生报警后，短时间内外部输入信号恢复正常，报警自行消失。

在发生报警时值班轮机员首先应按“确认”按钮（俗称消音按钮），以消除声响。然后按“消闪”按钮，若是长时间报警，则逻辑判断环节将使报警指示灯从快闪变成平光，以指示故障状态。此时，轮机员应该进行相应的报警处理措施。待故障排除后，监测点参数恢复正常，传感器触点又重新闭合，报警指示灯由平光变为熄灭。若在尚未按下“确认”按钮时监测点参数已自行恢复正常，传感器触点已重新闭合，逻辑判断环节将使指示灯从快闪转为慢闪，进入短时故障报警状态，这时，先按下“消声”按钮进行消声，再按下“消闪”按钮，指示灯将从慢闪转为熄灭。

开关量报警上、下限设定值的设定是由开关量传感器来实现的。例如，采用压力继电器作为压力传感器时，其上限报警设定值为继电器的下限设定压力与幅差之和，而下限报警的设定值则是其下限设定压力。

（二）模拟量报警控制单元

模拟量报警控制单元主要由测量回路、比较环节、延时环节和逻辑判断环节组成，其原埋图如图 8-3 所示。

图中，测量回路把监测点的传感器送来的模拟量信号转换成相应的电压信号，以作为监测点参数的测量值 u_i，并在模拟量传感器发生短路或开路时，向自检单元发出传感器故障信号。比较环节用于故障报警鉴别，它将测量值 u_i 与电位器整定的报警设定值 u_L 进行比较，若参数越限则输出报警信号到延时环节。在功能试验时，比较环节接收到“试验”信号时，若能输出被监测点参数越限的报警信号，则说明控制单元工作正常；否则，说明单元有故障。延时环节和逻辑判断环节的作用与上述开关量报警控制单元的环节完全相同。其中的延时环节并不是所有模拟量报警控制单元都设置，而只适用于需要延时报警的监测点通道中。

调节电位器的阻值就可以改变报警上、下限整定值。一般用螺丝刀作小调，设定完成要锁紧电位器滑臂。

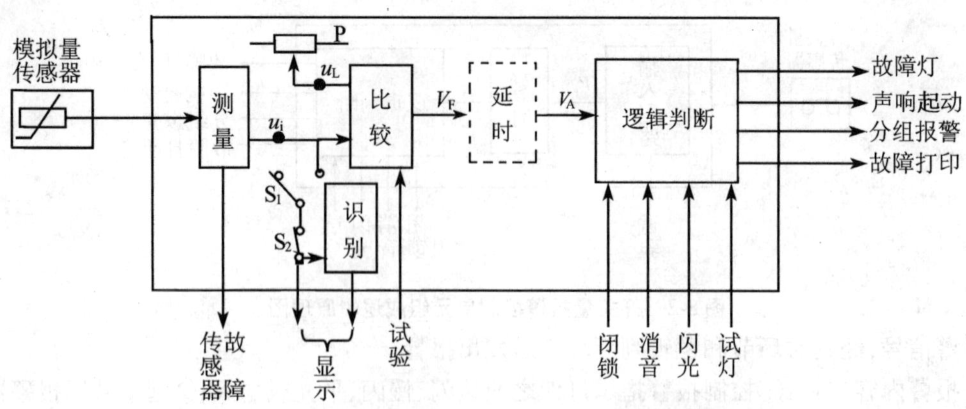

图 8-3　模拟量报警控制单元组成逻辑原理图

第九章 船舶火灾自动报警系统

在船上，若早期发现的火灾很容易扑灭，所造成的损失也很小。但是，在茫茫大海中航行的船舶，火灾若没及早发现而一旦蔓延起来，由于孤立无援，其后果不堪设想。

在船员入睡的夜晚，在无人值班的机舱及无人看管的货舱或船员离开后燃烧的火灾，如何能及时发现呢？为此，人们着手开始研制火灾报警装置，并很快投入使用。随着技术的发展，单一功能的火灾报警器逐步被既能发现火灾并报警，又能联动灭火、排烟，还能联动防火分隔的智能化火灾自动报警系统所取代。

在机舱或货舱，火灾初期一般是先有烟雾、不正常的温升和火光。因此为了及早地发现火灾，扼杀于萌芽状态中，可以借助各种传感器（自动探测器）将烟、热或光信号变成为电信号，然后送入报警控制单元进行信号处理，发出报警及其他控制信号。这就是船舶的火灾自动报警系统。

在某些特种船舶如滚装船、火车渡船及液化气体船中，往往在某些舱室内装设可燃气体探测器，用来监测可燃气体的浓度，以防止可能引起的燃烧和爆炸。

第一节　火灾自动报警系统基本类别和功能

在船舶上，根据安装区域和探测介质的不同，火灾自动报警系统主要分为三种类别：用于舱室的火灾自动报警系统、用于干货舱的火灾自动报警系统及易燃气体探测系统。

一、用于舱室（机舱）的火灾自动报警系统

一套船舶舱室火灾自动报警系统主要包括探测器（含手动报警按钮）、报警控制器、区域报警屏、联动控制器、通信广播设备等五部分组成。其系统示意图如图 9-1 所示。

（一）探测器

探测器分布在被测环境现场，它监测环境的有关物理量如烟、光、热等，将其转换成与该物理量对应的电信号，并传送到报警控制器。手动报警按钮一般安装在人员经常出入经过的走廊、通道、楼梯口等明显的地方。探测器主要有感烟、感温和火焰探测器三种。

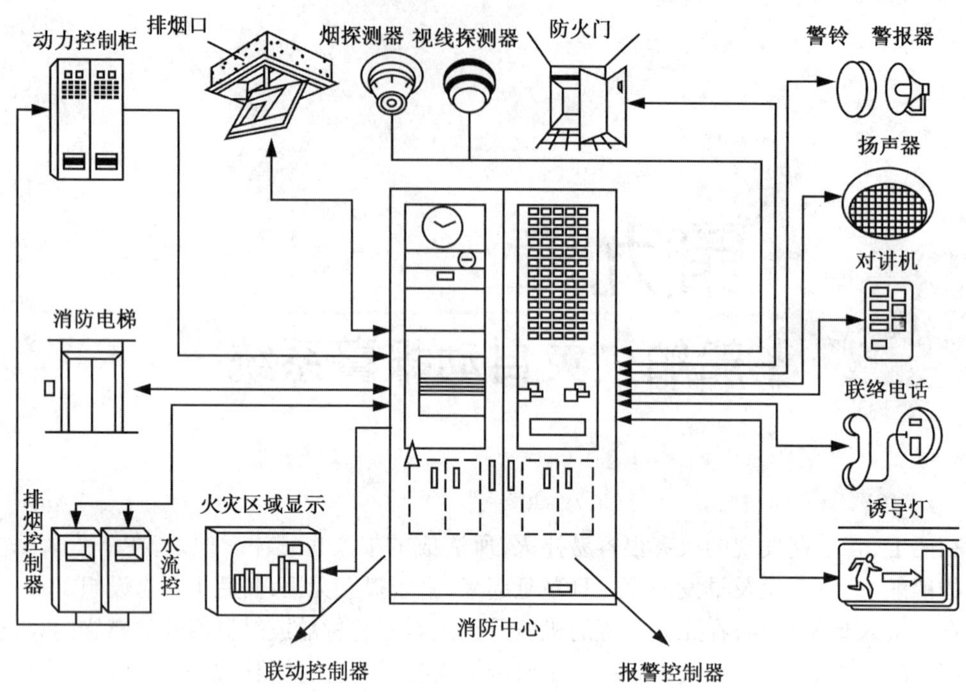

图 9-1 船舶舱室火灾自动报警系统组成示意图

(二)中央控制单元(消防中心)

中央控制单元(消防中心)一般安装在驾驶台或消防控制中心内,主要有报警控制器和联动控制器。目前船舶上应用的报警控制器主要有继电接触器控制、可编程控制器(PLC)控制及微机控制等三种。其作用是接收火灾探测器从监控现场发送来的火灾信号,经过处理后发出声、光火警报警信号并显示火警的区域部位,以便船员及早采取灭火措施。报警控制器主要实现以下功能:

(1)火警发生时发出声、光报警信号并指示火警发生的位置。声响信号可以手动切除,但不能影响下一次火灾报警。

(2)对报警指示设备的输入输出线路进行监控,包括外部探测器和警铃线路的开路故障、系统内部故障(电源故障、指示灯故障、接地故障、保险丝损坏)以及主控制箱的门是否打开等,对于这些故障都能自动发出声光报警信号,并显示具体故障部位。火灾报警声光信号与机舱设备故障声光信号有明显区别,消声功能与火警相同。

(3)火警与故障信号有记忆功能,只有在火警和故障已经消除,并由人工复位后方能恢复正常。

(4)具备手动模拟测试条件,方便检测设备是否正常。

(5)每一火灾探测分路可以切断,以便对某一分路进行检查维护,并且设有切断的指示等显示。

(6)配置有主、副电源,可以自动转换,保持不间断地供电。

(7)具备担负某些辅助功能。

(8)满足船用的环境条件试验要求。

(三)联动控制器

联动控制器安装在消防控制中心内,连接报警控制器送来的火灾信号,通过控制电路模块向有关的消防设备如防火门、风机、油泵、水喷淋系统、CO_2 施放装置等发出控制命令,同时查询设备的执行情况。

(四)区域报警屏(火灾区域显示器)

区域报警屏(火灾区域显示器)一般安装在机舱集中控制室内以及船员生活区走廊内。它可以接收报警控制器的信号,显示外围连接电路开路等故障信号;在火灾发生时,可以指示报警部位并发出声光报警。在辅助报警屏上可以复位各种报警信号。

(五)通信广播系统

通信广播系统主体的扩音设备安装在消防控制中心内,喇叭和电话分机等器件安装在现场,可以自动或手动发出语音报警信号。

二、用于干货舱的火灾自动报警系统

船舶大舱烟雾报警装置主要目的是检测干货舱内是否发生火灾,如有失火的征兆及时发现,以便采取灭火措施,也有的船舶可以自动施放 CO_2。系统通常采用抽烟式系统,由抽风机、管道、烟雾探测装置和报警指示设备组成,若货舱发生火灾,烟气通过管道被抽吸到安装在驾驶室的烟雾探测装置,则报警指示设备发出声、光报警信号。此时,驾驶台值班人员便可根据控制箱屏幕上相应的指示,判断失火的货舱,采取相应消防措施。此外,被抽吸的烟气可以通过旁路控制开关,直接排放到驾驶室,以便值班人员可以嗅闻证实是否属于火灾的烟气。下面介绍 FSD 1000 货船大舱烟雾报警装置系统。

FSD 1000 货船大舱烟雾报警装置系统连接图如图 9-2 所示。该装置检测系统可以持续的对多个货舱进行检测。通过连接管持续将货舱的空气样本输送到烟雾探测传感器。通常情况下两个系统都可以连接到管线网络,安装在驾驶台的液晶显示单元对烟雾报警和故障警报(气压低、堵塞等)进行遥控显示,同时也连接到烟雾检测显示面板上。

系统组成包括以下几个部分:采样管线;安装在货舱的采样分析单元;风机组;RWU 显示和报警单元;RWU 复式器(分组延伸报警显示),组成框图如图 9-3 所示。

系统监测原理:通过电缆将烟雾探测器输出的 4 ~ 20 mA 信号连接至 FSD 1000 系统的采集分析单元,报警显示箱面板上的报警显示单元显示不同的报警信息。当有烟雾浓度超出设定值时,产生声光报警信号,可使用前面板上的消声、定光按钮对报警进行报警确认、报警消声、定光等操作。

三、易燃气体探测系统

滚装船、车渡船和油、气类船舶等往往在货舱区域需要载运车辆和油、气品,这些船的货舱或船上某些舱室可能聚集较多的易燃气体。通常,易燃气体的密度比空气重,因而不容易驱散,在易燃气体的体积浓度超过爆炸下限时,遇明火即可能发生爆炸或燃烧。为了检测这些舱室的易燃气体是否达到危险浓度,在这些船舶上一般装有易燃气体探测器系统。系统的组成示意图如图 9-4 所示。

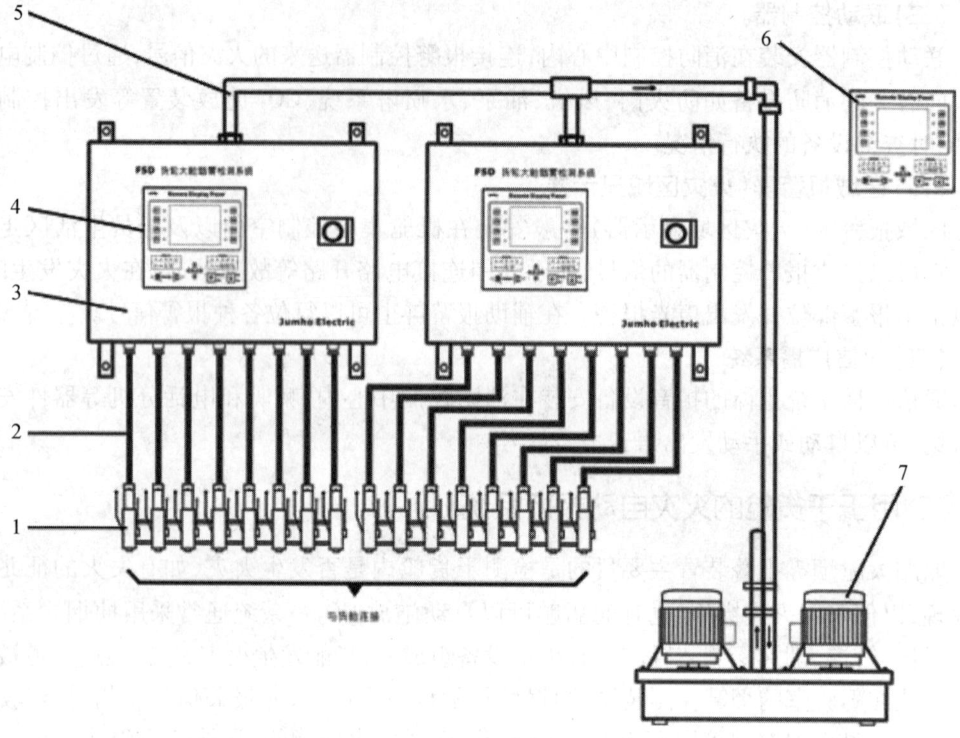

图 9-2　FSD 1000 货船大舱烟雾报警装置系统连接图

1—三通阀;2—PVC 管道;3—采样分析单元;4—RWU 显示和报警单元;5—钢管;6—RWU 复式器;7—风机

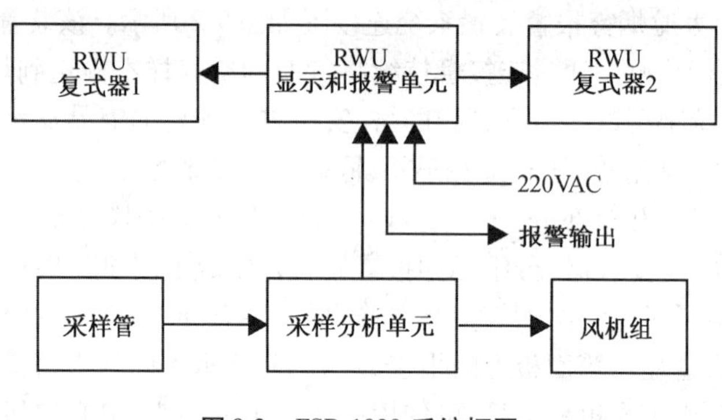

图 9-3　FSD 1000 系统框图

第二节　火灾探测方法及探测器

一、火灾探测方法

火灾探测是以物质燃烧过程中产生的各种火灾现象为依据,以实现早期发现火灾。分析普通可燃物的火灾特点,以物质燃烧过程中发生的能量转换和物质转换为基础,可形成不同的火灾探测方法,基本的路线图如图 9-5 所示。

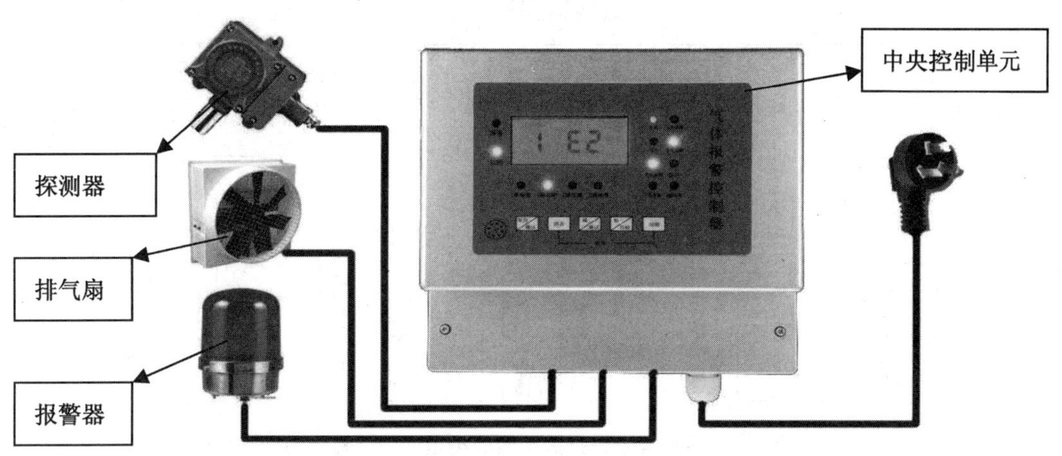

图 9-4　易燃气体探测器系统组成示意图

二、火灾探测器

火灾探测器是火灾自动报警系统的组成部分，它至少含有一个能够连续监测，或以一定频率周期监测与火灾有关的物理和化学现象的传感器，并且至少能够向控制和指示设备提供一个适合的信号，由探测器或控制和指示设备判断是否报火警或操作自动消防设备。简单说，火灾探测器是及时探测和传输与火灾有关的物理和化学现象的探测装置。

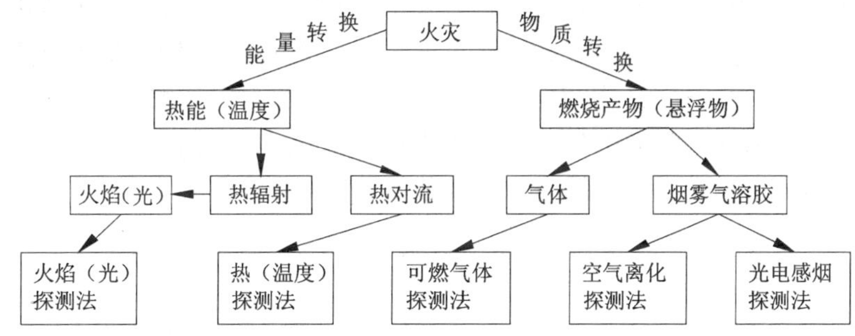

图 9-5　火灾探测方法基本的路线

一般来讲，火灾探测器由火灾参数传感器或测量元件、探测信号处理单元和火灾判断电路组成。火灾信号必须借助物理或化学作用，由火灾参数传感器或测量元件转换成某种测量值，经过测量信号处理电路产生用于火灾判断的数据处理结果量，最后由判断电路产生开关量报警信号。直接产生模拟量信号的火灾探测器输出的测量信号是经过信号处理电路进行数据处理后，产生模拟量信号并传输给火灾报警控制器，最终由火灾报警控制器实现火警判断的功能。

根据各类物质燃烧时的火灾信息探测要求和上述不同的火灾探测方法，可以构成各种类型的火灾探测器，目前主要有感烟式、感温式、感光式（火焰探测式）和可燃气体等四大类型，如图 9-6 所示。船舶采用的探测器均为点型探测器（陆用感温探测器有采用线型的）。由于船舶上感烟式、感温式火灾探测器使用较多，故分别介绍如下。

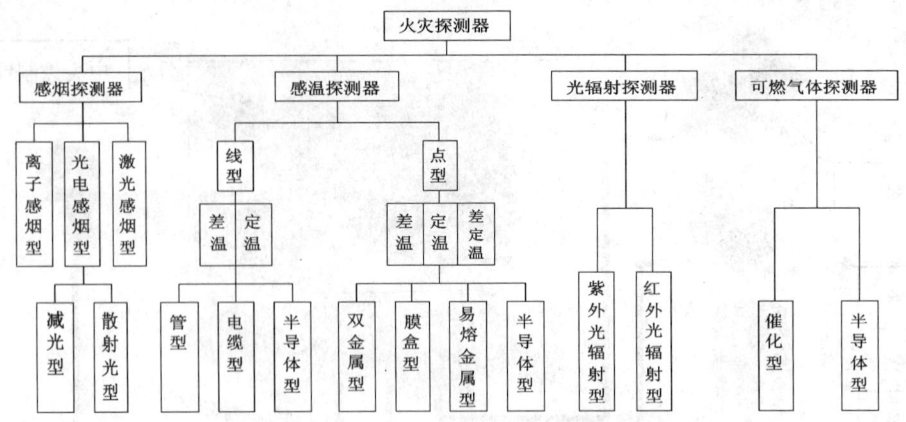

图 9-6　船舶常用火灾探测器的类型和特点集成图

(一) 感烟式火灾探测器

感烟式火灾探测器目前在船舶中应用较普及。据有关机构统计，感烟式火灾探测器可以探测 70% 以上的火灾。目前常用的感烟式火灾探测器是离子式和光电式。

1. 离子感烟式火灾探测器

离子感烟式火灾探测器采用空气电离化探测火灾。根据其内部电离室的结构形式，又可分为双源感烟式和单源感烟式。

(1) 双源感烟式火灾探测器

图 9-7 是双源式感烟探测器的检测原理图。在实际中，探测器有开式结构且烟雾容易进入的检测用电离室 M 与闭式结构且烟雾难以进入的补偿用电离室 R 是采取反向串联连接，两个电离室内各放有一块放射性镅 241 片，不断放射出 α 粒子，使电离室内空气部分电离。检测电离室一般工作在其特性的灵敏区，补偿电离室工作在其特性的饱和区，即流过补偿室的离子电流不随其两端电压的变化而变化。

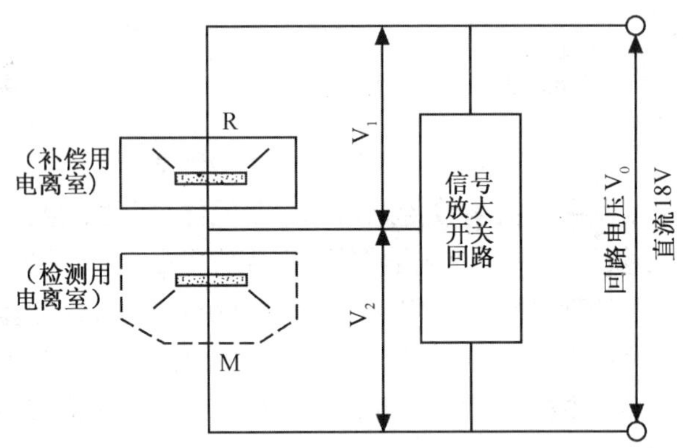

图 9-7　双源式感烟探测器检测原理图

当有烟雾进入火灾探测器时，由于烟雾粒子对带电离子的吸附作用，使检测用电离室 M 内特性曲线发生变化，从而形成电压差 ΔU，其大小反映了烟雾粒子浓度的大小。经电子线路对电压差 ΔU 的处理，可以得到火灾时产生的烟浓度的大小，用于确认火灾发生和

报警。

采用双源反串联式结构的离子感烟火灾探测器可以减少环境温度、湿度、气压等条件变化引起的对离子电流的影响，提高火灾探测器的环境适应能力和工作稳定性。目前在船舶中应用较多。图 9-8 是一个典型的双源式感烟探测器的实际电路原理图。

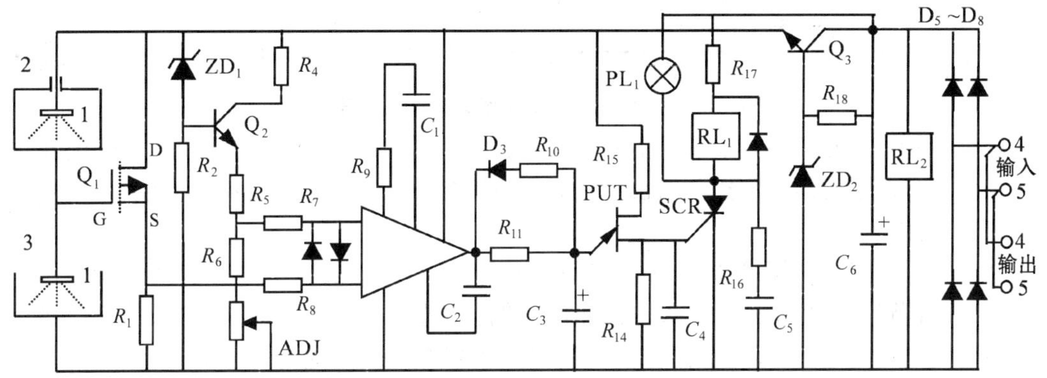

图 9-8　双源式感烟探测器的实际电路原理图

在图 9-8 中，输入电源为 18 ～ 24 V(DC)，两个电离室(2 和 3)的连接点电压与场效应管 Q1 的栅极(G)点相接，其源极(S)点电压经电阻 R8 接集成运算放大器的同相输入端；标准比较电压经电阻 R7 与集成运算放大器的反相输入端相接，并且可以通过电位器调节，以改变探测器的灵敏度。在正常监测状态，场效应管 Q1 由于栅极电压较低不导通，源极电位接近于 0，使集成运放的同相输入端的电压低于反相输入端的电压，则集成运放的输出端的电压仅为 1 V 左右，电容 C3 被充电仅 1 V，该电压达不到单结晶体管 PUT 的峰点电压(6 V)，单结晶体管无法导通，晶闸管 SCR 无触发脉冲，使继电器 RL1 不动作。此时继电器 RL2 有电动作，使常开触点 RL2 闭合。在有火警状态时，检测电离室内有烟雾颗粒进入，颗粒被吸附后使检测电离室内等效阻抗增大，离子电流减小，而补偿用内电离室阻抗仍保持不变，场效应管 Q1 的栅极电压升高使之导通，于是 Q1 的源极电位升高。当烟雾达到预先的设定值时，使集成运放的同相输入端的电压高于反相输入端的电压，则集成运放的输出端电压升到 12 V，电容 C3 继续经 R11 充电，经 20 s 左右的延时时间(可调节)，如果检测电离室的烟雾浓度继续保持或增加，则充电电压达到单结晶体管 PUT 的 6 V 峰点电压，单结晶体管导通，输出触发脉冲使晶闸管 SCR 导通，从而使继电器 RL1 通电动作，使探测器上的指示红灯 PL1 亮。同时使其常开触点 RL1 闭合，该闭合触点信号送入火警控制器后给出声光报警信号。

(2)单源式感烟火灾探测器

单源式离子感烟火灾探测器的电路原理图如图 9-9 所示，其检测电离室和补偿电离室由电极极板 P_1、P_2 和 P_m 构成，共用一个镅 241α 放射源。在火灾探测时，探测器的烟雾检测电离室(外室)和补偿电离室(内室)都工作在其特性曲线的灵敏区，利用 P_m 极电位的变化量大小反映进入的烟雾浓度变化，实现火灾探测和报警。

单源式离子感烟火灾探测器的烟雾检测电离室和补偿电离室在结构上基本都是敞开的，两者受环境条件缓慢变化的影响相同，因而提高了对使用环境中微小颗粒缓慢变化的

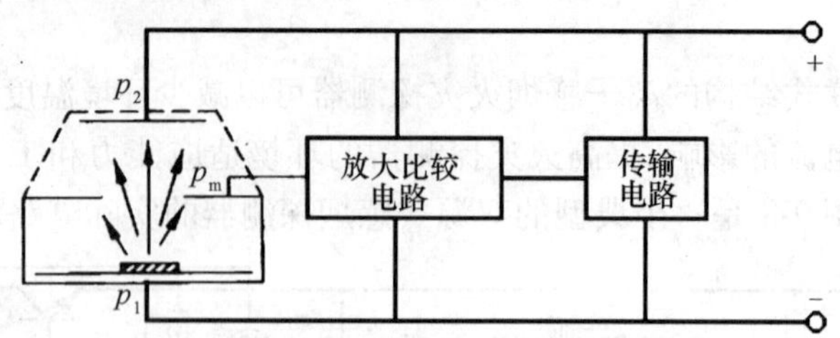

图 9-9 单源式离子感烟火灾探测器的电路原理图

适应能力。特别在潮湿地区要求的抗潮能力方面,单源式离子感烟火灾探测器要好得多。但目前双源式离子感烟火灾探测器也可以通过电路参数调整以及与火灾报警控制器软件配合来提高抗潮能力。

在离子感烟式火灾探测器中,选择不同的电子线路,可以实现不同的信号处理方式,从而构成不同形式的离子感烟式火灾探测器。例如,选用一定门槛电压值的比较放大和开关电路的电子电路,可以构成门槛值报警式离子感烟火灾探测器;选用 A/D(模数)转换、编码传输电路和微处理器单元,可以构成带地址编码的模拟量以及智能式离子感烟火灾探测器。

镅 241 的半衰期为 485 年。

这类探测器具有灵敏度高、寿命长的优点。

2. 光电感烟式火灾探测器

光电感烟式火灾探测器利用火灾产生的烟雾改变光敏元件受光的强弱而发出警报信号。根据烟雾粒子对光的吸收和散射作用,光电感烟式火灾探测器可分为遮光式和散射光式两种类型。

遮光式光电感烟探测器如图 9-10(a)所示。进入光电检测暗室内的烟雾粒子对光源发出的光产生吸收和散射作用,使通过光路上的光通量减少,从而在受光元件上产生的光电流降低。光电流相对于初始标定值的变化量大小,反映了烟雾的浓度大小,据此可通过电子电路对火灾信息进行放大比较或火灾参数运算,最后通过传输电路产生相应的火灾信号。

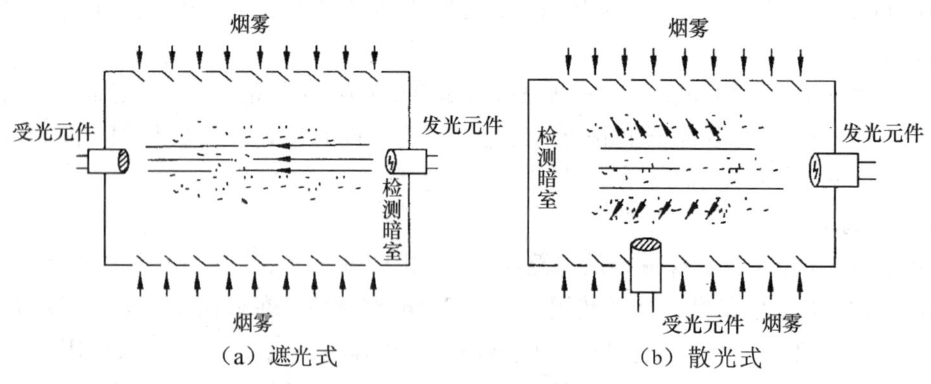

图 9-10 光电感烟式火灾探测器感烟原理图

散射光式光电感烟火灾探测器如图 9-10(b)所示。进入遮光暗室的烟雾粒子对发光

元件(光源)发出的一定波长的光产生散射作用,使处于一定夹角位置的觉光元件(光敏元件)的阻抗发生变化,产生光电流。此光电流的大小与散射光强弱有关,并且由烟粒子的浓度和粒径大小及着色与否来决定。根据受光元件的光电流大小(无烟雾粒子时光电流大小约为暗电流),即当烟粒子浓度达到一定值时,散射光的能量就足以产生一定大小的光电流,可以激励遮光暗室外部的信号处理电路发出火灾信号。显然,遮光暗室外部的信号处理电路采用的结构和数据处理方式不同,可以构成不同类型的火灾探测器。

不难看出,散射光式光电感烟火灾探测原理实质上是利用一套光学系统作为传感器,将火灾产生的烟雾对光的传播特性的影响用电的形式表示出来并加以利用。

(二)感温式火灾探测器

在火灾初起阶段,使用热敏元件来探测火灾的发生是一种有效的手段,特别是那些经常存在大量粉尘、油雾、水蒸气的场所,无法使用感烟式火灾探测器,只有用感温式火灾探测器才比较合适。在某些重要的场所,为了提高火灾监控系统的功能和可靠性,或保证自动灭火系统动作的准确性,也要求同时使用感烟式和感温式火灾探测器。感温式火灾探测器可以根据其作用原理分为如下三大类。

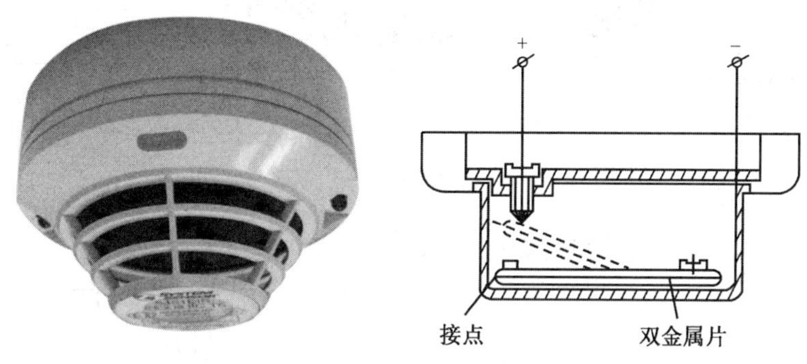

图 9-11 定温式火灾探测器外观与双金属片结构图

1. 定温式火灾探测器

定温式火灾探测器(图 9-11)是在规定时间内,火灾引起的温度上升超过某个定值时起动报警。它结构简单,可靠性高,误动作少,动作温度一般分为 60 ℃、70 ℃及 90 ℃三种。由于冬季或夏季环境温度变化,对探火的反应时间有一定影响。这类探测器的缺点是灵敏度较差,适用于厨房、锅炉间、烘衣间等。目前,常用的定温式火灾探测器有双金属片、易熔合金和热敏电阻儿种类型。

这种定温探测器由热膨胀系数不同的双金属片和固定触点组成。当坏境温度升高时,双金属片受热膨胀向上弯曲,使触点闭合,输出报警信号。当环境温度下降后,双金属片复位,探测器状态复原。

2. 差温式火灾探测器

差温式火灾探测器是在规定时间内,火灾引起的温度上升速率超过某个规定值时起动报警。典型结构差温式火灾探测器是根据局部的热效应而动作的,主要感温元件有空气膜盒、热敏半导体电阻等。

3. 差定温式火灾探测器

差定温式火灾探测器是将定温式和差温式两种探测器组合在一起。若其中某一功能失效,则另一种功能仍然起作用,因此,大大提高了火灾监测的可靠性,在船舶中应用较多。差定温式火灾探测器一般多是膜盒式或热敏半导体电阻式等典型结构的组合式火灾探测器。差定温火灾探测器按其工作原理,还可分为机械式和电子式两种。

(1)机械式差定温火灾探测器

机械式差定温火灾探测器的结构示意图如图 9-12 所示。它的差温探测部分与膜盒型差温火灾探测器基本相同;而定温探测部分则与易熔金属型火灾探测器相似,其工作原理是:弹簧片的一端用低熔点合金焊接在外罩内壁,当环境温度达到标定温度值时,低熔点合金熔化,弹簧片弹回,压迫固定在波纹片上弹性触片,使之与调节螺钉接触而接通电源,发出电信号(火灾信号)。

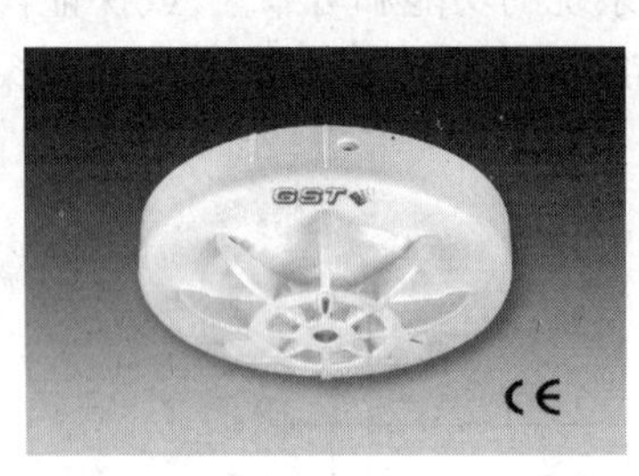

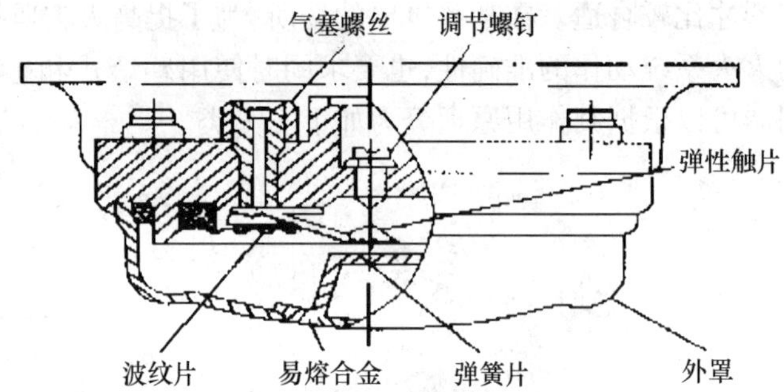

图 9-12　机械式差定温火灾探测器的外观与结构示意图

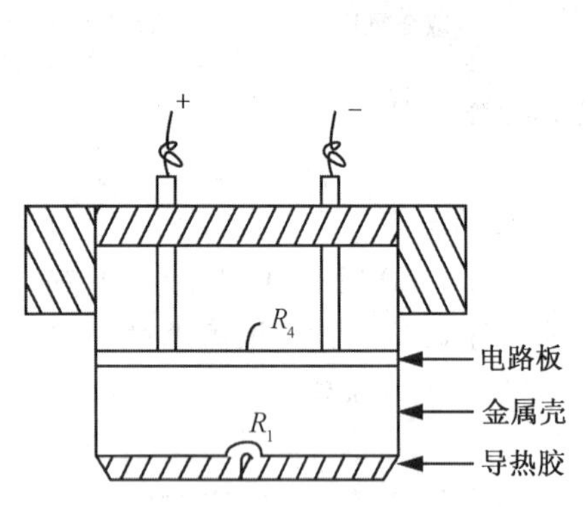

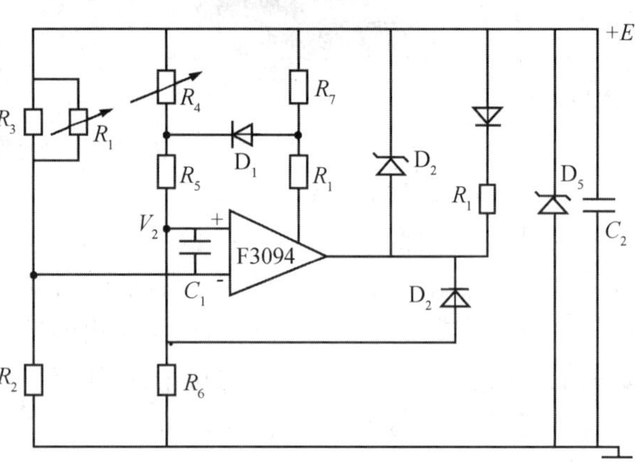

图 9-13　电子式差定温火灾探测器的内部结构及工作电路原理图

(2)电子式差定温火灾探测器

电子式差定温火灾探测器在当前火灾监控系统中应用较普遍。它的定温探测和差温探测两部分都是由半导体电子电路来实现的。图 9－13 所示是电子式差定温火灾探测器的内部结构及工作电路原理图。其中 R_1 和 R_4 是两个具有相同负阻特性的热敏电阻。R_1 紧靠在探测器的金属内下壁,并由一块 Ω 形金属片固定,在金属壳与金属片之间填充了硅导热胶。在正常监测状态时,当电阻 R_2 电压 V_1 小于电阻 R_6 的电压 V_2,F3094 输出

20 V左右的电压，稳压管 D_2 处于不稳压状态，发光二极管 D_1 不亮。当温度超过一个定值或温升速率不正常时，R_1 感受温度比 R_2 快，即 V_1 逐渐增大。当 $V_1 = V_2$ 时，F3094 状态翻转，D_3 处于稳压状态，D_4 发光。由于二极管 D_2 的正反馈作用，使 V_2 电位下降到低于正常监测状态的 V_1 值，放大器一直处于报警状态。用瞬时切断电源，可使探测器恢复到正常监测状态。

(三)手动报警按钮

手动报警按钮与火灾探测器的功能基本相同。探测器是自动报警，而手动报警按钮是人工手动报警，两者输送的报警电信号都传输到报警指示设备，发出火灾报警信号。

手动报警按钮安装于经常有人出入的通道、走廊、控制站、公共舱室等场所。当巡逻员或附近人员发现火警，可取下小锤或用其他物体击碎玻璃，该手动报警按钮即自动向报警指示设备发出报警信号，同时按钮上确认灯发亮、表示信号已送出。一般来讲手动报警按钮只需击碎玻璃即自动动作。也有的在击碎玻璃后需按下按钮。手动报警按钮的外形及内部线路如图 9-14 所示。

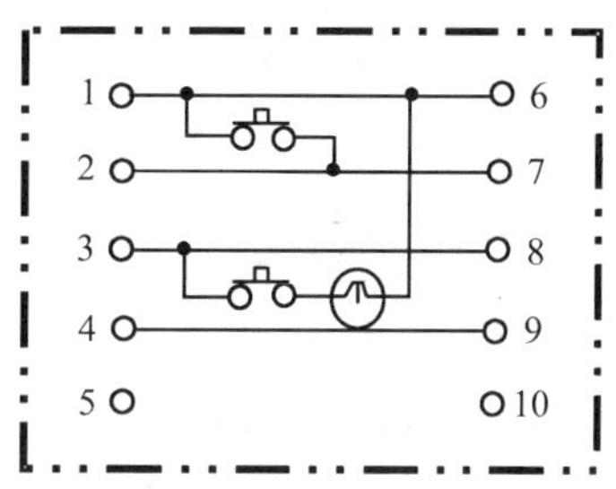

图 9-14　手动报警按钮的外形及内部线路

SOLAS 公约规定每一通道口应安装一只手动报警按钮。每层甲板的走廊内，手动报警按钮安装地点应便于操作，并使走廊任何部位与手动报警按钮的距离不大于 20 m。具体安装时应尽可能与应急照明灯靠近，距离甲板的高度约为 1.4 m。

(四)火灾探测器的接线形式

在实际系统中，火灾探测器和控制器的接线方式一般均采用并联。也就是说，若干个火灾探测器的信号线按一定关系并联在一起，然后以一个部位或区域的信号送入火灾报警装置(或控制器)，即若干个火灾探测器连接起来后仅构成一个探测回路并配合各个火灾探测器的地址编码实现保护区域内多个探测部位火灾信息的监测与传送。在每一个探测回路一般均有一个终端电阻(或齐纳二极管)，在正常监测状态提供一个监测电流(一般为 μA 级)，火警发生时，探测器动作后产生一个报警电流(一般为 mA 级)。这里所谓“按一定关系并联”，大体可以分为两种形式：①若干个火灾探测器的信号线以某种逻辑关系组合，作为一个地址或部位的信号线送入火灾报警装置，如机舱内某一区域的火灾探测。②若干个火灾探测器的信号线简单地直接并联在一起，然后送入火灾报警装置。例如，采用地址编码火灾探测器，通过二总线来实现探测器与控制器的通信，以实现不同的监控功能。自 1996 年以来，单片机技术的发展和新型传感器的出现，为火灾自动报警系统的智能化提供了可能，其典型的技术特点是探测器内置了 CPU，摆脱了单一“门槛值”

报警模式,增加了环境参数变化规律的判断,设置了火灾模拟曲线,从而大大提高了火灾报警的准确性,减少了误报现象的发生。这类智能化火灾探测系统组成原理示意图如图 9-15 所示。

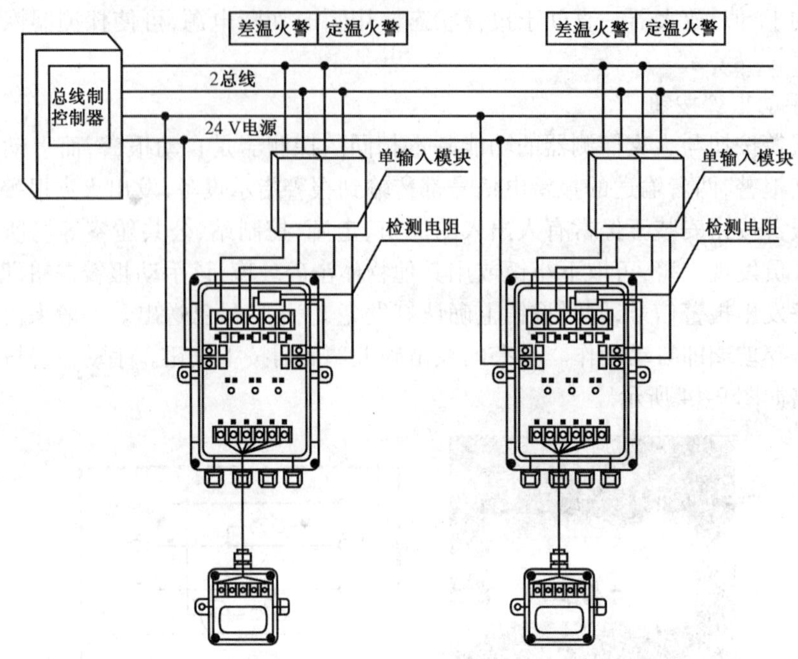

图 9-15　智能化火灾探测系统组成原理示意图

目前在火灾报警系统中,对于火灾探测器通常采用三种接线方式:二线制、三线制、四线制,如图 9-16 所示。三线制在实船中基本不使用。

图 9-16(a)是二线制接线方式,电路电源线与信号线重合,各个火灾探测器如果状态正常,则通电后其内部接线柱 6、7 闭合,使电源得以送入下一个火灾探测器。在终端探头有一终端设备(一般为电阻或齐纳二极管),使得系统在正常监测状态时有一监测电流(μA 级)。一旦火警发生,相应探测器动作,使电源两端电阻急剧下降,产生一较大的动作电流(mA 级),由系统内部处理后给出声光报警。如果某一回路中一个探头故障,则其内部接线柱 6、7 不能闭合,使电源端开路,由系统处理后显示该回路开路或探头故障。图 9-16(b)是四线制接线方式,其工作原理与二线制接线方式类似,此种电路中电源线与信号线相互分开。

不管采用何种接线方式,均要求可以实现检测探测器脱落、探测器故障失效、线路开路故障、终端电阻脱落或故障失效、火灾报警等功能。

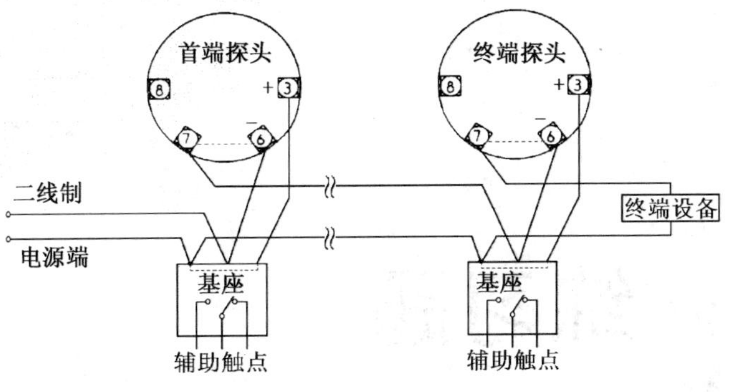

（a）二线制

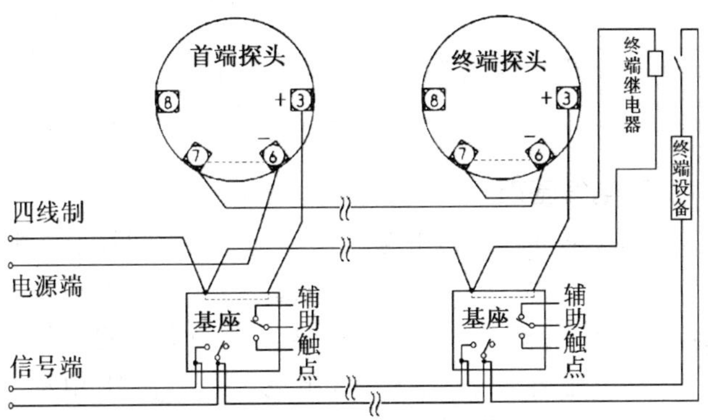

（b）四线制

图 9-16　火灾探测器接线方式

练习题

第一章 船舶电子、电气基础

1. 不论电路如何复杂,总可归纳为由电源、________、中间环节三部分组成。

   A. 电阻　　B. 电容　　C. 电感　　D. 负载

2. 电场力推动电荷移动而做功,衡量电场力做功能力大小的物理量是________。

   A. 电压　　B. 电容　　C. 电流　　D. 电动势

3. 请判断下列各说法,正确答案是________。

   (1)人们习惯以正电荷的运动方向作为电流的参考方向;(2)人们习惯以负电荷的运动方向作为电流的参考方向;(3)人们习惯以正电荷的运动方向作为电流的实际方向。

   A. (1)错,(2)、(3)对　　B. (1)、(2)错,(3)对

   C. (1)对,(2)、(3)错　　D. (1)、(2)对,(3)错

4. 关于电位与参考电位的概念,下列说法正确的是________。

   A. 在一个电路中,可任选取一点,令其电位为零

   B. 由于电位和电压的单位一致,故二者在概念上等同

   C. 电路中任意点的电位不可能为负值

   D. 在同一个电路或电气系统中,可视分析的方便,选电路中不直接导线相连的两点作为参考电位点

5. 直流两端网络如下列四图所示。其中的 $U<0(\mathrm{V})$,$I>0(\mathrm{A})$,两端网络具有电源性质的是________。

   A.　　B.　　C.　　D.

6. 电冰箱工作时，实际消耗的电功率是 100 W，假设它的停歇时间与工作时间之比为 1∶3，一个月（按 30 天计）电冰箱消耗电能是________。

A. 72 kW·h　　B. 18 kW·h　　C. 36 kVA　　D. 36 度

7. 某白炽灯泡正通电点燃，测其端电压为 200 V。查看其铭牌，标有 220 V、60 W 字样，则该灯泡在________。

A. 额定功率下工作

B. 额定电流下工作

C. 额定电压下工作

D. 200 V 端电压条件下可以安全运行，不损伤其寿命

8. 下列关于电器额定值、实际值的说法正确的是________。

A. 额定值就是实际值

B. 照明负载额定值就是实际值

C. 电机额定值就是实际值

D. 为保证设备的安全和寿命，实际值应该等于或小于额定值

9. 某白炽灯泡的铭牌标有：110 V、60 W 字样，现将其接于 220 V 的电源上，则该灯泡在________。

A. 额定功率下工作　　B. 额定电流下工作

C. 额定电压下工作　　D. 白炽灯短时工作后即烧毁

10. 设一负载（例如电灯）两端不慎短路，下列说法最恰当的是________。

A. 负载因过流而烧坏　　B. 负载过功率工作

C. 不会对负载造成寿命损伤　　D. 不会对线路造成寿命损伤

11. 在使用电炉时常常发现：如果电阻丝烧断后，去掉烧断部分重新接入电路再使用，使用不长时间后又一次烧断；电阻丝越短，使用时间越短。针对这一现象下列解释最为恰当的是________。

A. 电阻丝截短后，阻值增大。据 $P=I^2R$，势必超额定工作，导致使用时间缩短

B. 电阻丝截短后，阻值减小。据 $P=U^2/R$，势必超额定工作，导致使用时间缩短

C. 电阻丝截短后，阻值增大。据 $P=U^2/R$，势必低额定值工作，导致使用时间缩短

D. 电阻丝截短后，阻值减小。据 $P=I^2R$，势必低于额定值工作，导致使用时间缩短

12. 一台功率为 1 kW 的发电机，端电压为 220 V。现接上 220 V、100 W 的白炽灯时，灯将________。

A. 烧坏　　B. 发光太亮　　C. 不亮　　D. 正常发光

13. 在电炉、电烙铁、白炽灯等电阻器具上，只标出两个额定值，它们是________。

A. 额定电压、额定电流　　B. 额定功率、额定电阻

C. 额定电压、额定功率　　D. 额定电流、额定电阻

14. 在下列各物理量中，不能用伏特衡量其大小的是________。

A. 电动势　　B. 电位　　C. 电位差　　D. 电功率

15. 由两台发电机构成的某直流供电网络简化如图所示,三块电流表读数关系一定是________。

A. $A_1 = A_2$

B. $A_1 > A_2$

C. $A_1 < A_2$

D. $A_1 + A_2 = A_3$

16. 某具有内阻的直流电源与负载电阻构成的简单供电网络如图,$E = 230$ V,$R_0 = 0.1\ \Omega$,$R_L = 2.2\ \Omega$;若在 SA 闭合时,电路中的工作电流为________。

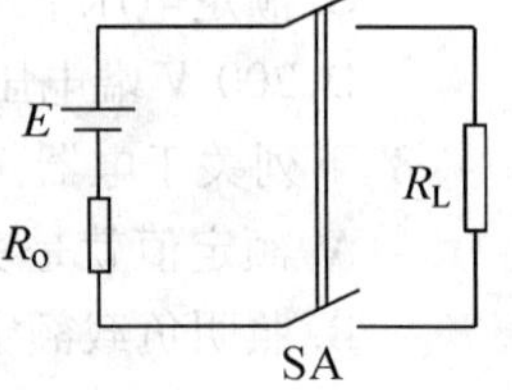

A. 2 300 A

B. 100 A

C. 105 A

D. ∞

17. 在图中四条电源外特性曲线中,电源内阻最小的是________。

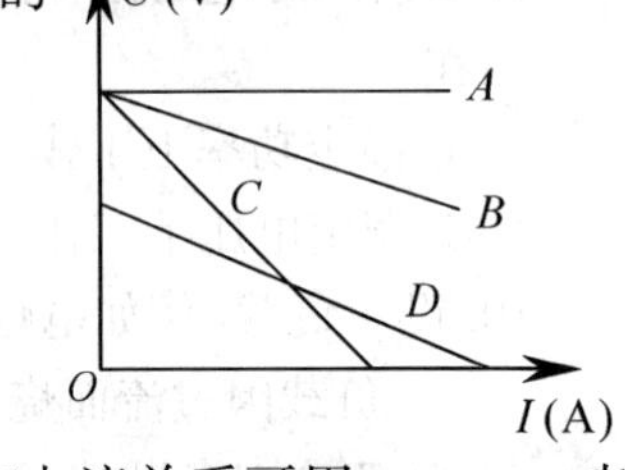

A. 曲线 A

B. 曲线 B

C. 曲线 C

D. 曲线 D

18. 当电压、电流的参考方向选得一致时,电阻上的电压和电流关系可用________表示。

A. $I = U/R$　　B. $I = RU$　　C. $R = IU$　　D. $I = -U/R$

19. 当电压、电流的参考方向选得相反时,电阻上的电压和电流关系可用下式________表示。

A. $I = U/R$　　B. $I = RU$　　C. $R = -IU$　　D. $I = -U/R$

20. 如图所示电路中,V_A = ________ V。

A. 2　　B. −2

C. −3.3　　D. 4

21. 如图所示电路中,在开关 S 打开和闭合时,A 点电位 V_A 分别为________。

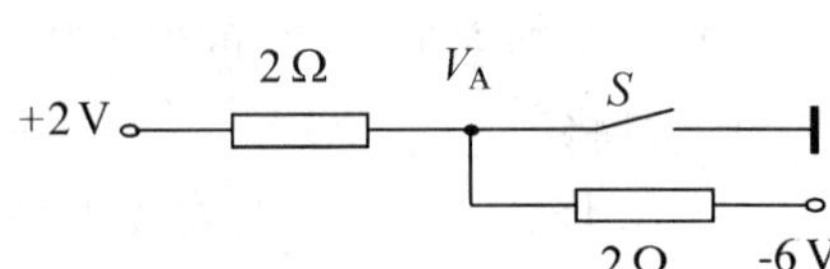

A. 2 V 和 0 V　B. −2 V 和 0 V

C. −6 V 和 0 V　D. 0 V 和 0 V

22. 如图所示电路中,在开关 S 打开和闭合时,I 分别为________。

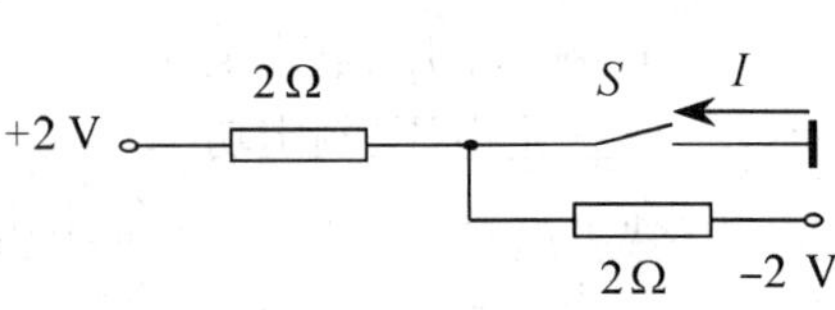

A. 0 A 和∞　　B. 2 A 和∞

C. 0 A 和 0 A　　D. 0 A 和 1 A

23. 如图所示,当开关闭合时,开关两侧的 A 点

与 B 点间的电压是________ V，B 点与 C 点间的电压是________ V。

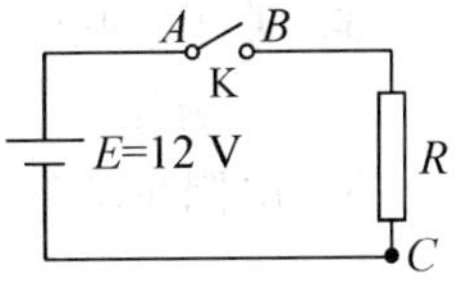

A. 12/12　　B. 12/0

C. 0/0　　D. 0/12

24. 如图所示，当开关未闭合时，开关两侧的 A 点与 B 点间的电压是________ V，B 点与 C 点间的电压是________ V。

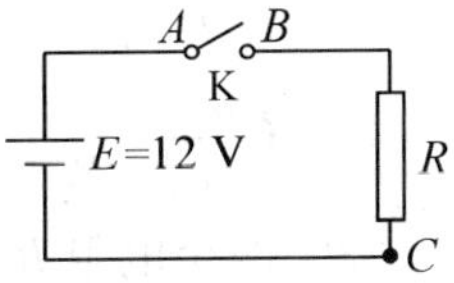

A. 0/12　　B. 0/0

C. 12/0　　D. 12/12

25. 一段含源支路如图，其电流 I 的表达式为________。

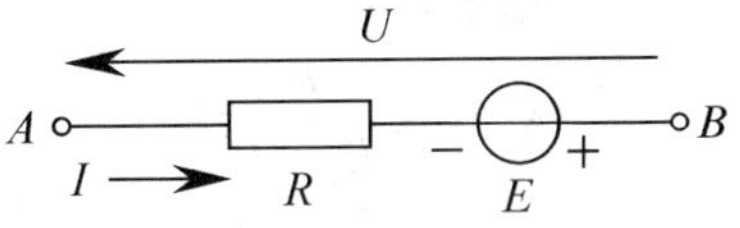

A. $I=\dfrac{E-U}{R}$　　B. $I=\dfrac{E+U}{R}$

C. $I=\dfrac{U-E}{R}$　　D. $I=\dfrac{-E-U}{R}$

26. 对具有 n 个结点的电路，应用基尔霍夫电流定律只能列出________个独立方程。

A. $n-1$　　B. n　　C. $1-n$　　D. $n+1$

27. 根据基尔霍夫第一定律(电流定律)，若某电路有多根导线连接在同一个结点上，则流进结点的总电流一定________流出结点的总电流。

A. 大于　　B. 小于　　C. 等于　　D. 不等于

28. 如图，$U_{AB}=$________。

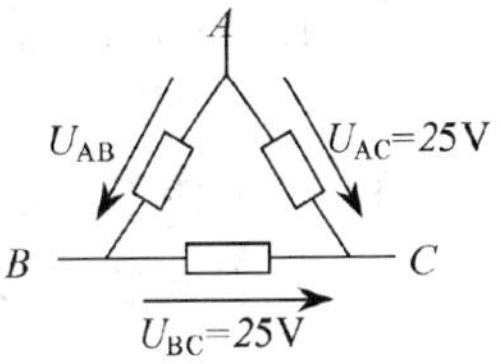

A. 0 V　　B. 25 V

C. －25 V　　D. 50 V

29. 如图所示，a、b、c、d 四点电位值中，最高点为________。

A. a　　B. b

C. c　　D. d

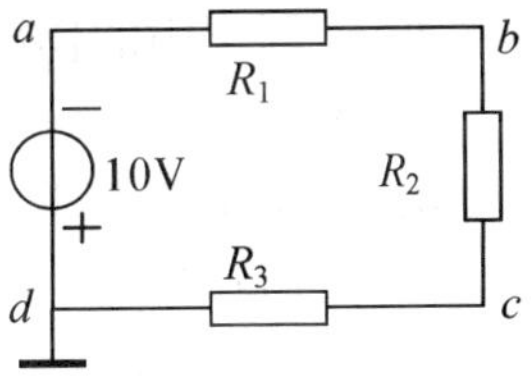

30. 如图所示，a、b、c、d 四点中，电位值为正值的是________。

A. a　　B. b

C. c　　D. d

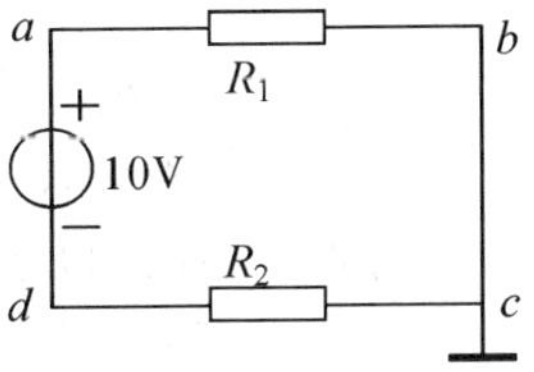

31. 串联电阻的作用________；并联电阻的作用________。

A. 减小电阻/分流　　B. 增加电阻/分压

C. 分压/分流　　D. 分流/分压

32. 电阻串联的特征是电流________，各电阻分配的电压与其成________。

A. 相同/反比　　B. 相同/正比　　C. 不同/反比　　D. 不同/正比

33. 在电阻串联电路中，每个电阻上消耗的功率与该电阻的大小成________；在电阻并联电路中，每个电阻上消耗的功率与该电阻的大小成________。

A. 正比/反比　　B. 反比/正比　　C. 反比/反比　　D. 正比/正比

34. 关于串联电阻的作用,下列说法不妥当的是________。
A. 分压　B. 限流　C. 增大电阻　D. 增大功率

35. 电阻串联的等效电阻计算公式是________。
A. $\frac{1}{R_1}+\frac{1}{R_2}+\frac{1}{R_3}+-+\frac{1}{R_n}$　B. $R_1+R_2+R_3+-+R_n$
C. $\frac{1}{R_1+R_2+R_3+-+R_n}$　D. $\frac{R_1R_2R_3\cdots R_n}{R_1+R_2+R_3+\cdots+R_n}$

36. 两个电阻 R_1 与 R_1 串联,计算 R_1 上电压公式是________。(I、U 分别为总电流、总电压)
A. $U_1=\frac{R_1}{R_1+R_2}I$　B. $U_1=\frac{R_2}{R_1+R_2}I$
C. $U_1=\frac{R_2}{R_1+R_2}U$　D. $U_1=\frac{R_1}{R_1+R_2}U$

37. 关于多个电阻相并联,下列说法正确的是________。
A. 总的等效电阻值一定比这多个电阻中阻值最小的那个电阻值还要小
B. 总的等效电阻值一定比这多个电阻中阻值最小的那个电阻值略大一点
C. 总的等效电阻值不一定比这多个电阻中阻值最小的那个电阻值还要小
D. 总的等效电阻值一定介于这多个电阻中阻值最小及最大的两个电阻值之间

38. 把 40 W、110 V 和 100 W、110 V 的两个灯泡并联在 110 V 电源上,则 100 W 的灯比 40 W 的灯________;若将二者串联在 220 V 电源上,则 40 W 的灯________。
A. 亮/烧毁　B. 亮/亮　C. 亮/暗　D. 暗/暗

39. 在电源输出电压恒定情况下,并联电路的支路越多,则电路中总功率越________,每个支路的功率________。
A. 小/不变　B. 大/不变　C. 大/小　D. 小/小

40. 并联电阻的作用是________。
A. 分频　B. 增大电阻　C. 分流　D. 分压

41. 两个电阻并联,计算 R1 支路电流的分流公式是________。(I、U 分别为总电流、总电压)
A. $I_1=\frac{R_1}{R_1+R_2}I$　B. $I_1=\frac{R_2}{R_1+R_2}I$
C. $I_1=\frac{R_1}{R_1+R_2}U$　D. $I_1=\frac{R_2}{R_1+R_2}U$

42. 两个电阻相并连接入电路,各自流经的电流与其阻值的关系是________。
A. 成正比
B. 成反比
C. 在直流电路中成正比,在交流电路中成反比
D. 在直流电路中成反比,在交流电路中成正比

43. 100 个 100 Ω 的电阻相串联,总的等效电阻是________;如果把这 100 个电阻分成 10 组,每组 10 个电阻并联起来,然后再把这 10 组串联起来,其总的等效电阻

是________。

A. 1 Ω/100 Ω　　B. 10 kΩ/100 Ω

C. 10 kΩ/10 Ω　　D. 1 Ω/10 kΩ

44. 如图所示直流电路,已知:$R_1=5R_3$,$R_2=4R_3$,$I_3=4$ A,则 I_1 =________。

A. 4A　　B. 1A

C. 5A　　D. 0.67A

45. 正弦交流电的三要素是________。

A. 最大值,有效值,初相位　　B. 角频率,频率,周期

C. 最大值,角频率,相位差　　D. 最大值,频率,初相位

46. 已知一正弦信号源的电压幅值为 10 mV,初相位为 30°,频率为 1 000 Hz,则电压瞬时值表达式为________。

A. $u(t)=10\sqrt{2}\sin(314t+30^\circ)$(mV)

B. $u(t)=10\sin(314t+30^\circ)$(mV)

C. $u(t)=10\sqrt{2}\sin(2\,000\pi t+30^\circ)$(mV)

D. $u(t)=10\sin(2\,000\pi t+30^\circ)$(mV)

47. 若两个同频率的正弦量的瞬时值具有如下特征:二者总是同时过零,则两者在相位上一定是________。

A. 同相　　B. 反相

C. 同相或反相　　D. 初相位相同

48. 若交流电路中电压 u 与电流 i 的相位差 $\varphi>0$,则在相位上________。

A. u 滞后于 i,角度为 φ　　B. u 与 i 同相

C. u 超前于 i,角度为 φ　　D. 无法比较

49. 所谓的“工频”正弦交流电,是指________。

A. 交流电的周期为 0.02 s　　B. 交流电的有效值为 220 V

C. 交流电的有效值为 380 V　　D. 交流电的初相位为 0

50. 人们平时用电表测得交流电压和电流值的大小是指它们的________。

A. 最大值　　B. 有效值

C. 瞬时值　　D. 平均值

51. 让一个 10 A 直流电流和一个最大值为 $10\sqrt{2}$ A 的正弦交流电流分别通过两个阻值相同的电阻 R,在相同的时间内,哪个电阻发热量大________。

A. 直流电与交流电一样大　　B. 直流电比交流电大

C. 交流电比直流电大　　D. 由于频率未知,故无法比较

52. 正弦交流电的最大值 I_m、有效值 I 之间关系是________。

A. $I_m=\sqrt{3}I$　　B. $I_m=\sqrt{2}I$

C. $I_m=I$　　D. $I_m=\frac{1}{\sqrt{3}}I$

53. 正常情况下用电压表测的电压值是________;而设备铭牌上的电压值是________。

A. 最大值/最大值　　B. 有效值/最大值

C. 有效值/有效值　　D. 最大值/有效值

54. 下列元件中,纯属于耗能元件或电器的是________。

A. 电容　　B. 电感　　C. 电阻　　D. 变压器

55. 纯电阻正弦交流电路的特点是________。

A. 若端电压 u 和总电流 i 参考方向一致,电压与电流反相

B. 电阻是储能元件

C. 若端电压 u 和总电流 i 参考方向一致,电压与电流同相

D. 电阻与电源交换能量

56. 按照电工电量符号一般规定,下列各式中错误的是________。

A. $i = u/R$　　B. $I = U/R$

C. $I_m = U_m/R$　　D. $i = U/R$

57. 使用电感时,若电感两端的正弦交流电压频率上升 5%,其他不变,则电感中的电流________。

A. 增加 5%　　B. 减小 5%

C. 不变　　D. 减小 0.025%

58. 在一正弦交流电路中,若某元件 $u = U_m\sin(\omega t + \pi/2)$、$i = I_m\sin\omega t$,则该元件为________。

A. 纯电容　　B. 纯电感

C. 纯电阻　　D. 可等效为 RL 串联

59. 纯电感正弦交流电路的特点是________。

A. 功率因数为 0

B. 电感是耗能元件

C. 若端电压 u 和总电流 i 参考方向一致,则 u、i 同相

D. 若端电压 u 和总电流 i 参考方向一致,则 u 超前 i 的角度可能为 60°

60. 如图,纯电感的正弦交流电路中,电流 i 与电压 u 的相位关系为________。

A. u 超前 i 90°　　B. u 超前 i 180°

C. u 落后 i 90°　　D. 同相位

61. 两只云母电容器,其耐压值为 450 V,电容量为 0.1 μF,串联后总电容量和耐压值分别为________。

A. 0.05 μF/450 V　　B. 0.2 μF/450 V

C. 0.05 μF/900 V　　D. 0.2 μF/900 V

62. 把两个耐压值为 63 V,电容量分别为 $C_1 = 60$ μF、$C_2 = 30$ μF 的两个电容器串联后,接于 90 V 直流电源上,其等效电容量 C 为________,C_1 的工作电压为________。

A. 90 μF/60 V　　B. 20 μF/30 V

C. 90 μF/30 V　　D. 20 μF/60 V

63. 把两个 20 μF 的电容并联后，再与一个 40 μF 的电容串联，其等效电容量为________。

A. 80 μF　　B. 60 μF

C. 20 μF　　D. 40 μF

64. 用万用表的欧姆挡检测电容好坏时，如表针没有反应，始终停在“∞ Ω”处，则表示电容________。

A. 漏电　　B. 严重漏电

C. 被击穿　　D. 电容内部引线已断

65. 用万用表的欧姆挡检测电容好坏时，如表针立即向 0 偏转，然后回复到“∞ Ω”处，则表明________。

A. 电容是好的　　B. 电容漏电

C. 电容被击穿　　D. 电容内部引线已断

66. 用万用表的欧姆挡检测电容好坏时，若表针稳定后，指在距“∞ Ω”处越远（但不指在“0 Ω”处），则表明________。

A. 电容是好的　　B. 电容漏电

C. 电容被击穿　　D. 电容内部引线已断

67. 用万用表欧姆挡检测电容好坏时，如表针始终处在“0Ω”处，则表示________。

A. 电容是好的　　B. 电容已被击穿

C. 电容内部引线已断　　D. 电容漏电

68. 串联电容的总电容量等于各分电容的________。

A. 和　　B. 倒数和

C. 倒数和的倒数　　D. 和的倒数

69. 并联电容的总电容量等于各分电容的________。

A. 和　　B. 倒数和

C. 倒数和的倒数　　D. 和的倒数

70. 纯电容电路中，已知外加电压 V，则电路中的电流的初相位为________。

A. 15°　　B. 0°

C. −75°　　D. 105°

71. R_L 串联交流电路，若已知电阻的压降为 U_R，电感的压降为 U_L，则总电压为________。

A. $U_R + U_L$　　B. $U_R - U_L$

C. $\sqrt{U_R^2 + U_L^2}$　　D. $\sqrt{U_R + U_L}$

72. 交流电路中存在着阻抗三角形，阻抗 $|Z|$、电阻 R、电抗 X 三者关系为________。

A. $|Z| = R + X$　　B. $|Z| = \sqrt{R + X}$

C. $|Z| = \sqrt{R^2 + X^2}$　　D. $|Z| = \sqrt{R^2 - X^2}$

73. 如图,电感和电阻串联的交流电路中,电压 u_L 和 u_R 电压的相位关系是________。

A. 同相　　B. u_R 超前于 u_L

C. u_R 滞后于 u_L　　D. 无法比较

74. 电感 L、电容 C、电阻 R 串联电路中,该电路的谐振频率等于________。

A. $2\pi LC$　　B. $2\pi\sqrt{LC}$

C. $\frac{1}{2\sqrt{RC}}$　　D. $\frac{1}{2\pi\sqrt{LC}}$

75. 在 RLC 串联交流电路中,阻抗的表达式是________。

A. $Z=\sqrt{R^2+(X_L-X_C)^2}$　　B. $Z=R+j(X_L-X_C)$

C. $Z=R+(X_L+X_C)$　　D. $Z=R+(X_L-X_C)$

76. 在 RL 串联交流电路中,电路总电压 u 与电流 i 的参考方向一致,按照电量符号一般的规定,电流 I 与端电压 U 的关系是________。

A. $I=\frac{U}{R+X_L}$　　B. $I=\frac{U}{R^2+X_L^2}$

C. $I=\frac{U}{R+X_L}$　　D. $I=\frac{U}{\sqrt{R^2+X_L}}$

77. 交流电路发生谐振时,电路呈________性质。

A. 阻容性　　B. 电感性

C. 纯电容性　　D. 电阻性

78. 交流电路中功率因数等于________。

A. 线路电压与电流的相位差　　B. 线路有功功率与视在功率的比

C. 线路电压与电流的比　　D. 负载电阻值与电抗值的比

79. 交流电路中功率因数的高低取决于________。

A. 负载参数　　B. 线路电压等级

C. 线路电流大小　　D. 线路视在功率大小

80. 下面的负载电路中,________的功率因数最低。

A. 电阻与电容串联电路　　B. 纯电感电路

C. 纯电阻电路　　D. 电阻与电感串联电路

81. 一交流负载其电阻和电抗之比为 4∶3,已知其视在功率为 5 kVA,则它的有功功率 P 和无功功率 Q 分别为________。

A. 2 kW/4 kvar　　B. 4 kW/3 kvar

C. 4 kW/5 kvar　　D. 3 kW/2 kvar

82. 交流电路中功率因数的高低取决于________。

A. 线路电压　　B. 线路电流

C. 负载参数　　D. 线路中功率的大小

83. 交流电路中功率因数等于________。

A. 功率 P 与视在功率 S 的比值　　B. 线路电压与电流的比值

C. 负载电阻与电抗的比值　　　　D. 线路电压与电流的相位差

84. 在某一感性负载的线路上,并上一适当的电容器后,则________。

A. 该负载功率因数提高,该负载电流减少

B. 该负载功率因数提高,该负载电流不变

C. 线路的功率因数提高,线路电流减少

D. 线路的功率因数提高,线路电流不变

85. 关于提高感性线路的功率因数的下列说法,错误的是________。

A. 功率因数提高的同时,负载有功功率降低,达到节能的目的

B. 提高功率因数方法一般是并联电容

C. 提高功率因数,可减低线路及发电机内阻的有功损耗

D. 由于线路中并联了电容,故线路原感性负载所需的无功首先由电容提供,不足的部分再由电源提供

86. 因为电力系统的负载绝大多数是电感性的,所以常采用与电感性负载________办法来提高功率因数。

A. 串联电容　　　　B. 并联电容

C. 串联电阻　　　　D. 并联电感

87. 正弦交流电路电功率的表达式 $P = UI$ 适用于________。

A. 感性电路　　　　B. 容性电路

C. 纯电阻电路　　　　D. 任何性质负载的电路

88. 在日光灯电路中,并联一个适当的电容后,提高了线路功率因素,这时日光灯所消耗的有功功率将________。

A. 减小　　　　B. 稍增加

C. 保持不变　　　　D. 大大增加

89. 交流电路中视在功率 S、有功功率 P、无功功率 Q,三者关系________。

A. $S^2 = P^2 + Q^2$　　　　B. $S = P + Q$

C. $S = \sqrt{P + Q}$　　　　D. $S = \sqrt{P^2 - Q^2}$

90. 在一般情况下供电系统的功率因数总是小于 1 的原因在于________。

A. 用电设备多属于容性负载　　　　B. 用电设备多属于阻容性负载

C. 用电设备多属电阳性负载　　　　D. 用电设备多属于感性负载

91. 对称三相电压是指________。

A. 三相的电压有效值相等即可

B. 三相的电压瞬时值相位互差 120°电角度即可

C. 三相电压的频率相等即可

D. 三相电压的有效值和频率相等、瞬时值相位互差 120°电角度

92. 三相对称负载是指________。

A. 各相的电阻值相等即可

B. 各相的有功功率相等即可

C. 各相的电抗值相等即可

D. 各相的电阻值相等,电抗值相等且性质相同

93. 对称三相负载星形连接时,相电压 U_P 与线电压 U_L、相电流 I_P 与线电流 I_L 的关系是________。

A. $U_L=\sqrt{3}U_P, I_K=I_P$
B. $I_L=\sqrt{3}I_P, U_L=U_P$
C. $U_L=U_P, I_L=I_P$
D. $I_L=\sqrt{3}I_P, U_L=U_P$

94. 在三相四线制供电线路上,干路中线________。

A. 应装熔断器
B. 不允许装熔断器
C. 应按额定电流值装熔断器
D. 视具体情形确定

95. 三相四线制电路中,中线的作用是当负载不对称时,________。

A. 保证负载相电压相等
B. 保证负载线电压相等
C. 保证负载线电流相等
D. 保证负载可接成三角形

96. 三相对称负载接成三角形,其线电流是相电流的________。

A. $\sqrt{2}$倍
B. $1/\sqrt{3}$倍
C. 1 倍
D. $\sqrt{3}$倍

97. 磁力线用来形象地描述磁铁周围磁场的分布情况,下列说法错误的是________。

A. 每一根磁力线都是闭合的曲线
B. 任两根磁力线都不能交叉
C. 磁力线的长短反映了磁场的强弱
D. 任一根磁力线上的任一点的切线方向即为该点的磁场方向

98. 磁力线是________曲线,永磁铁的外部磁力线从________。

A. 闭合/S 极到 N 极
B. 开放/S 极到 N 极
C. 闭合/N 极到 S 极
D. 开放/N 极到 S 极

99. 能定量地反映磁场中某点的磁场强弱的物理量是________。

A. 磁通密度
B. 磁力线
C. 磁通
D. 电磁力

100. 磁感应强度是表示磁场内某点的________强弱和方向的物理量。

A. 电场
B. 电压
C. 磁通
D. 磁场

101. 均匀磁场的磁感应强度为 B,与磁力线相垂直的横面 S 上的磁通 $\Phi=$________。

A. B/S
B. $B+S$
C. $B-S$
D. BS

102. 均匀磁场的磁感应强度________。

A. 大小相同
B. 方向相同
C. 大小相同方向相同
D. 大小不同

103. 电流通入线圈后将在线圈中产生磁场,其电流方向与磁场方向符合________。

A. 右手定则
B. 左手定则
C. 右手螺旋定则
D. 楞次定律

104. 右手螺旋定则中,拇指所指的方向是________。
A. 电流方向　　B. 磁力线方向
C. 电流或磁力线方向　　D. 电压方向

105. 图示的通电线圈内产生的磁通方向是________。
A. 从左到右　　B. 没有
C. 从右到左　　D. 不能确定

106. 载流导体在垂直磁场中将受到________的作用。
A. 电场力　　B. 电抗力
C. 电磁力　　D. 磁吸力

107. 电动机能够转动的理论依据是________。
A. 载流导体在磁场中受力的作用
B. 载流导体周围存在磁场
C. 载流导体中的电流处于自身产生的磁场中,受力的作用
D. 欧姆定律

108. 左手定则中,四个手指所指的方向是________。
A. 运动方向　　B. 磁力线方向
C. 受力方向　　D. 电流方向

109. 应用左手定则来确定正确的图示(箭头表示导体受力方向⊗、⊙表示导体中的电流方向)________。

A. N ⊗ S　　B. N ⊙ S
C. S ⊙ N　　D. S ⊗ N

110. 通电导体切割磁力线将会产生感生电动势,确定磁场、导体运动和感生电动势方向关系应用________。
A. 右手螺旋定律　　B. 左手定则
C. 右手定则　　D. 楞次定律

111. 二极管能保持正向电流几乎为零的最大正向电压称为________。
A. 死区电压　　B. 击穿电压
C. 截止电压　　D. 峰值电压

112. 在下列关于硅二极管“死区电压/在额定电流范围内的正向管压降数据”中,合适的是________。
A. 0.1 V/0.5 V　　B. 0.2 V/0.5 V
C. 0.5 V/0.7 V　　D. 0.5 V/1.0 V

113. 用模拟万用表欧姆挡检测二极管的极性,红黑表笔分别接二极管的两个极,测其电阻,再调换表笔再测一次电阻,电阻________的那一次,黑表笔接的是

________极。

A. 大/阴　　B. 小/阴

C. 小/阳　　D. 大/阴或小/阳

114. 用模拟万用表欧姆挡测一晶体管，用红表笔接一个极，用黑表笔分别测量另两个极，测得的电阻都很小，则红表笔接的是________。

A. NPN 的发射极　　B. PNP 的发射极

C. NPN 的基极　　D. PNP 的基极

第二章　船舶电机与电力拖动系统

1. 直流电动机的电磁转矩的大小与________成正比。

A. 电机转速　　B. 主磁通和电枢电流

C. 主磁通和转速　　D. 电压和转速

2. 直流电机中电枢电势的大小与________成正比。

A. 电枢电流　　B. 主磁通和电枢电流

C. 主磁通和转速　　D. 转速和电枢电流

3. 直流电机电枢绕组中的电动势与其转速大小成________；与主磁通大小成________。

A. 正比/正比

B. 反比/反比

C. 视电机容量确定

D. 视电机种类（是发电机还是电动机）确定

4. 直流电机的电动势与每极磁通成________关系，与电枢的转速成________关系。

A. 正比/正比　　B. 反比/正比

C. 反比/反比　　D. 正比/反比

5. 直流电机的电磁转矩与每极磁通成________关系，与电枢电流________关系。

A. 正比/反比　　B. 反比/反比

C. 正比/正比　　D. 反比/正比

6. 对于直流发电机来说，电枢电动势性质是________；转子电磁转矩性质是________。

A. 电源电动势/驱动转矩　　B. 电源电动势/阻转矩

C. 反电动势/驱动转矩　　D. 反电动势/阻转矩

7. 对于直流电动机来说，电枢电动势性质是________；转子电磁转矩性质是________。

A. 电源电动势/驱动转矩　　B. 电源电动势/阻转矩

C. 反电动势/驱动转矩　　D. 反电动势/阻转矩

8. 某直流电机拆开后，发现主磁极上的励磁绕组有两种：一为匝数多而绕组导线较细；另一为匝数少但绕组导线较粗。可断定该电机的励磁方式为________。

A. 他励　　B. 并励

C. 串励　　D. 复励

9. 直流电机换向极绕组与________。

A. 电枢绕组并联　　B. 电枢绕组串联

C. 并励绕组串联　　D. 并励绕组并联

10. 直流电机安装换向极的主要作用是________。

A. 提高发电机的输出电压　　B. 增大电动机的电磁转矩

C. 减少换向时的火花　　D. 减小电动机的电磁转矩

11. 对于直流电机,下列部件不在定子上的是________。

A. 主磁极　　B. 换向极

C. 电枢绕组　　D. 电刷

12. 对于直流电机,下列部件不在转子上的是________。

A. 换向器　　B. 换向极

C. 电枢铁芯　　D. 电枢绕组

13. 在直流发电机中电刷与换向器的作用是________。

A. 将电枢绕组中的直流电流变为电刷上的交流电流

B. 改变电机旋转方向

C. 将电枢绕组中的交流电流变为电刷上的直流电流

D. 改变换向绕组中电流方向

14. 在直流电机中,故障率最高,维护量最大的部件是________。

A. 主磁极　　B. 换向器与电刷

C. 电枢绕组　　D. 换向极

15. 若直流发电机的励磁绕组的励磁电流是由独立的直流电源提供的,则称为________直流发电机。

A. 自励式　　B. 并励式

C. 他励式　　D. 复励式

16. 下列直流发电机,其励磁方式不属于自励的是________。

A. 他励　　B. 并励

C. 串励　　D. 复励

17. 我国《钢质海船入级规范》规定船上应采用________。

A. 多级变压器　　B. 单级变压器

C. 湿式变压器　　D. 干式变压器

18. 船舶常用的电力变压器从冷却的方式上看,属于________。

A. 强迫风冷　　B. 水冷

C. 油浸变压器　　D. 自然风冷

19. 变压器容量,即________功率,其单位是________。

A. 有功/千瓦　　B. 视在/千乏

C. 视在/千伏安　　D. 无功/千伏安

20. 变压器铭牌上标有额定电压 U_{1N}、U_{2N},其中 U_{2N} 表示________。

A. 原边接额定电压,副边满载时的副边电压

B. 原边接额定电压，副边空载时的副边电压

C. 原边接额定电压，副边轻载时的副边电压

D. 原边接额定电压，副边过载时的副边电压

21. 船用变压器铭牌上标有 U_{1N}/U_{2N}，I_{1N}/I_{2N}，其中 U_{2N}、I_{2N}是指________。

A. 空载输出电压、短路输出电流　　B. 空载输出电压、额定输出电流

C. 额定输出电压、额定输出电流　　D. 额定输入电压、额定输入电流

22. 变压器铭牌中的 U_{1N}、U_{2N}、I_{1N}、I_{2N}是指________。

A. U_{1N}是原边额定线电压/I_{2N}是副边额定线电流

B. U_{1N}是原边绕组的额定相电压/I_{1N}是原边额定线电流

C. U_{2N}是副边空载电压/I_{2N}是副边短路时电流

D. U_{1N}是原边额定线电压/I_{2N}是副边额定相电流

23. 变压器原边的电流随副边的电流增大而________。

A. 减少　　B. 增加

C. 成反比例关系　　D. 不变

24. 变压器的基本功能主要是________。

A. 变压，变功率，变阻抗　　B. 变压，变阻抗，变流

C. 变压，变磁通，变流　　D. 变压，变阻抗，变磁势

25. 在升压变压器中，原绕组匝数 N_1 与副绕组匝数 N_2 关系是________。

A. $N_2 > N_1$　　B. $N_2 = N_1$

C. $N_2 < N_1$　　D. 视型号确定

26. 关于变压器的功能，下列说法错误的是________。

A. 变压功能　　B. 变流功能

C. 变阻抗功能　　D. 变频功能

27. 已知变压器的原、副边变压比 $K_u > 1$，若变压器带载运行，则变压器的原、副边的电流比较结果是________。

A. 原边电流大　　B. 副边电流大

C. 相等　　D. 由副边负载大小决定

28. 仪用互感器使用时，电流互感器副边绕组绝对不允许________，电压互感器副边绕组不允许________。

A. 开路/短路　　B. 短路/短路

C. 短路/开路　　D. 开路/开路

29. 为保证互感器的安全使用，要求互感器________。

A. 只金属外壳接地即可　　B. 只副绕组接地即可

C. 只铁芯接地即可　　D. 必须铁芯、副绕组、金属外壳都接地

30. 关于电流互感器的副边绕组不准开路的原因，下列说法最为恰当的是________。

A. 副边绕组开路产生高电压

B. 铁芯发热严重

C. 测不出电流大小

D. 副边绕组开路产生高电压,同时铁芯发热严重

31. 电压互感器的特点是:原绕组匝数比副绕组匝数________;比较导线截面积,原绕组比副绕组________。

A. 多/粗　　B. 多/细

C. 少/粗　　D. 少/细

32. 电流互感器的特点是:原绕组匝数比副绕组匝数________;比较导线截面积,原绕组比副绕组________。

A. 多/粗　　B. 多/细

C. 少/粗　　D. 少/细

33. 三相异步电动机的三相绕组既可接成△形,也可接成 Y 形。究竟接哪一种形式,应根据________来确定。

A. 负载的大小　　B. 绕组的额定电压和电源电压

C. 输出功率多少　　D. 电流的大小

34. 一台三相异步电动机的铭牌上标注 220 V/380 V,接法△/Y,每相的绕组额定电压为 220 V,现接在 380 V 电源上,其接法应采用________。

A. △　　B. Y

C. △和 Y 皆可　　D. 串联变压器

35. 绕线式三相异步电动机的转子绕组工作时是________,鼠笼式三相异步电动机的转子绕组是________。

A. 开路的/闭合的　　B. 闭合的/闭合的

C. 开路的/开路的　　D. 闭合的/开路的

36. 三相异步电动机铭牌中的额定电压为 U_N、额定电流为 IN 分别是指在额定输出功率时定子绕组上的________。

A. 线电压/相电流　　B. 相电压/线电流

C. 线电压/线电流　　D. 相电压/相电流

37. 一台工作频率为 50 Hz 异步电动机的额定转速为 730 r/min,其额定转差率 s 和磁极对数 p 分别为 ______。

A. $s=0.0267$　$p=2$　　B. $s=2.67$　$p=4$

C. $s=0.0267$　$p=4$　　D. $s=2.67$　$p=3$

38. 三相异步电动机的旋转方向与________有关。

A. 三相交流电源的频率大小　　B. 三相电源的频率大小

C. 三相电源的相序　　D. 三相电源的电压大小

39. 计算异步电动机转差率 s 的公式是 $s=(n_0-n)/n_0$,其中 n_0 表示________,n 表示________。

A. 同步转速,旋转磁场的转速　　B. 转子空载转速,转子额定转速

C. 旋转磁场的转速,转子转速　　D. 旋转磁场的转速,同步转速

40. 三相异步电动机之所以能转动起来,是由于________和________作用产生电磁转矩。

A. 转子旋转磁场与定子电流　　B. 定子旋转磁场与定子电流
C. 转子旋转磁场与转子电流　　D. 定子旋转磁场与转子电流

41. 三相异步电动机的转矩与电源电压的关系是________。
A. 成正比　　B. 成反比
C. 无关　　D. 与电压平方成正比

42. 船舶上的三相异步电动机广泛地采用________起动方式。
A. 变压器　　B. 串电阻
C. 降压　　D. 直接

43. 三相异步电动机当采用 Y－△换接起动时,电动机的起动电流可降为直接起动的________。
A. 1/3　　B. $1/\sqrt{3}$
C. 1/2　　D. $1/\sqrt{2}$

44. 一般来说,三相异步电动机直接起动的电流是额定电流的________。
A. 10 倍　　B. 1 ~3 倍
C. 5 ~7 倍　　D. 1/3 倍

45. 单相异步电动机在起动绕组上串联电容,其目的是________。
A. 提高功率因数
B. 提高电机过载能力
C. 使起动绕组获得与励磁绕组相位差接近 90°的电流
D. 提高起动绕组的电压

46. 要改变电容分相式单相异步电动机的转向,应________。
A. 调换电机的两根进线
B. 调换工作绕组的始末端两根进线
C. 同时调换工作绕组、起动绕组的始末端两根进线
D. 起动时将电机的转子反向拨动一下

47. 罩极式单相异步电动机的旋转方向________。
A. 是固定不变的　　B. 只能由罩极部分向非罩极部分转动
C. 是可以改变的　　D. 可用改变定子电压相位的办法来改变

48. 下列装置中是采用单相异步电动机带动负载的是________。
A. 主海水泵　　B. 主机轴承滑油泵
C. 卫生间的换气扇　　D. 起货机

49. 交流执行电动机控制绕组上所加的控制电压消失后,电动机将________。
A. 在由机械摩擦作用下,转动几周后停止
B. 减速并继续运行
C. 保持原转速运行
D. 立即停止

50. 交流执行电动机的转向取决于________。
A. 控制电压与励磁电压的相位关系　　B. 控制电压的大小

C. 励磁电压的大小　　D. 励磁电压的频率

51. 交流执行电动机的转子制成空心杯形转子的目的是________。

A. 增加转动惯量，使之起、停迅速　　B. 拆装方便

C. 减少转动惯量，使之起、停迅速　　D. 减少起动电流

52. 伺服电动机，在船上常用于________场合。

A. 电车钟　　B. 舵角同步指示装置

C. 拖动发电机之柴油机油门开度控制　　D. 水箱水位控制

53. 为取得与某转轴的转速成正比的直流电压信号，应在该轴安装________。

A. 交流执行电机　　B. 自整角机

C. 直流执行电机　　D. 直流测速发电机

54. 如图所示的时间继电器触点符号具体意义是________。

KT

A. 常开延时开　　B. 常闭延时闭

C. 常开延时闭　　D. 常闭延时开

55. 如图所示的时间继电器触点符号具体意义是________。

KT

A. 常开延时开　　B. 常闭延时闭

C. 常开延时闭　　D. 常闭延时开

56. 控制线路中的某电气元件符号如图所示，它是________。

SB_1

A. 常开按钮触点符号　　B. 常闭按钮触点符号

C. 延时触点符号　　D. 热继电器的常闭触点符号

57. 控制线路中的某电气元件符号如图所示，它是________。

SB_1

A. 常开按钮触点符号

B. 常闭按钮触点符号

C. 延时触点符号

D. 热继电器的常闭触点符号

58. 控制线路中的某电气元件符号如图所示，它是________。

FU_3

A. 电压继电器线圈符号　　B. 电流继电器线圈符号

C. 熔断器符号　　D. 电阻符号

59. 控制线路中的某电气元件符号如图所示，它是________。

KM_R

A. 接触器的常闭辅触点符号

B. 接触器的常开主触点符号

C. 接触器的常开辅触点符号

D. 热继电器的常闭触点符号

60. 控制线路中的某电气元件符号如图所示，它是________。

FR

A. 接触器的常闭辅触点符号

B. 接触器的常开主触点符号

C. 接触器的常开辅触点符号

D. 热继电器的常闭触点符号

61. 主令控制器是多位置、多回路的控制开关，有多对触头，转动手柄可以得到不同的

触点开关状态,图示的主令控制器表示________。

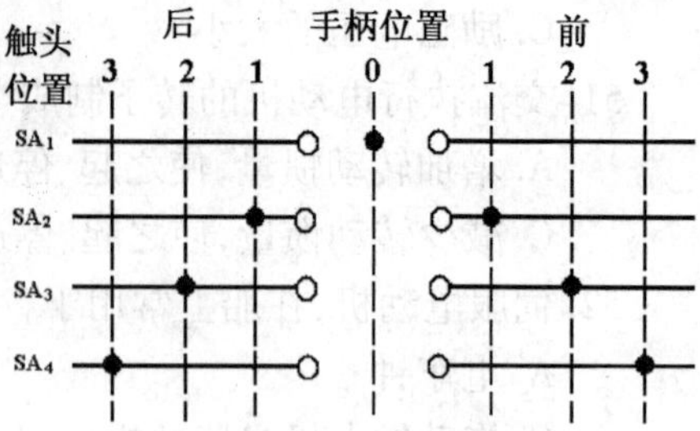

A. 手柄在 0 位,SA_1 触头断开,其余闭合

B. 手柄在前 1 位,表示 SA_2 闭合,其余断开

C. 手柄在后 1 位,表示 SA_2 断开,SA_1 闭合

D. 手柄在前 2 位,表示 SA_2 闭合 SA_3 闭合

62. 熔断器一般用于电动机的________保护。

A. 短路　　B. 过载

C. 缺相　　D. 失压

63. 如果线路上的保险丝烧断,应当先切断电源,查明原因,然后换上新的________。

A. 粗一些的保险丝　　B. 细一些的保险丝

C. 一样规格的保险丝　　D. 铜丝

64. 双金属片热继电器在电动机控制线路中的作用________。

A. 短路保护　　B. 零位保护

C. 失压保护　　D. 过载保护和缺相保护

65. 热继电器对于船舶三相异步电动机来说,不能进行保护的________。

A. 短路　　B. 过载

C. 缺相运行　　D. 过载和缺相运行

66. 在利用热继电器对电动机过载保护时,热继电器的整定电流值一般按被保护电动机的________选取。

A. 起动电流值　　B. 起动电流值的 2 倍

C. 额定电流值的 2 倍　　D. 额定电流值

67. 三相异步电动机若采用热继电器过载保护时,应至少使用________个热元件。

A. 1　　B. 2

C. 3　　D. 任意

68. 具有磁力起动器起动装置的电动机,其失(零)压保护是通过________完成的。

A. 熔断器　　B. 热继电器

C. 接触器与启停按钮相配合　　D. 手动刀闸开关

69. 电动机的零压保护环节的意义在于________。

A. 防止电动机短路　　B. 防止电动机自行起动

C. 防止电动机过载　　D. 防止电动机缺相

70. 具有磁力起动器起动装置的船舶电动机,其缺相保护一般是通过________自动完成的。

A. 熔断器　　B. 热继电器

C. 接触器与启停按钮相配合　　D. 手动刀闸开关

71. 当电动机运行时突然供电线路失电,为了防止线路恢复供电后电动机自行起动,要求电机启停控制线路应具有________功能。

A. 零压保护　　B. 逆功保护

C. 过载保护　　D. 短路保护

72. 如图，为电动机的控制线路局部，KM为控制该电动机的接触器，则此电路可实现________。

A. 点动控制　　B. 自锁控制

C. 互锁控制　　D. 连续运转控制

73. 电动机磁力起动器控制线路中，与起动按钮相并联的常开触点作用________。

A. 欠压保护　　B. 过载保护

C. 零位保护　　D. 自锁作用

74. 电动机控制线路局部电路如图所示，此电路可完成________。

A. 连锁控制　　B. 连续控制

C. 点动控制　　D. 两地控制

75. 电动机的启停控制线路中，常把起动按钮与被控电机的接触器常开触点相并联，这称之为________。

A. 自锁控制　　B. 互锁控制

C. 连锁控制　　D. 多地点控制

76. 如需在两地控制电动机启停，应将两地的________。

A. 起动按钮相并联；停止按钮相并联

B. 起动按钮相串联；停止按钮相并联

C. 起动按钮相串联；停止按钮相串联

D. 起动按钮相并联；停止按钮相串联

77. 淡水压力柜的水泵电动机启、停过于频繁，电器方面的因素可能________。

A. 低压继电器整定值太高

B. 高压继电器整定值太低

C. 低压继电器整定值太低

D. 低压继电器整定值太高或高压继电器整定值太低

78. 电动机正、反转控制线路中，常把正转接触器的________触点________在反转接触器线圈的线路中，实现互锁控制。

A. 常开/并　　B. 常开/串

C. 常闭/并　　D. 常闭/串

79. 电动机正、反转控制线路中，常把正、反转接触器的常闭触点相互串接到对方的线圈回路中，这称为________。

A. 自锁控制　　B. 互锁控制

C. 连锁控制　　D. 多地点控制

80. 关于电动锚机的下列说法，错误的是________。

A. 锚机电动机属于短时工作制电动机

B. 锚机电动机不允许堵转

C. 锚机电动机应具有一定调速范围

D. 锚机电动机应为防水式电动机

81. 锚机控制线路应能满足电动机堵转________的要求。

A. 60 s　　B. 30 s

C. 90 s　　D. 120 s

82. 关于对电动锚机控制线路的要求，下列说法正确的是________。

A. 当主令控制器手柄从零位快速扳到高速挡，电机也立即高速起动

B. 控制线路应适应电机堵转 1 min 的要求

C. 控制线路中不设过载保护

D. 控制线路不需设置零压保护环节

第三章　船舶发电机和配电系统

1. 对于低速船舶柴油发电机转子多采用________极式；由于其离心力较________，故转速并不太高。

A. 凸/大　　B. 凸/小

C. 隐/大　　D. 隐/小

2. 下列电机中，没有电刷装置的是________。

A. 采用转枢式励磁机的三相同步发电机　　B. 三相绕线式异步电动机

C. 直流并励发电机　　D. 静止式自励三相同步发电机

3. 一台 6 极船用柴油发电机，额定频率为 50 Hz，其额定转速为________。

A. 1 000 r/min　　B. 960 r/min

C. 500 r/min　　D. 480 r/min

4. 船用无刷交流同步发电机的励磁方式属于________，大多采用旋转电枢式小型________发电机作为励磁机。

A. 隐极/直流　　B. 凸极/直流

C. 他励/同步　　D. 自励/同步

5. 自励发电机在起动后建立电压，是依靠发电机中的________。

A. 电枢反应　　B. 剩磁

C. 漏磁通　　D. 同步电抗

6. 三相同步发电机空载运行时，其电枢电流________。

A. 为 0　　B. 最大

C. 随电压变化　　D. 可以任意调节

7. 要改变同步发电机的频率，则必须调整________。

A. 励磁电流　　B. 原动机的转速

C. 负载的性质　　D. 输出电流

8. 船舶电力系统是由________组成的。

A. 控制屏、负载屏、分配电盘、应急配电盘

B. 电源设备、调压器、电力网

C. 电源设备、负载

D. 电源设备、配电装置、电力网、负载

9. 下列不可作为船舶主电源的是________。

A. 轴带发电机组　　B. 蓄电池

C. 柴油发电机组　　D. 汽轮发电机组

10. 船上的配电装置是接受和分配电能的装置,也是对________进行保护、监视测量和控制的装置。

A. 电源、电力网　　B. 电力网、负载

C. 电源、负载　　D. 电源、电力网和负载

11. 船舶电力系统的基本参数是________。

A. 额定功率、额定电压、额定频率

B. 电压等级、电流大小、功率大小

C. 电流种类、额定电压、额定频率

D. 额定功率、频定电压、额定电流

12. 我国建造的非电力推进交流船舶的动力负载额定电压为________;照明负载的额定电压为________。

A. 380 V/220 V　　B. 400 V/220 V

C. 400 V/380 V　　D. 230 V/220 V

13. 船舶电网的线制,目前应用最为广泛的是________。

A. 三相绝缘系统　　B. 中性点接地的三相四线制系统

C. 利用船体做中线的三线系统　　D. 中性点不接地的三相四线制系统

14. 下列不属于主配电板的组成部分的是________。

A. 主发电机的控制屏　　B. 应急发电机的控制屏

C. 并车屏　　D. 主发电机的负载屏

15. 用于控制、调节、监视和保护发电机组的是________。

A. 控制屏　　B. 负载屏

C. 并车屏　　D. 汇流排

16. 船舶电站中发电机与电网之间的主开关安装于________。

A. 发电机控制屏　　B. 并车屏

C. 负载屏　　D. 分配电屏

17. 交流船舶的主发电机控制屏上除装有电流表、电压表外,还须装有________。

A. 频率表、功率表、功率因数表　　B. 频率表、功率表、兆欧表

C. 功率表、频率表、转速表　　D. 频率表、兆欧表、转速表

18. 在主配电板的负载屏上装有________。

A. 兆欧表、绝缘指示灯、整步表　　B. 整步表、同步指示灯、兆欧表

C. 岸电开关、绝缘指示灯、整步表　　D. 兆欧表、绝缘指示灯、岸电开关

19. 下列不是由主配电板直接供电的设备有________。

A. 舵机、锚机　　B. 航行灯、无线电电源板

C. 电航仪器电源箱　　D. 日用淡水泵

20. 下列设备中采用两条互相独立的馈电线进行双路供电的是________。

A. 舵机、锚机 B. 锚机

C. 航行灯、锚机 D. 舵机、航行灯

21. 对于装有主电源、大应急、小应急的船舶电站,小应急容量应保证连续供电________。

A. 1 h B. 20 min

C. 30 min D. 2 h

22. 按照我国《钢质海船入级规范》规定,________在一般情况下均装有应急电源。

A. 客船和 500 总吨以上的货船

B. 大型客船和 1 000 总吨以上的货船

C. 所有的海上船舶

D. 客船和 1 000 总吨以上的货船

23. 已经充足电的船用酸性蓄电池正极活性物质是________;负极活性物质是________。

A. 铅/铅 B. 二氧化铅/二氧化铅

C. 二氧化铅/铅 D. 铅/二氧化铅

24. 蓄电池的容量是用________表示。

A. 安培伏 B. 安培秒

C. 安培时 D. 瓦特

25. 正确配置酸性蓄电池电解液的操作方法为________。

A. 将蒸馏水和浓硫酸按比例同时倒入容器中搅匀

B. 将蒸馏水倒入浓硫酸中,用玻璃棒搅匀

C. 将蒸馏水加热至 50 ℃,再慢慢倒入浓硫酸中搅匀

D. 将浓硫酸慢慢倒入蒸馏水中,用玻璃棒搅匀

26. 铅蓄电池如果充足了电,则其电解液相对密度________。

A. 1.20 以下 B. 1.18 左右

C. 1.20 D. 1.28 ~ 1.30 之间

27. 配电板的发电机主开关触头系统中,用于接通、断开电网的触头是________。

A. 只有主触头 B. 主触头、辅助触头、弧触头

C. 主触头、副触头、弧触头 D. 主触头、辅助触头

28. 自动空气开关的过流脱扣器________保护。

A. 仅用于过载 B. 仅用于短路

C. 用于过载和零压 D. 用于短路、过载

29. 自动空气开关的分励脱扣器的作用是________。

A. 用于过载保护 B. 用于短路保护

C. 用于过载和零压保护 D. 主要用于远距离控制自动开关的断开

30. 同步发电机单机运行中跳闸,不可能是由于________引起的。

A. 短路 B. 过载

C. 逆功率 D. 失压

31. 同步发电机进行并车操作时不必满足的条件是________。

A. 电压相等　　B. 电流相等

C. 频率相同　　D. 初相位一致

32. 自动空气断路器的灭弧栅片是用________制成的。

A. 绝缘材料　　B. 磁钢片

C. 陶瓷材料　　D. 硬橡胶

33. 具有四连杆自由脱扣机构的自动空气断路器跳闸后，欲手动合闸时，必须先将手柄下扳再向上推。“下扳”作用是________。

A. 将那些因跳闸可能尚未打开的触头打开

B. 将那些因跳闸可能尚未闭合的触头闭合

C. 恢复四连杆的刚性连接

D. 消除四连杆的刚性连接

34. 同步发电机并车时，有电压相等、频率相等、初相位相同、相序一致四个条件。其中任一个条件不满足，待并机则出现________。

A. 冲击电流　　B. 制动转矩

C. 驱动转矩　　D. 冲击转矩

35. 对于手动准同步并车，其电压差、频率差、初相位差允许的范围是________。

A. $\Delta U \leqslant \pm 6\% U_N$、$\Delta f \leqslant \pm 0.5$ Hz、$\Delta\delta \leqslant \pm 30°$

B. $\Delta U \leqslant \pm 10\% U_N$、$\Delta f \leqslant \pm 0.5$ Hz、$\Delta\delta \leqslant \pm 15°$

C. $\Delta U \leqslant \pm 10\% U_N$、$\Delta f \leqslant \pm 2$ Hz、$\Delta\delta \leqslant \pm 30°$

D. $\Delta U \leqslant \pm 10\% U_N$、$\Delta f \leqslant \pm 2$ Hz、$\Delta\delta \leqslant \pm 15°$

36. 交流电站中，若电网负载无变化，电网频率不稳多由________引起。

A. 励磁　　B. 调速器

C. 调压器　　D. 均压线

37. 在交流船舶电站的控制屏面板上，设有原动机的调速手柄。标有“快”（或“正转”）及“慢”（或“反转”）两个方向。意思是当手柄向“快”方向操作时，________。

A. 调速器的弹簧预紧力增加，油门开度增大

B. 调速器的弹簧预紧力增加，油门开度减小

C. 调速器的弹簧预紧力减小，油门开度增大

D. 调速器的弹簧预紧力减小，油门开度减小

38. 在交流船舶电站的控制屏面板上，设有原动机的调速手柄。标有“快”（或“正转”）及“慢”（或“反转”）两个方向。意思是当手柄向“慢”方向操作时，________。

A. 调速器的弹簧预紧力增加，油门开度增大

B. 调速器的弹簧预紧力增加，油门开度减小

C. 调速器的弹簧预紧力减小，油门开度增大

D. 调速器的弹簧预紧力减小，油门开度减小

39. 如图为船舶柴油机离心式调速器的调速特性。下列说法正确的是________。

A. 该特性为无差调节特性

B. 由于随着 P 增加 n 降低,故油门开度减小

C. 曲线上的各点油门开度不变

D. 当人为调节弹簧预紧力增大,曲线平行上移

40. 维持同步发电机________和________的恒定是保证电力系统,供电品质的两个重要指标。

A. 电压/频率　　B. 电压/有功功率

C. 频率/有功功率　　D. 电压/无功功率

41. 我国《钢质海船入级规范》中,船舶主发电机系统的静态电压调节率为________。

A. ±5% 以内　　B. ±3.5% 以内

C. ±2.5% 以内　　D. ±10% 以内

42. 在衡量船舶发电机自动调压装置的品质时,应________。

A. 只考察其静态指标即可

B. 只考察其电压恢复时间即可

C. 只考察其动态指标即可

D. 动态、静态指标均要满足《钢质海船入级规范》的要求

43. 同步发电机自励恒压装置应具有________作用。

A. 发电机起动后,转速接近额定转速时,能建立额定空载电压

B. 当电网负载变化时,能自动按发电机容量的比例调节有功功率

C. 当发电机过载时,能自动地切除次要负载,使发电机连续运行

D. 能根据负荷情况自动起动发电机并车,自动转移负载

44. 同步发电机自励恒压装置应有________作用。

A. 当负载大小发生变化时,能自动保持有功功率基本不变

B. 当负载性质发生变化时,能自动保持无功功率基本不变

C. 当电网负载变化时,能自动按比例均匀分配有功功率

D. 当负载大小和负载性质发生变化时,能自动保持电压基本恒定

45. 不可控相复励调压装置,从控制规律上看,属于按________调节励磁,从而实现恒压的目的。

A. 按发电机端口电压偏差及负载电流大小变化

B. 按负载电流大小变化及相位变化

C. 按发电机端口电压偏差及负载扰动

D. 仅按负载电流大小变化

46. 根据负载电流大小进行励磁调节作用为________调节,仅根据负载性质的变化进行励磁调节作用的为________调节。

A. 复励补偿/相位补偿　　B. 复励补偿/相复励补偿

C. 相位补偿/复励补偿　　D. 相复励补偿/相位补偿

47. 如图所示,为电流叠加相复励自励调压装置的单线原理图。若发电机空载电压偏低,原因是________。

A. 分量 i_v 偏大　　B. 分量 i_v 偏小

C. 分量 i_i 偏大　　D. 分量 i_i 偏小

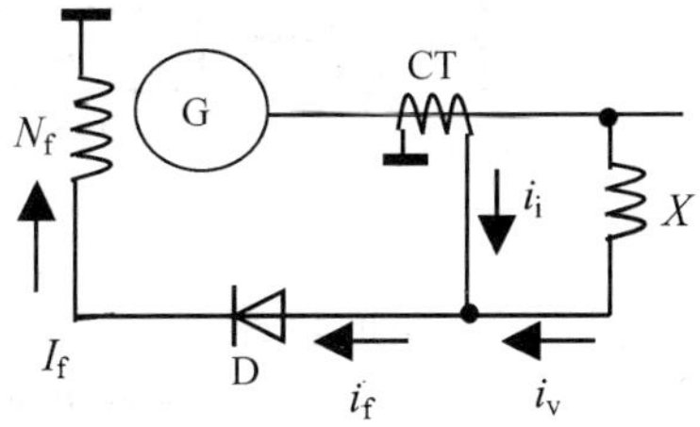

48. 如图所示,为电流叠加相复励自励调压装置的单线原理图。电抗器 X 的一个重要作用是________。

A. 粗同步并车　　B. 移相

C. 粗同步并车及移相两用　　D. 起压

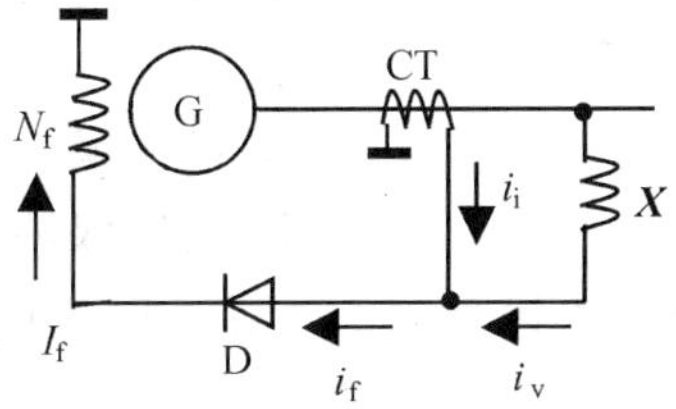

49. 无刷同步发电机原理上属于________励磁系统。

A. 并励　　B. 相复励

C. 自励　　D. 他励

50. 同步发电机的外部短路保护通常是通过________来实现。

A. 熔断器　　B. 电流继电器

C. 热继电器　　D. 自动空气断路器的过电流脱扣器

51. 并联运行的船舶同步发电机不需设置的保护是________。

A. 短路保护　　B. 过载保护

C. 逆功保护　　D. 逆序保护

52. 同步发电机的逆功率保护是通过________输出信号,作用于空气断路器的________来实现的。

A. 逆功率继电器/过电流脱扣器

B. 逆功率继电器/失压脱扣器

C. 负序继电器/分励脱扣器

D. 逆功率继电器/分励脱扣器

53. 图为船舶电网部分单线图。现图中各空气开关均合闸供电。当 a 点发生特大短路电流,应动作的空气开关是________。

A. QS　　B. QS_1

C. QS_2　　　　D. QS_4

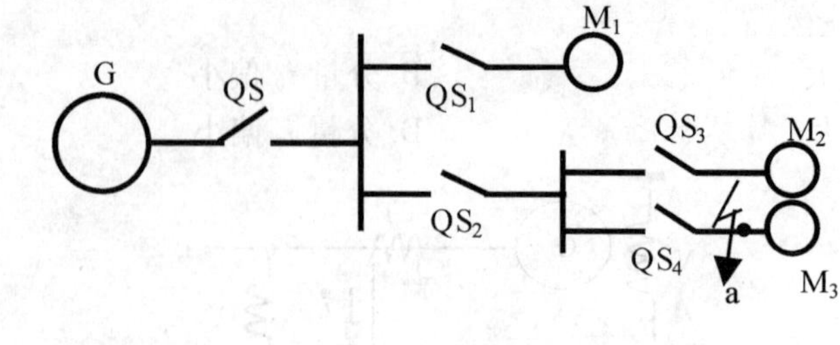

54. 船舶电网________设置________保护装置。
A. 必须 /过载　　　　B. 一般不单独/过载
C. 单独/短路　　　　D. 单独/过载

55. 配电盘的负载屏上装有三个绝缘指示灯，接成 Y 形，中心接地（船壳），这三个灯的作用是________。
A. 监视电网的绝缘　　　　B. 监视负载的绝缘
C. 监视发电机绝缘　　　　D. 监视岸电的绝缘

56. 船舶电网保护措施不包括________。
A. 单相接地保护　　　　B. 过载保护
C. 接岸电时断相保护　　　　D. 失压保护

57. 在船舶电站中，配电板上装有________用来监视电网的接地，还装有________用来检测电网的绝缘值。
A. 相序测定仪/摇表　　　　B. 绝缘指示灯/配电板式兆欧表
C. 兆欧表/绝缘指示灯　　　　D. 摇表/相序测定仪

58. 船舶主配电板上装有三只绝缘指示灯，如其中有一只灯熄灭，其余两只灯比平时亮，说明________。
A. 电网有一相接地　　　　B. 电网有两相接地
C. 一只灯泡烧毁　　　　D. 一相接地，一只灯泡烧毁

59. 船舶接用岸电时，必须是________与船电系统参数一致才行。
A. 额定电压、额定电流、额定容量　　　　B. 额定电压、额定电流、额定频率
C. 额定容量、额定电流、额定频率　　　　D. 电制、额定电压、额定频率

60. 逆功率继电器是保护________设备的装置。
A. 电动机　　　　B. 负载
C. 发电机组　　　　D. 接岸电

61. 船舶使用轴带发电机，原因是________。
A. 节能　　　　B. 船舶电站稳定性
C. 控制系统简单可靠　　　　D. 初投资费用少

62. 具有轴带发电机的船舶，一般在________工况下轴发投入运行。
A. 进出港　　　　B. 抛锚
C. 进坞修理　　　　D. 公海航行

63. 根据螺旋桨的类型,将轴带发电机系统分为________。

A. 直流和交流　　B. 功率可逆型和功率不可逆型

C. 定距桨主机型和变距桨主机型　　D. 恒频式和变频式

64. 轴带发电机系统中同步补偿机正常运行时向电网输送________。

A. 有功功率和无功功率　　B. 有功功率

C. 无功功率　　D. 处于浮联,零功率状态

65. 由船舶照明配电板(箱)引出的照明供电支路,其负荷电流应视电压等级一般限定在________。

A. 1 ~ 5 A　　B. 10 ~ 15 A

C. 15 ~ 25 A　　D. 20 ~ 30 A

66. 对工作面提供适当照度、创造良好的视觉环境是船舶________照明系统的基本特点。

A. 各类　　B. 正常

C. 航行灯以外的所有　　D. 主照明和临时应急

67. 机舱照明日光灯通常是分配在三相供电支路中,三相灯点交错分布,其优点是________。

A. 三相功率平衡,照明可靠

B. 三相功率平衡,消除闪烁效应

C. 照明可靠,消除闪烁效应

D. 三相功率平衡,照明可靠,消除闪烁效应

68. 目前我国远洋运输船舶的航行灯包括________。

A. 左右舷灯、闪光灯、艉灯　　B. 前后桅灯、闪光灯、艉灯

C. 左右舷灯、前后桅灯、艉灯　　D. 左右舷灯、前后桅灯、艉灯、探照灯

69. 船舶左右舷灯的颜色是________。

A. 均为白色　　B. 均为绿色

C. 左绿右红　　D. 左红右绿

70. 船舶信号灯及航行灯光源采用________。

A. 白炽灯、高压汞灯等　　B. 白炽灯、荧光灯

C. 白炽灯　　D. 碘钨灯、荧光灯、白炽灯

71. 船舶应急照明系统中使用的灯具是________。

A. 白炽灯　　B. 荧光灯

C. 高压汞灯　　D. 汞氙灯

72. 下列灯具中,电光源属于气体放电工作原理的是________。

A. 碘钨灯　　B. 白炽灯

C. 高压汞灯　　D. 信号桅的灯具

73. 下列灯具中,电光源属于热辐射工作原理的是________。

A. 卤钨灯　　B. 荧光灯

C. 高压汞灯　　D. 汞氙灯

74. 船舶左右舷灯的灯泡是________。

A. 白炽灯　　B. 高压汞灯

C. 荧光灯　　D. 汞氙灯

75. 由于高压汞灯________,故称“高压”。

A. 点燃前灯管内气压高　　B. 点燃后灯管内气压高

C. 点燃后灯管两端电压高　　D. 需要接入高压电路工作

76. 船上有各种类型的照明灯具(或称照明器),按其________分有普通照明灯,大面积投光灯、手提行灯、探照灯等。

A. 绝缘等级　　B. 配光特性

C. 光源种类　　D. 用途

77. 为使荧光灯管正常工作,与其配套齐全的附件有________。

A. 电子镇流器　　B. 铁芯线圈镇流器

C. 启辉器　　D. 电子镇流器和启辉器

78. 常用的各种照明电光源,按其发光原理分有________两大类型。

A. 白炽灯、荧光灯　　B. 热辐射型、气体放电型

C. 灯丝加热型、辉光放电型　　D. 卤钨循环灯、弧光放电灯

79. 可以用作船舶航行信号灯和临时应急照明灯的电光源分别是________。

A. 溴钨灯/白炽灯　　B. 双丝白炽灯/荧光灯

C. 双丝白炽灯/白炽灯　　D. 碘钨灯/普通白炽灯

80. 图示为日光灯照明线路原理图,正确接线为________。

A. 1—2 接起动器,3—4 接限流电阻

B. 1—2 接镇流器,3—4 接起动器

C. 1—2 接起动器,3—4 接镇流器

D. 1—2 接限流电阻,3—4 接起动器

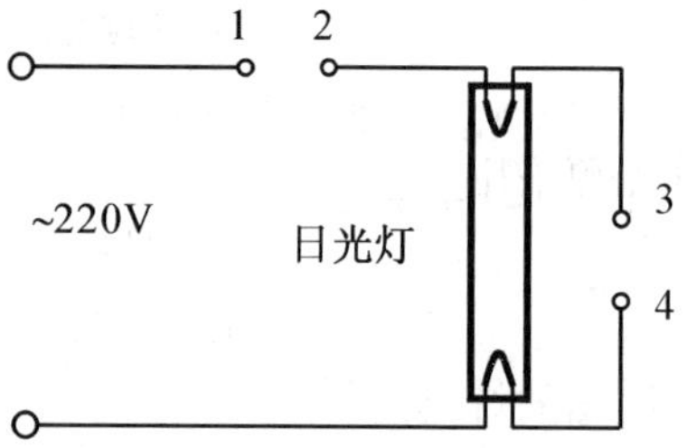

81. 某灯的照明电路如图所示,S_1 及 S_2 为双联开关。下列叙述中错误的是________。

A. 灯 L 的额定电压为 220 V

B. 该线路的功能为灯 L 的两地控制

C. 任一个开关由现在的状态变为另一状态,均可使灯 L 点燃

D. 若用两个单联开关相并联替换 S_1、S_2,电路功能不变

82. 船舶航行灯在供电上应使用________独立供电支路。不同的航行灯一般使用________故障蜂鸣报警器。

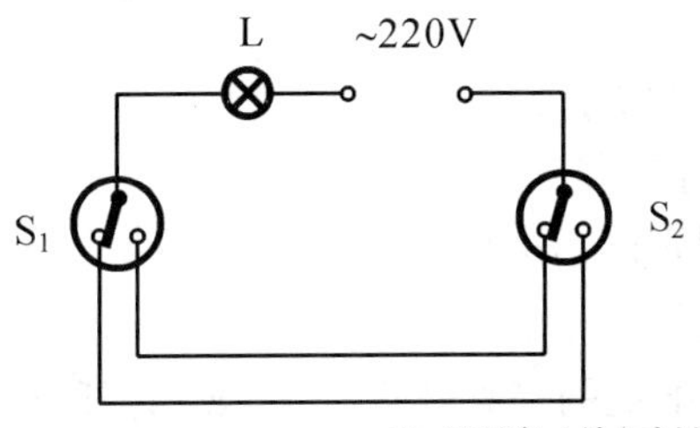

A. 一路/共同的　　　　B. 两路/共同的

C. 一路/不同的　　　　D. 两路/不同的

83. 船舶照明系统各种照明灯有一定维护周期，对航行灯及信号灯的检查应每________就要检查一次航行灯、信号灯供电是否正常，故障报警或显示装置是否正常。

A. 航行一次　　　　B. 航行两次

C. 一个月　　　　D. 两个月

84. 船舶照明系统各种照明灯有一定维护周期，对普通照明灯具应每________就要检查一次灯头接线是否老化、断开，同时检查室外灯具水密锈蚀情况，如有损坏要更换。

A. 航行一次　　　　B. 航行两次

C. 半年　　　　D. 一年

85. 对应急照明要进行效能试验，其周期是每________，逐路检查灯具及应急照明接触器的工作情况，如有故障，应予排除。

A. 一个月进行一次效能试验　　　　B. 三个月进行一次效能试验

C. 半年进行一次效能试验　　　　D. 一年进行一次效能试验

86. 船舶照明线路的绝缘值一般应大于________ MΩ，检查船舶照明系统的接地故障，一般可用 500 V 兆欧表进行检查（小应急照明线路可使用 100 V 兆欧表进行检查）。

A. 0.5　　　　B. 10

C. 50　　　　D. 100

87. 应急照明要定期进行绝缘电阻的测量，其周期是每________应测量一次绝缘电阻。

A. 一个月　　　　B. 三个月

C. 半年　　　　D. 一年

88. 需要张挂彩灯时，要考虑到供电线路和开关的载流量、各相电流分配是否平衡，并要配备好保护装置，________严禁张挂彩灯。

A. 集装箱船　　　　B. 散货船

C. 油船　　　　D. 客船

89. 船用变压器铭牌上标有 U_{1N}/U_{2N}，I_{1N}/I_{2N}，其中 U_{2N}、I_{2N} 是指________。

A. 空载输出电压、短路输出电流　　　　B. 空载输出电压、额定输出电流

C. 额定输出电压、额定输出电流　　　　D. 额定输入电压、额定输入电流

90. 称之为“电枢”的是________。

A. 三相异步电动机的转子

B. 直流发电机的定子

C. 旋转磁极式三相同步发电机的定子

D. 单相变压器的副边

91. 如图为三相同步发电机的空载特性曲线，E_0 为开路相电压，I_f 为励磁电流，一般选图中________点为其空载额定电压点。

A. A 点　　B. B 点

C. C 点　　D. D 点

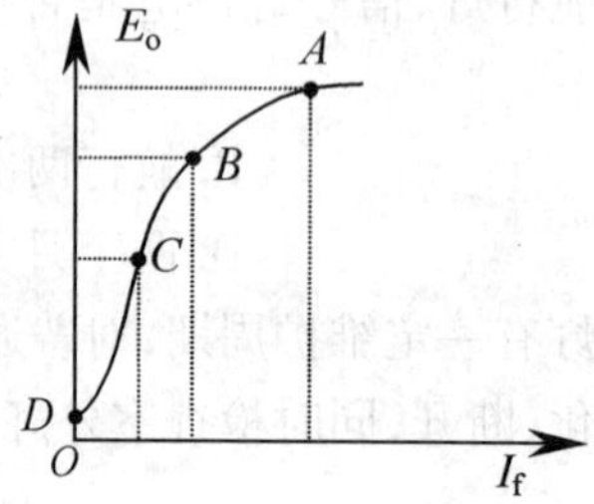

92. 我国民用运输船舶多采用________作为船舶主电源。

A. 轴带发电机组　　B. 蓄电池

C. 柴油发电机组　　D. 汽轮发电机组

93. 配电装置是对电源、电力网和负载进行________的装置。

A. 保护、控制　　B. 监视测量

C. 控制、测量　　D. 保护、监视测量、控制

94. 关于船舶电网下列说法错误的是________。

A. 动力电网是给电动机负载和大的电热负载供电

B. 正常照明电网是经主变压器给照明负载供电

C. 应急电网是由 24 V 蓄电池组成，向特别重要的辅机、导航设备供电

D. 弱电网是向导航设备无线通信设备、报警系统供电

95. 下列不属于主配电板的组成部分的是________。

A. 汇流排　　B. 主发电机的负载屏

C. 并车屏　　D. 岸电箱

96. 主配电板发电机控制屏上的电压表与电流表是测量________。

A. 发电机相电压、相电流　　B. 发电机线电压、线电流

C. 起货机线电压、线电流　　D. 岸电的线电压、线电流

97. 属于应急供电设备的是________。

A. 航行灯　　B. 锚机

C. 主海水泵　　D. 空压机

98. 小应急电源主要向________设备供电。

A. 舵机　　B. 临时应急照明

C. 应急空压机　　D. 应急消防泵

99. 铅蓄电池电解液液面降低,补充液面时应________。

A. 加酸　　B. 加碱

C. 加纯水　　D. 加海水

100. 最为理想的铅蓄电池充电方法是________。

A. 恒流充电法　　B. 恒压充电法

C. 分段恒流充电法　　D. 浮充电法

第四章　船舶电气设备的维护与修理、故障判断与排除

1. 关于船舶安全用电下列说法,正确的是________。

A. 无论什么场合,安全电压一律为 36 V

B. 皮肤潮湿时人体电阻显著下降,故禁止湿手触摸电气设备

C. 电气工具平时应挂在电气设备的防护栏杆上,以便于修理时唾手可得

D. 电气设备着火,应使用泡沫灭火剂带电灭火

2. 若触电者呼吸、脉搏、心脏都停止了,则________。

A. 可认为已经死亡

B. 送医院或等大夫到来再作死亡验证

C. 打强心剂

D. 立即进行人工呼吸和心脏按压

3. 不允许用湿手接触电气设备,主要原因是________。

A. 造成电气设备的锈蚀　　B. 损坏电气设备的绝缘

C. 防止触电事故　　D. 损坏电气设备的防护层

4. 按照我国对安全电压的分类,在潮湿、有腐蚀性蒸气或游离物等的场合,安全电压为________。

A. 65 V　　B. 12 V

C. 24 V　　D. 36 V

5. 铅蓄电池室灯具应使用________。

A. 防护式　　B. 防水式

C. 防溅式　　D. 防爆式

6. 我国根据发生触电危险的环境条件分为三种类别,高度危险的环境条件为________。

A. 潮湿、有腐蚀性蒸气或游离物等的建筑物中

B. 潮湿、有导电粉末、炎热高温、金属品较多的建筑物中

C. 干燥、无导电粉末、非导电地板、金属品不多等的建筑物中

D. 潮湿、非导电地板、金属品较多的建筑物中

7. 我国根据发生触电危险的环境条件将安全电压界定为三个等级,高度危险的建筑物中其安全电压为________ V。

A. 2.5　　B. 12

C. 36　　D. 65

8. 当发现有人触电而不能自行摆脱时,不可采用的急救措施是________。

A. 就近拉断触电的电源开关
B. 用手或身体其他部位直接救助触电者
C. 用绝缘的物品与触电者隔离进行救助
D. 拿掉熔断器切断触电电源

9. 船舶火灾不仅直接影响船舶的安全运输,同时也给广大船员和乘客的人身安全及国家财产造成很大威胁。因此,防止电气火灾,是船舶防火工作的一个重要方面。对电气设备的防火有一定的要求,下列说法错误的是________。
A. 经常检查电气线路及设备的绝缘电阻,发现接地、短路等故障时不必要及时排除
B. 电气线路和设备的载流量必须控制在额定范围内
C. 严格按施工要求,保证电气设备的安装质量,电缆及导线连接处要牢靠,防止松动脱落
D. 按环境条件选择使用电气设备,易燃易爆场所要使用防爆电器

10. (1)可燃性气体(2)有空气或氧气(3)有火源或危险温度,这三个条件________,便可发生爆炸。
A. 同时具备(1)和(2)　　B. 同时具备(1)和(3)
C. 同时具备(2)和(3)　　D. 同时具备(1)、(2)和(3)

11. 称为________的电路或电气设备,在正常或故障状态下所产生的电火花都不足以点燃周围环境可燃气体混合物。
A. 本质安全型　　B. 封闭安全型
C. 隔爆型　　D. 静电屏蔽型

12. 油船危险区原则上不允许安装电气设备。若必须安装,应使用________。
A. 本质安全型　　B. 小功率型
C. 防护型　　D. 接地保护型

13. 油船监视和检测货油舱油温的电路,应采用________电路。
A. 本质安全型　　B. 小功率型
C. 防护型　　D. 接地保护型

14. 油船监视和检测货油舱油位的电路,应采用________电路。
A. 本质安全型　　B. 小功率型
C. 防护型　　D. 接地保护型

15. 油船监视和检测货油舱气体含氧量的电路,应采用________电路。
A. 本质安全型　　B. 小功率型
C. 防护型　　D. 接地保护型

16. 静电对于油船威胁很大。下列各措施中,目的仅为了及时泄放静电的是________。
A. 向货油舱充入惰性气体
B. 工作人员进入货油舱区前,手应触摸专设的金属板
C. 洗舱时限制水的流速和压力

D. 限制货油注入的速度

17. 按照我国《钢质海船入级规范》规定，船舶电气设备应在船舶________条件下，能有效地工作。

A. 横摇横倾15°以内；纵摇纵倾10°以内

B. 横摇横倾22.5°以内；纵摇纵倾10°以内

C. 横摇横倾10°以内；纵摇纵倾15°以内

D. 横摇横倾10°以内；纵摇纵倾22.5°以内

18. 按照我国《钢质海船入级规范》规定，对于无限航区的船舶，甲板露天安装的电气设备应在________温度范围内能有效地工作。

A. −10 ~ 30 ℃　　B. −20 ~ 30 ℃

C. −25 ~ 45 ℃　　D. −25 ~ 40 ℃

19. 按照我国《钢质海船入级规范》规定，当船舶交流电网的电压、频率发生波动，其稳态值分别在________范围内，交流电器设备能有效地工作。

A. $\pm 10\% U_n$、$\pm 5\% f_n$　　B. $\pm 5\% U_n$、$\pm 10\% f_n$

C. $-6\% \sim +10\% U_n$、$\pm 5\% f_n$　　D. $-10\% \sim +15\% U_n$、$\pm 5\% f_n$

20. 如果某些电气设备没有船用系列，原则上可以考虑将陆用系列产品________，并需得到有关船级社的批准。

A. 经机械加固后使用

B. 降低电压等级使用

C. 降低功率使用

D. 经“防湿热、防盐雾、防霉菌”处理后使用

21. 由于船舶电气设备工作条件苛刻，同陆用绝缘材料相比，还要有“三防”要求。船用绝缘材料的“三防” 是________。

A. 防滴、防浸水、防潜水　　B. 防湿热、防盐雾、防霉菌

C. 防高压、防过载、防逆功　　D. 防倾斜、防冲击、防振动

22. 国际电工委员会对电气设备的防护标准有具体的规定。用“IP × ×”表明防护等级。IP 后面第一位数字表示________，第二位数字表示________。

A. 防外部固体侵入等级/防水液侵入等级

B. 防水液侵入等级/防外部固体侵入等级

C. 防漏电等级/防水液侵入等级

D. 绝缘等级/防外部固体、液体侵入等级

23. 根据________确定船舶电器的防护等级。

A. 电气设备的绝缘程度　　B. 电气设备的功率大小

C. 电气设备的安装处所　　D. 电气设备的电压等级

24. 当某些电气设备没有专用船用系列产品时，若采用经________处理的陆用系列产品，须得到________的认可。

A. 防湿热、防盐雾、防霉菌/船东　　B. 防滴、防溅、防水/港务部门

C. 防磁、防静电、防无线电波/国际海事组织　　D. 防湿热、防盐雾、防霉菌/有关船级社

25. 船用电缆和电线按用途可分为两大类,即________。

A. 通用电缆和电信电缆　　B. 橡皮电缆和塑料电缆

C. 金属丝编织护套电缆和铅包电缆　　D. 耐油橡套电缆和耐寒橡套电缆

26. 对用于短时和重复短时工作制负载电缆,其实际负载电流________电缆的最大安全载流量。

A. 等于　　B. 小于或等于

C. 大于或等于　　D. 等于 1.1 ~1.8 倍

27. 检查船舶电力电缆绝缘电阻的方法是将被检测电缆的________,用________表检查电缆芯线间和芯线对地的绝缘电阻。

A. 电源和负载都断开/500 V 手摇兆欧

B. 电源和负载都断开/欧姆

C. 电源断开/500 V 手摇兆欧

D. 负载断开/伏特

28. 对于三相三线绝缘系统的船舶,为防止人身触电的危险,大部分的电气设备都必须采用________措施。

A. 工作接地　　B. 保护接地

C. 保护接零　　D. 屏蔽接地

29. 中点接地的三相四线制系统,中点接地线属于________。

A. 工作接地　　B. 保护接地

C. 工作接地或保护接地　　D. 屏蔽接地

30. 下列接地线属于保护接地的是________。

A. 电流互感器的铁芯接地线

B. 三相四线制的发电机中性点接地线

C. 为防止雷击而进行的接地

D. 无线电设备的屏蔽体的接地线

31. 下列接地线属于屏蔽接地的是________。

A. 为了防止电磁干扰,在屏蔽体与地或干扰源的金属机壳之间所做的良好电气连接

B. 为保证电气设备在正常工作情况下可靠运行所进行的接地

C. 为了防止电气设备因绝缘破坏,使人遭受触电危险而进行的接地

D. 为防止雷击而进行的接地

32. 在中性点接地的三相四线制的系统中,将电气设备的金属外壳接到中线上,称之为________。

A. 避雷接地　　B. 保护接零

C. 屏蔽接地　　D. 保护接地

33. 在构成电机的材料中,最薄弱、在很大程度上也是决定电动机使用寿命的材料是________材料。

A. 导电　　B. 铁磁

C. 绝缘　　D. 其他非电工

34. 船舶电气设备的绝缘材料同陆用电气设备的绝缘材料相比,________。

A. 完全一致

B. 由于船舶电力系统比陆上简单得多,故对电气绝缘材料要求不高

C. 由于船用电气设备工作条件较陆地苛刻得多,故对电气绝缘材料要求较高

D. 为减低船舶重量,对绝缘材料无具体要求

35. 电气设备铭牌上的绝缘等级是依据所使用绝缘材料的________而分的________等级。

A. 防霉菌性能/绝缘　　B. 击穿电压/绝缘

C. 最高允许温度/耐热　　D. 耐潮湿性/抗潮湿

36. 各种工作制电动机额定值的确定及其正确使用的根本原则是:在运行期间不发生超________。

A. 额定功率　　B. 绝缘材料的最高允许温度

C. 额定电流　　D. 额定转速

37. 下列哪个等级的绝缘材料,其耐热极限温度最高是________。

A. A 级　　B. B 级

C. C 级　　D. E 级

38. E 级绝缘材料的耐热极限温度是________。

A. 120 ℃　　B. 180 ℃

C. 105 ℃　　D. 130 ℃

39. B 级绝缘材料的耐热极限温度是________。

A. 80 ℃　　B. 90 ℃

C. 105 ℃　　D. 130 ℃

40. 按绝缘材料的最高允许温度的不同,从低到高依次分为________7 种耐热等级。

A. 1、2、3、4、5、6、7

B. 90 ℃、100 ℃、110 ℃、120 ℃、130 ℃、140 ℃、150 ℃

C. A、B、C、D、E、F、G

D. Y、A、E、B、F、H、C

第五章　船舶反馈控制系统基础

1. 在柴油机冷却水温度控制系统中,其控制对象是________。

A. 淡水泵　　B. 柴油机

C. 淡水冷却器　　D. 三通调节阀

2. 不可作为气动或电动控制系统标准信号的有________。

A. 0.02 ~ 0.1 MPa　　B. 0.02 ~ 0.1 MPa

C. 0 ~ 10 mA　　D. 4 ~ 20 mA

3. 船舶柴油机冷却水温度控制系统是________。

A. 定值控制系统　　B. 随动控制系统

C. 程序控制系统　　D. 开环控制系统

4. 对定值控制系统来说，其主要扰动是________。
A. 电源或气源的波动　　B. 给定值的波动
C. 控制对象负荷的变化　　D. 调节器参数整定不合适

5. 在定值控制系统中为确保其精度，常采用________。
A. 开环控制系统　　B. 闭环正反馈控制系统
C. 闭环负反馈控制系统　　D. 手动控制系统

6. 在反馈控制系统中，调节单元根据________的大小和方向，输出一个控制信号。
A. 给定值　　B. 偏差
C. 测量值　　D. 扰动量

7. 在反馈控制系统中，执行机构的输入是 ________。
A. 被控参数的实际信号
B. 调节器的输出信号
C. 被控参数的偏差信号
D. 被控参数的给定信号气动控制系统中

8. 在闭环控制系统的方框图中，输入量为偏差，输出量为控制信号，则该环节是________。
A. 调节单元　　B. 测量单元
C. 执行机构　　D. 控制对象

9. 在对自动控制系统进行分析时最常采用的扰动形式是
A. 阶跃输入　　B. 斜坡输入
C. 加速度输入　　D. 脉冲输入

10. 在反馈控制系统中，r 是给定值，y 是被控量，z 是测量值，d 是扰动量，则偏差 e 是________。
A. $e = r - z$　　B. $e = r - d$
C. $e = r - y$　　D. $e = y - d$

11. 在反馈控制系统中，其反馈环节是 ________。
A. 显示单元　　B. 调节单元
C. 测量单元　　D. 执行机构

12. 按偏差控制运行参数的控制系统是个 系统。
A. 正反馈　　B. 负反馈
C. 逻辑控制　　D. 随动控制

13. 在反馈控制系统中，正、负反馈分别使闭环输入效应________。
A. 增强、减弱　　B. 增强、增强
C. 减弱、增强　　D. 减弱、减弱

14. 对反馈控制而言，程序控制与定值控制和随动的主要区别是________。
A. 给定值不变　　B. 给定值有规律变化
C. 给定值无规律变化　　D. 被控量不变

15. 在反馈控制系统中，调节单元根据________的大小和方向，输出一个控制信号。

A. 给定值　　B. 偏差

C. 测量值　　D. 扰动量

16. 自动化仪表中，由于本身的缺陷（如间隙、摩擦等）所造成的误差称为 ________。

A. 基本误差　　B. 附加误差

C. 绝对误差　　D. 相对误差

17. 仪表起动所需的输入信号的大小定义为________。

A. 灵敏限　　B 不灵敏区

C. 变差　　D. 精度

18. 某压力表量程为 0 ~ 2.0 MPa，其最大绝对误差是 0.04 MPa，则其精度为________。

A. 1 级　　B. 2 级

C. 3 级　　D. 4 级

19. 用来衡量仪表好坏的误差指标是 ________。

A. 绝对误差　　B. 相对误差

C. 回差　　D. 基本误差

20. 仪表指示的被测参数值与真实值之差定义为 ________。

A. 绝对误差　　B. 不灵敏区

C. 变差　　D. 精度

21. 气动放大环节的输入信号是 ________。

A. 喷嘴背压　　B. 挡板开度

C. 比较环节的输入　　D. 反馈环节的输出

22. 波纹管是属于________，其作用是________。

A. 弹性支承元件，用于提高弹性敏感元件的刚度

B. 弹性支承元件，用于调整系统的零点

C. 弹性敏感元件，用于产生与输入的压力信号成比例的位移

D. 弹性敏感元件，用于对输入的气压信号进行延时

23. 片簧是属于________，其作用是 ________。

A. 弹性支承元件，用于调整弹性敏感元件的初始位置

B. 弹性支承元件，用于调整仪表的量程

C. 弹性敏感元件，用于产生与轴向推力成比例的位移

D. 弹性敏感元件，用于对作用力信号产生延时

24. 金属膜片是属于 ________，其作用是 ________。

A. 弹性敏感元件，用于产生与轴向推力成比例的位移

B. 弹性支承元件，用于调整弹性敏感元件的初始位置

C. 弹性支承元件，用于增大弹性敏感元件的刚度

D. 弹性敏感元件，用于调整仪表的零点

25. 在仪表中，弹簧管的作用是 ________。

A. 把被控量的测量值转变成位移信号

B. 把被控量的给定值转变成位移信号

C. 调整仪表的零点

D. 调整仪表的量程

26. 在节流元件中,小孔式恒节流孔的直径范围为 ________。

A. 0.18 ~ 0.3 mm　　B. 1.8 ~ 3.0 mm

C. 0.25 ~ 0.5 mm　　D. 2.5 ~ 5.0 mm

27. 在节流元件中,用 R 表示气阻,Δp 表示在气阻两端产生的压降,G 表示流过节流元件气体的流量,则表达式 $R = \Delta p/G$ 成立的条件是 ________。

A. 输入的气压信号要尽量小

B. 节流元件两端产生压差应尽量大

C. 流过节流元件气体流量应尽量小

D. 气体做层流运动

28. 在气动仪表中,变节流阀的作用是 ________。

A. 提高仪表工作的稳定性　　B. 整定调节器的比例带

C. 调整仪表的零点　　D. 调整仪表的量程

29. 在节流元件中,变节流孔不包括 ________。

A. 圆锥 - 圆锥式　　B. 小孔式恒节流孔

C. 圆柱 - 圆锥式　　D. 圆球 - 圆锥式

30. 在喷嘴挡板机构中,气源至背压室之间的节流元件是属于 ________。

A. 圆锥 - 圆锥式节流孔　　B. 圆柱 - 圆锥式节流孔

C. 圆球 - 圆锥式节流孔　　D. 恒节流孔

31. 组成气动仪表放大环节的元部件是 ________。

A. 节流阀和气容　　B. 波纹管和气容

C. 膜片和功率放大器　　D. 喷嘴挡板机构和功率放大器

32. 在气体容室中,把气体流量 G 作为输入量,把气室中压力 p 作为输出量,则气体容室属于 ________。

A. 比例环节　　B. 积分环节

C. 微分环节　　D. 惯性环节

33. 在气动仪表中,喷嘴挡板机构的输出是属于 ________。

A. 放大环节　　B. 反馈环节

C. 控制环节　　D. 比较环节

34. 在气动仪表中,位移平衡原理的机构是属于 ________。

A. 放大环节　　B. 比较环节

C. 控制环节　　D. 反馈环节

35. 在气动仪表中,属于反馈环节的是 ________。

A. 节流盲室　　B. 喷嘴挡板机构

C 气动功率放大器　　D. 比较杠杆

36. 节流分压器的特性是________。

A. 比例环节　　B. 积分环节
C. 微分环节　　D. 惯性环节

37. 构成闭环气动自动化仪表的三个主要环节是 ________。
A. 输入、比较和反馈　　B. 比较、执行和反馈
C. 比较、放大和反馈　　D. 比较、指示和反馈

38. 在锅炉水位控制系统中，若水位保持在两个水位之间上下波动，则系统采用的调节器是________。
A. 比例调节器　　B. 比例微分调节器
C. 双位式调节器　　D. 比例积分微分调节器

39. 温度或压力继电器能实现________作用规律。
A. 双位　　B. 比例
C. 积分　　D. 微分

40. 在 YWK-50-C 型压力调节器中，若要提高压力的上限值，应________。
A. 增大给定弹簧的预紧力　　B. 减少给定弹簧的预紧力
C. 增大幅差弹簧的预紧力　　D. 减少幅差弹簧的预紧力

41. 在 YWK-50-C 型调节器中用来双位控制作用的核心部件是 ________。
A. 给定弹簧　　B. 幅差弹簧
C. 波纹管　　D. 跳簧和舌簧

42. 在采用比例调节器的控制系统中，若 PB 调大，则控制系统 ________。
A. 稳定性提高，静态偏差大　　B. 稳定性提高，静态偏差
C. 稳定性降低，静态偏差大　　D. 稳定性降低，静态偏差

43. 比例调节器的优点、缺点分别是 ________。
A. 调节超前，消除静差不可能　　B. 调节及时，消除静差不可能
C. 消除静差，调节不及时　　D. 消除静差，调节不能超前

44. 在锅炉水位自动控制系统中，其控制对象是________
A. 给水泵　　B. 热水井
C. 给水调节阀　　D. 锅炉

45. 锅炉蒸汽压力控制系统 YWK-50-C 型压力调节器，由于年久失修，为保证安全需降压使用，为此应 ________
A. 降低给定值　　B. 升高给定值
C. 减小幅差　　D. 增大幅差

46. 当________时，比例带与放大倍数成倒数关系。
A. 输入信号与输出相同　　B. 输入与输出的变化范围相同
C. 输入信号与输出信号不同　　D. 输入与输出的变化范围不同

47. 在用比例调节器组成的控制系统中，比例带 PB、放大倍数 K_P 与量程系数 R 之间的关系是________。
A. $PB=\frac{1}{K_P}\times 100\%$　　B. $PB=\frac{1}{R}\times 100\%$

C. $PB = \frac{R}{K_P} \times 100\%$　　D. $PB = \frac{K_P}{R} \times 100\%$

48. 实现双位作用规律控制的系统属于________。
A. 程序控制　　B. 跟随控制
C. 定值控制　　D. 开环控制

49. 在控制系统方框图中,各环节输入量与输出量的关系是________。
A. 前者影响后者　　B. 后者影响前者
C. 互相影响　　D. 互无影响

50. 与闭环系统相比较,开环系统主要是没有 ________。
A. 执行机构　　B. 反馈环节
C. 调节单元　　D. 显示单元

51. 下列________不属于反馈控制系统的动态过程品质指标。
A. 衰减率　　B. 静差
C. 最终稳态值　　D. 超调量

52. 在气动 PI 调节器中,为获得积分作用,应采用 ________。
A. 弹性气室的反馈　　B. 节流分压器的正反馈
C. 节流盲室的正反馈　　D. 节流盲室的负反馈

53. 弹簧管和波纹管常用于船舶机舱有关设备的________监测上。
A. 油雾浓度　　B. 压力
C. 转速　　D. 盐度

54. 具有简单、可靠、精度高、并适于远距离传送温度信号等优点,常用来检测船舶动力装置箱体内、管路内的高温气体、蒸汽或液体介质温度的元件是________。
A. 热电偶　　B. 铜热电阻
C. 铂热电阻　　D. 热敏电阻

55. 在温度传感器中,船上常采用热电阻和热敏电阻,当检测温度升高时,它们的阻值应分别是 ________。
A. 增大,增大　　B. 减小,减小
C. 增大,减小　　D. 减小,增大

56. 对于热电阻传感器,消除环境温度影响的方法是采用________。
A. 二线制接法　　B. 三线制接法
C. 四线制接法　　D. 都不是

57. 热电偶常用于船舶机舱有关设备的________监测上。
A. 液体黏度　　B. 压力
C. 转速　　D. 温度

58. 基于热电势原理的感温元件是________。
A. 铜热电阻　　B. 热电偶
C. 铂热电阻　　D. 双金属片感温元件

59. 热电偶检测温度电路中设置补偿电路的作用是 ________。

A. 提高线性范围　　B. 提高稳定性

C. 便于调零和调量程　　D. 提高测量精度

60. 电阻式和金属应变片式压力传感器分别采用________电路进行信号转换。

A. 电桥,电桥　　B. 运算放大器,电桥

C. 电桥,运算放大器　　D. 运算放大器,运算放大器

61. 金属应变片常用作 传感器,它根据 的原理工作。

A. 压力,压力不同输出电压不同　　B. 温度,温度不同输出电压不同

C. 温度,温度不同输出电阻不同　　D. 压力,压力不同输出电阻不同

62. 应变式(包括金属片式和压阻式)传感器可用来监测________并将其转换为________信号。

A. 形变/电　　B. 烟气浓度/电阻值

C. 加速度/电阻值　　D. 温度/电

63. 压力传感器的作用是检测________信号并将其转换成________信号输出。

A. 机械压力/位移　　B. 气(汽)压力/位移

C. 液体压力/转角　　D. 压力/电

64. 在浮子式水位控制中,若把上、下销钉之间的距离调整得很小,则会出现________。

A. 水位波动范围增大　　B. 电机起动频繁

C. 电机起动次数减少　　D. 电机每次起动的持续时间加长

65. 在浮子式辅锅炉水位控制系统中,两个永久磁铁是________。当水位在允许的上、下限内波动时,调节板________。

A. 同极性,动作　　B. 异极性,动作

C. 同极性,不动　　D. 异极性. 不动

66. 若电极式水位控制系统电极室的接地线在系统运行时突然断线,这时会出现________。

A. 锅炉满水　　B. 锅炉断水

C. 水泵一直停转　　D. 系统继续正常运行

67. 船舶辅锅炉的水位控制系统属于________。

A. 定值控制　　B. 程序控制

C. 随动控制　　D. 函数控制

68. 在电极式锅炉水位控制系统中,给水泵电机起动时刻为 ________。

A. 水位在上限水位　　B. 水位下降到中间水位

C. 水位下降到下限水位　　D. 水位上升到中间水位

69. 在电极式锅炉水位控制系统中,在________情况下,给水泵电机保持运转向锅炉供水。

A. 水位在上限水位　　B. 水位上升至上、下限水位之间

C. 只要水位在中间水位　　D. 水位下降至上、下限水位之间

70. 变浮力式液位传感器的测量原理是________。

A. 被测液位越高,输出的脉冲频率越高

B. 被测液位越高,输出的电流越大

C. 被测液位越高,输出的电压越大

D. 被测液位越高,输出的电压越小

71. 吹气式液位传感器是属于 液位传感器。

A. 动态式　　B. 静压式

C. 静态式　　D. 差压式

72. 在吹气式液位传感器中,随着液位的升高,平衡气室逸出的气泡量及导管压力的变化分别为 ________。

A. 增多,增大　　B. 减少,增大

C. 增多,减小　　D. 减少,减少

73. 容积式流量传感器的基本工作原理是________。

A. 孔板前后压差与流量成反比　　B. 孔板前后压差与流量成正比

C. 齿轮的转速与流量成反比　　D. 齿轮的转速与流量成正比

74. 电磁式流量传感器可测量 的流量。

A. 柴油　　B. 滑油

C. 水　　D. 制冷剂

75. 测速发电机常用于船舶机舱有关设备的________监测上。

A. 火情　　B. 压力

C. 转速　　D. 温度

76. 交流测速发电机设置相敏整流的目的是________。

A. 判断电流方向　　B. 判断主机转向

C. 判断发电机的转速　　D. 判断发电机的转向

76. 常用监测船舶柴油发电机转速的非接触式转速传感器是________ 。

A. 磁电脉冲式　　B. 交流测速发电机式

C. 直流测速发电机式　　D. 离心式

77. 在用磁脉冲传感器检测主机转向中,两个磁头布置的位置要相差 ________。

A. 1/4 个齿　　B. 1/2 个齿

C. 1 个齿　　D. 2 个齿

78. 在单杠杆差压变送器中,测量膜盒的作用是________。

A. 把压差信号转换成轴向推力

B. 把压差信号转换成挡板开度

C. 把压差信号转换成 0.02 ~ 0.1 MPa 气压信号

D. 把压差信号转换成主杠杆的转角

79. 在金属膜盒中,充注低凝点液体的作用是 ________。

A. 增大金属膜盒的轴向推力

B. 使金属膜片位移与压差信号成比例

C. 保证变送器工作稳定

D. 提高变送器工作的灵敏度

80. QBC 型气动差压变送器是以________平衡原理工作的。

A. 力　　B. 力矩

C. 位移　　D. A + B

81. 若减小 QBC 型差压变送器的量程,则应________。

A. 上移波纹管　　B. 正迁移

C. 下移波纹管　　D. 负迁移

82. QBC 型单杠杆差压变送器的零点需要增加,则应________。

A. 调零弹簧调整使挡板靠近喷嘴

B. 调零弹簧调整使挡板离开喷嘴

C. 需增加反馈波纹管到支点的力臂长度

D. 需减小反馈波纹管到支点的力臂长度

83. QBC 型单杠杆差压变送器在使用中发现量程不准,则最佳调节方法为调整________。

A. 调零弹簧　　B. 反馈波纹管上下移动

C. 放大器的放大倍数　　D. 反复 A、B 步骤

84. 船上压力变送器的作用是________。

A. 把电信号变为气压信号输出

B. 把压力信号变为标准的气压信号或电流信号输出

C. 将气压信号变为电信号输出

D. 将气信号转变为空气流量输出

85. 假定参考水位罐的参考水位与锅炉最高水位相等,而最高、最低水位相差 300 mm 水柱,经迁移后变送器的输出 $p_{出} = 0.02$ MPa 时,Δp 为________。

A. －300 mm 水柱　　B. 0

C. 200 mm 水柱　　D. 300 mm 水柱

86. 对变送器迁移的正确理解是________。

A. 迁移后量程起点改变　　B 迁移后量程起点不变

C. 迁移后量程改变　　D. 迁移后量程终点不变

87. 气动薄膜调节阀属于________。

A. 比例环节　　B. 比例积分环节

C. 积分环节　　D. 比例微分环节

88. 气动薄膜调节阀在控制系统中属于________。

A. 测量单元　　B. 调节单元

C. 执行机构　　D. 控制对象

89. 气动薄膜调节阀的输入/输出信号分别是________。

A. 位移,位移　　B. 压力,位移

C. 位移,压力　　D. 压力,压力

90. 带阀门定位器的活塞式调节阀的特点是________。

A. 结构简单,阀杆推力小　　B. 结构简单,阀杆推力大
C. 结构复杂,阀杆推力小　　D. 结构复杂,阀杆推力大

91. 对于气开式气动薄膜调节阀,当输入的控制信号增大时,则 ________。
A. 金属膜片向上弯　　B. 金属膜片向下弯
C. 调节阀开度增大　　D. 调节阀开度减小

92. 对于气关式气动薄膜调节阀,当输入的控制信号增大时,则 ________。
A. 金属膜片向上弯　　B. 阀杆下移
C. 调节阀开度增大　　D. 调节阀开度减小

93. 在对气动仪表的管理中,经常要进行的工作是 ________。
A. 清洁喷嘴　　B. 放掉滤清减压阀的残水、污物
C. 清洁恒节流孔　　D. 更换密封圈

94. 仪表在运行过程中,有输入而没有输出,且气源正常,首先考虑的原因是 ________。
A. 功率放大器排大气小孔堵塞　　B. 喷嘴脏堵
C. 恒节流孔脏堵　　D. 测量管接头严重漏泄

第六章　船舶机舱辅助控制系统

1. 在柴油机气缸冷却水温度控制系统中,其执行机构是________。
A. 淡水泵　　B. 海水泵
C. 淡水冷却器　　D. 三通调节阀

2. 在柴油机气缸冷却水温度控制系统中,若把测温元件插在冷却水进口管路中,随着柴油机负荷的增大________。
A. 进出口冷却水温度均不变　　B. 进口温度基本不变,出口温度增高
C. 出口温度基本不变,进口温度降低　　D. 进口温度基本不变,出口温度降低

3. 在柴油机气缸冷却水温度控制系统中,若把测温元件插在冷却水出口管路中,随着柴油机负荷的增大________。
A. 进口温度基本不变,出口温度降低　　B. 进口温度基本不变,出口温度增高
C. 出口温度基本不变,进口温度降低　　D. 出口温度基本不变,进口温度增高

4. 在 WDT-52 型温度调节阀中,感温调节阀中的波纹管盒内充注的是 ________。
A. 石蜡混合液　　B. 硅油
C. 乙醚、丙酮　　D. 酒精

5. 在用 WDT-52 型温度调节阀组成的气缸冷却水温度控制系统中,当冷却水温升高时,波纹管盒中的波纹管伸得________,旁通水量________,冷却器水量________。
A. 越长,越小,越大　　B. 越短,越小,越大
C. 越长,越大、越大　　D. 越短,越小,越小

6. 在用 WDT-52 型温度调节阀组成的冷却水温度控制系统中,发现水温不可控的升高,且手动也不能使水温降低,其可能的原因是________。
A. 波纹管盒中低沸点混合液漏泄　　B. 感温盒中弹簧折断
C. 滑板卡在阀体内　　D. 水泵因故障停转

7. TQWQ 型气动温度三通调节阀中的调节器作用规律是属于 ________。

A. 比例作用　　B. PI 作用

C. PD 作用　　D. PID 作用

8. 在用 TQWQ 型气动温度三通调节阀组成的气缸冷却水温度控制系统中,其感温元件采用的是________。

A. 金属丝热电阻　　B. 热敏电阻

C. 感温盒　　D. 感温包

9. 在 TQWQ 型气动温度三通调节阀中,调整定值弹簧旋钮,可调整 ________。

A. 比例带 PB　　B. 冷却水温度的给定值

C. 仪表的零点　　D. 仪表的量程

10. 在 TQWQ 型气动温度三通调节阀中,其调节器是________式,当调节器输出信号增大时,旁通管口________。

A. 正作用,开大　　B. 正作用,关小

C. 反作用,开大　　D. 反作用,关小

11. 在 TQWQ 型气动温度自动控制系统中,为使比例带减小,其调整方法是________。

A. 沿杠杆右移反馈波纹管　　B. 沿杠杆左移反馈波纹管

C. 沿杠杆上移反馈波纹管　　D. 沿杠杆下移反馈波纹管

12. 在 TQWQ 型气动温度三通调节阀组成的控制系统中,仪表结构特点是 ________。

A. 改变给定值是通过改变给定波纹管的压力来实现的

B. 调整比例带是通过调整比例阀开度来实现的

C. 是用单元组合仪表组成控制系统

D. TQWQ 型气动温度三通调节阀是基地式仪表

13. 在 MR—II 型电动冷却水温度控制系统中,其测温元件是________。

A. 感温包　　B. 热敏电阻

C. 金属丝电阻　　D. 热电偶

14. 在 MR—II 型电动冷却水温度控制系统中,当测量水温与给定水温偏差较大且测量水温变化较快时,执行电机将________。

A. 间断工作　　B. 不间断工作

C. 工作时间增长,间歇时间缩短　　D. 工作时间变短,间歇时间增长

15. 在 MR—II 型电动冷却水温度控制系统中,其调节器是采用 ________。

A. 比例调节器　　B. PI 调节器

C. PD 调节器　　D. PID 调节器

16. 在柴油机大型油船辅锅炉中,其水位和蒸汽压力的控制方式分为________。

A. 双位控制,双位控制　　B. 双位控制,定值控制

C. 定值控制. 双位控制　　D. 定值控制,定值控制

17. 浮子式辅助锅炉水位控制系统的水位设定值通过________设定。

A. 浮子大小　　B. 销钉位置

C. 浮子杆长度　　D. 调节块位置

18. 锅炉点火自动控制属于________。

A. 定值控制　　B. 程序控制

C. 随动控制　　D. 闭环控制

19. 锅炉水位自动控制系统是________。

A. 程序控制系统　　B. 随动控制系统

C. 开环控制系统　　D. 定值控制系统

20. 在电极式锅炉水位控制系统中,若检测危险低水位 3 号电极与壳体短路,则可能出现的现象为________。

A. 锅炉满水　　B. 锅炉失水

C. 锅炉失水不能停炉　　D. 始终发失水报警,不能起动锅炉

21. 在货船辅锅炉的燃烧控制系统中,采用双位控制的目的是________。

A. 实现蒸汽压力的定值控制　　B. 控制系统简单可靠

C. 能实现良好的风油比　　D. 保证点火成功

22. 在电极式锅炉水位控制系统中,若控制高低水位的继电器 3JY 线圈开路,则可能出现的故障为________。

A. 锅炉满水　　B. 锅炉失水

C. 水位左上限水位振荡　　D. 水位在下限水位振荡

23. 在柴油机货船辅锅炉气压双位控制系统中,装两个压力开关的作用是________。

A. 一个控制启炉,一个控制停炉

B. 一个控制启停锅炉,一个控制高压保护

C. 控制高低火燃烧和高压保护

D. 一个控制启停锅炉,一个控制正常燃烧

24. 在采用压力比例调节器和电动比例操作器的锅炉蒸汽压力控制系统中,当锅炉负荷增大时,测量划针和反馈划针的移动方向分别为________。

A. 左移,左移　　B. 左移,右移

C. 右移,左移　　D. 右移,右移

25. 在采用压力比例调节器和电动比例操作器的辅锅炉燃烧控制系统中,压力调节器中定值弹簧和电位器可分别调整________。

A. 给定值,比例作用强弱　　B. 上限值,下限值

C. 上限值,压力变化范围　　D. 下限值,比例调节范围

26. 在采用压力比例调节器和电动比例操作器的辅锅炉燃烧控制系统中,若把压力比例调节器中定值弹簧扭紧,增大拉力,则________。

A. 提高上限值　　B. 增大给定值

C. 降低下限值　　D. 减小给定值

27. 在辅锅炉燃烧时序控制系统中,按起动锅炉按钮后,首先进行的动作是________。

A. 预点火　　B. 预扫风

C. 预热锅炉　　D. 加热燃油

28. 在货船辅锅炉燃烧时序控制系统中,到预扫风时间后的第一个动作是________。

A. 关小风门　　B. 点火变压器通电

C. 打开燃油电磁阀　　D. 接通火焰感受器电源

29. 在辅锅炉正常运行期间,多回路时间继电器中同步电机和离合器的状态为________。

A. 电机停转,离合器啮合　　B. 电机停转,离合器脱开

C. 电机转动,离合器啮合　　D. 电机转动,离合器脱开

30. 在多回路时间继电器中,锁紧螺母的作用是________。

A. 防止标度盘在转动中复位　　B. 把微动开关固定在标度盘上

C. 防止标度盘相对转轴滑移　　D. 限制微动开关的动作幅度

31. 柴油机货轮上辅锅炉的燃烧自动控制是指________。

A. 锅炉点火时序控制　　B. 锅炉水位拉制

C. 锅炉气压控制　　D. 包括以上全部

32. 在货船辅锅炉燃烧时序控制系统中,可用电阻元件组成火焰感受器,其常用的电阻元件是________。

A. 热敏电阻　　B. 光敏电阻

C. 金属丝热电阻　　D. 温包

33. RAR 型光电池作为光敏元件时,当有光照射两极间会产生________,经________放大之后,可使继电器动作。

A. 小于 1 V 电压,磁放大器　　B. 小于 1 V 电压,晶体管放大器

C. 小于 0.5 V 电压,磁放大器　　D. 小于 0.5 V 电压,晶体管放大器

34. 锅炉时序控制的顺序是 ________。

A. 正常燃烧→喷油点火→预扫风→预点火

B. 预扫风→预点火→喷油点火→正常燃烧

C. 预点火→预扫风→喷油点火→正常燃烧

D. 喷油点火→预扫风→预点火→正常燃烧

35. 多回路时间继电器和凸轮式时序控制器的刻度盘转一周,通常需要 ________。

A. 1 min 和 3 min　　B. 3 min 和 1 min

C. 3 min 和 5 min　　D. 5 min 和 3 min

36. 光电池的主要优点是________。

A. 伏安特性好　　B. 体积小

C. 光谱敏感范围小　　D. 反应灵敏

第七章　船舶主机遥控系统基本知识

1. 主机遥控系统的功能中包括________。

A. 主机滑油压力的监视与报警　　B. 主机转速的自动调节

C. 主机冷却水温度的自动调节　　D. 燃油滤器的自动清洗

2. 在集控室遥控主机时,驾驶室与集控室的遥控主车钟作用是________。

A. 驾驶室主车钟用作主机的操纵控制

B. 驾驶室主车钟即作为传令车钟又用作主机的操纵控制

C. 集控室主车钟仅用作传令车钟

D. 集控室主车钟不仅用于传令车钟,而且还用作正、倒车操纵控制

3. 在电—气结合的主机遥控系统中,为使主机达到车令所要求的运行状态,必须设有________。

A. 电/液伺服器　　B. 电/气转换器

C. 气/电转换器　　D. 位移伺服器

4. 在主机遥控系统中,不属于安全保护方面的功能是________。

A. 主机故障降速　　B. 主机故障停车

C. 超速保护　　D. 停油控制

5. 在主机遥控系统中,应急操纵部位应该是________。

A. 驾驶台　　B. 集中控制室

C. 机旁　　D. 应急运行状态

6. 在主机遥控系统中,其转速控制回路增设负荷限制环节的目的是________。

A. 限制主机的最大转速　　B. 提高主机运行的经济性

C. 防止主机超负荷　　D. 可对主机进行负荷控制

7. 主机操纵部位选择的优先级是________。

A. ①驾驶室②集控室③机旁　　B. ①集控室②驾驶室③机旁

C. ①机旁②集控室③驾驶室　　D. ①机旁②驾驶室③集控室

8. 对于自动化主机遥控系统,在驾驶台不能单独进行的操作是________。

A. 主机起动　　B. 主机换向

C. 应急操作　　D. 操作部位切换

9. 在主机遥控系统中,主机起动逻辑回路的作用是________。

A. 保证主机停油　　B. 能使主机进行能耗制动

C. 检测起动的逻辑条件　　D. 能完成换向操作

10. 在主机遥控系统中,换向的逻辑鉴别条件是________。

A. 停油　　B. 车令与转向不一致

C. 车令与凸轮轴位置不一致　　D. 车令与凸轮轴位置一致

11. 在主机遥控系统中,起动的鉴别逻辑条件是________。

A. 车令与转向一致　　B. 车令与凸轮轴位置一致

C. 转速低于发火转速　　D. 停油

12. 柴油机重起动是指________ 。

A. 提高起动空气压力　　B. 加大油门

C. 缸套润滑不良时的起动　　D. 负荷过重时

13. 主机慢转起动指令的形成,主要原因在于主机 ________。

A. 负荷过重　　B. 滑油压力过低

C. 起动空气压力过低　　D. 停车时间过长

14. 在主机遥控系统中,慢转起动作用是________。

A. 增加起动时间
B. 防止起动时转速上升过快
C. 防止起动过程供油
D. 气缸壁四周布油

15. 在主机遥控系统的起动逻辑回路中，按应急运行操纵按钮，能取消的功能是________。

A. 慢转起动功能
B. 重复起动功能
C. 重起动逻辑功能
D. B + C

16. 主机遥控系统一般起动逻辑回路中，第一次起动失败，下一次起动应是________。

A. 慢转起动
B. 正常起动
C. 重起动
D. 时间起动

17. 在主机遥控系统中，强制制动必须在________的情况下进行。

A. 车令与凸轮轴位置不符，转速降到应急换向转速
B. 凸轮轴换向完毕后，空气分配器工作，主起动阀关闭
C. 主机转速降到制动转速后，主起动阀与空气分配器均开启
D. 主机转速降到零后，主起动阀与空气分配器均开启

18. 在主机转速控制系统中的调速器的输入信号是________。

A. 实际转速值
B. 供油量
C. 设定转速值
D. 都不是

19. 在主机转速控制系统中的调速器的输出信号是________。

A. 实际转速值
B. 供油量
C. 设定转速值
D. 都不是

20. 在主机遥控系统中，换向的必备条件是________。

A. 车令与转向不一致
B. 低于发火转速
C. 停油
D. 车令与转向一致

21. 在主机遥控系统中，制动的鉴别逻辑为________。

A. 车令与转向一致
B. 车令与转向不一致
C. 车令与凸轮轴位置不一致
D. 车令与凸轮轴位置一致

22. 在主机遥控的转速控制系统中，常采用 作用规律的调速器。

A. 比例
B. 比例积分
C. 比例微分
D. 比例积分微分

23. 在主机遥控系统中，负荷限制包括________。

A. 速率限制
B. 最大供油量限制
C. 轮机长最大转速限制
D. 自动回避临界转速

24. 在主机遥控系统中，转速限制包括________。

A. 增压空气压力限制
B. 最大油量限制
C. 转矩限制
D. 程序负荷

25. 在主机遥控系统中有增压空气压力限制及最大转矩限制，它们主要起作用的转速区分别为________。

A. 高转速区，高转速区
B. 低转速区，高转速区

C. 高转速区,低转速区　　D. 低转速区,低转速区

26. 在主机遥控系统中,给定转速限制转矩方式是通过限制________来实现转矩限制的。

A. 扫气压力　　B. 给定转速

C. 最大允许供油量　　D. 实际转速

27. 在气动主机遥控系统中,主机的最低稳定转速通过________调定。

A. 加速速率限制环节　　B. 轮机长转速限制

C. 负荷程序限制　　D. 调速器

第八章　船舶机舱监测与报警系统

1. 船舶污水井水位高位报警和缸套水温度报警分别属于________报警和________报警。

A. 开关量,模拟量　　B. 开关量,开关量

C. 模拟量,模拟量　　D. 模拟量,开关量

2. 在________情况下机舱集中监测与报警系统会发出失职报警。

A. 未能及时在集控室消声　　B. 未能及时排除故障

C. 未能及时在延伸报警箱应答　　D. A + C

3. 在开关量报警控制单元的组成中,不包括________。

A. 输入回路　　B. 延时环节

C. 逻辑判断环节　　D. 比较环节

4. 在报警回路中,有报警信号且按了确认按钮后,报警指示灯和蜂鸣器状态是________。

A. 报警灯灭,蜂鸣器消声　　B. 报警灯平光,蜂鸣器响

C. 报警灯灭,蜂鸣器响　　D. 报警灯平光,蜂鸣器消声

5. 采用连续监测方式的报警监测系统是指________。

A. 微机型监测系统　　B. 计算机网络监控系统

C. 巡回检测系统　　D. 单元组合式监测系统

6. 根据需要随时打印机舱内的工况参数属于________。

A. 定时制表记录　　B. 故障记录

C. 召唤记录　　D. 数字记录

7. 被监测参数小于报警下限值时,将发出________。

A. 报警装置故障报警　　B. 上限报警

C. 下限报警　　D. 偏差报警

8. 在船舶液位监测中,如发现监测点经常误报警,可采取________方式予以清除。

A. 增大报警回差　　B. 加大报警延时

C. 增大报警值　　D. 封锁报警

9. 在具有集中监测与报警系统的机舱中,一旦运行设备出现故障,不仅可在机舱、集中控制室发声光报警,该报警信号还能延伸到________。

A. 货舱　　B. 艏尖舱

C. 舵机舱　　D. 驾驶台

10. 在具有集中监测与报警系统的无人值班机舱中,轮机员应________值班。

A. 在船上的任何地方　　B. 在自己的住舱

C. 在驾驶台　　D. 在机舱

11. 在报警系统中,通常故障或长时故障是指________。

A. 报警的故障不能自行消失　　B. 报警的故障能自行消失

C. 模拟量故障报警　　D. 开关量故障报警

12. 在报警系统中,短时故障是指________。

A. 报警的故障不能自行消失　　B. 报警的故障能自行消失

C. 模拟量故障报警　　D. 开关量故障报警

13. 在通常故障报警的情况下,红色指示灯的亮灭规律是________。

A. 无故障常亮,有故障快闪,按确认按钮慢闪,故障消除常亮

B. 无故障灭,有故障快闪,按确认按钮慢闪,故障消除灭

C. 无故障灭,有故障快闪,按确认按钮常亮,故障消除灭

D. 无故障灭,有故障慢闪,按确认按钮快闪,故障消除灭

14. 在机舱故障报警系统中,当某一报警指示灯慢闪时,表明________。

A. 被监测参数越限,未确认就自动恢复正常

B. 被监测参数越限并确认以后恢复正常

C. 被监测参数越限,并已被确认

D. 参数运行正常,是在进行报警功能测试

15. 在机舱报警装置中,设置延时环节的目的在于________。

A. 防止误报警　　B. 增强抗干扰能力

C. 实现封锁报警　　D. 实现 3 min 失职报警

16. 通常在故障报警系统中,在发生故障报警并按确认按钮后,故障应答系统将会________。

A. 报警灯熄灭　　B. 报警灯常亮

C. 声响报警消声　　D. B + C

17. 在故障报警系统中,给出 3 min 延迟报警是一种报警________。

A. 设备故障　　B. 系统故障

C. 值班　　D. 失职

18. 船舶在停港期间,应该闭锁报警的参数是________。

A. 辅锅炉危险低水位　　B. 辅锅炉安全保护高气压

C. 运行中发电机原动机低油压　　D. 主机滑油低油压

19. 在集中监测与报警系统中,不包括的功能是 ________。

A. 故障报警打印　　B. 参数报警上、下限值自动调整

C. 召唤打印记录参数　　D. 值班报警

20. 在开关量报警系统中,当被监测的参数在报警值附近波动时,为了避免频繁报警,常采取________方法。

A. 增加延时时间　　B. 减小延时时间
C. 增大监测传感器的回差　　D. 减少监测传感器的回差

21. 在集中监测与报警系统中，连续监测式报警系统的特点是________。
A. 同一时间只能监测一个点，每个监测点都需有一个报警控制单元
B. 同一时间可监测所有的监测点，每个监测点都要有一个报警拉制单元
C. 同一时间只能监测一个监测点，所有监测点共用一个报警控制单元
D. 同一时间可监测所有监测点，所有监测点共用一个报警控制单元

22. 用微型计算机组成的集中监测与报警系统是属于________形式，其特点是________。
A. 连续监测式/速度快，监测点多
B. 连续监测式/速度快，监测点少
C. 巡回监测式/速度慢，检测精度低
D. 巡回监测式/速度快，检测精度高

23. 机舱单元组合式报警系统中负责将不同的报警信号有选择地送到驾驶台、生活区、轮机长室等的是________。
A. 模拟量报警单元　　B. 开关量报警单元
C. 分组报警单元　　D. 报警器自检单元

24. 在船舶机舱报警系统中的故障指示灯屏上，现指示灯有三种情况：熄灭、闪亮、常亮。它们的含义分别是对应的监视参数________。
A. 正常、故障、故障　　B. 正常、正常、故障
C. 故障、故障、正常　　D. 正常、故障、正常

25. 在集中监测与报警系统中，其开关量监测与报警的特点及报警值调整方法是________。
A. 只报警不显示参数值，调整报警控制插件板的报警设定值
B. 只报警不显示参数值，调整传感器的幅差
C. 报警，显示参数值，调整报警控制插件板上的报警整定值
D. 报警、显示参数值，调整传感器幅差

26. 在集中监测与报警系统中，模拟量监测与报警的作用及调整报警值的方法是________。
A. 只报警、不显示参数值，在控制插件板上调整报警设定值
B. 只报警、不显示参数值，在传感器上调幅差
C. 报警、显示参数值，在传感器上调幅差
D. 报警、显示参数值，在报警控制插件板上调整报警设定值

27. 集中监测与报警系统的核心单元是 ________。
A. 各种传感器　　B. 警报器控制单元
C. 报警控制单元　　D. 电源

28. 在集中监测与报警系统中，报警器控制单元的作用是________。
A. 输出参数越限报警信号　　B. 控制报警灯、电笛、蜂鸣器和旋转灯

C. 检测报警装置自身故障　　D. 控制闪光信号的发生

29. 在集中监测与报警系统中，报警控制单元输入的信息包括________。

A. 传感器送来的监测点参数信息　　B. 闭锁报警信号

C. 闪光源送来的闪光信号　　D. A + B + C

30. 在集中监测与报警系统中，报警控制单元输出的信息可送至 ________。

A. 报警器控制单元　　B. 故障打印记录单元

C. 延伸报警拉制单元　　D. A + B + C

第九章　船舶火灾自动报警系统

1. 感烟式火灾探测器有两种，一种是利用________原理来检测，另一种是利用________来检测。

A. 烟雾浓度不同透光程度不同，烟雾颗粒能吸收空气被电离的离子

B. 烟雾导电随浓度变化，烟雾颗粒在磁场中磁化

C. 烟雾透光性，烟雾吸收 α 射线

D. 烟雾顺磁性，烟雾逆磁性

2. 由镅构成的火灾探测器是一种________火灾检测器。

A. 感温式　　B. 温升式

C. 感烟式　　D. 感光式

3. 差温式火灾探测器是在________情况下给出火警信号。

A. 温度差大于给定值　　B. 烟气浓度大于给定值

C. 温度变化量大于给定值　　D. 烟气浓度变化量大于给定值

4. 下列火灾探测器中，机理上采用温度膨胀系数不同双金属片的是________。

A. 定温式火警探测器　　B. 差温式火警探测器

C. 感烟管式火灾探测器　　D. 离子式感烟探测器

5. 一种火灾探测器是利用火灾前兆的热效应，当温度超过限定值时发出火警信号，称为________火灾探测器。

A. 感烟型　　B. 差温式

C. 定温式　　D. 差定温式

6. 船舶干货舱自动探火和报警系统多采用烟气管道________火灾探测器。

A. 感光　　B. 光电感烟

C. 离了感光　　D. 感温

7. 对于滚装船、液化气船、消防船以及货船上某些舱室的可燃气体探测器的探头，应放置在有集聚可燃气体危险处所的空间________，可使________的可燃气体扩散进入探头。

A. 顶部/雾化　　B. 中部/对流

C. 任意部位/扩散　　D. 底部/较重

8. 报警控制器（中央控制单元）是自动探火及报警系统中的输入/输出控制设备，是整个系统的心脏。其输入端连接________；输出端连接________。

A. 机舱所有的传感器及变送装置/各警铃、区域火情指示灯等

B. 各火灾探测器、手动报警按钮/各警铃、区域火情指示灯等
C. 各警铃、区域火情指示灯等/各火灾探测器、手动报警按钮
D. 各警铃、区域火情指示灯等/机舱所有的传感器及变送装置

9. 报警控制器是自动探火及报警系统中的输入/输出控制设备，其每一路输入一般是________。
A. 数个不同型号的火灾探测器串联
B. 数个不同类号的火灾探测器并联
C. 一个火灾探测器
D. 数个同型号的火灾探测器

10. 船舶火警报警系统的报警器（消防报警控制装置）设在________。
A. 机舱　　B. 船长室
C. 轮机长室　　D. 驾驶台

11. 船舶消防报警系统和机舱组合式报警系统，二者________。
A. 使用同一个报警音响设备　　B. 使用同一种类报警音响设备
C. 分别使用不同种类报警音响设备　　D. 报警音响设备可以互换使用

12. 船员住舱中的火灾探测器一般形式为________。
A. 热探测式　　B. 温升式
C. 感烟管式　　D. 离子感烟式

13. 离子感烟火灾探测器的基本工作原理是________。
A. 烟雾浓度不同，透光程度不同
B. 烟雾浓度不同，烟雾颗粒吸收 α 射线数量不同
C. 烟雾浓度不同，烟雾颗粒吸收被电离的空气离子数量不同
D. 烟雾浓度不同，被加热的温度不同

14. 在机舱内，光敏电阻通常用来检测________。
A. 流量　　B. CO_2 含量
C. 液位　　D. 烟气浓度

15. 船舶火警报警系统中使用的击破玻璃报警器属于________。
A. 定温式温度探测器　　B. 差温式温度探测器
C. 感烟探测器　　D. 手动报警装置

16. 全船有很多条火警探测器分路，每一分路都有一个探测器，既有探测火警的功能又有检测该分路断线故障的功能，被安装在每一回路的________位置。
A. 中间　　B. 终端
C. 始端　　D. 任意

17. 船舶消防通道旁装有多个破玻璃消防报警器，在未打碎其玻璃时，它们的触点状态是________。
A. 串联断开　　B. 串联闭合
C. 并联断开　　D. 并联闭合

18. 差温式火灾探测器是在________情况下给出火警信号。

A. 温度差大于给定值　　B. 烟气浓度大于给定值

C. 温度变化量大于给定值　　D. 烟气浓度变化量大于给定值

19. 下列火灾探测器中,机理上采用波纹片(膜、板)感受因温度变化造成环境气压变化的是________。

A. 定温式火警探测器　　B. 差温式火警探测器

C. 感烟管式火灾探测器　　D. 离子式感烟探测器

20. 利用烟气粒子吸附被放射线电离的导电离子的多少检测________的火警探测器称为________探测器。

A. 烟气浓度/离子感光　　B. 火焰光谱/离子感光

C. 烟气浓度/离子感烟　　D. 烟气辐射温度/离子感温

21. 下列火灾探测器动作的设定值中________是差定温火灾探测器的设定值。

A. 5.5 ℃/min、70 ℃　　B. 60 ℃

C. 70 ℃　　D. 90 ℃

22. 下列火灾探测器中,机理上属于光探测法的是________。

A. 定温式火灾探测器　　B. 差温式火灾探测器

C. 感烟管式火灾探测器　　D. 离子式感烟探测器

23. 报警器是自动探火及报警系统中的输入/输出控制设备,其每一路输入一般是________。

A. 多个中间探测器和一个终端探测器　B. 多个功能完全一致的探测器

C. 一个中间探测器　　D. 一个终端探测器

24. 当船舶火警系统报警后,火警灯应________并接通电铃;按下消声按钮后,火警灯________。

A. 闪亮/熄灭　　B. 常亮/熄灭

C. 闪亮/常亮　　D. 常亮/闪亮

参考文献

[1]秦曾煌. 电工学(上、下册)(第七版). 北京:高等教育出版社,2009
[2]张春来,汤畴羽. 船舶电气. 大连:大连海事大学出版社,2008
[3]史际昌. 船舶电气设备及系统. 大连:大连海事大学出版社,1998
[4]蒲龙云. 船舶电气. 吉林:吉林科学技术出版社,2003
[5]张肖霞,孔秀华. 电工工艺与船舶电站. 大连:大连海事大学出版社,2009
[6]张春来,赵殿礼,文元全. 船舶电气. 大连:大连海事大学出版社,2008
[7]郑凤阁,李凯. 轮机自动化. 大连:大连海事大学出版社,1999
[8]昝宪生. 轮机自动化. 大连:大连海事大学出版社,2007
[9]郑华耀. 船舶电气设备及系统. 大连:大连海事大学出版社,2005
[10]林叶锦. 轮机自动化. 大连:大连海事大学出版社,2009